中国社会科学院学部委员专题文集

ZHONGGUOSHEHUIKEXUEYUAN XUEBUWEIYUAN ZHUANTI WENJI

依法治国是历史的经验总结

刘海年◎著

中国社会科学出版社

图书在版编目(CIP)数据

依法治国是历史的经验总结/刘海年著.—北京:中国社会科学
出版社,2013.8
(中国社会科学院学部委员专题文集)
ISBN 978 - 7 - 5161 - 3250 - 0

Ⅰ.①依…　Ⅱ.①刘…　Ⅲ.①社会主义法制—建设—
研究—中国　Ⅳ.①D920.0

中国版本图书馆 CIP 数据核字(2013)第 224079 号

出 版 人	赵剑英
责任编辑	许　琳
责任校对	韩天炜
责任印制	戴　宽

出　　　版	中国社会科学出版社
社　　　址	北京鼓楼西大街甲 158 号 (邮编 100720)
网　　　址	http://www.csspw.cn
	中文域名:中国社科网　　010 - 64070619
发 行 部	010 - 84083685
门 市 部	010 - 84029450
经　　　销	新华书店及其他书店

印刷装订	环球印刷(北京)有限公司
版　　　次	2013 年 8 月第 1 版
印　　　次	2013 年 8 月第 1 次印刷

开　　　本	710 × 1000　1/16
印　　　张	26.25
插　　　页	2
字　　　数	430 千字
定　　　价	78.00 元

前　　言

哲学社会科学是人们认识世界、改造世界的重要工具,是推动历史发展和社会进步的重要力量。哲学社会科学的研究能力和成果是综合国力的重要组成部分。在全面建设小康社会、开创中国特色社会主义事业新局面、实现中华民族伟大复兴的历史进程中,哲学社会科学具有不可替代的作用。繁荣发展哲学社会科学事关党和国家事业发展的全局,对建设和形成有中国特色、中国风格、中国气派的哲学社会科学事业,具有重大的现实意义和深远的历史意义。

中国社会科学院在贯彻落实党中央《关于进一步繁荣发展哲学社会科学的意见》的进程中,根据党中央关于把中国社会科学院建设成为马克思主义的坚强阵地、中国哲学社会科学最高殿堂、党中央和国务院重要的思想库和智囊团的职能定位,努力推进学术研究制度、科研管理体制的改革和创新,2006 年建立的中国社会科学院学部即是践行"三个定位"、改革创新的产物。

中国社会科学院学部是一项学术制度,是在中国社会科学院党组领导下依据《中国社会科学院学部章程》运行的高端学术组织,常设领导机构为学部主席团,设立文哲、历史、经济、国际研究、社会政法、马克思主义研究学部。学部委员是中国社会科学院的最高学术称号,为终生荣誉。2010 年中国社会科学院学部主席团主持进行了学部委员增选、荣誉学部委员增补,现有学部委员 57 名(含已故)、荣誉学部委员 133 名(含已故),均为中国社会科学院学养深厚、贡献突出、成就卓著的学者。编辑出版《中国社会科学院学部委员专题文集》,即是从一个侧面展示这些学者治学之道的重要举措。

《中国社会科学院学部委员专题文集》(下称《专题文集》),是中国社会科学院学部主席团主持编辑的学术论著汇集，作者均为中国社会科学院学部委员、荣誉学部委员，内容集中反映学部委员、荣誉学部委员在相关学科、专业方向中的专题性研究成果。《专题文集》体现了著作者在科学研究实践中长期关注的某一专业方向或研究主题，历时动态地展现了著作者在这一专题中不断深化的研究路径和学术心得，从中不难体味治学道路之铢积寸累、循序渐进、与时俱进、未有穷期的孜孜以求，感知学问有道之修养理论、注重实证、坚持真理、服务社会的学者责任。

2011 年，中国社会科学院启动了哲学社会科学创新工程，中国社会科学院学部作为实施创新工程的重要学术平台，需要在聚集高端人才、发挥精英才智、推出优质成果、引领学术风尚等方面起到强化创新意识、激发创新动力、推进创新实践的作用。因此，中国社会科学院学部主席团编辑出版这套《专题文集》，不仅在于展示"过去"，更重要的是面对现实和展望未来。

这套《专题文集》列为中国社会科学院创新工程学术出版资助项目，体现了中国社会科学院对学部工作的高度重视和对这套《专题文集》给予的学术评价。在这套《专题文集》付梓之际，我们感谢各位学部委员、荣誉学部委员对《专题文集》征集给予的支持，感谢学部工作局及相关同志为此所做的组织协调工作，特别要感谢中国社会科学出版社为这套《专题文集》的面世做出的努力。

《中国社会科学院学部委员专题文集》编辑委员会

2012 年 8 月

目　　录

序　言

　　这是一部时间跨度较长的文集。收入其中的第一篇文章发表于1978年4月党的十一届三中全会之前，最后一篇文章撰写于2012年9月。我的专业原是中国古代法律历史。"文化大革命"结束后，出于使命感，与法学研究所同志们一起写文章，呼吁保障人民的权利，加强社会主义民主和法制。之后，基于职责的要求，主要精力转向法治和人权理论研究。人权方面的研究成果《新中国人权保障发展六十年》，由中国社会科学出版社于2012年1月出版，同年9月重印。国家新闻出版署定为"迎接党的十八大主题出版重点出版物"。此书英文版由英国帕斯国际有限公司（Paths Inernational Ltd.）出版发行。这一部有关社会主义法治理论和实践问题的文集，主要内容是从历史和当代实践经验阐明，非依法不足以治国。

　　既然法律之于国家如此重要，就必须加强法学研究。法学作为社会科学的重要部分，如同经济学一样，也是历史的科学。法学研究不仅要揭示法律自身形成与发展的规律，而且要历史地阐明法律之于社会经济、政治、文化发展的作用。在西方，古希腊哲学家关于人治还是法治的争论，发展了法的理论，推动了西方古代文明。近代资本主义制度的建立和发展，也得益于对法律的重视。在中国，春秋战国时的"百家争鸣"，先哲们关于礼治与法治的辩论，推进了社会的大变革和大发展。人说，自秦始皇统一全国建立了君主专制制度，之后的各朝代不再重视法律。这是对历史的误读。其实，无论秦皇汉祖、唐宗洪武，直到清顺治、康熙、乾隆等，在中华文明发展中的著名王朝、皇帝，无不重视以法律治理国家。他们多是在夺取全国政权的最初几年便编制了作为法律基干的综合性法典，并于之后不断完备。有的，如刘邦、李渊、朱元璋等，还是在夺取全国政权的过程中便颁行了急需的法律。从传世的文献、档案、文物和考古发现的铭文、简牍、帛书及文书等资料看，各王朝的法律不仅颁布及时，而且多数情况下得到了实行。正是如此，维护了国家统一和稳定，推动了经济发展和文明进步。当然，此只是事情的一面，君主专制制度毕竟与封建法制相矛盾。这些朝代后期，几乎都由于法制破坏，民不聊生，招致王朝倾覆。这又从另一面证明了法律制度之于国家兴亡的重要。

近代以来，无论是改良或革命，抑或是议会口舌辩论或战场枪炮相向，斗争的焦点仍是制定什么法律，建立什么制度。1911 年辛亥革命后，颁布了《中华民国临时约法》，北洋政府和国民党政府又颁行了几部宪法和宪法性文件。除《临时约法》在唤起民众方面起了一定作用，其他几部宪法和宪法性的文件，都成了封建军阀和独裁统治者们的工具。1949 年人民革命胜利，先是颁行了具有临时宪法作用的《中国人民政治协商会议共同纲领》，之后，1954 年制定了《中华人民共和国宪法》。本来，由此可以步入社会主义法治轨道。但是，由于新建立的共和国受西方国家严密包围和封锁，生存不断受到威胁；由于建设社会主义无现成经验可以遵循；由于"旧中国留给我们的，封建传统比较多，民主法制传统很少"[1]；再加上社会改革和建设急于求成，领导人未理解法律是"由一定物质生产方式所产生的利益和需要的表现，而不是单个的个人恣意横行"的理论[2]，往往违反社会发展规律，以个人意志代替国家法律，致使宪法和法律成为具文，人民的权利被广泛侵犯。

改革开放之后，情况发生了巨大变化。1982 年宪法以 1954 年宪法为蓝本，经过 4 次修改已较为完备，依宪法为主导形成了比较完备的法律体系。但从三十多年历程看，立法与法律实施仍有很大差距。依法治国，实现社会主义法治，至今仍步履维艰。

本书的《十一届三中全会前后在报纸上发表的文章选辑》，是"文化大革命"刚结束，党和人民都在反思，在中央领导讲话精神鼓舞下，从我和陈春龙同志一起发表的三十多篇文章中选出的。现在看那些文章，对问

---

① 《邓小平文选》第 2 卷，第 332 页。
② 《马克思恩格斯全集》第 6 卷，人民出版社 1972 年版，第 291 页。

题的揭示和变革必要性的阐释，理论均属一般，但内容反映了人民群众的意愿，社会效果是好的。十一届三中全会后，我先是奉命和王家福、李步云到中南海参加起草中央《关于坚决保证刑法、刑事诉讼法的切实实施的指示》（即中央〔79〕64 号文件）；之后，又奉命与吴建璠、欧阳涛、张绳祖一起参加审判林彪、江青两集团案。我调入中央两案审判委员会办公室后（1980 年被正式任命为最高人民检察院特别检察厅助理检察员），在中央有关同志的直接领导下，和来自不同部门的同志一起，本着实事求是的精神，对"文化大革命"和"文化大革命"前的政治运动及一些重大案件进行了回顾，查阅、梳理了相关材料。事实让我认识到，只有依法治国，实行社会主义法治，才能保障人民的民主、自由和各项权利不受侵犯，人民才能真正成为自己国家的主人。

80 年代中期，我国的改革开放已显出成果。随着普法教育的开展，人民群众法律意识提高，强烈要求依法治国，对不适应社会发展的法律制度进行改革。在此形势下，我和王家福、李步云依中央〔79〕64 号文件精神发表了《论法制改革》一文。文章论述了法制改革的必然性，提出改革的目标是实现高度民主的法治国家，为推进法制改革，要更新传统法律观念。此文的观点在法学界产生了深刻影响，实践证明是开拓性的、正确的。

1992 年，邓小平南巡讲话提出实行社会主义市场经济，法学研究所关于建立社会主义市场经济法律体系的研究报告为中央所肯定。此前，1991 年春，江泽民指出，人权问题要进行研究。同年，国务院新闻办公室发表的《中国的人权状况》白皮书，肯定人权是一个"伟大的名词"。由此，我国经济、政治体制改革进入新阶段。按中央部署，法学研究所自 90 年代初，便将社会主义法治和人权理论作为一项重要研究任务，并展开了国内外交流。在此过程中，研究所同仁连续撰写了一批论著和研究报告。1995 年、1996 年、1997 年，受司法部肖扬部长的委托，法学研究所王家福、吴建璠连续三次担任中央政治局法制讲座的主讲人，讲授社会主义市场经济法律制度建设问题、依法治国建设社会主义法治国家的理论和实践问题，以及一国两制与香港基本法问题。我参加了课题组，和主讲人一起主持讲稿的讨论、撰写和组织工作。此期间，党和国家在法治建设方面的重大举措，是将"依法治国，建设社会主义法治国家"、"国家尊重和保障人权"写入党章，确立为宪法原则。法治和人权保障有了长足进步，但并不尽理想。主要是部分官员对法治的重要性认识不足，法治观念淡薄；一些机关有法不依，执法不严，司法权一定程度上受权势和金钱干扰；官员队伍中出现了徇私枉法、贪污腐败现象；宪法和法律的权威受到挑战，削弱了党和政府的公信力。本书收入的文章，除十一届三中全会前发表的九篇之外，多数是十一届三中全会以来，国家进入新时期、人民强烈要求实行法治的背景下，借助理论界和中央对我国社会发展规律的揭示，作者与法学研究所同仁为社会主义法治努力工作的点滴记录，也是作者对相关问题的思考。其中既肯定了社会主义法治的发展成就，也没回避曾发生和仍存在的问题，尽可能反映人民群众对依法治国，建设社会主义法治国家的期望。

实践告诉我们：依法治国是历史的经验，也是当代国家发展的潮流。建设中国特色社会主义一定要重视法治。法律的生命在于实施，而关键是确立宪法和法律的至高无上的权威。国家实现发展，人民充分享有人权，总要有一种秩序，有一种权威。这种权威最终只能是代表人民意志的宪法和法律。国家领导人、政府首脑和官员依宪法法律选举或任命，他们的职权由宪法法律规定，受宪法法律制约，违反者，要依法追究。司法是法治的最重要环节，是保障人权、惩治犯罪的最后一道防线。司法裁决是社会公平正义的标识。为使其权力真正独立行使，宪法相关条文恢复1954年宪法关于"人民法院独立进行审判，只服从法律"的规定是适宜的。为加强法治，党的十五大以来一再提出进行司法体制改革，但司法体制与政治体制密切关联。邓小平说："我们所有的改革能不能成功，还是取决于政治体制改革"[1]。政治体制改革牵涉机构变更、人员安置、利益调整等诸多因素，会有较大阻力，但如下定决心，以实施宪法和法律为切入点，就能较顺利推进。加强法治建设，还要放眼世界。我国是世界大国、联合国安全理事会常任理事国，承担全球治理和维护世界和平的义务。如何将已加入的国际公约纳入我国法律体系并得到遵行，关系国家软实力的增强和国

---

[1]　《邓小平文选》第3卷，第164页。

际形象的提升，也应予以足够重视。

中国共产党是中国特色社会主义事业的领导核心，依法治国，加强法治的关键是加强和改善党的领导。依历史和现实经验说明，加强和改善党的领导，必须处理好党与国家的关系。党的老一代领导人毛泽东、邓小平、董必武曾多次批评以党代政、以党代法问题。认为党政不分、党法不分会削弱行政机关和司法机关的权威。党的十八大强调进一步加强党的领导。建设中国特色社会主义，依法治国，究竟如何加强党的领导，处理好党的领导与行政、司法的关系，真正依法执政，应认真进行研究，结合我国实际做出决断。不过，共产党人要有坚定的理想和信念，党组织要在宪法和法律范围内活动的原则必须坚持。现在党员总数已逾八千万，政府、企业、事业单位和人民团体甚至社会组织的领导，绝大多数是共产党员。党员干部、尤其是党的领导干部要有高尚的道德，严于律己，勇于接受群众监督。他们如在依法办事、严格守法方面成为表率，依法治国就能胜利推进，中国特色社会主义建设就会健康发展。

此"序言"撰写结束时，十二届全国人大第一次会议、全国政协十二届第一次会议正在进行。党的十八大为我国发展规划的蓝图被誉为"中国梦"，在全国人民中激起了新的兴奋点，成为"两会"代表和委员们热烈讨论的议题。"中国梦"是人民大众的向往，依法治国、法治中国是"中国梦"的重要内容，也是实现"中国梦"的可靠保障。我相信，只要认真吸取历史经验，坚持依法治国，中华民族伟大复兴的"中国梦"就必将成为美好现实。

作者
2013 年 3 月 16 日

十一届三中全会前后发表的文章选辑

　　按：1978 年 4 月至 1979 年初，十一届三中全会前后，在华国锋、邓小平、叶剑英等中央领导讲话精神的鼓舞下，出于使命感，我和陈春龙同志陆续在《解放军报》、《人民日报》、《光明日报》、《北京日报》、《河北日报》、《湖北日报》、《长江日报》和《法学研究》、《学习与探索》、《未定稿》等报刊上发表文章 30 多篇。中心内容是呼吁加强社会主义民主和社会主义法制，加快四个现代化建设，保障人民权利。文章指出："国家没有法律不行"，"要有法可依，有法必依"，"不能以长官意志取代国家法律"，"政法机关必须依法办事"，"群众运动也要遵守社会主义法制"，"革命干部要做遵守法制的模范"。现在看来，这些文章无论就问题的揭示或对改革必要性的阐释，理论水平均属一般，有些词语甚至还残留当时的痕迹。不过，在历经多年动乱之后，健全民主与法制是当时全社会的普遍要求，文章适应形势发展，反映了人民群众的意愿，社会效果是好的。《河北日报》独具慧眼，以专栏形式刊登了其中十六篇，开全国报刊之先。现从三十余篇中选出十四篇收入本书，请读者品评。当年，我与春龙约定，文稿由谁执笔，署名就在前面。文章在《河北日报》发表时，我们除用本名，还用了笔名。春龙曾用陈轩、纯农；我曾用刘毅、柳石。晨流是共同笔名，该文由春龙执笔。收入本文集的文章一律恢复本名。

　　以下按文章发表的先后排列（题目后边的数字为本书页码）：《革命干部要做遵守法纪的模型》（2）；《加强法制建设　保障民主权利》（4）；《加强社会主义法制　加快实现四个现代化》（8）；《国家没有法律不行》（10）；《社会主义法律会束缚自己的手脚吗？》（13）；《我国法律制度的社会主义性质》（15）；《不能以长官意志取代国家法

律》（17）；《要有法可依，有法必依》（20）；《依法办事，还是依长官意志办事？》（24）；《群众运动也要遵守法制》（26）；《加强对青少年的法制教育》（29）；《政法机关必须依法办事》（31）；《给文艺工作者以法律保护》（33）；《充分发扬民主　严格遵守法纪》（37）；《公民在法律面前一律平等》（41）。

革命干部要做遵守法纪的模范

五届人大第一次会议通过的新宪法规定：国家机关工作人员必须"模范地遵守宪法和法律"。这一规定鲜明地体现了我国国家机关和革命干部的无产阶级本色，体现了伟大领袖毛泽东主席关于干部要带头守法的一贯思想。

一九五四年，在制定中华人民共和国第一部宪法的时候，毛泽东主席就明确指出：宪法"通过以后，全国人民每一个人都要实行，特别是国家机关工作人员要带头实行，首先在座的各位要实行。不实行就是违反宪法"。华国锋主席在五届人大一次会议上也明确要求"干部要守法"。我们的宪法是社会主义的新型的宪法，是保护人民利益、打击阶级敌人的武器。为了发挥它的作用，就必须认真地实行它。在这方面，我们的干部应起模范带头作用。我国是社会主义的国家，每个国家机关工作人员，不管职位高低，都是人民的勤务员，而不是骑在人民头上的老爷。应该像普通群众一样，严格遵守宪法、法律、法令和规章制度。我们国家绝没有两种法律，一种适用于干部，一种适用于老百姓，而只有一种法律，人人都要遵守，谁也没有什么特权违反法律而不受制裁。

我们的干部要成为遵守法纪的模范，就要严格按照党的方针政策和国家法律制度办事，坚持原则，不屈从非法要求，不利用职权牟取私利。搜查隔、离、拘人、捕人，必须按照法律，严格执行审批制度；审理案件，必须重证据，重调查研究，严禁逼供信，证据、口供都要经过核实。这样做，是不是会束缚自己的手脚而不利于工作呢？毛泽东主席说："按照法律办事，不等于束手束脚。""要按照法律放手放脚。"如果说按照法律办事算是束手束脚，那恰恰是束缚了那些非法行为，对我们的工作只会有好处。不按照法律，胡乱放手放脚，就会伤害人民，放纵敌人，使革命遭受损失。

我们的干部要成为遵守法纪的模范，还必须自觉接受群众的监督。宪法第五十五条规定："公民对于任何违法失职的国家机关和企业、事业单位的工作人员，有权向各级国家机关提出控告。公民在权利受到侵害的时候，有权向各级国家机关提出申诉。对于这种控告和申诉，任何人不得压制和打击报复。"公民有权对国家工作人员和领导干部的违法行为提出监督和控告，这是社会主义民主的体现。只有做到群众的控告和申诉不受打击和压制，才能使他们敢于起来和一切违法行为作斗争，使那些目无法纪、竟敢以身试法的人，逃脱不了法律的制裁。这是保证宪法条文得以贯彻执行的不可缺少的条件。列宁在谈到维护社会主义法制的重要性时说过："稍微出现混乱，稍微违反苏维埃政权的法律，稍有疏忽或懈怠，都会立即使地主资本家的力量得到加强，造成他们的胜利。"① 我们每个干部都要从阶级斗争的高度认识维护社会主义法制的严重意义，热情欢迎群众的监督，自觉接受群众的监督。

封建地主阶级在我国的统治持续了两千多年，其影响是根深蒂固的。封建制度公开肯定人与人之间的不平等地位，按照封建的法律规定，地主阶级及其官吏可以依照他们的官职大小和爵位高低，享有不同的封建特权。不仅地主阶级的达官显贵、皇亲国戚处于法律的约束之外，就连他们的家属，甚至亲族犯了罪，也可以"依法"得到减免。中国大资产阶级带有很大的封建买办性。在北洋军阀和蒋介石统治下的旧中国，清王朝的封建法律名义上被废除了，但地主资产阶级及其官吏的各种特权却依然在许多领域被保留。林彪、"四人帮"继承地主资产阶级的衣钵，利用窃取的权力，大搞封建特权，大肆传播这种封建特权思想。他们的信条是"法不上邦，刑不上派"，只要是他们的邦兄邦弟，哪怕是打家劫舍，杀人越货，也一概包庇纵容；而只要对"四人帮"稍有不满，他们就可以任意逮捕，乱施刑罚，使社会主义法制遭到严重的破坏。所以，要使干部成为遵守法

---

① 《列宁选集》第四卷，人民出版社 1995 年版，第 65 页。

纪的模范，必须深入开展揭批"四人帮"的斗争，彻底批判他们所散布的封建特权思想。

要使干部成为遵守法纪的模范，必须强调党纪国法的严肃性。对于那些把党和国家委派给他们的职务视为自己的特权，在自己领导的单位和地区飞扬跋扈、称王称霸，为牟取私利，置党纪国法于不顾的人，不管职务多高，资格多老，功劳多大，都必须严格惩处。最近报纸报道河北省委严肃处理故城县县委书记马连宝等在高考中营私舞弊的事件，嫩江地委严格处理克山农场打击报复的事件等，在群众中引起很大反响，说明广大群众是欢迎这样做的。

叶剑英委员长在修改宪法的报告中说："宪法修改草案对有关国家机关和工作人员的条件，作了较大的修改，提出了必不可少的严格要求。"在遵守法纪的问题上对干部必须严格要求，是我党在同"四人帮"的斗争中总结出来的一条经验，也寄托了党和国家对广大干部进一步革命化的殷切希望。我们的一切干部，都应该自觉地这样做。

（刘海年 陈春龙原载《解放军报》1978 年 4 月 3 日）

加强法制建设　保障民主权利

一九六二年，毛泽东主席在扩大的中央工作会议上谈到实行无产阶级民主的重要性时指出："在我们国家，如果不充分发扬人民民主和党内民主，不充分实行无产阶级的民主制，就不可能有真正的无产阶级的集中制。没有高度的民主，不可能有高度的集中，而没有高度的集中，就不可能建立社会主义经济。"在这里，毛泽东主席不仅谈了发扬民主的问题，而且阐明了实行无产阶级民主制，建立真正的无产阶级集中制与建立社会主义经济的关系。

二十多年来，我国社会主义革命和建设的实践说明，毛泽东主席的论断是非常正确的。我们应当认真总结社会主义法制建设中正反两方面的经验教训，彻底揭批林彪、"四人帮"攻击我国社会主义法制，猖狂"砸烂公检法"的罪行，以加强法制建设，保障人民的民主权利，促进四个现代化早日实现。

要有法可依

加强社会主义法制建设、保障民主权利，当前首先要解决的问题是："逐步制定和完善各项社会主义法律"，使政法机关和人民群众有法可依。

早在一九五六年，董必武同志在"八大"的发言中说："现在的问题是，我们还缺乏一些急需的较完整的基本法规，如刑法、民法、诉讼法、劳动法、土地使用法等。"但是，由于林彪、"四人帮"的干扰破坏，董老二十多年前批评的法制不完备的现象，今天仍然存在。毛泽东主席关于制定几个主要法律的指示，一项也没有付诸实施。

如果说二十多年前董老把法制不完备的现象称为"严重的问题"，那么，随着时间的推移，我国国内和国际的形势已经发生了很大变化，法制不完备的问题就显得更加突出了。由于没有一部较完备的刑法，政法机关常常感到无法可依，判决、定罪不能援引法律条文，在实践中出现了罪与非罪、重罪与轻罪界限不清，量刑畸轻畸重，各地幅度悬殊。由于没有较完善的诉讼法，宪法和法律规定的许多民主权利，往往得不到保障，侵犯人身、侵犯住宅等违法行为时有发生，申诉权、辩护权无法行使。这样，既助长了某些放纵犯罪的行为，使一些犯罪分子逍遥法外，也导致了冤、错案件发生，误伤人民群众。四个现代化要求我们建立完备的法制，保障人民的民主权利和建立良好的社会秩序，也要求我们加强社会主义经济立法，以法律调整社会经济关系，使相关法律关系制度化，摆脱目前人浮于事，劳动生产率低的局面，推动整个国民经济高速发展。

要有法必依

加强社会主义法制建设、保障民主权利的另一个问题，是要做好国家干部和人民群众的思想教育工作，做到有法必依。

"四人帮"不仅把自己及其帮派体系置于法律约束之外，而且散布种种谬论搞乱人们的思想，致使某些人是非不分，好坏不分，甚至敌我不分。他们以敢于侵害别人为荣耀，以勇于打砸抢为英雄，成帮结伙，为非作歹。"四人帮"被粉碎后，这种现象虽然有很大好转，但各种行凶案件仍不断发生。要根本改变这种状况，尚需做大量工作。

我国宪法规定：国家机关工作人员必须"模范地遵守宪法和法律"。毛泽东主席也多次强调干部要带头守法。我们大多数干部都能在自己的平凡岗位上忠心耿耿、奉公守法、兢兢业业地为党和国家的利益做贡献。但也有些人，忘记了自己的权力是人民给的，把自己的职位当作旧社会的官爵，置身于人民群众之上养尊处优，对人民疾苦漠不关心，有的人还在履行职务时假公济私，屈从非法要求，违法乱纪。对这样的干部必须认真进行教育。我们的干部应该是人民的勤务员，不是封建衙门的官僚，只能把自己置身于群众之中，不允许高踞于群众之上，更不允许目无法纪，作威作福。要知道，就是封建社会的官僚，他们在封建法制中虽享有一定特权，但封建国家也不允许他们违反法律为所欲为，执法官吏更是如此。我们的社会主义法律比封建法律优越千百倍，二者性质根本不同。它没有也不可能对干部和群众规定两种不同标准。任何人都不要指望违反法律而又不受惩罚。

依法办事的一个重要思想障碍是，某些干部觉得依法办事"麻烦"、"束手束脚"。法律体现的是统治阶级意志，是阶级统治的工具。无产阶级自己的法律，代表的是本阶级和广大人民群众的利益。那种不顾法律"放手放脚"的思想和行为，必然会损害无产阶级的长远利益和全局利益。至于有些人觉得履行法律手续"麻烦"，也是十分错误的。政法三机关对案犯的侦查、批捕、起诉、审判等分工，司法审判中的各种程序和制度，不是人为的烦琐，而是科学的分工。其目的是为了准确地惩治犯罪和保护人民。谁要是认为履行必要的法律程序"麻烦"，我们倒认为这样的"麻烦"很好！这比那种由于错案、冤案造成的人民生命财产损失和大量人力物力浪费，不知要好出多少倍。

华国锋主席说："干部要守法，群众要守法，人人都要守法。"这是十分重要的。只有这样，我们国家大治的局面才能形成，四个现代化的宏伟目标才能实现。

要肃清流毒

建立完备的社会主义法制，保障宪法和法律规定的人民民主权利真正实现，需要进一步肃清林彪、"四人帮"的流毒，进行艰巨的工作和斗争。

封建地主阶级在我国的统治持续了两千多年，其影响是根深蒂固的。在历代封建法典中，无一不是公开肯定皇权、族权、夫权和尊卑、良贱等人与人之间的不平等地位，突出地表现出特权法的属性。依照这些法律，封建地主阶级可以按照其土地数量、官职大小、爵位高低享有不同的封建特权。林彪、"四人帮"正是继承了封建地主阶级的衣钵。他们利用暂时窃取的权力，大搞封建特权。在他们控制的地区和部门，可以说是顺者昌，逆者亡，明目张胆地实行法西斯专政，肆意践踏公民的基本权利，其凶残程度达到了无以复加的地步。林彪、"四人帮"两个集团虽已被粉碎了，但其流毒至今仍影响着我们一些同志。有的干部目无党纪国法，公然侮辱、打骂群众，侵犯公民的基本民主权利。这些人，有的在"四人帮"横行时就趋炎附势，助纣为虐；也有的虽然政治上和"四人帮"没关系，甚至遭受过"四人帮"的迫害，但"四人帮"的思想和作风对他们是有影响的。他们在自己的单位实行家长式的领导，大搞一言堂，凭自己的好恶和私利决断问题，老虎屁股摸不得，如若有谁触犯其利益和尊严，非公开报复，即暗中给小鞋穿。这都向我们说明，要建立社会主义法制，一定要打好第三战役，彻底肃清"四人帮"的流毒。

社会主义民主是实行四个现代化的重要前提。这是因为"社会主义是由人民群众自己创立的"，四个现代化需要充分调动人民群众的积极性，集中人民群众的聪明才智。为此，不仅要恢复社会主义民主传统，而且要使社会主义民主不断发扬光大。实现四个现代化是一场深刻的社会革命，它将首先在我国社会主义经济领域引起变化，与此同时，必然要求作为社会主义经济基础的上层建筑的政治法律制度发生相应的变化。这个变化虽然不是根本的，但将会是重大的、一系列的。如新的刑法、民法、诉讼法和大量经济法的制定和实施，等等。我们之所以称为"新的"，就是说它不只是简单的对现行的法令、条例或制度的肯定，而是要反映新时期社会生产力的新要求，要在各个领域贯彻更加广泛的民主原则。

（刘海年　陈春龙原载《河北日报》1978 年 11 月 14 日头版）

加强社会主义法制　加快实现四个现代化

华国锋主席为首的党中央一举粉碎"四人帮"以后，按照毛泽东主席、周恩来总理和朱德委员长的遗愿，把实现社会主义四个现代化作为新时期总任务的宏伟目标。这是全国人民梦寐以求的理想，是前所未有的壮丽事业，是历史赋予我们的神圣使命。

实现四个现代化，不仅是重大的经济任务，而且也是重大的政治任务。加强社会主义法制是实现四个现代化的重要条件。华国锋主席在五届人大的政府工作报告中说："实现天下大治，必须进一步加强社会主义法制。"这就告诉我们，加强社会主义法制对于保障人民民主权利，巩固无产阶级专政，加快实现四个现代化，都具有重大的意义。

毛泽东主席教导我们："一个团体要有一个章程，一个国家也要有一个章程，宪法就是一个总章程，是根本大法。"在我们进行社会主义革命与建设中，不仅要有宪法，而且还要根据宪法，制定许许多多的法律。法制与法律不是天生的，而是由人制定的，是统治阶级意志的体现，是统治阶级维护社会秩序实行专政的工具。在我国，社会主义法制与法律体现的是工人阶级和广大人民群众的意志，是打击敌人，惩罚犯罪，保护人民民主权利的有力武器，是社会主义革命和社会主义建设的重要工具。

全国解放后，在毛泽东主席为首的党中央领导下，在打碎国民党反动派的旧国家机器和废除伪宪法、伪法统的基础上，继承和发扬了革命根据地法制建设的优良传统，总结了社会主义革命和建设的经验，制定了一九五四年宪法和一系列重要法律、法令。如土改法、婚姻法、惩治反革命条例、惩治贪污条例、劳动改造条例、治安管理条例、逮捕拘留条例等。我国专政机关，在毛泽东主席革命路线的指引下，以法律为武器，本着稳、准、狠的原则，坚决镇压了一批"东霸天"、"西霸天"，区别不同情况，杀、关、管了一批触犯刑律的地、富、反、坏分子和其他刑事犯罪分子，使广大劳动人民在政治、经济、文化上得到了大解放，有力地保障了我国社会主义革命和建设事业的胜利进行，使我们国家出现了誉满全世界的良好的社会秩序。但是，林彪、"四人帮"出于篡党夺权的需要，恶毒污蔑我国社会主义法制，疯狂实行打砸抢抄抓，公然捣毁公、检、法机关。在他们控制的地区和部门，公、检、法机关瘫痪，犯罪分子猖獗，好人受害，社会秩序紊乱。他们硬是搞得工人不能做工，农民不能种地，教师不能教书，学生不能上学，严重地破坏了我国社会主义政治、经济、文化、科学和教育事业的发展，使整个国民经济濒于崩溃的边缘。"四人帮"把自己凌驾于党和国家之上，以其权力与意志代替党规国法，他们为所欲为，无法无天，今天一批人被隔离审查，明天另一批人被打倒，后天又一批人被逮捕法办。就这样，成千上万的革命干部和群众，被加以莫须有的罪名，遭到种种残酷迫害和打击甚至死去。在"四害"横行的日子里，哪里还有人民的一点点民主权利可言，完全是地地道道的法西斯统治。事实说明，没有社会主义法制和人民的民主权利，社会主义革命和社会主义建设事业的发展必然成为空谈。

只有加强社会主义法制，才能有效地镇压阶级敌人和一切犯罪分子的破坏和捣乱，保障人民的民主权利，充分调动人民群众的社会主义积极性，为四个现代化服务。列宁指出："群众生气勃勃的创造力正是新的社会的基本因素[①]。""只有比先前多十倍百倍的群众亲自参加国家建设，新的经济生活，社会主义才能建立起来[②]。"为了充分发挥广大人民群众的积极性，我国宪法和法律规定了广泛的民主权利，如宪法规定："国家坚持社会主义的民主原则，保障人民参加管理国家，管理各项经济事业和文化事业，监督国家机关和工作人员。"国家法律还规定为实现这些民主原则提供各项物质保证。为了使这些规定变为现实，当前必须打好揭批"四人帮"的第三战役，坚决冲破"四人帮"在政法战线设置的种种"禁区"，彻底批判他们散布的反动谬论，肃清其流毒与影响。同时，我们要大力恢复和发扬党的优良传统，同一切破坏民主生活，侵犯公民权利的行为进行坚持不懈的斗争。只有这样，才能使全国人民安居乐业，心情舒畅，把蕴藏在人民群众中的社会主义积极性调动起来，四个现代化的宏伟目标才能早日实现。

---

① 《列宁全集》第 33 卷，人民出版社 1985 年版，第 52 页。
② 《列宁全集》第 35 卷，人民出版社 1985 年版，第 416 页。

　　只有加强社会主义法制，才能巩固和加强社会主义公有制，保障公民的合法权益，按照经济规律，有计划、按比例、高速度地发展国民经济。马克思主义认为，社会经济制度是法制的基础，法制是上层建筑的组成部分。我国社会主义法制决定于我国社会主义经济基础，又积极为这一基础服务。我国宪法规定："国家保障社会主义全民所有制经济和社会主义劳动群众集体所有制经济的巩固和发展。"明确宣布："社会主义的公共财产不可侵犯。""国家禁止任何人利用任何手段，扰乱社会经济秩序，破坏国家经济计划，侵吞、挥霍国家和集体的财产，危害公共利益。"对于那些无视宪法和法律的贪污、盗窃、投机倒把、侵吞公共财产和其他破坏社会主义公有制，妄图破坏四个现代化的犯罪行为，必须坚决予以惩治。为了高速发展社会主义经济，法律要求国家机关、企业和职工严格遵守按客观经济规律制定的各种经济法规和章程。对于因违法而造成人民生命、财产重大损失的机关、企业和个人，也要予以制裁。法律还保障按劳分配原则的贯彻执行。列宁曾经指出："如果不愿陷入空想主义，那就不能认为，在推翻资本主义之后，人们立即就能学会不要任何权利准则而为社会劳动。"[①] 正因为如此，我国宪法规定："国家实行'不劳动者不得食'、'各尽所能、按劳分配'的社会主义原则。"认真贯彻这一原则，才能极大地调动广大劳动人民群众的社会主义积极性，才不至于出现少数人不劳而获或少劳多获，才不至于出现干和不干、干多干少、干好干坏都一样的"吃大锅饭"的现象。这样，才能保障四个现代化的胜利实现。

（刘海年　陈春龙原载《河北日报》1978 年 11 月 18 日头版）

国家没有法律不行

　　马克思主义告诉我们，国家和法律都是人类社会发展到一定历史阶段的产物，不是从来就有的，也不是永远存在的。它们都是阶级社会中，统

---

① 《列宁全集》第 31 卷，人民出版社 1985 年版，第 90 页。

治阶级维护社会秩序实现自己统治的工具。国家和法律的关系，是互相依存、互相促进的。

法律是统治阶级通过国家立法机关制定或认可的行为规则。国家制定法律，是指国家根据统治阶级的意志直接创立法律。国家认可法律，是指国家根据实际情况和客观需要把某些已存在的习惯确认为法律。因此，法律的存在以国家的存在为前提。没有国家，法律就制定不出来；即使制定出来，没有国家权力保证执行，法律也会成为一纸空文。所以列宁说："如果没有政权，无论什么法律，无论什么选出的代表都等于零。"① 可见法律没有国家是不行的。

同样，国家没有法律也不行。没有法律，没有一定的法律制度，就不能组成国家。任何阶级专政都必须采取一定的形式，去组织那些镇压敌人保护自己的政权机关。"没有适当形式的政权机关，就不能代表国家。"② 国家由许许多多的机关组成。这些机关按照什么原则组织和怎样组织，它们相互之间的关系如何处理，如何发挥它们的效能，等等，都需要由国家法制去加以规定。比如，我国宪法就规定了我们国家的立法机关、行政机关和审判机关的组织原则和相互关系。法制是使整个庞大而复杂的国家机器按照一定的轨道，精确而有效率运转的统一力量。所以董必武同志指出："国家没有法制，就不能成为一个国家。"③

法律是国家巩固其阶级统治的重要手段。无产阶级在推翻旧制度的斗争中，要打碎包括旧法制在内的整个旧的国家机器。但是在夺取政权以后，也"像任何阶级一样，要通过改变同所有制的关系和实行新宪法来掌握和保持政权，巩固政权"④。

目前，我们国家还存在阶级和阶级斗争，被推翻的反动阶级还企图复辟，新老资产阶级分子还千方百计地反抗、破坏社会主义革命和社会主义建设。因此，只有加强社会主义法制，才能有效地打击阶级敌人的破坏活动，惩办犯罪分子，建立良好的社会秩序，保障革命和建设的顺利进行。

---

① 《列宁全集》第 13 卷，人民出版社 1987 年版，第 309 页。
② 《毛泽东选集》第 2 卷，人民出版社 1991 年版，第 638 页。
③ 《董必武选集》，人民出版社 1985 年版，第 451 页。
④ 《列宁全集》第 38 卷，人民出版社 1986 年版，第 299 页。

如果没有一部统一的刑法典，司法机关就会量刑无准、执法无据，在政法实践中就会出现犯罪概念不清、罪名刑种混乱、判刑标准不一，到处各行其是，既容易放过坏人，又容易误伤群众，造成冤错案件。

我们国家需要法律，不仅因为要镇压阶级敌人的反抗和破坏，而且要处理人民内部矛盾。我们的法律是劳动人民自己制定的，因此能够获得广大群众的自觉遵守和衷心拥护。但是由于剥削阶级的影响还存在，人民中间也还有少数不能够自觉地遵守法律，损害社会主义公共利益的人。为了维护社会秩序和全体公民的基本权利，对人民内部的违法犯罪行为，也要依法处理。我们需要一部较完善的诉讼法典，否则宪法规定的公民的基本权利就很难得到保障，侵犯人身、住宅的违法行为就会发生，申诉权、辩护权无法行使，群众有冤难伸，有理难辩。

我们国家十分需要法律，还在于社会主义国家有组织经济文化建设的职能，这个重要职能的实现，也需要法制的力量。我们要保卫社会主义全民所有制和劳动群众集体所有制，保卫公共财产不受侵犯，保障国民经济有计划、按比例、高速度地向前发展，都应该完备革命法制。只有加强经济立法和经济司法，才能正确调整国家与企业、企业与企业之间的关系，对那些违约违法行为，对那些严重失职大量浪费国家资财的行为，进行严肃的法律处理，使那些违法的企业和个人承担法律上和经济上的责任，克服目前存在的管理不善、人浮于事、劳动生产率低的现象。如果没有一部适应新形势需要的民法典和经济法规，社会主义的经济关系无法调整，执行合同过程中产生的纠纷得不到正确解决，劳动生产率的提高没有保障，就会阻碍四个现代化的顺利实现。

我们党和国家是一向重视社会主义法制建设的。在毛主席的主持下，解放不久就制定了第一部宪法和其他一系列重要法律、法令。根据国务院法制局统计，从一九四九年建国时起到一九五七年七月十五日止，我国公布的法规共有四千零一十八件。这些法律和法令有力地保障社会主义革命和建设事业的顺利进行。但是，正如周总理一九五七年在一届人大四次会议上所指出的那样："我国今天的法制，的确还没有完备。"我们还缺少一些急需的基本的法规；已有的法规，由于政治经济情况变化，也应该修改或重新制定。一九六二年，毛主席针对我国法制建设情况，也明确指出：

"没有法律不行，刑法、民法一定要搞。"①但是，这些年来，由于对法制工作重视不够，抓得不紧，特别是由于林彪、"四人帮"的干扰破坏，毛主席关于制定几个主要法典的指示，至今没有落实。我国法制和原有的法律也遭到严重破坏。

随着我国国内政治、经济、文化事业的发展和国际形势的变化，解放初期制定的法律，有的已经过时，有的虽未明确宣布废除却早已停止使用，有的应该继续遵守的法规，也没有认真贯彻执行。由于不重视和不遵守法制的现象普遍存在，执法犯法、违法乱纪的案件不断发生，使法制不完备的问题，就显得更加突出，更加严重。为了加强社会主义法制，当前必须深入开展揭批林彪、"四人帮"的斗争，坚决打破"四人帮"在政法战线设置的种种"禁区"，彻底肃清他们的流毒和影响，为社会主义的立法和司法扫清障碍。在此基础上，要抓紧抓好社会主义的立法工作，尽快改变目前在某些方面存在的无法可依、无章可循的不正常状况，完善和健全我国的社会主义法制。与此同时，还要广泛地进行守法教育，做到干部特别是领导干部带头守法，广大群众认真守法，逐步在我国造成一种人人都守法的社会风气，以保证新时期总任务的胜利完成。

（陈春龙 刘海年原载《河北日报》1978 年 11 月 21 日）

社会主义法制会束缚自己的手脚吗？

在一些同志当中，有一种糊涂思想，认为法律实行起来太麻烦，容易束缚自己的手脚，不便于工作。因此，办起事来，往往把法律抛在一边。要加强社会主义法制，就必须改变这种糊涂认识。

无产阶级专政国家制定的法律，是体现无产阶级的意志的，其内容是由无产阶级的长远的和全局的利益决定的。只有大家都遵守法律，一切行动都遵守共同的行为准则，才能维护社会的秩序，有利于无产阶级专政的

---

① 转引自《人民日报》1978 年 10 月 29 日。

巩固和整个社会主义事业的发展。无产阶级的法律，只对阶级敌人，才是无情的铁腕。对于广大人民群众来说，怎么会束手束脚呢？毛泽东同志说："法制要遵守。按照法律办事，不等于束手束脚。"① 有的领导干部所以会把法律看成是束手束脚的东西，往往是因为他们喜欢独断专行。如果听任他们不按照法律办事，只会把事情搞坏，使革命事业遭受损害。在林彪、"四人帮"横行时期，那么多的瞎指挥，那么多冤案、错案，不都是这样造成的吗？对于这些人，把他们的手脚束缚一点，是完全必要的，是好事而不是坏事。

认为公安、检察、法院依照法律互相制约"太麻烦"，显然也是不对的。我们的政法机关是无产阶级专政的"刀把子"，它的工作直接关系到人民的生命和财产的安全。为了切实保障公民的基本权利，稳、准、狠以准为重点地打击阶级敌人，保证社会主义革命和建设事业的顺利进行，在我国的法制中规定公安、检察、法院三机关相互协作、相互制约，就是公安机关进行侦查，检察院进行批捕、起诉，法院进行审判。在侦查、批捕、起诉、审判中，又规定了各种具体程序。这些程序不是人为的烦琐，而是科学的分工，是保证法律实施所必需的措施。如果没有这种分工和制约，怕麻烦，图省事，势必会破坏社会主义法制，甚至会造成冤案、错案，伤害革命群众，放纵坏人。究竟是依法办事，减少或避免造成冤案错案麻烦呢，还是不依法办事，造成大量的冤案错案，然后再用大量人力去处理申诉上访，平反纠正更麻烦呢？我们是社会主义国家，我们党的方针是"有反必肃，有错必纠"。只要是冤案错案，最终都是会得到纠正的。但是，这样一来，就会给社会主义事业和人民群众的切身利益造成损害了。

在前些年，林彪、"四人帮"全面推行封建专制主义，被他们篡夺到手的那一部分权力，完全变成了不受任何法纪约束的封建特权。他们要整谁就整谁，要定什么罪就定什么罪，为所欲为，无法无天。林彪、"四人帮"一伙的倒行逆施，从反面教育了我们。对社会主义法制不重视、嫌法制碍手碍脚的同志应该清醒了。在林彪、"四人帮"的影响下，有一些同

---

① 《毛泽东文集》第 7 卷，人民出版社 1999 年版，第 198 页。

志对于无产阶级民主和社会主义法制，毫无尊重之意，总是习惯于独断专行那一套，自立"土政策"、"土法律"，甚至荒谬地把自己说的话当法律，这是党纪国法不能允许的。封建专制主义同社会主义民主和社会主义法制是根本对立的。彻底批判封建专制主义思想，有助于我们一些同志克服嫌法制麻烦、嫌法制束手束脚的错误思想。这项工作越来越迫切了。

（陈春龙　刘海年原载《人民日报》1978 年 11 月 24 日）

我国法律制度的社会主义性质

我国法律制度的社会主义性质，本来是十分清楚的，但是，"四人帮"却进行恶毒的诽谤与攻击，胡说它"是从资本主义国家搬来的"，"修正主义的"，甚至说它是"国民党的"，"专了无产阶级的政"。真是荒唐绝伦，反动至极。

马克思主义认为，法律和国家一样都是阶级矛盾不可调和的产物和表现。法律是统治阶级通过国家立法机关按照立法程序制定，具有一定文字形式，由国家强制力保证执行的行为规范。法律，通常情况下，是由最高国家权力机关或国家立法机关根据宪法制定和公布；法令是为了实现宪法和法律的要求而制定的。它可以由立法机关制定颁发，也可以由国家行政机关制定颁发。宪法和法律是法令产生的根据，法令则是宪法和法律的具体化。什么叫法制？董必武同志说："国家的法律制度，就是法制。"法制包括法律、法令的制定、执行和遵守三个方面。它是统治阶级用来管理国家的重要方法之一，它要求国家机关、社会团体、公职人员和公民确切地遵守，而国家机关、社会团体和公民的合法权利和利益，均受法制的保护。法律和法制的本质，正如《共产党宣言》所揭示的，是被奉为法律的统治阶级意志，这种意志的内容是由统治阶级的物质生活条件决定的，也就是由社会经济基础决定的。有什么样的经济基础，就产生什么样的法律制度。随着经济基础的发展和变化，也引起法律制度的发展与变化。

在人类历史上，随着社会形态的变化，曾经有过奴隶主阶级法制，封建法制和资本主义法制。这三种类型的法制各具有不同的特点，又有着共同的剥削压迫本质。它们是三个不同的剥削阶级剥削镇压劳动人民的工具，它们是三个不同的剥削阶级意志的体现，维护着三种不同的剥削制度。它们是分别由奴隶社会、封建社会和资本主义社会的经济基础决定的。我国社会主义法制同剥削阶级社会的法制有着本质的不同。它是工人阶级领导的，人民群众通过自己的代表机构和国家立法机关制定的。我国的法律和法制，体现工人阶级和广大劳动人民的意志，是保障公民合法权利和利益，实现无产阶级专政的重要工具。它是由社会主义经济基础所决定的。随着我国生产力与生产关系的发展，我国社会主义法制也要随之变化，但这种变化只是形式上的，而在阶级本质上并没有发生变化。

早在民主革命时期，在毛主席和共产党的统一领导下，各革命根据地的人民民主政权就制定了各种形式的代表人民意志和利益的法律、法令。如"宪法大纲"、"保障人民权利暂行条例"、"选举法"、"劳动保护法"、"土地法"、"惩治反革命条例"、"惩治汉奸条例"、"毒品治罪暂行条例"、"惩治贪污条例"、"破坏金融法令惩罚条例"、"森林保护条例"、"保护家畜及奖励畜牧业条例"、"婚姻法"、"妨碍婚姻治罪暂行条例"等。这些法律和法令，不少是毛主席审阅、修改的，有的是毛主席签署公布的。我们现在看到的《毛泽东选集》中的有些篇章，如《陕甘宁边区政府、第八路军留守处布告》、《中国人民解放军宣言》，就是毛主席亲自为政府和军队起草的法令，这些法律和法令，总结了人民群众的斗争经验，体现了劳动人民的意志，反映劳动人民的根本利益与愿望，具有鲜明的阶级性和革命性。

新中国成立前夕，即一九四九年九月，根据革命战争形势发展的需要，在毛主席和党中央领导下，制定了具有临时宪法性质的《共同纲领》和中央人民政府组织法。新中国成立之后，根据《共同纲领》，国家颁布了一系列法律、法令。一九五四年召开的第一届全国人民代表大会的第一次会议，通过了毛主席主持起草的《中华人民共和国宪法》。这部宪法，肯定了党的领导原则、无产阶级专政性质、建设社会主义道路、民主集中制、民族平等和国际主义等。毛主席对它做了很高的评价："这个宪法草案，总结了历史经验，特别是最近五年的革命和建设的经验。它总结了无产阶级领导的反对帝国主义、反对封建主义、反对官僚资本主义的人民革命的经验，总结了最近几年来社会改革、经济建设、文化建设和政府工作的经验。"毛主席还明确指出："我们的宪法是属于社会主义宪法类型的"，"有我们的民族特色"。宪法公布后，根据宪法，我们又制定了各级人民委员会组织法、人民检察院组织法、人民法院组织法；制定了治安管理条例、逮捕拘留条例、劳动改造条例；制定了关于农业、手工业和私营工商业社会主义改造章程、条例等，使我国社会主义法制建设大大向前进了一步。但是，这些年来，由于林彪、"四人帮"的干扰，使我国社会主义法制遭受到严重的破坏。粉碎"四人帮"之后，根据华国锋主席为首的党中央提议，召开了五届人大，通过了社会主义新宪法。这是适应我国社会主义革命和建设新时期需要的宪法。它对于保障我国人民民主权利，打击敌人，巩固无产阶级专政，发展社会主义经济，加速实现四个现代化将起着越来越大的作用。

事实说明，我国社会主义法律制度是在党中央的直接领导下，继承革命根据地人民民主法制建设的光荣传统，在总结我国革命与建设经验的基础上逐步建立和发展起来的。它有力地保障了我国社会主义革命和建设的胜利进行。在打击敌人，保护人民，促进经济文化的发展方面发挥了巨大的作用。这绝不是林彪、"四人帮"信口雌黄所能抹杀的。现在，我们在法制建设方面的任务还是很大的。随着我国进入了新的时期，完备和健全法制已经是当前一项迫切任务。我们必须不断努力加强法制建设，以适应实现四个现代化的需要。

（刘海年　陈春龙《河北日报》1978 年 11 月 15 日）

不能以长官意志取代国家法律

无视党内民主和人民民主，以"长官"个人意志代替国家法律，这在"四人帮"横行时，已发展到了登峰造极的地步，给我国社会主义法制和社会主义民主造成了极大的破坏。当前，在我国社会主义法制建设中，对这个问题必须认真解决。

众所周知，法律体现的是统治阶级意志。其内容是由统治阶级的物质生活条件决定的。这一意志所以表现为法律，是由于法律是统治阶级通过国家立法机关制定或认可的。法律不仅有国家强制力为后盾的特点，而且有更加准确、稳定的长处。"长官意志"则不然，它只是统治阶级中某个成员或冒充为统治阶级的成员的个人意志。这种个人意志，脱离了实际，脱离了群众，违背了客观规律和群众的意愿。它往往是"长官"个人的私利或他们所代表的一小部分人的利益决定的。"长官意志"，往往随着他们的喜、怒、哀、乐发生变化，常常与统治阶级的整体利益相矛盾。以"长官意志"代替国家法律，必然破坏法律的尊严，使法律成为谁都可以任意改变、违反的东西。

历史上一切统治阶级中的有识之士，为了其统治的稳定和国家的统一，都十分重视维护本阶级法律的尊严。在中国历史上，封建皇帝总揽立法、司法、行政、军事大权于一身，具有至高无上的权力，但是重视依法执法，反对以个人意志取代国家法律的做法也是屡见不鲜的。他们这样做，是为了维护封建法制的尊严，维持地主阶级统治农民的权力。我国社会主义法制和封建法制有着根本不同的性质，具有无可比拟的优越性，得到了广大人民群众的拥护和支持。我们更加重视维护社会主义法制的尊严，强调自觉遵法守法，依法办事。但是林彪、"四人帮"却凌驾于党和国家之上，肆意践踏我国宪法和法律，大树他们自己的权威，把他们的话奉为金科玉律。他们说这个人有问题，就马上立案审查，说那个人是坏人，就立即逮捕法办；对人横加罪名，施以酷刑，实行逼供，疯狂推行封建法西斯专政，根本不讲任何司法诉讼程序，制造了大量的冤案、假案、错案，不少人亲属子女受到株连。搞得许多人家破人亡，妻离子散，怨声载道。在他们横行的一个时期里，神州大地被弄成万马齐喑的局面。

华国锋主席为首的党中央粉碎"四人帮"之后，广大干部和群众得到第二次解放，人民民主权利得到恢复，但是"四人帮"的"尸臭"至今仍有待消除。我们有些干部由于受封建专制残余影响和"四人帮"的毒害，沾染了剥削阶级的坏习气。他们把党和人民给予的权力，变成特权，以自己的意志代替党和人民的意志，把党纪国法统统丢到九霄云外，在自己领导的地区和单位专横跋扈，独断独行，实行家长式管理；他们无视党的政策和国家法律，私定"土政策"、"土法律"，谁敢触犯，动辄要遭到毒打，甚至被判刑坐牢。在这种淫威之下，人民的民主权利得不到保障。而他们自己却知法犯法，违法乱纪，为非作歹，干尽伤天害理的事情，给党造成了很大的损失和极坏的影响。总之，以"长官意志"取代国家法律危害是很大的，如若发生在政法部门，就会使定罪无尺度，量刑无标准，滥施刑法，冤、错案件不断发生；如若发生在工矿企业，就会不按客观经济规律办事，破坏国家计划，影响工业发展速度；如若发生在农村，则会出现不顾当地自然条件，生产瞎指挥，影响农、林、牧、副、渔全面发展和社员收入增加。列宁说："纲领应当是统一的。"① 以"长官意志"代替国家法律，必然破坏法制的统一，使各地方、各单位五花八门，自搞一套，使中央的政策法令无法贯彻，害国害民，贻害无穷。当然，我们反对以"长官意志"取代法律，绝不是不要领导和权威。正确的领导与正确的意志，与社会主义法律是一致的，是非常必要的。没有革命的领导和权威，无产阶级的"意志统一"就会成为空话。但是要懂得："在人民群众中，我们毕竟是沧海一粟，只有我们正确地表达人民的想法，我们才能管理。"②

以长官个人意志取代国家法律，是唯心主义的唯意志论的表现。这种人否认自然界和社会中的客观规律性和必然性，更否认无产阶级按照社会阶级斗争规律和社会经济发展规律制定的法律对推动社会发展的重要作用。他们无限度地夸大个人意志的作用，认为它对历史发展具有决定性意义，因而无视国家法律，为所欲为。其结果不能不在实践中碰得头破血流，受到历史的惩罚。为了破除"长官意志"代替国家法律，消除唯心主义的恶劣影响，我们当前的任务，就是深入揭批"四人帮"破坏法制的罪行，肃清他们的流毒，建立和健全社会主义法制，保障人民民主权利，以加快四个现代化的实现。

（刘海年　陈春龙原载《河北日报》1978 年 12 月 9 日）

---

① 《列宁全集》第 21 卷，人民出版社 1990 年版，第 106 页。
② 《列宁选集》第 4 卷，人民出版社 1995 年版，第 695 页。

要有法可依　有法必依

要健全社会主义法制，就一定要做到有法可依，有法必依。

古今中外任何一个统治阶级，都十分注意运用法律手段来维护自己的经济利益，巩固自己的政治统治。新发现的两千多年前的秦律，只是从商鞅变法到秦始皇统一全国时的部分法律，已达三十种之多，涉及封建国家的政治、军事、农业、手工业、商业等许多领域，包括官吏任免、军事训练、土地制度、赋徭税收、山林保护、河流水产、牛马饲养、种子保管、劳动力折算、产品规格、检查评比和奖励惩罚等多方面内容。至于现代资本主义国家的法律，其内容就更加复杂了。当然，这些法律的本质都是剥削阶级意志的体现，都是用来维护剥削阶级统治，我们不能照搬。但法律作为实现阶级统治不可缺少的有效工具，对无产阶级专政来说是同样必需的。毛主席曾经指出："革命的专政和反革命的专政，性质是相反的，而前者是从后者学来的。这个学习很要紧。"无产阶级取得政权以后，为了镇压敌对阶级的反抗和破坏，保护无产阶级和人民群众的权益，巩固无产阶级专政政权，组织社会经济，发展生产，建设社会主义，就必须制定能够体现自己阶级意志的法律。列宁曾指出："假使我们拒绝用法令指明道路，那我们就会是社会主义的叛徒。"

我们党在领导中国人民长期革命斗争的过程中，历来重视法制建设。在民主革命阶段，适应每个时期打击敌人、保护人民的斗争需要，曾制定过许多法令、法规，有力地保证了革命事业的顺利发展。新中国成立以后，适应新的革命斗争和国家建设的需要，进一步加强了社会主义立法工作。一九五四年，毛主席亲自领导制定了我国第一部宪法。接着，又根据宪法的基本精神，制定了一系列重要的法律、法令、条例和规章。一九六二年，毛主席针对当时我国法制建设的状况，明确指示："不仅刑法要，民法也需要，现在是无法无天。没有法律不行，刑法，民法一定要搞。"有关部门随即组织力量起草了《刑法》、《刑事诉讼法》和《民法》等法典草案。据不完全统计，自第一部宪法诞生到一九六三年，我国颁布的成文法规共有一千多种。这些法规不仅是先进的，而且有些规定还是我国独创的。这些法规的执行，有力地保障了社会主义革命和建设事业的顺利进行。

但是，在我国的社会主义法制建设中，毛主席的无产阶级革命路线一直受着法律实用主义和法律虚无主义的干扰，特别是在无产阶级文化大革命期间，更受到了林彪、"四人帮"的严重破坏。林彪、"四人帮"挥舞"两个否定、一个砸烂"的大棒，把我国现有的宪法、法律、法令、条例和有关法制机构，都诬蔑为"封资修的东西"、"旧框框"、"旧条条"，将其"彻底砸烂"，从而使得我国本来就不够完备的社会主义法制更加混乱不堪。十多年来，全国各地到处都可以看到无法可依、有法不依、违法乱纪、无法无天的严重现象，给国家和人民带来了莫大灾难。

当前，由于我们没有刑法典和刑事诉讼法典，现有的一些单行刑事条例有的又已经过时，因而干部和群众比较普遍地不知法为何物，从而也就谈不上自觉守法和依法办事。特别是广大司法工作人员，长期苦于无法可依，不能援引法律条文来判刑定罪。早在我国唐代，法律就有这样的明文规定："诸断罪，皆须具引律令格式正文，违者笞三十。"而我们现在的社会主义法制，判刑竟不援引律文，这是极不正常的。这种极不正常的现象造成了在实践中量刑无统一标准，判刑畸轻畸重，而且各种"土法律"甚为盛行；再加上宪法规定的公民权利，如申诉权、辩护权等又都没有具体的法律规定来保障，因而发生冤案、错案，误伤人民群众，放跑真正罪犯的事件就很难避免，本地和外省市来中央上访告状，要求给予平反昭雪的事件也就会不断发生。

由于我们没有民法典和经济法规，现有的一些单行民事法规、条例有的也已经过时，所以今天我们就不能用完全体现无产阶级根本利益的成文准则，来调整国家、企业（包括全民和集体）、个人之间的经济关系，从而也就不能有力地保护社会主义公共财产不受侵犯，巩固和发展社会主义国家所有制和集体所有制，保护公民的合法财产和经济利益。由于没有经济法规，对于那些不严格执行国家经济计划，不忠实履行合同，严重损害国家经济利益的企业和个人，就不能给予有效的经济制裁和法律处分，从而必然会妨碍国民经济的高速度发展，影响社会主义经济基础的巩固。

由于我们不熟悉国际公法和国际私法，没有我国自己相应的成文法规，在外交斗争、外事往来、对外贸易和其他国际经济联系方面，特别是当发生纠纷时，往往在政治上和经济上吃亏。这种局面同当前我国要进一步扩大和加强对外联系，以加快实现四个现代化步伐的客观要求是极不相称的。

总之，无论就国内社会生活方面说，还是就涉外活动方面讲，无法可依，就不能有效地保障国家利益和人民的民主权利，就不能保障安定团结的社会秩序，就不能巩固无产阶级专政，就不能充分调动人民群众的积极性，保障整个国民经济沿着社会主义轨道持久地、稳定地、高速度地发展。周总理早就严肃地指出："必须加强立法工作和革命的法制，那种忽视公安工作、检察工作、法院工作，忽视立法工作、忽视革命法制的观点是完全错误的。"董必武也早就语重心长地强调过："无论就国家建设需要来说，或者是客观的可能性来说，法制都应该逐渐完备起来。法制不完备的现象如若再让它继续存在，甚至拖得过久，无论如何不能不说是一个严重问题。"十多年来，我们的国家和人民已经吃尽了没有法律保障自己的根本利益的苦头，现在已经到了必须尽快完善社会主义法制的时候了。华国锋主席关于根据五届人大通过新宪法，"吸取二十八年来我国无产阶级专政的经验，广泛听取群众意见，逐步制定和完善各项社会主义法律"的指示，完全符合全国各族人民的迫切心愿。广大人民群众殷切希望国家立法部门能够解放思想，冲破"禁区"，排除干扰，加快步伐，根据我国社会主义革命和社会主义建设发展的经验，迅速修改那些内容已经过时的现有法律、条例和法令，制定各种必要的新法律，以适应客观形势发展的迫切需要。

我国社会主义国家法律一经立法机关制定和颁布后，全国各族人民就必须切实遵守，真正做到有法必依。对于那些目无法纪，胆敢以身试法的人，不管其职位多高，权力多大，以前有过多大功劳，都要坚决依法予以惩处。全体公民在适用法律上，必须人人平等，无一可以例外。只有这样，才能维护法律的严肃性，使法律真正起到保护人民、巩固无产阶级专政的作用。

华国锋主席指出："干部要守法，群众要守法，人人都要守法。"干部同群众比起来，更应该成为带头守法的模范。我们干部的绝大多数都是忠心耿耿、奉公守法、勤勤恳恳、任劳任怨地为人民工作的。但是也有一些干部，由于中林彪、"四人帮"的毒太深，忘记了自己的职务是人民委派的，手中的权力是人民给的。他们高踞于人民群众之上，执法犯法，大耍权势，在自己管辖的地区和部门，无视党纪国法，随意违反政策，滥搞"土政策"、"土法律"，欺压群众，侵犯人权，侵吞国家财产，损害群众利益，甚至任意捕人，刑讯逼供，捆绑吊打；有的还收受贿赂，贪赃枉法，草菅人命。这些干部违法乱纪的恶劣行为，严重地挫伤了广大人民群众的社会主义积极性，已经成为加快实现四个现代化步伐的一大障碍。我们一定要迅速制定有关惩治这类恶劣现象的法律、法令，教育广大干部一定要遵守宪法和法律，严格依照法律规定办事，正确执行国家的政策，实事求是，不得弄虚作假，不得利用职权牟取私利。对于那些违法乱纪、屡教不改的人，必须绳之以法。

当前妨碍依法办事的思想主要有两个：一是认为有些法律、法令、条例的部分规定已不适合今天的实际需要，因而不能再以它作为量刑判案的标准；二是有些干部和群众觉得依法办事"束手束脚"，"麻烦"。应该看到，社会主义法律应该随着社会主义革命和建设事业的发展，适应变化了的情况，由立法机关加以必要的修改、补充或废除。这是完善和加强社会主义法制所必需的。但是，在现有的法律、条例和法令尚未修改或废除，还没有以新的法律、条例和法令取代之前，还必须遵守现有的法律、条例和法令。否则，国家机关和公民就会失去共同的法律规范和行为准则。法律从来不会束缚统治阶级的手脚，只是对于统治阶级中那些违法犯法的成员才是一种压力和束缚。因为个人的意志不能代替阶级的意志，任何统治阶级成员的违法犯法行为都是损害整个统治阶级的利益。因此毛主席教导说："按照法律办事，不等于束手束脚"，强调："要按照法律放手放脚"。至于依法办事必须一丝不苟地履行各种必要的法律程序，这根本不是什么"麻烦"，而正是法律严肃性的正当要求，其目的就是为了避免或少犯错误，避免或少出冤错案件。马克思曾经说过：审判程序"是法律的生命形式"。只有严格履行法定程序，切实依法办事，才能真正保障人民的合法权益。这是完善和加强我国社会主义法制的一项重要内容。

真正做到有法可依，有法必依，是达到天下大治，加快实现四个现代化的必要前提条件。我们一定要在党中央的领导下，大力加强社会主义法制建设，尽快在广大干部和群众中蔚成遵纪守法的良好风气，并使之形成优良传统，留给我们的子孙后代。

（刘海年　陈春龙原载《北京日报》1978 年 12 月 5 日）

依法办事还是依长官意志办事？

一九六二年，毛主席指出："不仅刑法要，民法也需要，现在是无法无天。"今天，时间虽然过了十六年，但无法无天的现象仍在一些地方存在。这些现象中，有一种就是不按照法律办事，凭长官意志办事，领导人出口成法的混乱现象。领导人说的话就是法，违背了就是违法犯法，就要受到从打击压制直到判刑坐牢等各种处分。这是一种破坏社会主义法制、危害无产阶级利益的有害现象。

无产阶级专政的历史说明，工人阶级夺取政权以后，劳动人民虽然当了国家的主人，但在一个相当长的时期内，由于社会生产力发展水平和劳动群众文化水平、觉悟程度的限制，不可能所有的人都直接管理国家，而只能由他们中间政治上、文化上先进的分子，来代表他们行使管理国家的职权。这是无产阶级专政过程中不可避免的历史现象。

这些先进分子，也就是我们通常说的党和国家的干部。他们是人民的宝贵财富，是革命和建设事业的带头人，一般都具有较高的政治觉悟和思想水平。党的方针政策和国家的法律、法令是通过他们去贯彻实现的。既然无产阶级专政建立以后的一个时期内，劳动人民是通过国家干部来为他们管理国家，那么，领导人的指示，下级应该执行，领导人说的话，一般也要听。不这样，国家机器就无法运转，一切工作就无法进行。但是，另一方面，正因为人民群众是通过他们的代表来管理国家，于是就产生了一个如何监督这些代表，使他们不官僚化，不变为"脱离群众，站在群众头上的特权者"的问题。为了解决这个问题，马克思主义从理论上和实践上提出了一系列措施。其中重要的一条，就是要加强社会主义法制，真正做到严格地、切实地依照法律办事，而不能只凭长官意志办事，由领导人说了算。

法律是统治阶级意志的表现。这个意志是指整个阶级的意志，而不是任何个人和集团的意志，不是某个长官的意志。法律的内容是由统治阶级长远的和全局的利益决定的，它为统治阶级的利益服务，如无产阶级的法律就只能为无产阶级和全体劳动人民的利益服务，而不是为某些集团或个人的私利服务。法律是由国家立法机关经过一定程序制定的，在全国范围是统一的，而不能各个地方自搞一套，五花八门，各行其是，更不能把个别领导人的话当做法。辩证唯物主义认为，世界上的任何事物都是一分为二的，人也总是既有优点又有缺点。正如毛主席指出的那样，"金无足赤，人无完人"。任何领导同志说的话，有对的，也可能有不对的，即使是对的，还有具体时间、地点和条件的限制，也有不够全面和完善的地方。所以，不分具体情况，把他们说的话当法，势必会在实践中造成不良后果。而只有按照法律办事，才符合党和国家的要求，符合人民群众的根本利益，有利于无产阶级的革命事业。

毛主席教导我们，对上级负责和对人民负责是一致的。有些同志却把对上级负责和对群众负责割裂开来。他们只讲对上级负责，不讲对群众负责；只看上面领导人的脸色，不管下面群众的呼声；只凭长官意志办事，把国家法律抛在脑后，有的甚至屈从上面的非法要求，执法枉法，趋炎附势，助纣为虐。他们认为自己的一切都是顶头上司给的，因而一切行动都要以顶头上司的意志为转移。这些同志把我们的上下级关系，实际上看成一种剥削阶级的人身依附关系。所以，按照法律办事还是按照长官意志办事的问题，又是一个肃清剥削阶级的旧思想、旧作风和旧传统影响的问题。

在封建社会，皇帝被说成是上天的代表，他的权力是神灵授予的。因此他开口就是圣旨，出言即是法律。敢有冒犯龙颜者，即是大逆不道，罪该万死。我们是社会主义国家。我们党和国家的干部不是封建官僚老爷，而是人民的勤务员。"我们的权力是谁给的？是工人阶级给的，是贫下中农给的，是占人口百分之九十以上的广大劳动群众给的。"我们的领导人切不可掌了权忘了法，有了权不守法，把自己的话当成法。

列宁指出："但是法制只能有一种，而我们的全部生活中和我们的一切不文明现象中的主要弊端就是纵容古老的俄罗斯观点和半野蛮人的习惯，他们总希望保持同喀山省法制不同的卡卢加省法制。"① 我们也有列宁指出的这种"放任的半野蛮式的习惯"。一些地方和单位的领导人，随意违反中央政策和国家法律，制定各种"土法律"、"土政策"，强制施行。有的根本没有维护和遵守社会主义法制的观念，无视人民的民主权利不可侵犯的原则，把自己的意志凌驾于国家法制之上，把自己的话当成"法律"。这是当前加强法制中所要解决的一个重要问题。

不依法办事，只凭长官意志办事的恶劣作风，在政法实践中会带来严重恶果。没有法只听领导人的，办案就没有尺度，量刑就缺少标准。同样的问题，有的认为是犯罪，有的认为不是犯罪；同样的情节，有的判得轻，有的判得重。各行其是，乱搞一气。这样就会伤害好人，侵犯公民的合法权利。前几年，江青一说某人有问题，不管有无事实，就得立案审查；江青一宣布某人是特务，不问有无证据，就铁板钉钉，永远定案。"四人帮"的胡作非为伤害了许多好的同志。这个教训告诉我们，法制不健全，不依照法律办事，而由领导人说了算，按长官意志办事，就会给阶级敌人留下可乘之隙、方便之门，人民就要受到危害，革命就会遭受损失。

伟大领袖毛主席教导我们的各级干部"一定要守法，不要破坏革命的法制"②，要坚持党的集体领导原则，反对个人专制、个人独裁。我们要按照毛主席的教导，坚决依法办事，克服一切个人专断的坏作风，为加强社会主义法制而努力。

（陈春龙　刘海年原载《湖北日报》1978 年 12 月 23 日）

群众运动也要遵守社会主义法制

干部要守法，群众也要守法，这是大家清楚的，但对无产阶级专政条

---

① 《列宁全集》第 43 卷，人民出版社 1987 年版，第 195 页。
② 《毛泽东文集》第 7 卷，人民出版社 1999 年版，第 197 页。

件下，党领导的群众运动是否要遵守社会主义法制却有不同看法。有人认为，搞群众运动不能有条条框框，可以不受法制的约束。

这样就提出一个问题，即革命群众运动与社会主义法制是什么关系？我们认为，这两者是相辅相成、辩证统一的关系，而绝不是相互对立的关系。马克思主义认为，人民群众是历史的创造者，社会主义革命和建设是群众的事业，必须相信群众、依靠群众、发动群众，坚定地走群众路线，包括在必要的时候大搞群众运动才能胜利完成。而社会主义法制是根据社会主义革命和建设经验制定的，是社会主义革命与建设的重要工具，是革命群众运动健康开展和取得胜利的保障。同时，革命群众运动的开展，又不断为社会主义法制的健全和发展提供新的经验，使之逐步完善和加强。正是因为如此，毛主席在领导中国革命和建设的实践中，历来重视革命群众运动的作用，但也十分强调要依法办事，"一定要守法，不要破坏革命的法制"[1]。我国二十多年来社会主义革命和建设的实践也证明，大搞群众运动与遵守社会主义法制并不是矛盾的。解放后，我们党领导开展的一系列政治斗争和革命群众运动，如"土改"、"镇反"、"三反五反"，对农业、手工业和资本主义工商业的社会主义改造等，都是根据《共同纲领》和一九五四年制定的《中华人民共和国宪法》的精神进行的，它们又促进了我国法制建设。如《惩治反革命条例》、《惩治贪污条例》等曾经作为我国刑事审判重要依据的单行法律，就是在总结镇压反革命运动，反贪污、反浪费、反官僚主义运动斗争经验的基础上制定的。有关农业合作化章程、私营工商业社会主义改造条例等，也都是在总结我国农业集体化和私营工商业社会主义改造的经验基础上制定的。

但是，林彪、"四人帮"为了篡党夺权的反革命需要。一方面借群众运动之名践踏社会主义法制；另一方面又通过破坏社会主义法制来镇压革命群众运动。这给人们的思想造成了极大混乱。毛主席在《湖南农民运动考察报告》一文中说："革命不是请客吃饭，不是做文章，不是绘画绣花，不能那样雅致，那样从容不迫、文质彬彬，那样温良恭俭让。革命是暴动，是一个阶级推翻一个阶级的暴烈的行动。"毛主席在这里讲的是农民

---

[1] 《毛泽东文集》第7卷，人民出版社1999年版，第197页。

阶级推翻封建地主阶级统治的人民大革命。面对着手中掌握庞大国家机器的地主阶级政权的镇压，革命农民当然不应受地主阶级的法律限制，而应直接诉诸武力，用革命暴力来砸碎自己身上的枷锁。林彪、"四人帮"却不顾历史条件的变化，别有用心地把它搬用到无产阶级专政条件下的群众运动中来。特别是在"文化大革命"中，他们接过革命口号，鼓吹群众运动"天然合理论"，胡说"群众想怎样干就怎样干"，到处煽动无政府主义和资产阶级派性，大搞什么"层层揪"，什么"夺权斗争"，同时，把我国的宪法，法律、法令、条例统统说成是"封资修的东西"、"旧框框"、"旧条条"，实行"彻底砸烂"，致使从中央到地方许多国家机关受到冲击，不少处于瘫痪状态。然后，"四人帮"又接过"群众专政"的口号，加以篡改，用以进一步破坏社会主义法制，对广大革命干部和群众实行法西斯专政。

由于"四人帮"的干扰破坏，有的人对什么叫群众运动产生了模糊观念，以为搞打砸抢，抓人抄家搞武斗也是群众运动的产物。这实在是中了"四人帮"的流毒。其实，真正的革命群众运动总是根据党规国法办事的。那种无视社会主义法制的所谓群众运动，无论打着多么革命的旗号，都是同广大群众的根本利益和愿望相违背的，都不是真正的群众运动。像林彪、"四人帮"挑起的全面内战，大规模武斗，抓走资派，搞什么"评《水浒》"，什么"评法批儒"，等等，纯粹是对群众运动 的亵渎和污辱！而真正的群众运动则遭到林彪、"四人帮"的残酷镇压。一九七六年发生在天安门广场的悼念周总理、讨伐"四人帮"的伟大革命群众运动，遭受"四人帮"镇压就是其中的一例。这就彻底撕掉了"四人帮"是什么"群众运动的支持者"、"群众运动领袖"的伪装，暴露了他们是践踏社会主义法制，镇压群众运动的刽子手的真面目。这样，就从正反两方面告诉我们，革命群众运动不仅要从始至终遵守社会主义法制，而且还要受社会主义法制的检验。

社会主义法制是我国社会经济基础的上层建筑，它必然要随经济基础的发展而变化。所以我们以后还会遇见这样的情况：革命形势的发展暴露了我国法律的某些弱点，或者随着社会主义革命和社会主义建设的深入发展，我国的某些法律的局部甚至全部变得陈旧了，我们国家的立法机关就要及时修改、补充原有的法律、法令，或制定新的法律。但是，为了保持国家法律的尊严，在没有修改或制定新法之前，一切国家机关、群众团体或个人都应照章办事，不得以什么群众运动为借口破坏国家法制。

（刘海年　陈春龙原载《河北日报》1979 年 1 月 2 日）

加强对青少年的法制教育

加强对青少年的法制教育，是当前进行社会主义法制教育的一个极其重要的方面。

伟大领袖毛主席历来十分关心我国青少年的健康成长，对年轻的一代寄托了殷切希望。一九五七年，毛主席对青年们说："世界是你们的，也是我们的，但是归根结底是你们的。你们青年人朝气蓬勃，正在兴旺时期，好象早晨八、九点钟的太阳。希望寄托在你们身上。"解放以来，在党和毛主席的教育下，我国青少年苗壮成长，在社会主义革命和建设中发挥了积极作用。他们立场坚定，旗帜鲜明，热爱劳动，遵纪守法，助人为乐，受到人民群众的赞扬。在我们党同"四人帮"反党集团进行严酷斗争的关键时刻，不少革命青年不怕鬼，不信邪，挺身而出，与"四人帮"展开了英勇的斗争，为广大青年和全国人民树立了学习的榜样。但是，另一方面，我们也必须看到，这些年来，由于"四人帮"的毒害和影响，在一些青少年中，对国家的前途，革命的理想，共产主义的道德品质，都不关心了。有的青年思想空虚，胸无大志，一味追求资产阶级的生活方式，满足个人的私欲；有的调皮捣乱，损人利己，损公肥私，不讲社会公德，不守公共秩序；有的打架斗殴，拦路行凶，为非作歹，无法无天；有的青少年以为出身好，放弃思想改造，沾染了流氓习气，走上犯罪道路；有的自以为"小错不断，大法不犯，气死老师，难住法院"。凡此种种，不但影响了青年一代的健康成长，而且严重地破坏了社会秩序，影响了革命和建设的顺利进行。

当前社会治安问题的重要特点，就是青少年危害社会治安、违法犯罪

的比率较大。这是林彪、"四人帮"流毒影响造成的恶果。他们长期以来
践踏社会主义法制，破坏教育、文艺、出版、宣传以及共青团和少先队的
工作，严重地影响了对青少年的培养和教育。他们指鹿为马，混淆黑白，
把丑恶的东西说成美好的东西，欺骗和毒害青少年。他们宣扬什么"读书
无用论"、"小节无害论"、"青少年犯法无罪论"，煽动无政府主义，污蔑
合理的规章制度是"管、卡、压"、"紧箍咒"，遵守革命法制和革命纪律
是"资产阶级的俘虏"、"奴隶主义"、"小绵羊"，胡说打砸抢是"革命行
动"，捣乱破坏是"反潮流精神"。张春桥甚至无耻地教唆青少年打群架，
胡说"这样的青年可能有长处"，"打起仗来勇敢"。林彪、"四人帮"就
是腐蚀、毒害青少年的最大教唆犯。

　　青少年时期是一个长知识、长身体的时期。他们缺少社会经验，世界
观正在形成，可塑性很大。目前存在的青少年中法制观念淡薄，违法犯罪
行为严重的问题，根子在林彪、"四人帮"。但是这些年来，由于我们工作
中的缺点、错误，对青少年法制教育薄弱，也是青少年犯罪增多的一个原
因。因此，在当前加强社会主义法制的过程中，要特别加强对广大青少年
的守法教育。报纸、刊物、广播等部门在进行社会主义法制的宣传中，都
要有适合青少年特点的遵纪守法教育的内容，学校也应适当增设一些法制
教育课程，向学生灌输社会主义法制的基本知识，使广大青少年弄清楚什
么是合法的，什么是非法的，什么是正确的，什么是错误的，什么是共产
主义道德，什么是资产阶级思想，什么是革命友谊，什么是江湖义气，什
么是革命行动，什么是违法犯罪行为，以及违法犯罪行为一定要受到制
裁，等等。让青少年从思想上分清是非，拨乱反正，加强法制观念，养成
遵纪守法的习惯。

　　在对青少年进行法制教育的过程中，我们一定要坚持以教育为主的方
针，除少数非惩办不可的以外，对他们中的多数应当加强教育挽救，要采
取多种形式对不守法纪的青少年进行深入细致的思想教育工作。最近，有
的地方在整顿社会治安的过程中，恢复了工读学校，对那些有扰乱社会治
安行为，学校难以管理，但又不够法律处分的学生，集中起来进行管理教
育。经过工读学校教育改造，表现较好的，仍可转到一般学校继续学习，
不影响分配和升学。实践证明，恢复工读学校，是对这类青少年进行法制

教育的一种行之有效的好形式。

在加强对青少年法制教育的同时，还应加强阶级教育、革命理想教育、革命传统教育和道德品质教育，丰富他们的业余文化生活，从各方面关怀他们的健康成长。我们党的各级组织、政法机关和共青团、工会、妇联等群众团体，以及家庭、学校、居民委员会等组织，都要紧密配合，积极协作，共同进行对青少年的社会主义法制教育。使我国的青少年一代树立社会主义的新风尚，沿着正确的道路健康成长，在实现四个现代化的伟大长征中，发挥应有的作用。

（陈春龙　刘海年原载《河北日报》1979 年 1 月 4 日）

政法机关必须依法办事

依法办事，是加强社会主义法制的中心环节。一切国家机关，特别是政法机关都必须严格遵守和执行法律，依法办事。这是实现新时期总任务的要求，也是我们国家机关的无产阶级性质决定的。

大家知道，我们的国家机关是保护人民、镇压敌人的工具。它必须经常保持同人民群众的密切联系，依靠人民群众，接受群众监督，坚决按法律办事，特别是公安机关、检察机关和人民法院，是国家的执法和司法机关，直接担负着实施法律、维护法律尊严的重要任务，因此，更应该严格地遵守法律，成为依法办事的模范。那种认为法律是给人民群众制定的，政法机关可以不受法律约束的思想，实际是剥削阶级思想的一种反映，必须坚决反对，坚决克服。

党的十一届三中全会公报指出："检察机关和司法机关要保持应有的独立性，要忠实于法律和制度，忠实于人民利益，忠实于事实真相，要保证人民在自己的法律面前人人平等，不允许任何人有超于法律之上的特权。"忠实于国家法律，是政法机关依法办事的前提。国家法律，是经过严格的立法程序，总结革命和建设的经验制定的。它反映党的政策，体现人民的利益。因此法律制定后，必须做到"有法必依，执法必严"，确切地按照法律规定办事，不许违反。在执行法律的过程中，如果发现个别法律、法规不适合当时当地的具体情况，就应该按照法律规定的程序，提请有关机关修改、补充。坚决反对一切随便不按法律办事的违法行为。同时，要求政法机关严格执行法律规定的审判制度和审判程序。这是政法机关依法办事的重要内容。公安、检察、法院三机关，必须按照国家为政法工作规定的严格制度和手续办事，各有分工，各司其职，互相配合，互相制约，以减少漏洞，避免错误。在审理案件的过程中，还必须遵守和履行公开审判、辩护、回避、陪审、合议、上诉、复核、审判监督等审判制度和程序。这些规定，是保证国家法律得到正确实施的必要措施。当前，恢复和发扬司法工作的优良传统，整顿和健全审判制度和程序，是加强社会主义法制的一个重要方面，我们必须认真进行。

要忠实于国家法律，依法办事，政法机关就必须坚持实事求是的原则，做到处理案件以事实为根据，坚持调查研究，走好群众路线，坚决反对主观臆测，反对逼供信，严格禁止肉刑。毛主席一贯教导我们：要重证据，重调查研究，严禁逼、供、信。敬爱的周总理指出：审判案件不能单凭口供，要有证据，有物证、人证、旁证，不能用逼供信的办法，也不能指供诱供，这样都会犯错误，冤枉人。逼供信是违反国家宪法和法律、破坏社会主义法制的行为。不仅政法机关，任何单位、任何人，搞逼供信都是不能允许的，都要严肃处理。借口动机是好的，要保护干部的积极性，而对搞逼供信的人放任袒护，实际上是纵容助长搞逼供信，既害人民，也害了干部。在林彪、"四人帮"干扰破坏下发生的冤、假、错案件，许多都同逼供信有直接关系，不少就是逼出来的、打出来的。当前，政法机关依法办事的重要方面，就是依据宪法和法律，依据中央的方针政策，认真复查和坚决纠正冤案、假案、错案，把遗留的问题切实解决好。这是拨乱反正、保护人民民主权利、促进安定团结的需要，是建成现代化社会主义强国的需要，是加强社会主义法制的实际步骤。我们要以对党对人民高度负责的精神，排除主观和客观上的种种阻力，彻底复查处理冤、假、错案。全错全平，部分错部分平，不抓辫子，不留尾巴。以实际行动恢复政法机关在人民群众中的威信，维护社会主义法制的尊严。

要忠实于国家法律，依法办事，政法机关还必须敢于同各种违法行为作斗争。这对于政法机关与政法干部是一场严峻的考验。我们是共产党的干部，是无产阶级的执法人员，是彻底地为人民的利益工作的。人民把执法的责任交给了我们，我们就要立场坚定，无私无畏，不屈从非法要求，不受物质引诱，秉公办事，执法严明；我们就要依靠人民群众，关心人民疾苦，为民请命，为民申冤，为民除害，同各种违法犯罪行为进行坚持不懈的斗争。在这方面，特别是在同林彪、"四人帮"的斗争中，不少同志旗帜鲜明，立场坚定，表现很好。可是有一些政法干部存在一种"宁左勿右"和"官不毁判"的错误思想，认为"遇事左三分，运动来了不担心"，因此办案处刑往往从严加重。有的怕否定自己，怕影响关系，明知案子判错了，也不"毁判"。这是受林彪、"四人帮"假左真右路线的流毒和剥削阶级旧法观点的影响。还有个别政法人员，执法犯法的现象也相当严重。武强县原公安局局长刘绍坛无视党纪国法，弄虚作假，欺上压下，擅自释放在押犯人，造成四人死亡、一人重伤的严重事件，极大地损害了国家和人民的利益。对这种执法犯法的行为一定要严肃处理，坚决刹住违法乱纪的歪风，把政法队伍进一步建设成为忠于党、忠于人民的战斗队伍，为实现新时期总任务，加快实现四个现代化作出新的贡献。

（陈春龙　刘海年原载《河北日报》1979 年 1 月 7 日）

给文艺工作者以法律保护

周恩来同志一九六一年《在文艺工作座谈会和故事片创作会议上的讲话》指出："现在有一种不好的风气，就是民主作风不够。"到了林彪、"四人帮"横行的时候，就不是民主作风不够的问题了，而是疯狂推行法西斯文化专制主义。他们祭起"文艺黑线专政论"的黑幡，横扫一切，大搞文字狱，制造了一桩又一桩的冤案，使我国优秀的文化艺术遭到空前浩劫，成千上万的文艺工作者惨遭迫害。他们之所以能随便把一个作品定为"毒草"，能随意给一个作家扣上"反党"、"反革命"的罪名，动用"合法"和非法的手段进行残酷的人身迫害，一个十分重要的原因，就是社会主义法制不健全，文艺工作者的创作权利和人身自由得不到法律保障。因此，健全社会主义法制，是繁荣社会主义文艺，使文艺工作转到社会主义现代化建设需要的重要条件之一。

文艺工作者的创作权利，主要是指创作自由。我国宪法规定：公民有言论、出版的自由，有进行文学艺术创作和其他文化活动的自由。这就为文艺工作者的创作权利提供了最高的法律保障。文艺创作是一种精神生产。丰富多彩的现实生活，决定了这种精神生产的复杂性，决定了题材的广泛多样。同时，文艺创作又是一种个人劳动，要容许有个人的自由，发挥创作个性。只有发扬文学艺术民主，尊重文艺发展的客观规律，才能使文艺园地万紫千红，百花争艳。而"四人帮"则为文艺创作设置了重重"禁区"：只能歌颂，不能暴露；只能写阶级斗争，不能写家庭和爱情；只能写敌我矛盾，不能写内部问题，等等。他们禁锢人们思想，禁锢创作灵感，禁锢现实生活，把文学艺术的创作引上了绝境。这一切是直接违反国家宪法关于创作自由的规定的。"违宪"在现代国家被看作是天大的事情。但"四人帮"横行时，却不值一提。可见维护宪法和法律的尊严，坚决依法办事，学会利用法律的规定来保护自己的合法权利，对于文艺工作者来说，是十分必要的。

正确地评论文艺作品，是保障文艺工作者创作权利的一个重要方面。金无足赤，人无完人。再好的文艺作品也不可能天衣无缝、尽善尽美。开展文艺批评，对于作品的提高、作家的进步和文艺的繁荣是有益的。问题是这种批评必须摆事实、讲道理，而不能主观武断、粗暴从事。尤其不能乱扣帽子，动不动就给人判处"反党"、"反革命"的罪名。"文化大革命"中被斗争、被关押、被判刑的文艺工作者，绝大多数不是因为触犯了国家法律，而是因为他的某一篇文章或某一部作品，不符合"四人帮"的旨意，被说成是"为机会主义分子树碑立传"、"歌颂错误路线"、"影射攻击毛主席、党中央"，而被打成"反党"、"反革命"的。

什么是反革命罪？我国法律规定：凡是以推翻无产阶级专政的国家政权为目的，破坏社会主义革命和社会主义建设的行为，构成反革命罪。什么是反党呢？法律上没有这个罪名，它是一个政治概念。这个概念的内涵是复杂而不易确定的。那个同林彪、"四人帮"关系密切、掌握大权的人，在党的八届十中全会上，诬陷小说《刘志丹》"影射"、"翻案"，"利用小说、文艺的方法反党"。他欺骗毛主席，硬是把《刘志丹》打成"反党小说"，开创了用"反党"的罪名消灭作品，迫害作家，摧残革命文艺事业的恶劣先例。政治斗争和人事变动是经常发生的，以此来评价文艺作品，怎么可能带来文艺的繁荣和昌盛呢！所以，给作品和作家治罪，也要像给其他人治罪一样，一律适用法律的标准，采用法定的罪名。凡是以推翻中华人民共和国为目的而进行宣传煽动的作品和作家，以反革命论处。不是这种情况的，就不能以此罪名非法予以处断。

这里，有必要谈一下利用文艺形式影射攻击的问题。这是"四人帮"摧残文艺的一根大棍子。有没有利用文艺搞影射攻击的呢？有的，但绝不是比比皆是。"四人帮"是搞影射的专家里手，利用史学、文艺等形式搞影射攻击，更为他们所擅长。可是，这些独出心裁、伤神费力的影射，对于"四人帮"篡党夺权的大业到底能起多大作用呢？共产党人是襟怀坦白的，有话直说，不搞影射。如果说在人民内部，在群众中间，也有采用此迂回的形式来表达自己的看法的话，那正是党内民主生活和国家民主生活不够正常的表现，是在缺乏民主的情况下，人民群众为维护自身的权利、伸张正义而进行斗争的一种手段。本来人民依据宪法的规定，是有言论自由的。人民是国家的主人，有对国家政治、经济等大事及所关心的一切问题，发表看法和见解的权利。真正保证人民享有这种自由和权利，就无须采用影射的形式。从另一方面说，只要我们代表人民的利益，符合人民的要求，真正是为人民服务和工作的，那根本就不怕批评，不怕攻击，更不怕影射。"四人帮"之所以害怕影射，正是因为他们代表的是一小撮人的私利，与广大人民群众的意志是背道而驰的。他们神经过敏，草木皆兵，牵强附会地把许多小说、电影、戏剧和绘画打成"影射攻击"的"大毒草"，实行"全面专政"。这是他们心虚怯懦的反映，必然导致垮台的下场。

文艺创作的源泉来自人民，人民应该是评论文艺作品的主人。一部小说、一部电影、一张绘画的好坏功过，应该由群众作出结论，而不是少数人说了算。要真正实行宪法关于人民管理文化事业的规定，要制定和健全具体的法令、条例和制度，使宪法的规定能够落实，使人民群众能实际地行使这种权利。至于判断作品和作家是否犯法有罪，更是只能依据国家法律，既不能根据"长官意志"，也不能根据五花八门的"土法律"和"土政策"。作家犯了法，当然要问罪。但也要像对待一般人一样，按照法律的规定，履行必经的法律程序，通过国家司法机关进行审理。审理时，同样的事实清楚，证据确凿，允许辩护，罪责自负，不得株连。对挟嫌诬告，罗织人罪，打击陷害的，要以诬陷罪论处。不能凭一篇"批判"文章就给作品和作家定罪。

批判的武器是应该采用的。但是，这种批判，应该是充分说理的，有分析的，有说服力的，而不应该是粗暴的、官僚主义的，或者是形而上学的、教条主义的。林彪、"四人帮"搞的"革命大批判"不只是粗暴的、形而上学的，而且是法西斯的。他们蛮横无理的"批判"一种观点，否定一部作品，而绝不允许别人申辩。不光是本人不能申辩，读者也不能替被"批判"的作品说句公道话。桑伟川同志不同意"四人帮"对小说《上海的早晨》的诬蔑，"四人帮"及其党羽便倚势欺人，兴师问罪，制造了骇人听闻的"桑伟川事件"；丁学雷的一篇"批判"文章，就把《上海的早晨》打成"复辟资本主义的大毒草"，作者被隔离审查七年之久，发表不同意见的评论者桑伟川同志则被戴上"现行反革命分子"帽子，关进监狱。这哪是什么批判，分明是法西斯镇压！对于这种侵犯人权、破坏法制的恶劣行径必须坚决杜绝，永远禁止。

历史的经验说明，在文艺领域也像在其他领域一样，光有党的政策是不够的，还必须健全和制定文艺方面的法律和制度，给文艺工作者的创作权利、人身安全和合法权益以切实的法律保障。因此，健全国家法制，研究解决如何保证给文艺工作者以法律保护，保证文艺界自由地进行民主的讨论，促进社会主义文艺事业的繁荣发展，给为实现四个现代化而努力奋斗的人民群众提供精神食粮，是摆在我们面前的重要课题。

（陈春龙　刘海年原载《光明日报》1979 年 2 月 16 日）

充分发扬民主　严格遵守法纪

　　近来，在个别地方出现了少数人聚众闹事，妨碍生产，冲击机关和围攻干部的错误行为。对此，产生了不同的看法：一种是这些人自认为这是行使他们的民主权利，无可非议。很显然，这种看法是完全错误的。还有一种是，有人认为这种错误行为的产生，是由于提倡发扬民主"过头"了，因而应当"刹车"。这种看法也不正确。那么，怎样回答这个问题才是正确的呢？

　　要正确回答这个问题，就要根据马克思主义关于民主和法制的原理来加以科学的分析。

　　大家知道，我们的国家，是无产阶级专政的社会主义国家，社会主义公有制经济关系使得我们党和国家领导下的各级组织及其领导人，对社会政治、经济、文化乃至生活，实行全面管理，有着很大的权力。正是由于这种情况，所以毛泽东同志非常重视发扬党内民主和人民民主，并把它提高到能否保持我们国家的无产阶级性质的高度来认识。他说："在我们国家，如果不充分发扬人民民主和党内民主，不充分实行无产阶级的民主制，就不可能有真正的无产阶级集中制。没有高度的民主，不可能有高度的集中，而没有高度的集中，就不可能建立社会主义经济。我们的国家，如果不建立社会主义经济，那会是一种什么状况呢？就会变成修正主义的国家，变成实际上是资产阶级的国家，无产阶级专政就会转化为资产阶级专政，而且会是反动的、法西斯式的专政。"林彪、"四人帮"横行时，在他们控制的地区和单位，人民的民主权利被践踏，社会主义民主制度遭破坏，无产阶级专政变成封建法西斯专政的事实，证明了毛泽东同志的论断是完全正确的。

　　粉碎了"四人帮"，从根本上扫除了发扬民主的种种障碍，去年开始的关于"实践是检验真理的唯一标准"问题的讨论，进一步促进了全党同志和全国人民的思想解放，在发扬党的民主传统，健全人民民主生活方面，出现了许多新气象："四人帮"设置的种种禁区正在一个个被打破；广大群众心情愉快，畅所欲言，揭发坏人坏事，反映各种问题，提出各种建议；报刊上大力宣传党的政策，公开报道平反冤、假、错案，揭露侵犯民主权利和违法乱纪的典型事例，等等。一个又有集中又有民主，又有纪律又有自由，又有统一意志，又有个人心情舒畅、生动活泼的那样一种政治局面正在形成。这对我国的社会主义现代化建设事业，不仅是良好的开端，而且也是胜利和成功的预兆。所以，那种一见发生少数人聚众闹事，便把这些错误行为的出现同提倡发扬民主连在一起，认为"过头"了，要"刹车"的看法是不正确的。

应当看到，就多数问题的直接或间接起因来说，是林彪、"四人帮"推行"左"倾路线，长期干扰破坏造成的。在他们猖獗时期，制造了大量冤、假、错案，打击迫害大批革命干部和群众；严重阻碍了工农业生产发展，使广大人民群众吃、穿、住长期停留在很低的水平；党的优良传统被败坏，不少工作人员身上沾染了官僚主义习气，形成了不正之风。凡此种种，都使得我们今天面临的问题成堆，一时不可能全部解决。在这种情况下，极个别人由于林彪、"四人帮"煽动的无政府主义和打砸抢的严重影响，提出一些无法满足的要求，无理取闹，有的甚至采用"四人帮"使用的手段，来对付自己的国家和人民。总之，无论从这些问题起因的客观方面，或从参与闹事的一些人的主观方面看，我们都可以看到是林彪、"四人帮"的流毒影响造成的，并非由于发扬民主坏了事。

现在，在发扬民主的问题上，不是什么"过头"了，而是从广度或深度讲都还很不够。这不仅因为官僚主义者家长式的领导、命令主义和封建衙门式的管理方法在现实生活里几乎到处可见，改变这种状况需要花很大气力，进行长期的斗争，同时还由于我们所说的民主是社会主义民主，不能把这种新型的民主理解为人民只是在一些好的领导人的治理下享受劳动、教育、社会保障等权利，而是要求人民真正地参加国家管理。列宁指出："苏维埃政权依靠劳动者，依靠全国绝大多数人，给他们以管理家的权利。"毛泽东同志也指出，劳动者管理国家、管理各种企业、管理文化教育的权利，是社会主义制度下劳动者最大的权利，是最根本的权利，没有这个权利，就没有工作权、受教育权、休息权，等等。正是根据马列主义、毛泽东思想的基本原理，我国宪法规定："国家坚持社会主义的民主原则，保障人民参加管理国家，管理各项经济事业和文化事业，监督国家机关和工作人员。"只要看看我国民主生活的现状，就会发现，要把这一规定完全付诸实施，还有很长的一段路要走。所以现在的问题，不是要搞什么"刹车"，而是要遵循党的十一届三中全会的精神，按照已经迈开的步子坚定不移地继续前进。只有这样，才能进一步巩固和扩大我国无产阶级专政的基础，只有这样，才能进一步破除迷信，冲破禁区，解放思想，发挥广大人民群众的聪明才智；只有这样，才能实行在民主基础上的集中，保证党和国家对社会主义革命和建设事业集中、统一、正确的领导；也只有这样，才能加速实现四个现代化的步伐。

那么，能不能像有些人说的那种聚众闹事、妨碍生产也是在行使民主权利呢？不能那样说。我们坚决主张发扬的是无产阶级的民主，绝不是资产阶级的民主，我们一方面要充分发扬无产阶级的民主，但是另一方面也坚决反对少数人借口行使民主权利而聚众闹事，危害社会秩序、生产秩序和工作秩序。世界上从来就没有什么抽象的、纯粹的、超阶级的、不要任何秩序的民主。那种聚众闹事、妨碍生产的行为，是违背国家和人民利益的，是错误的。列宁在《无产阶级革命与叛徒考茨基》一书中指出："……自由主义者自然只会讲一般'民主'。马克思主义者却永远不会忘记问一下：'这是哪个阶级民主？'"这就是说，我们一定不要忘记民主都是具体的、属于特定阶级的，要划清无产阶级民主与资产阶级民主的界限，要坚决反对以资产阶级无政府主义破坏社会主义秩序的行为。资产阶级民主同封建专制比较起来，在历史上固然是一个巨大进步，但在资本主义制度下，它只是对资产阶级才是实在的，对于穷人和被剥削者形式上似乎是"平等"的，允许享受某些权利，但实际上却是陷阱和骗局。所以它是狭隘的、残缺不全的、虚伪的。"四人帮"就其根本特征来说，是封建法西斯主义。但是，他们为了掩盖其反革命阴谋活动，在向党和人民进攻的时候，却往往打着什么"大民主"、"巴黎公社原则"、群众运动"天然合理"的旗号。他们所谓的"大民主"，说穿了就是煽动极端民主化和无政府主义，冲击领导机关，揪斗革命干部，大搞打砸抢抄抓，破坏工农业生产。如果有谁对他们及其帮派表示一点不满，稍稍行使一下自己的民主权利，轻者被监禁关押，重者生灵涂炭。事实深刻地告诉人们，反动阶级的民主权利对于广大革命人民究竟意味着什么！

无产阶级民主是绝大多数人的民主，是最高类型的民主。正如列宁所指出的：是"从资产阶级的民主转变为无产阶级的民主，从压迫者的民主转变为被压迫者的民主，从国家这个对一定阶级实行镇压的'特殊力量'，转变为由人民的多数——工人和农民用共同的力量来镇压压迫者。"正因为如此，他指出："无产阶级民主比任何资产阶级民主要民主百万倍。"我国解放后无产阶级和广大人民群众掌握了国家政权。这是有史以来我国人民第一次作为自己国家的主人行使民主权利。但是，由于林彪、"四人帮"的疯狂破坏，近十多年，我国社会主义民主原则遭到严重摧残，人民的住宅、人身、财产安全等受到侵犯，合法权利遭到公开践踏。华国锋同志为首的党中央粉碎了"四人帮"之后，党的民主传统才逐步恢复，人民的各项民主权利才有了保障，从而出现了一个安定团结的大好局面。这个安定团结的局面和民主空气是来之不易的，是广大人民群众在党的领导下付出了很大的代价争来的，我们必须很好地加以珍惜和保护。

实践告诉我们，对人民民主权利的侵犯，就人民内部来说，一方面来自党政机关干部中的某些人，他们由于身上的官僚主义和其他旧作风的影响，往往在履行职务时出现这样或那样的问题。正因为如此，党和毛泽东同志一贯强调干部要带头守法。我国宪法第十六条规定：国家机关工作人员，必须"模范地遵守宪法和法律"。党章和宪法还都规定，决不允许压制民主，压制批评，打击报复。但是，另一方面，某些人不守法纪，同样也会侵犯人民民主权利。事物都是相互联系的。如果某些人只顾个人利益，并为此采取过分的行动，而不顾国家的、集体的或他人的利益，就会妨害正常的生产秩序、工作秩序和社会秩序，那就不但违反了法制，而且也违反了民主，侵害了绝大多数人民的权益。以上两方面的行为，都应该受到坚决抵制。

（刘海年　陈春龙原载《长江日报》1979 年 3 月 12 日）

公民在法律面前一律平等

五届人大二次会议新制定的《人民法院组织法》第一章第五条规定："人民法院审判案件，对于一切公民，不分民族、种族、性别、职业、社会出身、宗教信仰、教育程度、财产状况、居住期限，在适用法律上一律平等，不允许有任何特权。"《刑事诉讼法》第一章第四条也规定，进行刑事诉讼，"对于一切公民，在适用法律上一律平等。在法律面前，不允许有任何特权"。这样，一九五四年我国宪法和人民法院组织法中，关于公民在法律面前一律平等的原则，又重新得到了肯定。"公民在适用法律上一律平等"包括两方面的内容：第一，所有公民的民主权利和合法利益都同样受到国家宪法和法律的保护；第二，所有公民都必须履行宪法和法律规定的义务，遵守宪法和法律的各项规定，没有任何超越法律之外或者凌驾于法律之上的特权。认真实行这一原则，将有利于密切干部和群众之间的关系；有利于加强全国各民族人民的团结；从而将进一步调动广大人民群众的社会主义积极性，为实现四个现代化服务。

过去，有人曾经把"公民在法律面前一律平等"说成"没有阶级观点"，"是资产阶级的东西"。现在，事实已经证明，这种说法在理论上是错误的，在实践中是有害的。

不错，"法律面前人人平等"这一思想，是十八世纪西方资产阶级启蒙学者最先提出的。这个思想的提出是为了反对封建王朝，反对封建特权，它代表了资产阶级革命初期社会上大多数人要求平等的愿望，对于启发人民革命意识，组织群众起来反对封建制度，夺取资产阶级革命胜利，具有进步意义。正因为如此，从一七八九年法国资产阶级革命产生的《人权宣言》开始，欧美等资本主义国家都相继把这一思想写进了自己的宪法和法律。但是，资产阶级所说的"法律面前人人平等"，一开始就有很大的虚伪性。尤其是当资产阶级利用人民的力量战胜封建阶级，夺取了政权之后，这一口号便成为掩盖其法律制度的阶级本质，欺骗劳动人民的工具了。

由上可见，"法律面前人人平等"这一思想一开始就是具体的，作为阶级斗争的口号提出的，世界上从来就不存在抽象的、纯粹的平等。既然如此，资产阶级可以用，无产阶级也可以用。历史告诉我们，无产阶级在反对资本主义私有制和资本的特权时，就曾把"平等"作为斗争的武器。恩格斯在《反杜林论》中指出：无产阶级的平等要求，是伴随资产阶级平等要求而出现的，"从消灭阶级特权的资产阶级要求提出的时候起，同时就出现了消灭阶级本身的无产阶级要求"。①无产阶级级革命胜利后，在人类历史上第一次实现了多数人对少数人的统治，因此，它敢于公开申明自己实行无产阶级专政，公开申明社会主义的国家法律是无产阶级和广大劳动人民的意志的体现。这样，它第一次赋予了"公民在法律面前一律平等"的思想以切实的意义。

那么，如何看待"公民在法律面前一律平等"同我国法律的阶级性之间的关系呢？我国的法律都是在党中央领导下，按照人民民主专政，民主集中制这个根本制度，在广泛发扬民主的基础上，由人民代表大会制定的。它既代表了全国人民的利益和意志，也集中反映了党的政策和主张。它所肯定的"公民在法律面前一律平等"的原则，从文字上看同资产阶级法律中的有关条文并无多大区别，但从本质上看，二者截然不同。我国社会主义法律中的这个原则，反映了我国工人阶级和广大劳动人民的利益和要求，产生并服务于社会主义的经济基础。以这一社会主义法律原则取代资产阶级法律的虚伪口号，是历史发展的必然。所以，决不能因为我国法律中关于法律面前人人平等的规定与资本主义国家的法律条文类似，就一言以蔽之曰"是资产阶级的东西"，那是形而上学的态度，是不符合马克思主义的。

否认"公民在适用法律上一律平等"，就意味着承认公民在法律面前不平等是正常的，在处理案件或处理问题时，可以因人适用不同的标准。这样，就会在司法实践中取消多年来行之有效的"以事实为根据，以法律为准绳"的原则，就会使国家法律和制度不统一，给违法乱纪分子以可乘之隙；就会给生产秩序、工作秩序和社会秩序带来极大的混乱。

前些年，当林彪、"四人帮"横行时，他们疯狂破坏社会主义法制，大抓"走资派"，把矛头指向一大批革命干部；大搞"革与保的斗争"，

---

① 《马克思恩格斯选集》第3卷，人民出版社1995年版，第447页。

把矛头指向反对他们的革命群众；极力宣扬反动的"血统论"，把矛头指向出身于非劳动人民家庭的人及其子女。他们不是把犯罪事实作为适用法律的依据，而是以所谓的"大方向"正确与否为标准，在家庭出身上做文章。这样，在法律面前不能人人平等，不能有效地打击犯罪，而且还造成某些人走上了犯罪的道路。新华社一九七九年二月五日关于《她为什么犯罪》的报道就告诉我们：如若公民在法律面前不是人人平等，某些或某一部分公民的民主权利和合法利益不能受到法律的保护，那将会带来多么严重的后果。

林彪、"四人帮"破坏社会主义法制的一个主要表现，就是他们大搞封建特权、将其权利凌驾于国家和法律之上，作威作福。由于他们的毒害和封建残余思想的影响，我们某些干部，甚至有少数高级干部也存在程度不同的特权思想。他们有意无意把自己置身于法律约束之外，并且不以为耻，反以为荣，甚至加以炫耀，在群众中影响极坏。为了有效地制止干部中的违法行为和克服特权思想，新的人民法院组织法关于公民"在适用法律上一律平等"的后面，规定了"不允许有任何特权"，《刑事诉讼法》也规定："在法律面前，不允许有任何特权。"这些规定反映了广大人民群众的意愿，有极其重要的现实意义。

我们认为，不管是什么人，出身劳动人民家庭的还是非劳动人民家庭的，是干部还是群众，是领导干部还是一般干部，其违法犯罪行为，都是对国家和人民利益的侵害。国家对犯罪行为的量刑，是以罪刑大小和对社会的危害程度为尺度的，而不取决于他们的阶级成分或社会地位。党和国家的干部，不论他资格多老，地位多高，功劳多大，都是人民的公仆，都是党的政策和国家法律的执行者。他们只有带头守法的义务，而没有破坏国家法律的权力。这些人犯了罪，是执法犯法、知法犯法，更无任何理由得到宽恕而不受惩罚。如若允许在适用法律上的不平等现象存在，社会上就会有一部分人处于法律约束之外，享受法外特权，他们就可以利用这种特权地位胡作非为。特权思想实质上是几千年来剥削阶级统治者思想的反映，是使我们的干部腐化堕落的思想，是破坏革命法制的思想，是腐蚀我们革命队伍的健康肌体、损害党政机关和人民的血肉联系的思想，我们必须批判它和肃清它。

我国历史上是一个封建专制主义统治了两千多年而没有民主传统的国家，虽然在新民主主义革命过程中和新中国成立以来，毛泽东同志为首的党中央曾为争取和保卫人民民主权利进行了坚持不懈的斗争，并取得了很大成绩，然而事实证明，旧传统的影响是根深蒂固的。林彪、"四人帮"就是继承了封建专制主义和封建特权制度的衣钵，妄图建立封建法西斯统治，从而给我们的国家和民族造成了空前浩劫。林彪、"四人帮"虽然垮台了，但封建残余的影响仍然是极其顽固的，要切实保证公民在法律面前平等的原则实现，绝非一件容易的事。不过，我们相信，在华国锋同志为首的党中央领导下，经过全国人民的不断努力，这一社会主义法制原则一定能够实现。

（刘海年　陈春龙原载《长江日报》1979 年 7 月 25 日）

革命法制保障人民权利的传统及经验

　　按：本文与常兆儒同志合写于 1978 年。我与兆儒同志 1965 年至 1966 年一起收集革命根据地法制资料的过程中，发现抗日根据地和解放区曾颁行诸多有关人权保障的法律文献，印象颇深，但思想却未能逗留。1976 年"四人帮"被粉碎，人们开始对"文化大革命"进行反思。我和兆儒同志商议，结合实际情况将革命根据地保障人权的历史经验予以阐释。初稿完成时，本拟用"革命根据地保障人权的传统及历史经验"为题，考虑当时一些主流媒体认为"人权不是无产阶级口号"，"人权是资产阶级口号"，经斟酌再三，《法学研究》1979 年第 1 期发表时，决定采用现标题。

　　新民主主义革命时期，党和毛泽东同志从领导开辟第一个农村革命根据地时起，就把创建革命法制作为政权建设的重要内容，注意运用法律武器打击敌人，惩罚犯罪，保护人民。在长期的斗争中，我国人民民主法制形成了保障人民权利的优良传统，并且积累了十分宝贵的经验。

一

　　革命法制作为"取得胜利并掌握国家政权的阶级的意志的表现"①，它的首要任务就是肯定革命斗争的胜利成果，从立法上确认人民的民主、自由权利和经济利益。

　　人民的民主权利包括多方面的内容，而最根本的则是人民群众有权管

---

　　① 《列宁全集》第 16 卷，人民出版社 1988 年版，第 292 页。

理国家，真正在国家生活中当家做主。1931年中华苏维埃第一次全国代表大会通过的《中华苏维埃共和国宪法大纲》，以根本大法的形式庄严宣布，工农民主政权属于人民，"在苏维埃政权下，所有工人、农民、红色战士及一切劳苦民众都有权选派代表掌握政权的管理"，"讨论和决定一切国家的地方的政治事务"。《宪法大纲》确定的人民民主原则，在其后《陕甘宁边区施政纲领》、《陕甘宁边区宪法原则》、《华北人民政府施政方针》等革命法律中不断得到丰富和发展。而且，为了保证其实现，根据地人民政权在法制建设中高度重视选举立法，建立和健全人民代表会议制度。

第二次国内革命战争时期，中央工农民主政权先后制定了《中华苏维埃共和国选举细则》、《选举委员会的工作细则》和《苏维埃暂行选举法》。当时，虽然处于白色政权的严重包围之中，"围剿"与反"围剿"的战争异常激烈，但是各级工农民主政权坚决实施这些法规，积极领导开展群众性的选举运动。仅1931年11月中华苏维埃第一次全国代表大会以后到1934年1月第二次全国代表大会的两年多时间里，就进行过三次民主选举。苏区人民踊跃参加，投票的选民占选民总数的百分之八十，甚至百分之九十以上。大批在斗争中成长起来的先进分子和优秀干部被选入各级苏维埃，从而建筑了苏维埃大厦的坚固基础。抗日战争时期，根据政治形势和阶级关系的变化，陕甘宁边区和各敌后抗日民主根据地相继颁行了新的选举法规，如《陕甘宁边区各级参议会选举条例》，《晋察冀边区选举条例》，晋冀鲁豫边区参议会、县参议会和村政权《选举条例》，《晋西北临时参议会议员产生办法》以及山东根据地各级参议会《选举条例》等。这些法规，充分体现了党的抗日民族统一战线政策，具有一些新的特点。如扩大了选举的普遍性，除极少数汉奸卖国贼和依法被剥夺政治权利的人以外，凡年满18岁的边区人民，不分阶级、党派、财产、职业、性别、民族、宗教信仰、文化程度，均有选举权和被选举权；采取普遍、直接、平等、无记名投票的选举制。陕甘宁边区把直接选举扩大到边区、县、乡各级，实行自由竞选。各抗日党派、群众团体，在不妨害选举秩序的情况下，可以提出候选人名单和竞选纲领，进行竞选运动。抗日战争时期，是我国民主建政蓬勃发展的重要阶段。各抗日根据地都把民主选举作为一件最重要的大事。陕甘宁边区政府响亮地提出了"民主政治选举第一"，指出："民主的第一着，就是由老百姓来选择代表他们出来议事管事的人。""如果有人轻视选举，或者说不要选举，那就是等于不要民主。不要民主，就等于不要革命。"① 从 1938 年至 1945 年，陕甘宁边区先后开展了三次规模巨大的边区、县、乡三级普选运动，200 万边区人民运用各种适合于自己情况的选举方法，选举自己信赖的人组成国家政权机关，代表他们行使管理国家的职权。

列宁说："只有承认和实行选举人对代表的罢免权，才能被认为是真正民主的和确实代表人民意志的机关。真正民主制的这一基本原则，"② 在根据地的选举立法中，这一原则得到明确的反映和肯定。《苏维埃暂行选举法》规定：代表"如有不执行自己的职务，违背选民的付托，或有犯法的行为"，"经过全体代表会议得开除之，选举该代表的选民，也有随时召回该代表之权，并得另行选举之"。1946 年《陕甘宁边区宪法原则》总结了根据地政权建设的历史经验，用根本法的形式进一步确认，各级代表对选举人负责，人民对各级政府有检查、告发及随时建议之权。"各级政府人员，违反人民的决议或忽于职务者，应受到代表会议的斥责或罢免，乡村则由人民直接罢免之"。

实行民主选举是人民管理国家的重要步骤，同时，还必须健全人民代表会议，使之充分发挥作用。在红色政权建立的最初年代，针对某些地方工农兵代表会议名不副实，党和毛泽东同志就强调要对这一新政治制度进行宣传，详定各级代表会议组织法。1931 年中央工农民主政府成立后，制定了《中华苏维埃共和国地方苏维埃暂行组织法（草案）》和《中华苏维埃共和国中央苏维埃组织法》，明确规定了中央和地方各级工农兵代表会议的性质、组成、任务和职权。一个新型政治制度的建立与巩固，关键在于奠定坚实的基础，这就是建设城乡苏维埃。当时毛泽东同志十分重视这一点，并亲自深入基层进行调查研究，总结长冈乡和才溪乡实行代表会议的成功经验，肯定了群众许多好的创造。当时，乡苏、市苏的代表按照住

---

① 1941 年 1 月 30 日《陕甘宁边区政府为改选及选举各级参议会的指示信》，见《抗日根据地政策条例汇集》陕甘宁之部（上），第 110 页。

② 《列宁全集》第 33 卷，人民出版社 1985 年版，第 102 页。

地同选民建立固定联系（一个代表通常联系 30 至 70 人），及时听取和反映群众的意见与要求，使代表机关同人民群众紧紧地联结在一起。抗日战争时期，人民代表会议制度（当时称参议会制度）有了进一步的发展，它包括了各抗日阶层、党派和各民族的进步人士，具有更加广泛的代表性；重视依照法律规定按期开会议事，陕甘宁边区 1939 年初至 1944 年末，召开了两届共三次边区参议会，制定了许多重要法律，议决了一系列为人民兴利除弊的重大问题，为中外所瞩目；设立并健全了代表会议的常设机关，陕甘宁在边区和县两级设立了参议会常驻委员会，晋察冀在边区一级设立了参议会驻会议员办事处，在大会闭会期间代表参议会执行任务，监督同级政府实施大会的各项决议，并在必要时有权决定紧急事宜。解放战争时期，在贫农团和农会的基础上由选民直接选举产生的区村（乡）两级人民代表会议，揭开了解放区政权建设的新篇章。毛泽东同志称赞这"是一项极可宝贵的经验"①，并且指出："在区村两级人民代表会议普遍地建立起来的时候，就可以建立县一级的人民代表会议。有了县和县以下的各级人民代表会议，县以上的各级人民代表会议就容易建立起来了。"② 之后，各解放区普遍掀起了民主建政的热潮，使人民代表会议伴随解放战争的胜利推进，在越来越广阔的地区直至全国范围建立起来，成为我国人民行使当家做主权利的根本的政治制度。

党和根据地政府还重视从法律上切实保障人民的人身自由。1931 年 12 月，中华苏维埃共和国中央执行委员会发布的第六号训令指出："要坚决的迅速的建立革命秩序，使革命群众的生命权利和一切法律上应得的权利，得到完全的保障。"抗日战争和解放战争时期，根据地人民政权在施政纲领等重要法律文件中明确载有保护人身权利的专门条款。如《陕甘宁边区施政纲领》规定：保证一切抗日人民的"人权、政权、财权及言论、出版、集会、结社、信仰、居住、迁徙之自由权，除司法系统及公安机关依法执行其职务外，任何机关部队团体不得对任何人加以逮捕审问或处罚"。同时，还制定了一系列保障人权的专门法律，主要有：1942 年 2 月

---

① 《毛泽东选集》第 4 卷，人民出版社 1991 年版，第 1308 页。
② 同上书，第 1309 页。

《陕甘宁边区保障人权财权条例》、1942 年 11 月《晋西北保障人权条例》、1940 年 11 月《山东临时参议会人权保障条例》、1941 年 11 月《冀鲁豫保障人民权利暂行条例》、《修正淮海区人权保障条例》（抗日战争时期颁发，具体日期不明）、1948 年 4 月《哈尔滨特别市政府布告——为禁止非法拘捕审讯及侵犯他人人权等行为事》、1948 年 8 月《豫皖苏边区行政公署关于切实保障人权给各级政府的训令》。上述法律文件所说的人权，主要是指人身权利。它们着重规定：司法机关和公安机关逮捕人犯应有充分证据，依法定手续进行，逮捕人犯必须持有逮捕状、拘票或证明文件，被逮捕者有权索阅，逮捕人犯不准施以侮辱、殴打及刑讯逼供；司法机关受理民事案件，非抗传或不执行判决及有特殊情形时，不得扣押；非司法或公安机关以及部队、团体或个人，捕获现行犯时，须在 24 小时内连同证据送交有检察职权的机关或公安机关依法办理，接受犯人之上述执法机关应于 24 小时内侦讯；禁止任何机关、团体、学校、工厂、商店乱捕、乱押、私自审讯和处罚，或者不按司法手续，召开带有侵犯人权性质的任何斗争会；处决人犯必须依照法定批准程序办理；等等。制定专门法律保障人民的人身权利不受侵犯，是根据地法制建设的一项重要历史经验。

　　革命法制作为上层建筑，它的终极目的在于保护和发展社会生产力，促进经济的繁荣和人民物质文化生活水平的提高。因此，保障人民的经济权利和合法利益，是它的一项主要内容和重要任务。根据地人民政权据此制定劳动法规，用以保障工人的政治权利与管理、监督生产的权利，废除各种封建性的剥削和一切压榨工人的陋规，实行劳动保护，适当降低工时和提高工资，保护女工、青工、童工的特殊利益。为了消灭封建剥削制度，坚决保护农民从土地革命中得到的果实，根据地人民政权制定了一系列土地法规。1931 年《中华苏维埃共和国土地法》、1947 年《中国土地法大纲》都明确规定实行"耕者有其田"的制度。抗日战争时期，"我党主动地把抗日以前的没收地主土地分配给农民的政策，改变为减租减息的政策"①。但是，在土地已经分配的区域，坚决确认和保护农民的土地所有权，不准擅自变更；在土地未经分配的区域，则坚决保护佃权，实行减租

---

①　《毛泽东选集》第 4 卷，人民出版社 1991 年版，第 1250 页。

减息，减轻封建剥削。在农民占人口绝大多数的中国，切实保障亿万农民的经济利益，首先是土地所有权，无论在政治上还是经济上都具有特别重要的意义。这个问题如果处理不当，就会给革命和生产造成损失。举例来说，在红色政权建立的头一两年，由于缺乏经验，在分配土地期间，地权没有确定，新的经济秩序没有走上轨道，致使农民的生产情绪波动，结果农业生产下降。但是一经确定了地权，宣布土地归农民所有，再加上政府提倡和奖励生产，农民的劳动热情立即高涨，生产迅速恢复和发展，农村景象为之一新。保护民族工商业是新民主主义经济纲领的组成部分，它在法律上的表现就是保障民族工商业者的私有财产和合法经营。《陕甘宁边区施政纲领》规定："奖励私人企业，保护私有财产，欢迎外地投资，实行自由贸易，反对垄断统制"，并且欢迎海外华侨在边区"兴办实业"，在尊重中国主权与遵守政府法令的原则下，允许外国人在边区进行实业文化等活动。

保障人民经济权益的另一个重要问题，就是十分爱惜民力，减轻人民负担。谢觉哉同志说："为着抗战，必须动用民力，为着抗战，又必须爱惜民力。两者是相成的……少动员一分民力，即可增多一分生产，增多一分生产，即是增多一分抗战力量。"[1] 当时，各革命根据地通过立法形式明确宣布，废除一切苛捐杂税，实行合理的统一累进税收制度，非经边区最高权力机关批准，任何机关、团体不得另立名目增加人民负担或进行临时的财力、物力动员；在财政支出上，坚持取之于民，用之于民，取之有道，用之得当，厉行节约，严禁滥用和浪费。此外，有关法律还规定，发放农贷，解决农民耕牛、农具、肥料、种子等困难，奖励劳动英雄和模范工作者，按照自愿原则组织互助合作，活跃商业和集市，平抑物价，禁止操纵，等等。

二

为了切实保障人民的民主权利、人身自由和经济权益，在各革命根据

---

① 《陕甘宁边区参议会文献汇辑》，第196—197页。

地，党还领导人民坚决打击敌人的进攻，惩治各类犯罪活动；同时，还经常同干部队伍内部的违法乱纪行为进行斗争，使法律的贯彻实施获得可靠的组织保证。

根据地长期处于敌人的封锁和包围之中。国民党反动派无时无刻不企图消灭人民政权，疯狂的军事"围剿"，残酷的经济封锁，大派特务潜入内部破坏捣乱。面对如此严酷的形势和尖锐复杂的斗争，我党首要的任务是开展武装斗争，以革命战争粉碎敌人的军事进攻。同时，在革命根据地内部，必须运用革命法制，坚决打击暗藏的敌人和各类刑事犯罪分子的破坏活动，以巩固武装斗争的成果，维护革命秩序，保障人民的权利不受侵犯。

当然，坚决镇压并不意味着不加区别地实行惩办主义。基于改造人和改造社会的共产主义战略目标，各根据地人民政权对已解除武装的阶级敌人和愿意改恶从善的犯罪分子，采取了惩办与争取教育相结合的方针。1941 年《陕甘宁边区施政纲领》规定："对于汉奸分子，除绝对坚决不愿改悔者外，不问其过去行为如何，一律实行宽大政策，争取感化转变，给以政治上及生活上之出路。"按照这一精神，同年 5 月 10 日《陕甘宁边区高等法院对各县司法工作的指示》提出，对于犯罪分子，凡能够争取的，应尽一切可能争取。把一个反对或破坏革命的罪犯，争取转变到革命方面来，即减少一份反革命的力量，增加一份革命的力量。为达此目的，对犯人，在政治思想上，要加强政治法律和社会道德教育；在生产劳动上，要按其文化技术与身体状况，分别组织他们参加工农业生产，通过劳动改造，使之成为自食其力的劳动者；在生活上，要注意改善他们的待遇，犯人有疾病要给以治疗。当时，除陕甘宁边区外，晋察冀、晋冀鲁豫等根据地，也都作了类似的规定。

由于采取了正确的政策和方法，各根据地改造罪犯工作取得了很大成绩。1941 年，陕甘宁边区政府主席林伯渠同志在第二届参议会上所作的政府工作报告中说："至于犯人的生活，除他们的自由受到相当的限制外，他们同样的上课、生产、开检讨会、研究时事，并且有他们的自治组织。从劳动生产中，他们学到了技能，改善了生活，也锻炼了思想意识。经过一个时期的法院生活，许多犯人由罪犯变成了守法的公民。"① 在晋察冀边区，由于对犯人的教育改造工作做得好，当敌人潜入蔚县监所组织逃跑时，就被犯人主动告发；平山、安平、定南、博野、肃宁、安国、高阳等县，在敌人进攻的紧急情况下，令犯人回家或高度分散活动，事后一召集，马上又全部集合赶来。这个根据地1939 年 6 月以前的轻微犯人，经教育动员，自愿参加部队者不下二千人②。事实充分证明，党对犯罪分子实行的惩办与教育相结合的方针，是从根本上肃清反革命分子和其他刑事犯罪的有效手段之一。

为了保障人民权利，还必须不断地同干部内部的违法乱纪作斗争，在实践中造就一支严格执法、守法的干部队伍。我国历史上是封建专制主义长期统治的国家，国民党反动政府又是大地主大买办阶级的封建法西斯统治，因此，封建特权、家长制度根深蒂固。广大人民极端痛恨和坚决反对这个制度，但在胜利之后却又不能一下子摆脱旧传统的影响，尤其是各革命根据地长期处于敌人的分割包围之中，反动阶级的意识形态无孔不入地向革命队伍内部渗透，因而旧社会传染来的官僚主义作风依然存在。这种状况严重阻碍革命法制的实施，所以，党和人民政府非常注意通过对党政军全体工作人员进行遵纪守法教育，实行群众性监督，大力加以克服和纠正。

早在 1928 年，毛泽东同志就为中国工农红军制定了三大纪律六项注意（后改为三大纪律八项注意），作为我党我军每个指战员必须一体遵行的守则。这对我党我军建设，具有重要意义。抗日战争开始后，民族矛盾上升为主要矛盾。为了扩大抗日民族统一战线，广泛团结全国各民族、各阶层爱国人士，打败日本侵略者，更需要严格按照法律和政策办事。为此，各抗日根据地先后制定了《政务人员公约》，《行政人员奖惩办法》，《司法工作人员奖惩条例》和经济、税务人员奖惩规则等。要求一切干部做执法、守法的模范，做贯彻执行各项法律、法令的表率，并规定把执法和守法的情况作为对他们实行奖惩的重要标准。

1943 年 5 月，陕甘宁边区参议会制定了《政务人员公约》，要求每个政务人员都要忠于施政纲领，坚决贯彻法令、决议，坚持民主集中制，严

---

① 《陕甘宁边区参议会文献汇辑》，第 89 页。
② 参阅《晋察冀边区行政委员会工作报告》（1938—1942 年）。

守政府纪律，注重调查研究，认真总结经验；公正廉洁，奉公守法；互规互助，正人正己，爱护群众，联系群众等。1943 年 10 月，晋察冀边区颁布的《行政干部任免考核奖惩暂行办法》，进一步把"工作能力之强弱，完成任务之成绩，执行法令之程度，工作之责任心、积极性与纪律性"；"学习之勤惰，业务之纯熟与精通"；"生活表现，民主作风，个人道德之优劣"等，作为考核干部的重要内容。它明确规定，凡能正确组织各种政策法令之彻底实现，并坚持制度，遵守纪律，关心人民疾苦，团结全民坚持对敌斗争，领导生产，尊重人民民主权利，在人民群众中有高度威信的干部，应给予奖励。对擅离职守，不依法定程序办事，不经上级批准擅自增加人民负担，浪费边区人力财力物力、滥用职权、加害于人、行为不检者，要视情节轻重给予惩罚。对于司法人员，由于其工作直接关系人民生命财产的安全，所以特别要求他们正确掌握和坚决执行党的政策和政府的法律，遵守纪律，廉洁无私，刚正不阿。

乡村基层干部对于保护人民权利负有直接责任，各根据地对乡、村干部的守法教育和考察作了专门规定。1943 年 9 月，晋察冀边区制定的《村行政干部奖惩办法》规定：无论平时战时，能贯彻政府政令、忠于职守、积极工作、为群众排难解纷、领导群众积极参加生产、彻底完成任务者，给予嘉奖、奖状和奖金。而对于工作消极敷衍、不负责任、放弃职守、对群众强迫命令、故意曲解政府法令、游惰不事生产、浪费公款公粮的人，则分别情节轻重，给予警告、记过、撤职、撤职查办等处分。犯法者依法治罪。

各根据地还通过定期选举对干部实行群众性的监督，对干部队伍进行更新和整顿。1941 年《陕甘宁边区政府为改选及选举各级参议会的指示信》指出："选举是老百姓对政府工作的大检查……这对政府有很大好处：工作呢，好的赞扬，坏的谴责，人员呢，剔退一些，新选一些。对老百姓也有很大好处：认识了政治，交换了意见。所以我们的选举运动，是提高人民的智力和能力的运动"，"是选举人和被选举人一齐上大课"。[①] 1945年陕甘宁边区选举委员会《关于今年乡选工作致各专员、县（市）长的

---

① 《抗日根据地政策条例汇集》陕甘宁之部（上），第 111 页。

信》（简称《指示信》）指出：为了便利群众大胆地自己动手检查政府的工作和人员，就要使干部认识到这种检查的重要性，打破"怕民主"、"怕放手"的错误观点，敢于放手让人民批评政府的工作，敢于在人民面前承认自己的错误与缺点，不怕人民指责自己。做到人民对政府"知无不言，言无不尽"，干部对人民"言者无罪，闻者足戒"。《指示信》强调，要把选举当成政府人员同广大群众结合一起自下而上的整顿政风的运动。经过放手发动群众检查工作，把那些作风恶劣、群众不中意的人选下去，把为群众拥护的人选出来①。事实说明，群众对行使自己的民主权利是认真的。他们对选什么样的人非常关心、非常慎重。1939 年，陕甘宁边区安塞县四区一个乡长，因工作消极，蟠龙区一、三、五乡乡长因不能代表群众利益等，均被取消候选人资格；而那些对抗战努力的人，都当选了。1941 年，延安县乡政府委员中连任者仅 133 人，新当选者为 185 人；61 个乡长中，有 41 个是新当选的。安定县 70% 的乡、市政府人员是新任。绥德县旧乡政府人员落选者达 1001 人②。这些数字说明，人民通过运用自己的民主权利，确实淘汰了相当一批不称职、甚至渎职的干部，使干部队伍不断更新，政权机构得到了加强。

党对干部首先是进行教育，同时用纪律实行约束，对触犯刑律者也依法制裁。正如毛泽东同志曾指出的："对于某些犯有重大错误的干部和党员……应当宣布，群众不但有权对他们放手批评，而且有权在必要时将他们撤职，或建议撤职，或建议开除党籍，直至将其中最坏的分子送交人民法庭审处。"③ 这样就可以使我们的政府工作人员懂得，自己只有勤勤恳恳为人民服务的义务，而没有凌驾于人民群众和国家法律之上的特权。

就这样，在长期革命斗争实践中，各革命根据地锻炼出了一支纪律严明、奉公守法、艰苦朴素、以身作则的干部队伍，使各项法律、法令的贯彻得到了组织保证。

---

① 《陕甘宁边区重要政策法令汇编》，第36—37 页。
② 参阅林伯渠《边区政府工作报告》，《陕甘宁边区参议会文献汇集》，第88 页。
③ 《毛泽东选集》第4 卷，人民出版社1991 年版，第1272 页。

三

为了保障人民权利，还必须确立一些重要的法制原则，使广大干部工作有所遵循，让群众对法律实施的监督有所依据。这些法制原则主要是：

第一，在法律面前一律平等的原则。在法律面前一律平等，是资产阶级启蒙学者反对封建专制主义提出的口号，在当时具有历史进步意义。但在任何剥削阶级国家，都不可能真正把它付诸实现。只有在共产党领导下，人民政权所制定的革命法律，才使它具有真实的含义。早在1931年的《中华苏维埃共和国宪法大纲》中就规定：工人、农民、红色战士及一切劳苦民众，不分种族、民族、宗教信仰，"在苏维埃法律面前一律平等"。抗日战争时期，随着抗日民族统一战线的建立，这一原则被扩大到包括地主、资本家在内的"一切抗日人民"。1946年，陕甘宁边区参议会第三届第一次大会通过的《陕甘宁边区宪法原则》规定："边区人民不分民族，一律平等。"这次会议上通过的谢觉哉等十二位代表对此项原则的修正案进一步明确规定："边区人民不分民族、阶级、男女、党派、职业……在法律、政治、经济、文化上一律平等。"① 这说明，在民主革命的各个历史阶段，革命根据地制定的根本法中，法律面前一律平等的原则，都得到了肯定。

所谓一律平等，就是指所有公民的民主权利和合法利益，都同样受到宪法和法律的保护，所有公民都必须履行宪法和法律规定的义务。不管是什么人，只要犯了罪，都要依法受到惩治。这是反对封建特权，建立人与人之间平等关系的有力武器。为了同破坏这一原则的封建特权进行斗争，《陕甘宁边区施政纲领》明确规定，共产党员如利用职权、假公济私而犯法者，要从重治罪。这对于克服某些干部中滋长的特权思想，保持我党同人民的鱼水关系起了良好的作用。它得到了广大人民的由衷拥护。

第二，人身权利不可侵犯的原则。这是革命法制区别于剥削阶级法制的重要特征。在旧社会，人民当牛作马，任人宰割，人身权利毫无保障。

---

① 《陕甘宁边区参议会文献汇辑》，第336页。

在革命根据地内，人民的人身权利不可侵犯的原则，得到了充分的肯定。除具有根本法性质的宪法大纲和施政纲领外，还相继颁布了一系列保障人权的单行法规。应当指出，人权口号是资产阶级在反封建斗争中提出的，随着资产阶级统治地位的确立，它已失去了初期的进步作用而成为对人民的欺骗。但是，人权口号中关于保障人身权利的内容，却是值得正处于反帝、反封建民主革命中的无产阶级重视的。所以我们党在民主革命时期并未一概拒绝"人权"这一提法，而把它作为民主主义的一个具体口号和政策加以使用。在各根据地制定的保障人权的法规中，除对人民的人身权利规定了各种保障之外，对于侵害人身权利的行为，还规定要追究法律责任。如《晋西北保障人权条例》第 2 条规定："人民之一切权利，悉以本条例保障之，如有违反者，依法制裁其本人。"《冀鲁豫保障人民权利暂行条例》规定，滥行逮捕，私自处罚，擅自处决人犯者，"不论何人均以反坐论罪"。对于那些目无法纪、有意侵犯人身权利的干部，决不姑息。

1948 年，东北哈尔滨特别市人民法院在前 11 个月当中，处理科员以上干部违法案件 66 人。其中东北航务局造船所的一负责干部，在追查失物过程中，私自扣押工人，并对其中一人严刑拷打，后以"侵害人权罪"被判处徒刑。当时中共东北局机关报《东北日报》就此案发表的社论指出："造船所盗窃嫌疑案件，既无确凿人证、物证，又不依法处理，私立公堂，擅用肉刑，这种侵犯人权目无法纪的行为，政府绳之以法，治以应得之罪，是公正无私并将获得社会的同情和舆论的赞助的。"[①] 的确，这一案件的严肃处理，对社会舆论震动很大，对加强革命干部遵纪守法起了良好的作用。

第三，切实保障人民的控告权。在旧中国，人民的基本权利得不到保障的原因之一，就是由于国民党的大小官僚徇私枉法，官官相护，人民群众遭到侵害，有冤无处申，有冤不敢申。所谓"衙门八字开，有理无钱莫进来"，就是人民控告权被剥夺的逼真的写照。在人民政权下，这种状况如不根本改变，人民的控告权得不到切实保障，当家做主就是一句空话。因此，第二次国内革命战争时期，中央工农民主政府颁布的《工农检察部

_____

① 《哈尔滨特别市人民法院司法工作资料汇集》（1948 年度），第 105 页。

组织条例》规定："工农检察部之下，设立控告局，以接受工农对于政府机关或国家企业的缺点和错误的控告事件。"之后颁布的《控告局组织纲要》规定："控告局日常工作是接受工农劳苦群众对苏维埃机关或国家经济机关的控告，及调查控告的事实。"上述机关如"有违反苏维埃政纲、政策及目前任务，离开工农利益发生贪污、浪费、官僚、腐化或消极怠工的现象，苏维埃的公民，无论何人都有权向控告局控告"。为了便于群众，还规定口头控告，电话、电报控告，写控告信投入控告箱、邮寄均可。抗日战争时期，《陕甘宁边区施政纲领》规定：人民"有用无论何种方式，控告任何公务人员非法行为之权利"，这充分表现了革命法制保障人民控告权态度之坚决。为了使这一规定能实现，《陕甘宁边区政纪总则草案》规定："下级政府或政务人员，如接得人民向上级政府的控告诉状，须随时负责转呈上级政府，不得有任何阻难，亦不得置之不理。对那些阻拦人民控告，甚至对控告者实行打击报复的人，一定要依其轻重程度议处。"①事实证明，切实保障人民的控告权，是保障人民权利不受侵犯的必不可少的条件，也是使我们的干部不至于由社会公仆演变为社会官僚的有力措施。

第四，坚决废除肉刑，严禁刑讯逼供。施用肉刑、刑讯逼供，在中国延续了几千年，奴隶社会有之，封建社会有之。捶楚之下，多少善良百姓被屈打成招，死于非命。马克思曾说："正如中国法里面一定有笞杖、拷问作为诉讼形式一定是同严厉的刑罚法规的内容连在一起的一样。"②刑讯逼供在剥削阶级国家的司法活动中被广泛运用，既表现它们手中无真理，极端虚弱和孤立的本质，也表明了它们落后和野蛮的特征。我们党坚决反对这种制度。毛泽东同志早在1929年的古田会议上，就提出了反对"枪毙逃兵的制度和肉刑制度"③。1931年，中华苏维埃共和国中央执行委员会关于《处理反革命案件和建立司法机关的暂行程序》的规定宣布："必须坚决废除肉刑而采用采集确实证据及各种有效方法。"1941年，《陕甘宁

---

① 《陕甘宁边区重要政策法令汇编》，第17页。
② 《马克思恩格斯全集》第1卷，人民出版社1995年版，第278页。
③ 《毛泽东选集》第1卷，人民出版社1993年版，第87页。

边区施政纲领》也规定："改进司法制度,坚决废止肉刑,重证据不重口供。"这一法制原则的确立,具有深刻的社会意义,也是历史上的重大改革。

它表明,人民司法机关是维护最广大人民群众的利益的,它对案件的审理,不是靠刑讯逼供,而只能是从实际出发,实事求是,依靠群众,调查研究,以确凿的证据,迫使已经就捕的犯罪分子认罪伏法。这样,既便于弄清事实真相,也大大避免了冤错案件发生,受到了根据地人民的热烈赞颂。

以革命法制保障人民的权利,尽管曾受到王明的"左"倾机会主义路线"残酷斗争、无情打击"的干扰,但在党和毛泽东同志的正确领导下,这种错误被迅速纠正了。革命法制的各项原则得到了贯彻,人民的各项民主权利得到了切实保障。人民从自己的切身经历中认识到了新民主主义制度的优越性,从而迸发出了巨大的政治热情,发挥了高度的创造精神。革命根据地很快便呈现出团结安定、兴旺发达、生动活泼、蒸蒸日上的景象。它不仅战胜了国民党反动派的"围剿"和日本帝国主义惨绝人寰的扫荡,而且成为我国人民向敌人作斗争的前哨和夺取全国胜利的后方基地。

在我国,革命法制保障人民的权利有着优良的传统和成功的经验。新中国成立后,在此基础上,我们党又总结了社会主义革命和建设的新经验,建立了社会主义法制。但是,林彪、"四人帮"却否定革命法制保障人民权利的作用。在他们看来,谁要是谈法制保障人民权利的作用,就被视为"离经叛道"的异端。就这样,在"全面专政"的口号下,他们肆意扩大专政范围,公然侵害、剥夺人民的民主权利,以至于发展到他们以言代法,任意用封建法西斯野蛮手段,残酷镇压革命干部和群众,使中华民族遭受了一场历史上罕见的浩劫。沉痛的经验告诉我们,在向四个现代化进军的今天,为了避免历史悲剧重演,以政治民主化促进经济现代化,发扬革命法制保障人民权利的光荣传统,吸取革命法制保障人民权利的丰富经验,对于我们国家具有十分重要和迫切的意义。

（本文系刘海年、常兆儒合作,原载《法学研究》1979 年第 1 期）

现代中国的法制概况与展望

　　按：这是 1988 年撰写的一篇回顾新中国法制发展的文章。其中既肯定了经验，也指出了应解决的问题，在对法制发展的展望部分，较早提出了"法制改革的目标是实现高度民主的法治国"。为此要：一、"确立法律至上的原则"，按照党章规定，"党必须在宪法和法律范围内活动"。二、"建立完备的法律体系……真正做到有法可依"。三、"法律必须能够适应社会经济基础发展的需要"。四、"法律必须切实保障公民的权利和自由"。五、"建立对权力的制衡机制……将人民代表大会建成名副其实的国家权力机关。在人民代表大会监督之下，国务院和各级政府要依法行政，司法机关独立行使司法权，最终将一切国家权力的行使都置于人民群众的监督之下"。关于建立社会主义法治国家的思想，其后我和王家福、李步云合写的《论法制改革》（见《法学研究》1989 年第 3 期）一文中得到了进一步发挥。

　　1949 年中华人民共和国成立，现代中国开始了自己的历程。40 年来，中国的法制如同其他事业，在不断总结经验中发展。1978 年 12 月，中国共产党十一届三中全会之后，终于走上了健康的道路。现代中国法制建设的道路虽然曲折，但经过党和人民的努力，现在已开始形成具有中国特色的法律制度。可以预料，随着经济体制改革的深入发展和政治体制改革的进行，中国社会主义法制将进入更加健康的发展时期。

一　现代中国法制的发展阶段

　　40 年来，与中国革命和建设的发展相联系，现代中国法制的发展大体上经历了四个阶段。

（一）民主改革和国民经济恢复时期（1949—1952 年），现代中国法制产生

1949 年，中华人民共和国成立，标志着新民主主义革命阶段的结束和社会主义革命阶段的开始。但由于解放战争发展迅速，大片国土是新解放区，民主革命还有一些重要遗留问题需要解决。因此，从 1949 年 10 月至 1952 年，中国经历了民主改革和国民经济恢复时期。在此期间，以《中国人民政治协商会议共同纲领》为依据，颁行了一系列法律和法规，为现代中国法制奠定了基础。

1. 中华人民共和国成立前夕，在中国共产党领导下，召开了中国人民政治协商会议第一届全体会议。这次会议制定了《中国人民政治协商会议共同纲领》和《中华人民共和国中央人民政府组织法》等法律。《共同纲领》体现了中国共产党奋斗的最低纲领，全国政协通过之后，成为各民主党派、各人民团体、少数民族和海外华侨以及其他爱国民主人士的统一战线纲领。由于它反映了全国人民的意志和利益，在内容和形式上都具有宪法的一般特征，因此，1954 年宪法颁布之前，它起了临时宪法的作用，成为立法的基础。《中央人民政府组织法》规定了中央人民政府的性质、组织原则和职权。

按照《共同纲领》和《中央人民政府组织法》规定，当时行使国家最高权力的机关不是中国人民政治协商会议，而是由它选举产生的中央人民政府委员会。它对外代表中华人民共和国，对内领导国家政权。

2. 根据《共同纲领》，中央人民政府委员会和由它组建和领导的政务院颁布了一系列法律、法规。

1950 年 4 月，中央人民政府委员会颁布了《中华人民共和国婚姻法》。

1950 年 6 月，中央人民政府委员会颁布了《中华人民共和国土地改革法》。

1951 年 2 月，中央人民政府委员会颁布了《中华人民共和国惩治反革命条例》。

1952 年 4 月，中央人民政府委员会颁布了《中华人民共和国惩治贪污条例》。

除以上法律、条例，政务院及其所属机构还先后颁行了《关于国营、私营工厂建立工厂管理委员会的指示》（1950 年 2 月）、《关于决算制度、预算制度、投资的施工计划和货币管理的决定》（1950 年 12 月）、《基本建设施工暂行办法》（1952 年 1 月）等一系列经济法规。

以上法律、法规的颁行和相应运动的开展，有力地摧毁了封建土地关系和封建婚姻关系，打击了阶级敌人和其他犯罪分子的嚣张气焰，使全国广大人民进一步得到了解放，从而为政权建设，为国民经济的恢复和发展提供了有利条件和切实保障。

（二）社会主义改造和经济建设开始时期（1953—1965 年），现代中国法制曲折发展

在国民经济恢复之后，中国共产党中央委员会提出了过渡时期总路线。与此同时，1953 年开始了第一个五年计划经济建设。随着社会主义革命和建设的进行，中国社会主义法制沿着曲折的道路向前发展。

1. 经过一年多的准备，在 1954 年 9 月召开的第一届全国人民代表大会第一次会议上，通过了《中华人民共和国宪法》。这部《宪法》发展了《共同纲领》的各项原则。它规定，中华人民共和国"是工人阶级领导的、以工农联盟为基础的人民民主国家"，"一切权力属于人民，人民行使权力的机关是全国人民代表大会和地方各级人民代表大会"。还规定："中华人民共和国依靠国家权力机关和社会力量，通过社会主义工业化和社会主义改造，保证逐步消灭剥削制度建立社会主义"。从其内容和肩负的历史使命看，这部《宪法》是从新民主主义革命向社会主义革命过渡时期的宪法，属于社会主义类型。根据《宪法》，这次会议还通过了《全国人民代表大会组织法》、《地方各级人民代表大会和地方各级人民委员会组织法》、《国务院组织法》、《人民法院组织法》和《人民检察院组织法》等。按照这些法律的规定，逐步建立和健全了中央和地方各级国家机关。

2. 为实现《宪法》关于对农业、手工业和资本主义工商业社会主义改造的规定，国家制定了对私有制社会主义改造的法规。农业方面，1955

年 11 月，全国人大常委会通过了《农业生产合作社示范章程草案》；1956
年 3 月，通过了《高级农业生产合作社示范章程》。广大农民在互助合作
的道路上，由互助组经初级农业生产合作社，然后发展到高级农业生产合
作社。1956 年初，全国加入农业生产合作社的农户已占总农户的 85%。
1957 年则全面实现了农业合作化。手工业方面，1955 年 11 月，国家手工
业管理局和中华全国手工业生产合作社联合总社筹备委员会发出了《关于
对"手工业社会主义改造工作"进行全面规划的通知》，国务院通过了
《关于目前私营工商业和手工业的社会主义改造中若干事项的决定》。手工
业的社会主义改造与农业合作化是同步进行的。由于手工业者大部分是个
体劳动者，其社会主义改造也是通过生产合作的方式。资本主义工商业方
面，1954 年 9 月，政务院制定了《公私合营工业企业暂行条例》，1956 年
12 月，国务院颁发了《关于在公私合营企业中推行定息办法的规定》和
《关于私营企业实行公私合营的时候对财产清理作价几项主要问题的规
定》。按照规定，在全行业公私合营以前，资本家可得全部盈利的 25%；
全行业公私合营后，发给年息为 5% 的定息股息，同时保留资本家的高薪，
并让他们继续参加企业的管理。这些规定体现了对民族资本的赎买政策。
1956 年底、1957 年初，以全行业公私合营为标志，基本上完成了对资本
主义工商业的社会主义改造。

3. 为了确保国家经济建设和国民经济计划发展的实现，制定了关于
经济建设的法规。全国人民代表大会及其常务委员会、国务院及其各部委
通过和颁发了《关于发展国民经济第一个五年计划的决议》（1953 年）、
《关于根治黄河水害和开发黄河水利的综合规划的决议》（1955 年）、《农
业税条例》（1958 年）、《关于改进计划管理体制的规定》（1958 年）、
《工商统一税条例（草案）》（1958 年）、《关于改进限额以上基本建设项
目设计任务书审批办法的规定》（1958 年）、《关于改进物资分配制度的几
项规定》（1958 年）、《关于 1956 年到 1967 年农业发展纲要》（1960 年）
等工业、农业、交通运输、基本建设、财政金融、内外贸易、劳动工资和
科教文卫等大量经济管理法规。这些法规对于经济增长，市场繁荣，物价
稳定，科学、教育发展和人民生活水平提高起了重要作用。

4. 为了加强行政机关和军队建设，为了加强治安管理，制定了有关

行政、军事和治安管理等方面的法规。这一时期，全国人民代表大会通过了《兵役法》、全国人大常委会还通过了《县以上人民委员会任免国家机关工作人员条例》、《国家行政机关工作人员奖惩暂行规定》、《城市街道办事处组织条例》、《城市居民委员会组织条例》、《军官服役条例》、《警察条例》、《公安派出所组织条例》、《逮捕拘留条例》、《治安管理处罚条例》、《户口条例》、《消防监督条例》和《国境卫生检疫条例》等。

这一时期的法制建设，以制定《宪法》为标志和《宪法》制定后的最初几年，取得了显著成绩。但同时也存在问题，如还缺乏一些急需的基本法律，刑法、民法、诉讼法、劳动法、土地使用法等还没有制定；有些法规，如《惩治反革命条例》、《惩治贪污条例》等，应该修改的没有修改。由于法制不完备和受"左"倾错误影响，1957 年之后，法制建设受到公开干扰。《宪法》所肯定的某些原则，如公民在法律面前一律平等、人民法院独立行使审判权、人民检察院独立行使检察权等，被错误批判；法律规定的公民的某些民主权利受侵犯；国务院所属司法部、监察部和法制局等相继被撤销。对于这种极不正常的状况，在 1959 年至 1961 年国民经济发展受到挫折，人民生活发生困难之后曾引起过某些反思。1962 年毛泽东曾谈到制定刑法和民法问题，但事实说明，这种反思当时并未形成付诸实施的决心，法制建设继续受干扰。基于这种事实，中国有的学者将1958 年至 1965 年称为法制建设受干扰和停滞时期。

（三）"文化大革命"时期（1966—1976 年），现代中国法制遭破坏

中国共产党内逐渐发展起来的"左"倾错误，到 1966 年 5 月终于演变成为一场波及全国的所谓"文化大革命"。"文化大革命是一场由领导者错误发动，被反革命集团利用，给党和各族人民带来严重灾难的内乱。"① 在这场"文化大革命"中，社会主义法制遭到了严重破坏。

1. 宪法和法律被搁置。"文化大革命"开始，标志着"左"倾错误思想已在中国共产党的领导机构中占据统治地位。这种思想认为，在中国，一大批资产阶级代表人物、反革命修正主义分子，已经混进党里、政

---

① 中共中央《关于建国以来党的若干历史问题的决议》。

府里、军队里、文化领域的各界里，相当大的一个多数的单位领导权已经不在马克思主义者和人民群众手里，党内走资本主义道路的当权派一俟时机成熟就要夺取政权。过去的各种斗争都不能解决问题，只有开展"文化大革命"，才能把权力重新夺回来。由于"文化大革命"被认为"实质上是一个阶级推翻一个阶级的政治大革命"，并且"以后还要进行多次"，已无法在宪法和法律范围内达到目的，所以，宪法和法律被搁置。

2. 国家机关受冲击，许多工作人员被撤换。由于认为相当大的"一个多数"的单位领导权已经被篡夺，"文化大革命"一开始就鼓励一些人冲击政权机关和揪斗领导干部；之后又公开支持"造反派"自上而下夺权，冲击公安机关、检察机关和法院。为时不久，从中央到地方，国家政权机关普遍受冲击而陷于瘫痪，许多工作人员被撤职，一大批干部和知识分子在走与工农相结合道路的美妙动听的口号下，被送往农村或工厂劳动。

3. 立法机关停止活动，正常的立法工作被中断。国家机关遭受冲击的同时，立法机关被迫停止活动，取而代之的是非立法机关颁布的各种"决议"、"决定"、"规定"、"通知"、"指示"和"通告"。这些，有的是关于工农业生产和交通运输的，有的是关于社会秩序的，也有的是直接破坏社会主义法制的。林彪、"四人帮"还将经他们筛选的毛泽东的话说成是"最高指示"，其实际效力在国家法律之上。

"文化大革命"进行到第9年，1975年7月，召开了第四届全国人民代表大会第一次会议。这次代表大会通过了一部宪法，史称1975年宪法。这部宪法虽然保留了1954年宪法的某些原则和具体规定，但也肯定了"无产阶级专政下继续革命"和"必须在上层建筑其中包括各个文化领域实行全面专政"的错误理论，取消了公民在法律面前一律平等、人民法院独立行使审判权和辩护制度等重要规定，严重损害了社会主义民主制度。这是从1954年宪法的倒退。

4. "在革命造反"的口号下，践踏公民权利。由于宪法和法律被搁置，政权机关陷于瘫痪，广大干部、知识分子和人民群众各项法定权利处于无保护状态。不经任何法律程序，许多人以莫须有的罪名被抄家、拘留、逮捕，有些甚至被判刑或杀害，造成了大量冤假错案。

中国共产党中央委员会《关于建国以来党的若干历史问题的决议》指

出："文化大革命"既不符合马克思列宁主义，也不符合中国实际。它是一场全局性的、长时间的"左"倾严重错误。由于这一错误被反革命集团所利用，终于酿成现代中国发展过程中的一场灾难。社会主义法制的发展遭到了严重挫折和摧残。

（四）社会主义建设新时期（1977— ），现代中国法制恢复和发展

1976 年 10 月，中共中央一举粉碎了"四人帮"反革命集团，结束了延续 10 年之久的"文化大革命"。1978 年 3 月，第五届全国人民代表大会第一次会议通过了一部新宪法。这是中华人民共和国成立后的第三部宪法。它恢复了 1954 年宪法中部分条款，改正了 1975 年宪法中一些严重错误。但是由于当时刚粉碎"四人帮"不久，"文化大革命"的错误没来得及清算，所以，1978 年宪法仍存在一些严重问题。1978 年 12 月召开的中共第十一届三中全会全面检讨了"文化大革命"及在此之前的"左"倾错误，作出了把工作重点转移到社会主义现代化建设上来的决策，同时提出了健全社会主义民主与加强社会主义法制的任务。全会指出："为了保障人民民主，必须加强社会主义法制，使民主制度化、法律化，使这种制度和法律具有稳定性、连续性和极大的权威，做到有法可依，有法必依，执法必严，违法必究。"① 全会特别指出："从现在起，应当把立法工作摆到全国人民代表大会及其常务委员会的重要日程上来。"在此之后，立法工作逐步展开，司法工作得到了迅速恢复和发展。

1. 新宪法的制定与实施。1980 年 9 月，第五届全国人民代表大会第三次会议通过了关于修改宪法和成立宪法修改委员会的决议。1982 年 4 月 22 日，全国人大常务委员会第二十三次会议讨论并通过了宪法草案，29 日公布交全民讨论。1982 年 12 月，第五届全国人大第五次会议审议并通过了新的《中华人民共和国宪法》。这部宪法由序言和四章组成，共 138 条。它从中国实际出发，全面总结了中国人民革命和建设的经验，继承了 1954 年宪法的优点，纠正了 1978 年宪法中的错误，是新中国成立后四部宪法中最完善的一部。为了保证新宪法的实施和加强国家机构建设，这次

---

① 《中国共产党第十一届中央委员会第三次全体会议公报》。

会议还通过了新的《全国人民代表大会组织法》、《国务院组织法》、《地方各级人民代表大会和地方各级人民政府组织法》和《选举法》。加上在此之前第五届全国人民代表大会第二次会议重新通过的《人民法院组织法》、《人民检察院组织法》（这两个法律均经 1983 年 9 月 2 日第六届全国人民代表大会第二次会议修改），有关立法、行政、审判、检察等机构的基本法律都已重新修订。依照这些法律，有效地恢复和加强了国家机构建设。

2．刑事法律的制定与实施。现代中国刑法的起草经历了很长的过程。从 1950 年开始到 1966 年之前共写了 33 稿，但由于"左"倾错误思想干扰和其他种种原因，迟迟未提交全国人民代表大会正式审议通过。代之而行的一直是新中国成立初期中央人民政府制定的《惩治反革命条例》、《惩治贪污条例》和《妨害国家货币治罪暂行条例》等单行法规以及内部规定。"文化大革命"结束后，全国人民代表大会法制委员会组成了刑法起草小组，对以往的刑法草稿作了较大修改，然后提交五届人大第二次会议审议。大会于 1979 年 7 月 2 日通过《中华人民共和国刑法》，1981 年 1 月 1 日起施行。是为现代中国第一部《刑法》。《刑法》施行后，为了有效地打击严重破坏经济和严重危害社会治安的犯罪，全国人大常务委员会先后于 1982 年 3 月制定了《关于严惩严重破坏经济的罪犯的决定》，于 1983 年 9 月制定了《关于严惩严重危害社会治安的犯罪分子的决定》，对《刑法》的有关条款作了补充和修改。此外，1981 年 6 月，第五届全国人大常委会第十九次会议还通过了《惩治军人违反职责罪暂行条例》。

关于刑事诉讼的法律，在长期准备的基础上，全国五届人大二次会议于 1979 年 7 月 2 日通过了《中华人民共和国刑事诉讼法》，1980 年 1 月 1 日施行。之后，全国人大常务委员会于 1981 年 6 月作出了《关于死刑案件核准问题的决定》，1981 年 9 月作出了《关于刑事案件办案期限的决定》，1983 年 9 月作出了《关于迅速审判严重危害社会治安的犯罪分子的程序的决定》，1984 年 7 月作出了《关于刑事案件办案期限的补充规定》。这些决定和规定对《刑事诉讼法》规定的有关程序作了补充和修改。

3．民事法律的制定与实施。民法的起草工作也开始于 20 世纪 50 年代。但与刑法一样，"文化大革命"前终未形成正式草案提交审议。1979

年，全国人大常委会法制委员会组成民法起草小组开始起草工作。在起草过程中发现，由于经济体制改革刚刚开始，制定完整民法典的条件尚不成熟。根据实际情况，全国人大常委会法制委员会提出先制定单行法律。自1980年开始，全国人大及其常务委员会在民事方面先后制定的单行法律有：《婚姻法》（1980年9月10日公布，1981年1月1日施行）、《经济合同法》（1981年12月13日公布，1982年7月1日施行）、《商标法》（1982年8月17日公布，1983年3月1日施行）、《专利法》（1984年3月12日公布，1985年4月1日施行）、《涉外经济合同法》（1985年1月21日公布，同年7月1日施行）、《继承法》（1985年4月10日公布，同年10月1日施行）等。为了对公民（自然人）、法人及其民事权利能力、民事行为能力和民事关系、民事活动的准则，以及所有权、债权、知识产权和人身权等民事权利加以肯定，第六届全国人民代表大会第四次会议于1986年4月12日通过了《民法通则》（1987年1月1日施行）。至此，民事关系的主要方面都已有了法律规定。

民事诉讼法于1979年9月开始起草。1982年3月8日第五届全国人大常务委员会第二十二次会议通过《中华人民共和国民事诉讼法（试行）》，1982年10月1日试行。

4. 经济法规的制定与实施。按照现代中国法律体系，经济法与民法是并列的两个部门法。这两个部门法密切联系又各有不同功能。一般说，民法是调整平等主体的公民之间、法人之间、公民和法人之间的财产关系和人身关系，是一种横向平等关系；经济法调整的是一种行政管理的纵向关系。1979年以来，全国人大及其常务委员会通过了一系列经济法，主要涉及国内的有《环境保护法（试行）》（1979年9月13日原则通过并公布试行）、《个人所得税法》（1980年9月10日通过，当日公布施行）、《海洋环境保护法》（1982年8月23日通过，1983年3月1日起施行）、《商标法》（1982年11月23日通过，1983年3月1日起施行）、《食品卫生法》（1982年11月19日通过，1983年7月1日起施行）、《统计法》（1983年12月3日通过，1984年1月1日起施行）、《专利法》（1984年3月12日通过，1985年4月1日起施行）、《水污染防治法》（1984年5月11日通过，同年11月1日起施行）、《森林法》（1984

年 9 月 20 日通过，1985 年 5 月 1 日起施行）、《药品管理法》（1984 年 9 月 20 日通过，1985 年 7 月 1 日起施行）、《会计法》（1985 年 1 月 21 日通过，同年 5 月 1 日起施行）、《计量法》（1985 年 9 月 6 日通过，1986 年 7 月 1 日起施行）、《草原法》（1985 年 6 月 15 日通过，1985 年 10 月 1 日起施行）、《技术合同法》（1987 年 6 月 23 日通过，同年 7 月 1 日起施行）、《全民所有制工业企业法》（1988 年 4 月 13 日通过，同年 8 月 1 日起施行）；涉外的经济法主要有：《中外合资经营企业法》（1979 年 7 月 1 日通过，同年 8 日公布施行）、《中外合资经营企业所得税法》（1980 年 9 月 10 日通过并公布施行，1983 年 9 月 2 日修订）、《外国企业所得税法》（1981 年 12 月 13 日通过，1982 年 7 月 1 日起施行）、《涉外经济合同法》（1985 年 3 月 21 日通过，同年 7 月 1 日起施行）、《外资企业法》（1986 年 4 月 12 日通过并公布施行）、《中外合作经营企业法》（1988 年 4 月 13 日通过，公布之日起施行）。

为使上述各项重要经济管理法律顺利实施，依照宪法规定，根据实际需要，国务院自 1979 年起也颁布了一些经济法规，如《中外合资企业劳动管理规定》（1980 年 7 月）、《外汇管理暂行条例》（1980 年 12 月）、《金银管理条例》（1983 年 6 月）、《经济合同仲裁条例》（1983 年 9 月）、《财产保险合同条例》（1983 年 9 月）、《烟草专卖条例》（1983 年 9 月）、《进口货物许可制度暂行条例》（1984 年 1 月）、《资源税条例（草案）》（1984 年 9 月）、《进出口关税条例》（1985 年 3 月）、《银行管理暂行条例》（1986 年 1 月）等。

5. 除上述刑事、民事、经济等方面的法律之外，国家还就民政、公安、司法行政、科技、教育、文化、卫生、体育以及地方工作等方面颁行了一系列法规。

事实说明，自 1976 年"文化大革命"结束后，尤其是 1978 年 12 月中共十一届三中全会后，中国的法制建设得到了迅速发展。目前，主要法律、法规正加紧制定，具有中国特色的法律制度正逐步形成，司法机构得到了恢复和加强，制度日益健全，干部队伍素质有了提高。一支年轻律师的队伍正在成长，他们对健全法制发挥着有益的作用。法学教育受到空前重视，政法院、系数目和在校教职员工均超过了历史最高水平，每年都培养大批法律方面的人才输向社会。这一切都展示了法制建设的新局面。

二　现代中国法制的特点

由于社会主义性质、民族文化传统和革命历史发展等多方面因素，形成了现代中国法制的重要特征。

（一）现代中国法制属于社会主义性质

1. 它体现工人阶级和广大人民的意志。工人阶级通过自己政党——中国共产党的路线方针政策将自己的意志同广大人民的意志紧紧结合起来，通过宪法和法律加以肯定，将其上升为国家意志。宪法和法律反映的是工人阶级的意志和人民的意志的统一。

2. 它是在废除旧法制的前提下，总结革命和建设的经验基础上制定的。在制定过程中，一方面从中国实际出发，不断吸取社会主义法制建设的经验；另一方面不断吸取国外包括社会主义国家和资本主义国家法制的有益经验，因而符合中国社会主义建设实际。

3. 它是社会主义经济基础的上层建筑。处于社会主义初级阶段的中国经济，是以公有制为主体，同时存在着个体经济和私营经济。在此基础上产生的法律，既维护和发展社会主义公有制经济，也维护劳动者个体经济和私营经济；不仅肯定"各尽所能、按劳分配"的原则，同时也保护公民的非劳动合法收入。其目的是调动一切积极性，促进国民经济更迅速发展。

4. 它在社会主义初级阶段，肩负着确认、保护和发展有利于社会主义生产关系和社会秩序的任务，是保障社会主义现代化事业顺利发展的有力工具。

（二）现代中国法制与社会主义民主有密切关系

1. 社会主义民主是社会主义法制的前提和基础。事实证明，人民只有在争得民主，成为自己国家的主人，才能通过所掌握的政权制定自己的宪法和法律。不仅如此，从中国的实际情况看，法律的具体制定、执行和遵守，也必须发扬社会主义民主。

2. 社会主义法制肯定了人民的革命成果，使民主制度化、法律化。中国宪法《序言》明确指出："本宪法以法律形式确认了中国各民族人民的奋斗成果，"这些成果包括国家体制、政治和经济制度，也包括公民的各项民主权利和义务。历史经验证明，人民只有通过宪法和法律将革命成果明确、具体地规定下来，以国家强制力加以保护，才能使其得到巩固和发展。

3. 社会主义民主和社会主义法制相辅相成。中国 40 年的历史证明，社会主义民主较完善时，社会主义法制便得到发展；而当社会主义法制遭破坏，人民的民主权利就失去保障。为了保障社会主义民主，必须加强社会主义法制。

（三）现代中国法制与中国共产党的政策有密切关系

中国共产党在国家中的领导地位决定了它的政策与国家法制的密切关系。现代国家建设中党政分开的要求决定了必须将政策与法加以区分。

1. 中国工人阶级是通过自己的政党对国家实行领导的。而党的领导主要是通过制定、贯彻党的政策来实现，在法制建设方面，立法需要以党的政策为指导，司法也需要以党的政策为指导，如此，才能保持社会主义法制的正确方向。这是两者的密切关系。但法与政策在制定程序、表现形式和实施手段等方面又是不同的。这就决定了在现实生活中，既不能将两者割裂，又不应将两者等同，必须密切结合。

2. 必须指出，在新中国成立前的民主革命战争时期，共产党的政策一直处于主导地位。在革命根据地，某种情况下，政策就是法律。基于这种传统，加上新中国成立后长期法制不健全，国家生活中出现了党政不分，以党的政策代替法律的现象。中共十一届三中全会之后，这种现象不断受到批评，已有很大改进。当前已开始的政治体制改革，将会进一步解决这一问题，使中国成为法制国家。

（四）现代中国法制内容统一、简要，有灵活性

统一，表现在各种法律内容一致。中国的法律形式大体上有这样几种：宪法、法律、行政法规、地方性法规以及行政规章。此外，还有与各国签订的条约和参加的国际条约。宪法是一切法律的基础，宪法第五条规定："一切法律、行政法规和地方性法规都不得同宪法相抵触。"行政法规和地方性法规也必须同法律保持一致。

简要，是指一部法律简而不繁，结构严谨，逻辑严密，界限分明，概念清晰。中国法一般先阐述本法制定的理由、目的，然后是本文，本文分章、节、条，条以下根据需要设款项。本文要对违法后果作相应的规定。本文之后要说明该法与同类其他法的关系。再后是公布时间和生效时间以及签署。

中国是一个幅员辽阔的多民族大国，各地区发展不平衡，与台湾的统一和香港、澳门的回归有待实现。从这一实际出发，决定了法律要有灵活性。《中华人民共和国宪法》规定以民族自治制度来解决民族问题；自治区、自治州、自治县的自治机关"根据本地实际情况贯彻执行国家的法律、政策"；"民族自治地方的人民代表大会有权依照当地民族的政治、经济和文化特点，制定自治条例和单行条例"（第3章第116条）。还规定："国家在必要时得设立特别行政区。在特别行政区内实行的制度按照具体情况由全国人民代表大会以法律规定。"（总纲第31条）这种灵活性为解决复杂的民族问题确立了合适的制度，也为以"一国两制"的原则解决台湾、香港和澳门问题确立了法律依据。

（五）现代中国法制在不断变化中发展

由于建设社会主义没有现成模式，由于在摸索前进中出现了这样和那样的错误，还由于法制必须适应社会政治、经济发展的客观需要，所以现代中国法制表现出了某种多变性。以《中华人民共和国宪法》为例，曾起过临时宪法作用的《共同纲领》不算在内，从1954年9月制定第一部宪法起，先后制定了四部宪法。又以《中华人民共和国刑法》为例，1979年刑法制定后，全国人大常委会先后于1982年、1983年制定了《关于严惩严重破坏经济的犯罪的决定》、《关于严惩严重危害社会治安的犯罪分子的决定》，这两个决定实际上是对刑法作了补充修改。《中华人民共和国刑事诉讼法》也有类似情况。法律内容变动频繁，影响法律稳定，立法工作应尽力避免。但也应看到，为使法律适应不断变化的形势，许多修改是必要的。党的十一届三中全会以来，国家按改革开放的需要，制定了一系列法律，也对不少法律作了修改和补充，得到了全国人民的拥护。中国法制正是在这一过程中不断发展完善的。

三　现代中国法制的展望

经过40年、尤其是近10年的努力，中国法制发生了可喜的变化。主要表现在法治的重要性已为愈来愈多的人所认识，国家的政治生活、经济活动正逐步沿着宪法和法律的轨道前进。但问题仍然存在。现行法制与行政体制一样是脱胎于革命战争年代，在革命群众运动的基础上发展起来的。一般说，它适用于严格的计划经济。为了改革开放的需要，虽经重订和修改，但内容仍留有那个时期的痕迹。在司法上，不少干部习惯按领导指示办事。一般干部抓革命的经验多，依法办事抓建设的能力弱，加上旧传统的影响，存在着有法不依、执法不严的现象。为在改革开放的新形势下更好地坚持四项基本原则，随着经济体制改革的深入和政治体制改革的进行，法制必须进行相应改革。这是中国深化改革的客观要求，是社会主义经济发展的要求，也是中国进一步健全社会主义民主政治、实现长治久安的需要。总之，是中国改革大业最终胜利的保障。

法制改革的目标是实现高度民主的社会主义法治国家。这一目标概括为以下几个方面：1.确立法律至上的原则。这就是说在国家生活中要以法律体现的人民意志具有至高无上的权威，摒弃人治，按照党章规定，"党必须在宪法和法律范围内活动"。2.建立完备的法律体系，除一部完善的宪法之外，必须制定一系列为实现宪法各项基本原则的法律，真正做到有法可依。3.法律必须能够适应社会经济基础发展的需要。为此，我们既要总结中国法制建设的经验，也要吸取社会主义国家的立法经验，还要吸取世界各国包括资本主义国家的有益经验，以使我国法律的内容是科学的，真正反映我国社会主义经济发展的客观规律。4.法律必须切实保障公民的权利和自由。公民的宪法权利是社会主义民主政治的核心，没有对公民权利的切实保障，就谈不上社会主义民主与法制。事实证明，宪法和法律关于公民权利的规定只对公民享受这些权利和自由提供了法律依据。

要其变为现实，还必须采取强有力的措施。5. 建立对权力的制衡机制，确保司法独立。建立权力制衡机制的关键是完善人民代表大会制度，将全国人民代表大会建成名符其实的国家权力机关。在人民代表大会监督之下，国务院和各级政府要依法行政，司法机关独立行使司法权，最终使一切国家权力的行使都置于人民群众的监督之下，使其具有广泛、深厚的基础。

以上只是我们对法制改革目标的基本思考。按照我国的现状，距离这个目标还有相当一段路程，尤其改革从本质上讲是一场革命，势必触及某些人的既得利益，并与传统观念相冲突，所以必然会遇到种种阻力和困难。正因为如此，我们认为中国法制改革不可能一蹴而就，而是应随经济体制改革和政治体制改革的发展有步骤有计划地进行。

根据实际情况，中国的法制改革在今后将会从以下几个方面表现出来：

（一）宪法的修改与有关宪法性文件的制定

1988 年 3 月召开的第七届全国人民代表大会第一次会议对《宪法》的有关条款作了修改。主要是肯定了私营经济的地位和作用；在土地所有权不变的情况下，对土地使用权转让作了规定。修改本身固然是重要的，更重要的是它贯穿了这样一条原则，即宪法和法律的修改所遵循的不再是本本，而是中国社会主义发展的实际需要。"是否有利于发展生产力，应当成为我们考虑一切问题的出发点和检验一切工作的根本标准。"[①] 这一原则在立法工作中贯彻将使宪法和法律更加符合中国实际。

与宪法相联系，香港特别行政区基本法的起草正在进行，澳门特别行政区基本法的起草也即将开始。在"一国两制"的原则下，这两个基本法将保证香港和澳门回归祖国，并在现行资本主义制度 50 年不变的情况下，更加稳定、繁荣地发展。

台湾是中国领土不可分的部分，中国政府已多次宣布以"一国两制"的原则解决台湾问题，实现祖国和平统一。随着大陆的经济发展和海峡两

① 《在中国共产党第十三次全国代表大会上的报告》。

岸经济、文化的交流，中国定将实现统一，与其同时也将会有一系列法律制定提上议事日程。

（二）民法和经济法将进一步完备

1986 年《民法通则》制定后，中国在民事方面有了可遵循的基本法。但实施的情况说明，它的某些规定过于笼统，某些条文的实施有赖于其他民事、经济和行政法规的制定和实行。今后一方面要继续加紧制定必需的单行法律，如版权法等；另一方面要根据实际需要对现行法律进行修改和补充，在不断总结经验的基础上，制定出系统完备的民法典。

适应改革开放的形势，必须加快经济立法，1990 年之前应制定的经济法规包括三个方面的内容：其一，促进经济体制改革深入发展的，如票据法、保险法、海商法、反垄断法和反不正当竞争法等；其二，促进和保障对外开放的法规，如对外贸易法、对外投资法等；其三，振兴国民经济重点行业和新兴产业的法规，如原子能法、电子机械工业振兴法、计算机软件保护法等。

（三）加快制定和实施有关政治体制改革的法律

中国是社会主义国家，基本政治制度是好的。但具体领导制度、组织形式和工作方式上存在一些重大缺陷。主要表现为权力过分集中、官僚主义严重、封建思想影响尚未彻底肃清等。随着经济体制改革的深入发展，必然要求相应的政治体制改革。为此就要求制定和实施推进和保障政治体制改革的法律。首先要在现有基础上完善有关组织法，以解决权力过分集中、机构重叠、人浮于事，工作效率低下的现象，逐渐使行政管理走上法制轨道。其次要加快制定和实施公务员法，对国家公务人员依法进行管理。最后要加紧制定和实施行政诉讼法、国家赔偿法等。

除国家行政工作人员，对审判机关和检察机关工作人员任用和规范，也要参照国家公务员法的精神制定专门法律。

（四）刑法要进一步完善和修改

前面已经谈到，1982 年 3 月和 1983 年 9 月，全国人大常委通过的

《关于严惩严重破坏经济的犯罪的决定》和《关于严惩严重危害社会治安的犯罪分子的决定》，实际上已对《刑法》的部分条款作了修改和补充。近年进一步修改《刑法》的要求不断提出，其中有些属于较大的改动，如在罪名方面，将"反革命罪"改为"国事罪"或"危害国家安全罪"；在刑罚方面，要适当减少适用死刑的条款。这些意见有其合理性，从发展看，适当时机将会被考虑。

　　上述几个主要方面的法律和其他关于政治权利、文化教育、体育卫生、福利保险和社会治安等方面的法律进一步完善与实施，将会更好地坚持四项基本原则，更好地促进和保障改革开放。可以预期，不要很长时间，中国就会出现经济繁荣、法制完备、政治民主的新面貌。

（原载《现代中国法制概论》，法文化社（日本）1989 年版）

论法制改革

按：这篇文章是与王家福、李步云合写的。第一部分由王家福执笔；第二部分由我执笔；第三部分由李步云执笔。如若仔细看各部分的文字，还能发现分头执笔的痕迹。但由于动笔前三人作了较充分讨论，全文的思想是连贯的、明确的，结构也是严谨的。文章指出，法制改革是在党的十一届三中全会决定改革开放获得重大胜利背景下，进一步深化改革的要求，是发展社会主义经济的要求，是健全社会主义民主政治的要求。改革的目的是实现高度民主的法治国。为此，要确立法律至上的原则；要建立完备的法律体系；法律必须适应社会生产力发展的需要；法律必须切实保障公民的权利和自由；要确立对权力的制衡机制，保证司法独立；党必须在宪法和法律范围内活动。为了推进法制改革，应更新传统的法律观念。首先，转变把法看成仅仅是"统治阶级意志的体现"、是"阶级斗争的工具"；第二，摒弃重义务轻权利，重"官"轻民，重国家轻个人的错误观念；第三，要摆正党与国家的位置，执政党不是凌驾于国家与法律之上的组织，正确处理党与国家和法律之间的关系。此文在《法学研究》发表后，在学界产生了重大影响。事实证明，它是开拓性的、正确的。

一　法制改革的历史必然性

所谓法制改革，是指对中国现行立法、执法、司法和法律监督等在内的整个社会主义法律制度的革新。法制改革与我国十年来进行的经济体制、政治体制、教育体制、科技体制等方面的改革是息息相关的。它推动、保障这些改革的进行，为这些改革服务，并构成它们的组成部分。但是，法制改革又具有自己特定的属性，是一项相对独立的改革。法制改革不是标新立异，而是我国社会主义法制建设发展的必然。从 1978 年起，我们党和国家所提出的"发展社会主义民主，健全社会主义法制"的正确方针中，就包含了法制改革应有之义。正是基于这种精神，我们国家才在不断清除法律虚无主义等"左"的指导思想，克服"文化大革命"的严重破坏，胜利恢复、重建社会主义法制艰巨任务的同时，实际上从 1979 年开始就已经着手对我国社会主义法制进行了相应的改革。但是，应该着重指出，今天正当我国改革的宏伟事业进入关键时刻之际，随着我国改革宏伟事业的发展，只提健全社会主义法制，已无法确切反映和容纳我国法制正在发生和即将发生的深刻变化。明确而响亮地提出法制改革，不仅是适应中国改革实践和社会主义现代化建设事业的需要，而且标志着我国社会主义法制建设走过恢复、重建为主的阶段之后登上了一个更高的台阶，标志着我国实现高度民主的社会主义法治国家进程的加速。法制改革绝非人们的主观臆想，而是中国走向富强、民主、文明、现代化的客观要求。今天适时地明确提出法制改革的命题，并认真地、科学地对它进行探究，无论在国内和国际上都具有重大的理论意义和现实意义。

首先，法制改革是中国深化改革的客观要求，是改革最终胜利的保障。纵观中外历史与现状，任何国家的社会变革总是伴随着法制改革的。中国的商鞅变法、王安石变法、戊戌变法不都是适应当时政治、经济变革需要之产物吗？20 世纪 30 年代的美国罗斯福新政，第二次世界大战后日本的政治经济民主化，当今苏联政治经济体制改革，不也都是伴随着与之相适应的法制改革吗？20 世纪 80 年代正在中国大地展开的举世瞩目并取得了伟大成就的改革，与古今中外任何改革一样，必须有与之相应的法制改革相伴随。因为：

第一，只有进行相应的法制改革，废除或修改不适应改革的旧法律，才能为中国当代所进行的全面改革开路。须知，新中国成立以来，曾经起过某些积极作用，而现在弊端丛生的各种体制，早已为与之相适应的旧法律所固定，成了中国改革的障碍。因此不废除、不修改固定保护旧体制的法律制度，改革不仅寸步难行，而且随时可以被判为"非法"。今日作为功臣的改革家，明天就可能"合法"地被判为这种或那种"罪犯"。

　　第二，只有进行法制改革，制定适应改革需要的新的法律制度，建立为改革所要求的新的法律秩序，才能推动当代中国全面改革的顺利前进。由于改革关系国家前途，牵动万户千家的切身利益，必须慎之又慎，严格依法进行，而绝不能凭心血来潮，以过去大跃进时代搞运动的遗风草率行事。中国的全面改革必须彻底抛弃人治陈腐观念的影响，真正牢靠地建立在法治的基础之上。这就必须在通过深入调查研究，科学民主论证而形成的总体规划基础之上，以改革精神制定与改革相适应的一整套新的法律制度，为全面改革健康而有序地进行提供法律依据和保障。

　　具体说来，中国的全面改革需要有法制改革为保障，主要表现为如下四个方面：（1）要通过法制改革为中国的全面改革制定统一章法。我国是一个社会主义大国。改革应该按照总体设计，在总结试点和借鉴外国成功经验基础上，把改革的具体要求和步骤用法律形式明确加以规定，然后依法在全国范围内推行。离开法律，或者没有法律规定而摸索前进，势必引起不必要的混乱，造成本来可以避免或减少的损失；（2）要通过法制改革为巩固和保障全面改革的成果提供有效手段。这就是说，要及时地把成熟的经验上升为法律，解除一些人怕变的思想顾虑，并为坚持改革、反对倒退提供法律依据；（3）要通过法制改革为中国的全面改革继续前进创制推进器。社会在前进，经济在发展，我们一方面要使业已实行的改革保持相对稳定；另一方面又要根据形势的要求不断完善新的法律制度，推动和促进我国改革的进一步发展；（4）要通过法制改革为保障中国的全面改革顺利进行提供锐利的法律武器。改革是一场革命，它不可能不遭到来自"左"的或右的干扰与破坏。因此。必须运用新制定的法律，同改革中可能产生的一切消极现象作斗争，制裁违法，打击犯罪，切实维护改革的顺利进行，坚决保障改革的胜利成果。

　　其次，法制改革是中国发展社会主义商品经济的内在需求，是中国最大限度地提高社会生产力的前提。由于我国人口多，底子薄，长期实行高度集中的带有浓郁自然经济色彩的产品经济，社会生产力的发展遭到严重束缚，至今人均国民生产总值仍居世界之后列。因此，在社会主义初级阶段摆在我国人民面前压倒一切的任务，就是大力发展社会主义商品经济，迅速提高社会生产力，尽快摆脱贫困与落后。然而要发展社会主义商品经济，就必须进行法制改革。一切妨害社会主义商品经济发展、阻碍社会生产力提高的旧法律都要废除；一切有利于社会主义商品经济发展，有助于社会生产力提高的新法律都要制定、施行。例如，必须进一步建立、健全促进社会主义商品经济发展的民商法律制度。要使国家经济管理职能与企业经营职能尽快分开，尽快制定公司法，使企业真正成为自负盈亏、自主经营的法人，杜绝一切利用手中特权搞超经济掠夺的可能。要建立健全社会主义新的物权体系，克服公有制使公民、企业与物质财产的关系疏远的弊端，要健全债权特别是合同债权法律制度，确立商品生产和交换中牢固可靠、确有保障的权利义务关系；要健全票据法律制度，使商品交易更加票据化，为国家法律监督提供可靠依据，等等。只有这样，才能从内在的经济因素上调动起十亿人民和数以万计的企业发展社会主义商品经济的积极性。必须进一步健全国家对社会主义商品经济宏观控制、间接管理的经济行政法律制度。要尽快制定计划法、预算法、税法、银行法、物价法、反垄断法和不正当竞争法，稳定经济法，等等，以加强整个经济的宏观调控，使国家能从全社会整体利益出发，保障社会主义商品经济健康发展。必须进一步健全推动社会主义商品经济前进的教育和科技法律制度，促进人才辈出，科技腾飞，提高我国产品的竞争能力，以推动社会主义商品经济大踏步前进。必须进一步健全保护社会主义商品经济顺利运行的经济刑事法律制度，为商品经济的顺利运行筑起一道坚不可摧的刑事防卫堤。总之，只有加速法制改革，创造社会主义市场机制正常运转的新法律环境，规范公平交易的新准则，建立起社会主义商品经济新的法律秩序，依法正确调节各种社会经济关系，解决各种社会矛盾，才能促进社会主义商品经济的健康发展，推动社会生产力的提高。

最后，法制改革也是在中国建立健全社会主义民主政治的客观需要，是中国长治久安的根本。中国人民在中国共产党领导之下建立起社会主义民主制度，从本质上讲是优越的。但是，由于我国封建社会的历史很长，宗法式自然经济的陈规陋习根深蒂固，革命战争年代首长说了算以及苏联集权模式的消极影响作祟，相当长一段时期内轻视社会主义民主政治的建设，权力过分集中，官僚主义、家长制、特权、个人专制，等等，曾经以成文或者不成文法的形式表现出来，严重损害了社会主义的民主生活，甚至导致了"文化大革命"十年大灾大难的发生。党的十一届三中全会以来，我们党和国家清算了过去轻视、破坏社会主义民主的错误，进行了一系列改革，在实行党政分开、下放权力、改革政府机构，建立公务员制度等方面，取得了长足的进步。但是，应该说这些进步与政治体制改革的最终目标——建立完善的社会主义民主政治与法治，还相距甚远。制度是根本的，"制度好可以使坏人无法任意横行，制度不好可以使好人无法充分做好事，甚至走向反面"。① 如果我们把国家长治久安的希望单纯寄托在少数几个领导人身上，而不是主要依赖一个好的法律制度，其危险不仅在于英才筛选不易，即使选准了英才，如无法律制度作保证，也难免不在一定条件下发生变化。现代国家，科学技术迅速发展，矛盾错综复杂，仅凭个人决断大事，不可能不造成失误和灾难。这就从客观上要求我们审时度势地进行法制改革。因为只有在保持安定团结的前提下逐步通过法制改革，建立一个法律门类齐全、体系完备、能有效保障公民的民主自由权利和促进生产力发展，并具有极大权威的法律制度，理顺党与宪法、法律的关系，使人民代表大会真正成为最高权力机关；使国家权力的更替程序化，决策民主化，逐步完善选举制度，保证把德才兼备的社会精英选进国家权力机关，代表人民参政、议政、执政，保障国家行政机关依法行政，健全必需的制约、监督机制，保证人民能依法行使权利，等等，才能从根本上保障在我国建立起比资本主义优越得多的社会主义民主政治与法治，才能从根本上保障我国的社会主义江山长治久安，不再因个人专横，权大于法或无政府主义的沉渣泛起，引起社会的动乱与破坏。

二　法制改革的目标是实现高度民主的法治国

本文提出的法制改革，是为了使我国的法律更具有科学性、稳定性、连续性和至高无上的权威，并以其明确的规范严格保障民主政治的实现和社会主义经济的发展，实现高度民主的社会主义法治国。

这一目标可具体概括为以下几个方面：

---

① 《邓小平文选》第 2 卷，第 333 页。

（一）确立法律至上的原则

所谓法律至上，就是指以法律形式体现的人民意志至上，这种意志在国家生活中具有至高无上的权威。一切党派、机关和个人都必须受法律约束，在法律允许的范围内活动，不能超越之外，更不能凌驾之上。对于一切违反法律的行为，无论是个人或党派，无论是普通公民或国家领导人，无论其地位多高、功劳多大，都必须受法律追究。作为一种指导思想和原则，法律至上是资产阶级在否定封建君主至上的基础上提出的，但由于它本身的科学性、合理性，使它超越了阶级局限，成为人类共同文化发展的结晶。正因为如此，它不仅是现代一切民主国家正在实行或力争实现的一个重要原则，也是我们实现高度民主的社会主义法治国的标志。历史证明，治理国家不坚持法律至上，就必然是这样那样的君主至上或者领袖至上。国家的命运，事业的兴衰仅仅以当权者个人的品德、才能和经验为转移，这是极其危险的。法律则不同，在我国社会主义制度下、"一切权力属于人民"，法律反映全体人民的利益和要求，反映社会发展的客观规律。确立法律至上的原则，任何组织和个人都严格依法办事，人民的权利和自由就能得到切实保障，生产就能更好的发展，国家也就长治久安。

（二）建立完备的法律体系

建立完备的法律体系，是实现法治国家的基本条件。所谓完备的法律体系，是指国家除有一部完善的宪法之外，必须要制定一系列为实现宪法的各项基本原则的法律。其中包括保障公民权利和自由的各种法律；维护社会主义国家、集体、个人、私人所有制关系的各种法律；发展社会主义商品经济的各种法律；发展科学、技术、文化、教育、体育和卫生事业的各种法律；保护土地、草原、山林、海洋、河流、地下资源等生态环境的各种法律；维护国内各民族团结和关于民族区域自治的各种法律；确认国家与公民、国家与政党、军队和群众正确关系的各种法律；国家机关组织原则、相互关系和职权行使的各种法律；维护生产、生活秩序和社会治安的各种法律；制裁违法、惩治犯罪的各种法律；维护国家独立和主权完整的法律；等等。为使法律有效实施，依据宪法和法律，还应颁行相应的行政法规、地方性法规、行政规章和实施细则等。只有如此，才能真正做到有法可依。

中国共产党十一届三中全会以来，我国立法工作有很大进展，但至今仍有许多重要法律尚待制定。有49万个公司存在，但没有公司法。事关国民经济发展基础和八亿农民切身利益的农业，仍然按文件办事，主要靠政策调整。现行宪法和刑法、刑事诉讼法等，有些内容已显得陈旧，急需修改和完善。这些都证明，我国法律覆盖面存在很大缺陷，立法滞后。显然，这种现状离法治国所要求的法律完备还有很大差距。此外，在世界范围内，成文法制度与判例制度正在取长补短，彼此接近，相互融合。在我国以制定法为主体，辅之以判例，及时将司法实践经验集中起来使较为原则的法律条文更具有可操作性，将有利于法律体系的完备。

（三）法律必须适应社会生产力发展的需要

法律作为社会经济基础的上层建筑，对经济基础具有强大的反作用。所以，立法不仅要求数量，还要求其内容必须适应社会经济基础发展的需要。在当前和今后一个相当长的时期里，就是要为社会主义经济的发展开辟广阔的余地。这就要求法律的内容必须反映客观事物发展的规律，是科学的，而不是相反。我们的法律必须有利于建立公平基础上的社会竞争机制，使全体劳动者的劳动积极性、创造性、主动性能够得到最大限度的发挥。事实证明，认识、掌握事物发展的客观规律，并将其制定为法律，不是靠少数领袖人物的臆想专断，而是要靠集中全体人民的智慧，客观地、不怀偏见地对人类优秀法律文化和我国社会主义建设实践加以科学总结。所以，要坚决实现立法民主。为此，必须极大地提高立法工作的透明度，使广大人民群众有条件参与法律的制定和监督。

资本主义法律是人民反封建斗争的成果，也是人类历史文化发展的结晶，有其进步性和科学性。我们不能因两种社会制度不同而拒绝接受资本主义国家法律中的有益经验。同时，我们也应注意吸取苏联的立法经验。苏联与我国社会制度相同，也在开始进行改革，他们的经验某种意义上对我国有直接意义。此外，我们还应吸取我国台湾和香港的立法经验，那里居住着炎黄子孙，以较快速度实现了现代化，他们的经验更易吸收。我们不仅要吸取民、商和经济法方面的经验，也要研究和吸取实行民主政治中的立法经验。集一切有益的经验为我所用，才能提高我国法律的科学性，以使之为社会生产力的发展开辟广阔的空间。

（四）法律必须切实保障公民的权利和自由

从根本上说，社会主义建设的目的就是解放人，使人在社会中得到最大限度的发展。为此，社会主义国家的法律必须切实保障和不断扩大公民的权利和自由。我国 1982 年《宪法》作了比较系统的规定。其中包括：人身权，人格权，住宅不受侵犯权，非经法定程序、公民不受逮捕，选举权与被选举权，批评建议权，控告权，言论、出版、结社、游行示威和宗教信仰自由，男女平等权，劳动权，休息权，受教育权和进行科学研究、文艺创作自由等。这些规定概括了人权的基本内容。不过，宪法的这些规定只对公民享受这些权利和自由提供了一种可能性，要将它们变为现实，还必须制定相应的法律，采取强有力的措施。因此，关于新闻法、结社法、游行示威法、申诉法、国家赔偿法、版权法、劳动法和民法典等重要法律还需加紧制定。当前，重要的是不仅要加速上述一系列法律的制定，而且还应按照宪法的精神，真正将保障公民的权利与自由作为法律的基本点。这是由于公民的宪法权利是民主政治的核心，是政府权力不可逾越的界限，也是对政府权力的制约力量。没有对公民权利的切实保障，就谈不上民主与法治。为了确保有关公民权利与自由的法律的实施，对任何侵害公民权利与自由的行为，必须按后果的严重程度，分别给予行政、民事、或刑事制裁，并给受害人以相应的赔偿。

（五）建立对权力的制衡机制，保证司法独立

权力不加制约和监督，必然导致滥用和腐败，民主和法治就无从谈起。建立权力制衡机制的关键是将人民代表大会建成名副其实的国家权力机关。由人民代表组成国家权力机构，行使国家权力，决定国家大事，是一种民主的制度。但是，要使人民代表大会担当起宪法和法律赋予的决策、立法和监督等重任，必须进一步完善这种制度。首先不能把人民代表大会当成安排离退休干部、英雄模范和其他知名人士的荣誉机构，而应通

过竞选，将素质好，议政、参政能力强的人选进人民代表大会及其常委会；还要建立人民代表大会对重大事件的调查制度、听证制度和质询制度，以对国家立法、司法和行政实行有效监督。此外，人民代表本身也应接受人民群众的监督，他们应定期同选民会面。对于不称职的代表，人民得依法行使罢免权。

建立权力制衡机制的一个重要方面是国务院和各级政府要依法行政。行政机构的设置、相互关系，人员编制，任免、职权和奖惩等，都必须依照法律规定。凡超越法律规定的，都属行政违法行为，要承担责任，接受处分。由于行政方面的立法和司法滞后，上述关系的许多方面目前仍然主要靠内部文件和首长指示办事，致使机构臃肿，人浮于事，效率低下，官僚主义严重。某些单位和干部甚至滥用职权，违法乱纪，贪污腐败，严重影响了人民政府的声誉。为了尽快扭转这种局面，一是要加快行政立法，使行政有法可依；二是要加快建立国家公务员制度，提高政府工作人员素质，严格执法制度；三是国家行政机关真正而不是形式上接受国家权力机关、专门的法律监督机关、政党与社会团体以及广大公民的监督。

建立权力制衡机制的另一个重要方面是确保司法独立。司法独立是我国宪法的一个重要原则。其主要内容就是人民法院独立行使审判权和人民检察院独立行使检察权，不受任何组织或个人的非法干涉。这是任何法治国家具有的特征。司法是捍卫人民权利和治理国家的一道重要防护线，只有确保其独立，才能充分发挥防护作用。目前，这一宪法原则还得不到认真贯彻的重要原因，一是某些党委和领导干部对司法进行干涉。他们有的是权欲驱使，有的是利欲驱使，纠缠于种种关系，受人之托，回人之情，收人之礼，通过种种渠道对案件的处理施加影响。二是某些司法干部缺少应有的素质。他们无视宪法和法律的规定，不敢秉公执法、独立行使权力，而是按领导人的意见办事，按人情办事。事实证明，一些侦查不下去的案件和不应出现的某些冤假错案，往往是司法机关受到干涉所致。为了确保司法独立，要本着党政分开的原则，各级政法委员会不能成为高踞于国家司法性机关之上的机构，尤其不要干涉具体案件的审判；此外，要改革法院和检察院的干部任用制度，使其独立行使权力得到组织保证；还要制定惩治干涉司法的规定和制定对冤假错案的受害人进行赔偿的法律。

为了建立权力的制衡机制，还必须使国家权力受人民群众更广泛、更直接的监督。为此，就要求立法、司法和行政提高透明度，尽可能实行公开化，以使人民群众充分有受知情权。很显然，不实行公开化，人民群众对国家大事不了解情况，就谈不上监督，他们的代表就谈不上参政、议政。在对国家权力实行监督中，新闻和社会舆论有特殊重要作用，所以，要确保新闻自由和言论自由。

（六）党必须在宪法和法律范围内活动

为了实现高度民主的法治国，作为执政党的中国共产党，必须理顺自身与国家权力机关、司法机关和行政机关的关系。我国 1982 年宪法规定：党"必须以宪法为根本的活动准则"；中国共产党新党章也规定："党必须在宪法和法律的范围内活动。"这就为理顺上述方面的关系确立了根本准则，是中国共产党自身建设的重大步骤，也是我国社会主义法制的重大发展。党领导人民制定宪法和法律，宪法和法律一经国家权力机关通过并公布实施，党组织就要带领党员和人民群众遵守法律。同样，党也不能将自己置于依据宪法和法律建立的国家机关之上，或者代替国家机关行使权力。由于在民主革命时期，中国共产党直接指挥军队和战争，新中国成立后又长期实行党政不分制度，相当一部分党组织和党的干部以政策代替法律，指挥国家机器运转和社会生产已成为习惯，所以，尽管宪法和党章早已制定和实施，但他们至今对理顺党的政策与法律，理顺党与国家机关的关系并未深刻认识。他们不懂得党对国家的领导主要靠方针、政策的感召力和广大党员的模范作用，而往往在国家生活中直接发号施令，指手画脚，使党组织和自己陷入纷繁复杂的行政事务和具体工作矛盾之中。这说明，如何将宪法和党章的规定付诸实施，还要进一步解决思想认识和从制度方面采取措施。这一切都是我国法制建设中有待解决的问题。

以上是我们对法制改革目标的基本思考。显然，我国法律制度的现状，距离建成一个高度民主的社会主义法治国家，还有很长一段路程。但是，只要我们的目标明确，保持法制改革的正确方向，并把实现这一目标作为我们改革的动力，坚持积极地、有计划有步骤地进行改革，我们就能逐步实现由人治向法治的转变，胜利地到达目的。

三 法制改革要求更新传统的法律观念

在任何国家里，法律制度与法律观念都是密切联系在一起的。过去，我们在法律制度方面存在各种弊端，法律在实际生活中得不到严格的实施，是同我们的法律观念落后分不开的。这种落后状况也是影响中国走向法治的最大障碍。今后，我们要顺利地开展法制改革并不断巩固与发展其成果，就必须对传统的法的理论观念进行全面更新。

首先，应当抛弃把法看成仅仅是"统治阶级意志的体现"，是"阶级斗争的工具"的观念。因为，这些理论观念，既不符合历史的尤其是当代的客观实际，又对社会主义的法制建设产生过而且仍在继续产生着广泛而深刻的消极影响。运用阶级斗争原理来解释法的本质与作用，出现于马克思、恩格斯和列宁所处的无产阶级革命时代，有它自身的历史背景，然而，今天世界已进入和平与发展的新时代。如果我们仍然在国内与国际上单纯强调"法的阶级性"，显然是同现今的时代精神相背离的。现在，建立了社会主义制度的国家，已经消灭阶级，不再存在"统治阶级"与"被统治阶级"，阶级斗争已经不再是我们这个社会的主要矛盾，如果我们仍然把法的本质仅仅归结为是"统治阶级意志的体现"，是阶级斗争的工具，显然是完全说不通的。同时，还应当看到，即使是在有阶级和阶级斗争的社会里，把法的本质仅仅归结为阶级性，也是片面的、不正确的。因为，在阶级社会里，法律具有政治的与社会的双重职能——阶级统治职能与社会公共职能。立法权与司法权虽然掌握在经济上占统治地位的阶级手里，但他们自身的生存与发展要以整个社会的生存与发展为前提。因此，法律不可能不维护全社会的共同利益。在任何一个社会中，社会关系都不是单纯的而是错综复杂的，反映在社会关系中的人们的利益也必然是多元的。作为社会关系的调节器，法自然要调整与保障多元化利益，包括统治阶级的利益、中间阶级的利益、被统治阶级的利益、各种社会群体的利益和全社会的共同利益。显然，把法归结为仅仅是"统治阶级意志的体现"是不符合实际的。历史表明，新中国成立四十年以来在法制建设方面出现了认识上的一系列重大失误，诸如，"重刑轻民"，法远远偏离了为经济建设服务的轨道；将"刑"视为单纯专政的手段，把政法机关仅仅看作是"刀把子"，因而不重视刑法、刑事诉讼法对公民民主权利的保障，否认法的继承性，在立法中拒绝借鉴其他国家的经验和吸取人类法律文化的一切优秀成果；否认法制的平等原则，在司法中出现不少冤假错案，等等，这一切都同仅仅强调法的阶级性是密不可分的。在整个法学理论体系中，法的本质问题处于贯通一切的核心地位。因此，在这个问题上抛弃以阶级斗争为纲的僵化的传统观念，冲破它的束缚，将对我国法制改革产生广泛而深远的影响。

其次，应当摒弃重义务轻权利、重"官"轻民、重国家轻个人的错误观念，正确处理权利与义务，"官"与民、国家与个人之间的关系。我们国家在很长一个时期内，只强调和重视社会责任与国家利益，而极端漠视个人的权利与利益，把法律只看作是"官"治民的一种手段，而抹杀法首先应当是民约束"官"的一种工具，对公民只强调要尽这样那样的法定义务，而不关心与宣传公民可以和应当享有哪些法定权利。其结果是，公民的权利意识非常薄弱，不知如何去有效地行使自己的权利，"官"的权力得不到来自人民的权利的制约，滥用权力的情况比比皆是。不仅公民的国家主人翁感树立不起来，他们的政治积极性难以调动与发挥，而且个人的权利与利益也极容易遭到侵犯。这是我国几千年来建立在封建专制主义基础上的法律文化给我们留下的一个沉重包袱，同时这也是和新中国成立以来我们一直实行的高度集权的政治与经济体制有着密切的关系。如果这种情况不做根本改变，要建立现代化的民主与法治只能是一句空话。权利与义务是法学的一对基本范畴，它们之间是密不可分的。没有无权利的义务，也没有无义务的权利。我们不能只强调一个方面而轻视另一个方面。但是，权利与义务相比，前者是处于主导地位。在我国目前条件下，我们应当着重强调权利问题，重视权利意识的培养。一个人生活在一定的社会中，首先需要享有一些最基本的权利。这既是他维持生命和最低生活以至追求最大幸福的需求，也是他服务社会、造福人类的前提条件。作为现代社会和国家的主人，首先要求享有各种基本的权利，乃是自然的。从这个角度看，不是义务产生权利，而是权利的行使要求履行相应的义务。因此，保障公民的自由民主权利和经济以及其他各种权利，应当是法律，特别是现代法律的根本目的和基本价值。概括地说，我们讲传统的权利观需要改革，集中表现在如下三个方面，即：社会本位权利观——片面强调个人利益无条件服从社会利益，并以此作为权利价值的评判标准；国家本位权利观——片面强调统治阶级意志和国家至上，漠视公民个人的自主性和基本权利的不可侵犯性；义务本位权利观——过分强调公民应尽义务的一面，而有意无意地抹杀公民应当享有权利的一面，或者夸大道德义务与法律义务的一致性，不恰当地用最完美的道德标准来约束个人的经济行为与政治行为。毫无疑问，变革这种传统的权利观，将为商品经济、民主政治与法制建设的发展，提供最有力的思想条件。当然，我们在强调权利的同时，也必须重视义务。任何公民光荣地接受法律的约束，自觉履行自己的义务，也是我国走向民主、现代化、文明的重要条件。

再次，必须真正地、实际地改变有关党与国家、党的政策与国家法律相互关系的错误观念。在共产党独自执掌政权的条件下，法制改革的关键，是要摆正党与国家的位置，正确处理好党的政策与国家法律的相互关系。按照现代民主原则，执政党是国家的一部分，而不应该是凌驾于国家与法律之上的组织。我国宪法明确规定，国家的权力机关是各级人民代表大会，而不是共产党的中央领导机构。共产党既不能代替国家权力机关行使国家权力，也不应当把国家权力机关和行政、司法、检察、军事机关当作摆设。执政党主要是通过自己制定的路线和政策严格依照法定民主程序对国家实施领导，而不能有意无意地把国家机构当作橡皮图章。事实证明，长期以来我们并没有摆正党组织与国家机构的位置，正确解决党的政策与国家法律的关系。例如，以下几种错误观念就是亟须予以澄清与改变的。一是认为，党的政策的效力高于法律，当党的政策与国家法律出现矛盾的时候，应当按照党的政策办事。这种观点是同"党要在宪法和法律的范围内活动"的原则相违背的。法律是党的政策主张与人民意志的统一。党的政策只有通过民主程序，为国家权力机关所接受，才能上升成为国家意志，被制定成法律。因此就其效力来说，国家法律当然要高于党的政策。上述错误观点的实质在于，错误地认为党的权力大于国家权力，党似乎是一个应该凌驾于国家与法律之上的组织。二是认为党的政策是法律的灵魂，法律是党的政策的具体化、条文化。其实，法律的灵魂应当是人民的利益，是客观规律，是法的基本价值。党的政策可以在制定法律中起指导作用，但它只能被看作是一种"建议"。这种建议是否正确，要由人民和国家权力机关作出判断，采纳与否以及如何采纳，取决于国家权力机关。把法律仅仅看作是党的政策的具体化条文，就势必否定国家机关与广大人民的自主性、创造性和主动性，容易把权力机关的立法活动降低到仅仅是为实现党的主张而服务的地位与水平。三是认为国家法律是实现党的政策的工具。就促进生产力的发展与保障公民的民主自由权利来说，党的政策与国家法律都是手段与工具；而就党的政策与国家法律彼此之间的相互关系来说，两者却是互为手段与目的。制定与实施法律有利于党的政策的实现，而执政党正确政策的制定与提出，也有利于法律的制定与实施。如果从党要服务于国家这一原则立场看，党的政策首先是而且本质上是服务于国家法律的手段与工具。因此上述错误观点有意无意地颠倒了党与国家的关系。四是认为党的政策与国家政策没有区别。党的政策有两部分。党的调整党的各种关系的政策与国家政策无关。党关于治理国家的政治、经济、文化、外交、军事的政策同国家政策则密切相关，但也不应是一回事。其实质区别在于，党的政策应当通过一定的民主程序，为国家机关所接受和采纳，才能转化为国家政策，这一过程是否民主，是国家政治生活民主化的一个重要内容。

最后，必须摒弃人治思想，树立法治观念。既然法制改革的目标是要建立一个高度民主的法治国家，因此，从国家决策层、执法层到广大公民，摒弃人治思想，树立法治观念，就不能不具有重要的意义。法治与人治是两种不同的治国理论与原则。它们之间的对立，主要表现在两个问题上。作为一种治国的理论，人治论认为，国家能否兴旺发达与长治久安，决定性的因素是在于国家要有一个或几个英明的领导者。与此相反，法治论则认为，国家的兴旺发达与长治久安主要应当寄希望于有一个好的法律与制度。作为一种治国的原则，法治论认为，法律应当具有极大的权威，任何组织与个人，包括国家的领导者在内，都要严格依法办事。与此相反，人治论强调的，则是国家领袖人物的威望而不是法律的权威。两千多年以来的中外历史表明，法治的主张总是代表着一定时期先进阶级或阶层的利益，总是反映出某些开明领袖人物的政治抱负；而人治的主张则相反。历史上出现过奴隶制法治和封建制法治。由于当时的政治制度是实行君主专制，君主不可能真正做到严格依法办事而是口含天宪、言出法随。因此，现代意义上的法治（或称严格的法治）是近代资产阶级民主制建立以后才有的。我们现在讲法治，当然是指现代意义上的建立在民主基础上的法治。今天，我们倡导法治、反对人治之所以如此深得人心，就是因为新中国成立以来我们在这个问题上的教训实在太深了。在很长一个时期里，人们不是把国家的全部希望都寄托在一、两个领袖人物的身上吗？这也正是我们过去极不重视建立与健全法律制度的根本原因所在。另一个严重历史教训，就是我们不重视维护法律的极大权威，而是大树特树领袖人物个人的权威，以至领袖的话"一句顶一万句"，可以做到以言立法、以言废法，以至上行下效，流毒全国，致使权大于法，以言代法成了我们国家政治生活与法律制度中的最大祸害。由此可见，摒弃人治思想，树立法治观念，不仅将为我们走向法治提供正确的理论指导，而且将为我们的法制改革指明前进方向。但是，我们要真正在全体人民中特别是在各级领导人员中摒弃人治思想，树立法治观念，并不是一件轻而易举的事情。最近有人提出所谓"新权威主义"，就是一种具有理论形态的人治思想的回潮，值得我们警惕。

法制改革从本质上讲是一场深刻的制度方面和思想方面的变革，势必触及某些人的既得利益，并同某些人的传统观念相冲突。因此它必然会遇到来自各方面的阻力，在改革过程中将充满各种斗争。但是实现法治是现今世界不可逆转的潮流，是我国十亿人民的强烈愿望。我们坚信，不管改革的道路多么崎岖不平，只要法制改革有正确理论做指导，从实际出发，依靠广大人民的智慧，与我国的经济体制改革与政治体制改革密切结合，有领导有步骤地进行，那么，建立一个具有高度民主的法治国家的伟大目标，就一定能够达到。

（王家福、刘海年、李步云，本文原载《法学研究》1989 年第 2 期）

依法治国:中国社会主义
法制建设新的里程碑

不久前，江泽民同志圈定《关于依法治国，建设社会主义法制国家的理论和实践问题》作为 1996 年中共中央第一期法制讲座的题目。2 月 8 日，在中央就此专题举办的法制讲座会上，江泽民同志发表了《依法治国，保障国家的长治久安》的重要讲话。3 月 17 日，第八届全国人民代表大会第四次会议批准的《国民经济和社会发展"九五"计划和 2010 年远景目标纲要》，将"依法治国，建设社会主义法制国家"作为战略目标加以规定。江泽民同志的讲话指出："依法治国，是邓小平同志建设有中国特色社会主义理论的重要组成部分。"[1] 讲话和《纲要》对依法治国和建设社会主义法制国家的肯定和规定，是我国社会主义法制建设新的里程碑，对我国政治制度和法律制度的发展，有重大的现实意义和深远的历史意义。

中国共产党十一届三中全会以来，我国社会主义法制建设取得了巨大进展，但仍存在许多问题。

在人类社会历史上，处于相对软弱地位、尤其是权利遭受侵犯和威胁的人们，更加迫切需要法律。20 世纪 70 年代后期，当那场"文化大革命"刚结束不久，饱尝了社会主义法制遭到破坏、权利遭到侵犯之苦的广大人民群众和干部，又一次深切体会到，社会主义民主和法制对自己是多么重要，多么像布帛菽粟一样须臾不可离开。全国上下众口同声强烈呼唤社会主义民主和法制。正是在这样的历史背景下，"文化大革命"中深受

---

[1] 《人民日报》1996 年 2 月 9 日。

迫害、复出不久的邓小平同志，在 1978 年 12 月中国共产党十一届三中全会前的中央工作会议上的讲话中，以掷地有声、铿锵有力的语言指出："为了保障人民民主，必须加强法制。必须使民主制度化、法律化，使这种制度和法律不因领导人的改变而改变，不因领导人的看法和注意力的改变而改变。"他针对当时的具体情况，提出了"有法可依，有法必依，执法必严，违法必究"十六字方针①，保证人民在法律面前一律平等，不允许任何人有超越于法律之外、凌驾于法律之上的特权。邓小平同志的讲话和根据这个讲话精神确定的加强社会主义民主、健全社会主义法制的基本方针，得到了全国人民的坚决拥护。

以十一届三中全会为转折，我国的社会主义民主和法制建设进入了新的历史时期。首先，健全和完善了人民代表大会制度。一大批受人民信任、代表人民利益和能管理国家的优秀人物被选入全国和地方各级人民代表大会。根据新时期政治、经济和法制建设的需要，扩大了全国和地方各级人大常委会的职权，加快了立法步伐。邓小平同志指出，法律"有比没有好，快搞比慢搞好"。"现在立法的工作量很大，人力很不够，因此法律条文开始可以粗一点，逐步完善。有的法规地方可以先试搞，然后经过总结提高，制定全国通行的法律。修改补充法律，成熟一条就修改补充一条，不要等待'成套设备'。"②按照这一指导思想，1978 年之后，我国立法取得巨大成就。到 1987 年，我国初步形成了以宪法为核心，以民事、行政、经济和刑事等方面基本法律为支柱的社会主义法律体系框架。到 1995 年底，全国人民代表大会及其常务委员会共制定了 280 多部法律，国务院制定了 700 多部行政性法规，地方权力机关制定了 4000 多部地方性法规。在社会政治、经济、文化等领域的主要方面，基本上做到了有法可依。与此同时，被削弱的国家执法机关和执法队伍也逐步恢复和加强。在政法方面，恢复了 50 年代末撤销的司法部、民政部、法制局，恢复了"文化大革命"中一度撤销的人民检察院，新设立了国家安全部。将从 50 年代末之后以各种名义遣散的政法干部，特别是其中受过专业训练的人

---

① 《邓小平文选》第 2 卷，第 146 页。
② 同上书，第 147 页。

员，动员归队，重新加以组织，充实司法机关。实践证明，这项工作颇有成效。大约到80年代，不仅10年"文化大革命"造成的大批冤假错案得到纠正，遭到迫害的干部和群众得到昭雪，而且对50年代以来历次政治运动中受"左"的错误影响而造成的冤案和被伤害的无辜者，通过甄别，也落实了政策，恢复了名誉。即使对于"文化大革命"中受错误路线影响和当时领导人指使，伤害了人，犯了错误的干部中的绝大多数，也是"促使他们自己总结经验教训，认识和改正错误"①，团结一致向前看。正是比较坚决地贯彻了党的政策和比较严格地依法办事，短短几年，便实现了国家机构正常运转；实现了全国工作重心转向社会主义经济建设；举国上下出现了心情比较舒畅，社会比较安定的政治局面。

任何事情的发展都难以一帆风顺，民主和法制的建设尤其如此。在中国，从秦始皇时起，封建专制制度统治了两千多年。其间虽经王朝更替，疆域变化，国都迁移，帝王改姓，却都未影响这个制度在不断吸取经验中发展和延续。随时代的推移，到清王朝统治后期，这个制度与客观要求愈来愈不协调。由一百多年前开始，中国人民就呼喊推翻专制，实行民主和法治。孙中山领导的辛亥革命确实打倒了最后一个封建皇帝，建立了民国，但真正的民主和法治却未能实现。事情正如邓小平同志指出的："旧中国留给我们的封建专制传统比较多，民主法制传统很少。"加之，"解放以后，我们也没有自觉地、系统地建立保障人民民主权利的各项制度，法制很不完备，也很不受重视。"② 这使我国民主和法制建设的基础很不坚实。在立法方面，我们缺少足够的人才，也缺少必备的资料和经验。法律颁行后就不断修改和补充，显得不够稳定。在法律意识方面，尽管在"文化大革命"刚刚结束，中国共产党十一届三中全会前后，社会舆论曾激烈抨击以个人专断为特征的"人治"，呼唤"法治"，但当第一批法律颁布后，人们首先对如何摆正法、政策和领导人指示的位置发生了意见分歧：究竟是法大，还是权大？70年代末80年代初，法学界进行的那场关于"人治"与"法治"问题的讨论，归根结底其实质如此。一部分学者鲜明

---

① 《邓小平文选》第2卷，第148页。
② 同上书，第332页。

地提出"以法治国",并指出:"以法治国是历史经验的总结";"只有实行以法治国才能切实保障人民的民主权利","才能防止林彪、'四人帮'一类野心家篡党夺权的阴谋得逞","才能高速度地发展生产力,顺利地建设社会主义现代化强国"①。持有异议的学者并非不同意以法治国,只是认为这种理论既未见诸马克思主义经典,现实中也不一定能行。他们甚至将实际存在的作为合理的,从中选出不同的例子作论据,来支持这种"好心的"疑虑。

思想认识的不坚定和理论上的模糊,往往是现实的反映,并又反作用于现实。某些领导干部,不久前还呼吁民主与法制,但官位一旦坐稳,就"好了疮疤忘了疼",开始嫌民主麻烦,法制束手束脚,不注意、甚至不顾法律规定,发指示、批条子干预司法。"以言代法"的现象重新出现。某些干部习惯走老路,以为按领导指示办事错了无责任,保险;坚持法律和制度,难免与领导意见相对立,即使知道领导意见与法律和制度相矛盾,也明哲保身。也有些干部,不懂法,又不愿意学法,有的即使学得一些,又发现按照法律办事要经一道道程序,太麻烦。还有些干部思想上受折中主义影响,行动上无主见,马马虎虎。更严重的是还有些干部目无法纪,专横跋扈,欺压群众,以权谋私,贪污受贿,腐化堕落,等等。其结果是在一些地方和一些环节出现了有法不依,执法不严,有令不行,有禁不止,忽视法制,或对法制采取实用主义态度的现象,在社会治安和经济建设等领域都产生了不良后果,致使在人民群众中唤起的民主与法制信念,一定程度上受到挫伤。

二

社会主义市场经济是一种制度。它需要与之相适应的法制。但我国现实的法制却与之不相适应,需要进一步改革。

中国社会主义市场经济的提出,是思想解放和改革开放政策实践的产

---

① 李步云、王德祥、陈春龙:《论以法治国》,载《法治与人治问题讨论集》,群众出版社 1981 年版,第 25 页。

物，经历了一个发展过程。1978 年 12 月中国共产党十一届三中全会公报宣告："全会决定：鉴于中央二中全会以来的工作进展顺利，全国范围的大规模揭批林彪、'四人帮'的群众运动已基本上胜利完成，全党工作的着重点应该从 1979 年转移到社会主义现代化建设上来。"[①] 这就宣布了以往长期实行的"以阶级斗争为纲"路线的结束，现代化经济建设将成为全党和全国的中心任务。根据当时的情况，邓小平同志指出："为了有效地实现四个现代化，必须认真解决各种经济体制问题。"[②] 很显然，不改革僵化的经济体制，四个现代化就难以进行。之后，中央决定对国民经济实行"调整、改革、整顿、提高"的方针。经济体制改革在农村取得突破性进展后，便在全国范围全面展开。1984 年 10 月，中国共产党十二届三中全会通过的《关于经济体制改革的决定》，比较系统地提出和阐明了经济体制改革中的一系列重大理论和实践问题，特别是突破了人们长期把计划经济同商品经济对立起来的传统观念，首次提出了我国社会主义经济是公有制基础上的有计划商品经济。此后，又经过几年实践，我国的经济体制改革和对外开放政策，不仅在农村，而且在城市各领域获得了全面成功。进一步认识到商品是与市场相连的，商品经济也是市场经济。早在 1990 年 12 月邓小平同志就指出："社会主义也有市场经济。"[③] 1992 年，邓小平同志在南方考察之后，重新提出和论证了这一观点。同年 10 月，中国共产党第十四次全国代表大会经过充分讨论，确定我国经济体制改革的目标是建立"社会主义市场经济体制"。这成为建设有中国特色社会主义理论的核心内容。

市场经济是遵循商品等价交换的原则发展的。没有交换就谈不上市场，市场发展到一定程度才谈得上市场经济。其标志是产品、资金、劳务、技术和资源分配等都进入市场，由市场调节，并逐步实现国内市场与国际市场一体化。当然，我国社会主义市场经济的发展还要注意计划与市场的有机结合，注意市场经济发展中国家宏观调控的重要作用。其目的

---

① 《中国共产党第十一届中央委员会第三次全体会议公报》，载《三中全会以来重要文献选编》，人民出版社 1982 年版，第 1 页。
② 《邓小平文选》第 2 卷，第 161 页。
③ 《邓小平文选》第 3 卷，第 364 页。

是，"解放生产力，发展生产力，消灭剥削，消除两极分化，最终达到共同富裕"①。

从以上可以看出，社会主义市场经济是一种制度，它的建立和发展，不仅需要直接调整经济运行的主要由民法、商法和经济法等构成的市场经济法律，还需要包括健全国家民主生活、规范政府行为、维护社会稳定和秩序的监督法、行政法和刑事法等构成的完整法律体系。由于中国市场将逐步与国际市场结合并最终实现与国际市场一体化，所以我国的法律体系的内容也不可避免地要与世界上一些主要国家和地区的法律逐步实现某种程度的接轨。

正是由于市场经济的培育和发展，需要遵循公平竞争和等价交换的原则，需要建立完整的法律体系，具体在立法上就需要：

第一，依法律确认市场主体资格。所谓市场主体，即市场的参加者。他们以产品进入市场进行交换、追逐利润，才能构成市场，进而使市场经济得到发展。市场主体必须是独立的自然人或法人；在法律地位上完全平等，不存在行政依附，不因所有制不同而有差别；有完全的权利能力和行为能力，能够从事法律行为；有完全责任能力，能够对自己的行为承担责任。

第二，依法保护财产所有权。拥有财产是市场交换参加者的必备条件，国家必须依法保护所有市场主体的财产所有权。由于过去计划经济体制下法律强调对国家财产和公有财产的特殊保护，而对私人财产和其他所有制的财产保护不够，且曾发生过诸如"一平二调"等侵犯财产权的行为，许多人至今仍存有疑虑，某些来华投资的外国人和台、港、澳人士以及华侨更是顾虑重重。为了消除人们的顾虑，我们必须通过立法对一切合法财产，包括国有财产、公有财产、私有财产和外资企业的财产，予以一体有效确认和保护。

第三，依法维护合同自由。合同自由是市场主体以其财产参与市场活动、实现与其他人交易的基本原则。没有合同自由就谈不上市场经济，在市场交易过程中，任何人均无权将自己的意志强加于人。我国在计划经济

---

① 《邓小平文选》第 3 卷，第 373 页。

体制下，不承认合同自由。十一届三中全会以来，虽然制定了几个合同法，但非法干预和限制合同自由的现象仍严重存在，以至于影响了经济的正常运转和市场秩序的稳定。

第四，依法维护市场的公平。市场公平是市场经济运行的外部条件。它包括：市场参加者在市场活动中遵守同样的规则；市场对一切参加者平等开放，不以财产多少、所有制的形态以及主体的身份等加以歧视或优惠；一切市场主体均要照章纳税，任何人不得享有法律之外的减免税赋的特权；市场主体在市场活动中实行公平竞争，不允许不正当竞争行为，更不允许旨在限制竞争的垄断，包括行政垄断和经济垄断。

第五，国家依法对市场实行宏观调控。当今国际市场和主要发达国家的国内市场，早已越过了资本主义的初期经济自由发展的时期，要求国家通过经济和法律手段对市场适度干预。实践证明，这种干预不仅是必要的，而且也不是无效的。我国的经济体制改革和市场经济的发展是在中央统一领导下进行的，当前正处于计划经济向社会主义市场经济转轨过程，国家如何既改变计划体制，又不放任自流，保持对经济适度干预，是需要认真解决的问题。当然，这种干预应当是通过法律手段，运用经济力量进行，而不是简单的行政命令。

第六，依法区分作为公权者的国家和作为财产所有者的国家。在我国社会主义市场经济条件下，国家既是整个社会的公共权力化身，是政治组织，又是全民所有制财产的所有者，是经济组织。在市场活动中这两种身份是严格区分的。作为公共权力代表的国家，有权对市场进行管理，进行宏观调控，维护市场秩序，裁决市场争议，排解影响市场运行的各种纠纷。国家此时行使的是法律赋予的公共权力。作为财产所有者的国家，学界又称之为"国库"，它可以和其他市场主体一样从事经济活动，如信贷、投资和商业等。这种情形下国家与其他市场主体在法律上处于平等地位。这种区分对许多干部和群众来说是困难的，但又是十分必要的。只有如此，才能做到既保证市场公正，避免权钱交易，又能规范国家机关及其工作人员的行为，实现廉政，提高国家管理效率。

第七，依法建立社会保障体系。经济发展与社会保障历来相辅相成。当代市场经济国家具体制度虽然不同，但在二者之间寻求某种平衡，则是共同关心的。这是因为竞争就意味优胜劣汰，对于竞争失败者或弱者是严酷的。但是，他们毕竟是社会的一员，无论从人道主义或社会的稳定来说，对他们的基本权利都应予以保障。我国是社会主义国家，为了社会主义市场经济发展，鼓励竞争，提倡一部分人先富起来，但最终的目标是共同富裕。社会保障体系对于发展和我们的宗旨来说都是不可缺少的。在经济体制转轨过程中，计划经济体制下建立的旧的社会保障制度已经或正在被打破，与此同时，我们应注意社会保障的立法和执法，建立新的社会保障体制，并注意二者的衔接。

第八，依法维护市场秩序，有效地排解各种纠纷。良好的市场秩序是市场健康运转的条件。前述关于市场经济各种制度的确立需要秩序。此外，随市场经济发展必然产生假冒、骗取、欺诈、偷盗；产生走私贩假、偷税漏税、巧取豪夺、欺行霸市、拉帮结伙；产生受贿、贪污、腐败等丑恶现象。对其抑制和清除，也需要秩序，否则公平就得不到保证，正义就不能伸张，不仅会造成市场紊乱，而且会影响整个社会稳定。这就需要完善有关行政法、经济法和刑事法律，等等。

以上可以看出，社会主义市场经济要求比较健全的法律制度。而十一届三中全会之后的几年所恢复的制度和新制定的法律，基本上属于计划经济体制的产物。这批法律中，有的刚刚出台的时候，就已经与当时的某些改革措施不相适应。如为了搞活经济，改变国家计划一统天下的模式，允许国家计划的某些部分留有缺口，亦即所需的资金、原材料、设备和产品销售由市场调节。这一方面的某些经济行为，合法与非法，罪与非罪，界限不清楚。当刑法正式公布实施之后，一些地方司法实践中出现的将改革视为违法，将改革者加以惩治甚至定罪判刑，与法律界限不清是有关系的。以后几年制定的法律极力摆脱计划经济体制的影响，并且对商品经济发展和市场的建设起了积极作用，但由于经济关系处于急速变化之中，也由于我们对市场的管理缺少经验，往往是头疼医头，脚疼医脚，显得不成熟。总之，无论在法律意识、立法、执法和司法等方面，问题越来越突出。

正是在这种情况下，1987年10月，中国共产党第十三次全国代表大会在系统地阐明了党在社会主义初级阶段的基本路线的同时，也提出了逐步进行政治体制改革。十三大决议指出：经济体制改革的展开和深入，对政治体制改革提出愈益迫切的要求，政治体制改革的近期目标，是建立有利于提高效率、增强活力和调动各方面积极性的领导体制。很显然，无论是经济体制改革或政治体制改革，均牵涉法律制度。结合当时实际情况，在十三大精神的指导下，法学界的同仁开始对法律制度如何适应形势要求进一步思考。我和王家福、李步云教授还写了一篇题为《论法制改革》的文章。该文论证了法制改革的历史必然性，提出"法制改革的目标是实现高度民主的法治国"；提出并阐明法制改革要求更新传统的法律观念①。我们的目的是希望引起学界对此问题的注意，对法制建设进行通盘思考，以便在改革面前更加自觉。

实际上，当时法学界的同仁思考和提出法制改革，只不过是学习邓小平同志著作的心得。早在党的十一届三中全会之前，1978 年 10 月，邓小平同志就提出：实现四个现代化是一场革命，"这场革命既要大幅度地改变目前落后的生产力，就必然要多方面地改变生产关系，改变上层建筑，改变工农业企业的管理方式，使之适应于现代化大经济的需要"②。1978 年底，邓小平同志指出："实现四个现代化进程中，必然会出现许多我们不熟悉的、预想不到的新情况和新问题。尤其是生产关系和上层建筑的改革，不会是一帆风顺的……一定会遇到重重障碍。"③ 1979 年邓小平同志指出："我们要在大幅度提高社会生产力的同时，改革和完善社会主义的经济制度和政治制度，发展高度的社会主义民主和完备的社会主义法制。"④ 1980 年邓小平同志指出："为了适应社会主义现代化建设的需要，为了适应党和国家政治生活民主化需要，为了兴利除弊，党和国家领导制度以及其他制度，需要改革的很多。"⑤ 很显然，邓小平同志一系列著述中谈到的"改变国家对工农业的管理方式"，"上层建筑的改革"，"改革和完善社会主义经济制度和政治制度"，"改革党和国家领导制度和某些制

---

① 王家福、刘海年、李步云：《论法制改革》，《法学研究》1989 年第 2 期。
② 《邓小平文选》第 2 卷，第 135—136 页。
③ 同上书，第 152 页。
④ 同上书，第 208 页。
⑤ 同上书，第 322 页。

度",等等,当然包括法律制度。十多年的历史证明,为了发展市场经济,法制进一步改革不仅是必要的,而且是必然的。

三

江泽民同志提出依法治国,建设社会主义法治国家,指明了中国政治体制改革和法制改革的战略目标,是中国社会主义法制建设新的里程碑。

中国共产党十四届五中全会通过、第八届全国人民代表大会四次会议批准了我国国民经济和社会发展"九五"计划和 2010 年远景发展纲要。"九五"期间,我国将全面完成现代化建设的第二期战略部署。到 2000 年,在人口将比 1980 年增长 3 亿左右的情况下,实现人均国民生产总值比 1980 年翻两番;基本消除贫困现象,人民生活达到小康水平;加快现代企业制度建设,初步建成社会主义市场经济体制。到 2010 年,实现国民生产总值比 2000 年翻一番,使人们的小康生活更加富裕,形成比较完善的社会主义市场经济体制。它表明,我国将以新的姿态跨入 21 世纪,并为实现第三期战略目标、为下个世纪中叶基本实现现代化奠定坚实基础。15 年后我国经济、社会和人民生活将发生巨大变化。那么,我国的社会主义政治制度和法律制度将如何呢?依邓小平同志建设有中国特色社会主义理论和社会主义民主法制的论述,江泽民关于"依法治国"的讲话,为我国政治体制改革和社会主义法治国家建设勾画出了清晰蓝图。它将在5 年、10 年、15 年、50 年或更长的时间,成为我国社会主义政治制度和法律制度建设的战略目标。

江泽民同志的讲话按照人类历史发展的规律和我国社会主义建设实践的要求,阐明了依法治国的历史必然性和伟大意义。江泽民同志说:"依法治国,是邓小平同志建设有中国特色社会主义理论的重要组成部分,是我们党和政府管理国家和社会事务的重要方针。实行和坚持依法治国,就是使国家各项工作逐步走上法制化的轨道,实现国家政治生活、经济生活、社会生活的法制化和规范化;就是广大人民群众在党的领导下,依照宪法和法律的规定,通过各种途径和形式参与管理国家、管理经济文化事业、管理社会事务;就是逐步实现社会主义民主的制度化、法律化。实行和坚持依法治国，对于推动经济持续快速健康发展和社会全面进步，保障国家长治久安，具有十分重要的意义。"①

依法治理国家的思想，早在古代就已提出。在古希腊，亚里士多德对于法治的解释是："已成立的法律获得普遍的服从，而大家所服从的法律又应该本身是制定得良好的法律。"② 至于为什么要实行法治，他说："要使事物合乎正义，必须有毫无偏私的权衡，法律恰恰正是这样一个合乎中道的权衡。"③ 他又说："单独一个人就容易因愤懑或其他任何相似的感情而失去平衡，终致损伤了他的判断力，但全体人民不会同时发怒，同时错断。"④ 在中国，依法治国思想的提出首先见于《管子》一书。据考，该书是托名春秋齐国政治家管仲的一部文集，其中主要反映法家观点，大多数出自战国中、后期各国法家学者之手。《管子·明法》："威不两错，政不二门，以法治国，则举措而已。"这里说的是国君独揽大权，以法为治理国家的"举措"。之后，商鞅、韩非也曾对以法治国作过精辟阐述。《商君书》："明王之治天下也，缘法而治，按功而赏。"应做到"言不中法者，不行也；行不中法者，不高也；事不中法者，不为也"⑤。该书还提出"壹刑"："刑无等级，自卿相将军以至大夫庶人，有不从王令、犯国禁、乱上制者，罪死不赦。"⑥ 商鞅强调官吏更应守法，认为"法之不行，自上犯之。"⑦ 他主张刑上大夫，太子犯法，"刑其傅公子虔，黥其师公孙贾"⑧。韩非在其著作中也提出了"以法为本"⑨。他认为，法制定之后就应严格执行，"法不阿贵，绳不绕曲"，"刑过不避大臣，赏善不遗匹夫"⑩，"诚有过，则虽近爱必诛"⑪。从当时社会发展状况看，应该说这些

---

① 《人民日报》1996 年 2 月 9 日。
② 亚里士多德：《政治学》，商务印书馆 1965 年版，第 199 页。
③ 同上书，第 164 页。
④ 同上书，第 169 页。
⑤ 《商君书·君臣》。
⑥ 《商君书·赏刑》。
⑦ 《史记·商君列传》。
⑧ 《史记·商君列传》。
⑨ 《韩非子·饰邪》。
⑩ 《韩非子·有度》。
⑪ 《韩非子·主道》。

政治家和思想家关于依法治国的论述是精彩的，并且促进了社会进步。中国历史上，秦始皇的统一、西汉文景之治、唐初贞观之治，与这些思想的影响不无关系，但由于他们提倡的法治是与君主专制相连的，所以真正意义上的法治国家从来没有、也不可能建立。

依法治国思想随着生产发展和社会进步在16—17世纪得到进一步阐释。在西方，洛克、孟德斯鸠和卢梭等资产阶级启蒙思想家，针对"君权神授"和"王位世袭"的观点，提出了民主、自由、平等，提出天赋人权、主权在民，以自然法观念为指导，把法治与共和政体联系起来，比较系统地提出了资产阶级的法治观念和主张。在中国，大约在明朝末年黄宗羲等也提出了具有反对君主专制，实行共和的思想。但现代意义的依法治国思想的传播，应该是在西方资产阶级革命之后，受资产阶级思想影响开始的。这方面的代表人物是梁启超、孙中山和章太炎等。资产阶级民主法治思想，在反封建专制主义斗争中，唤起了民众，产生了巨大精神力量。在它的推动下，资产阶级革命先后在欧美和亚洲等地取得了胜利，建立了资产阶级国家。从此，揭开了人类历史的新篇章。尽管资产阶级国家比诸封建专制统治是历史的巨大进步，给人类带来现代文明，并且随着经验积累，其统治方式不断改进，从实践看的确也颇有成效。但由于其本质毕竟是少数富人的统治，所以无论在西方还是在东方，法治都不能不带有很大的局限性。

我们今天提出的依法治国，是社会主义依法治国，与资本主义依法治国有着本质区别。正如前引江泽民同志所说：依法治国"就是广大人民群众在党的领导下，依照宪法和法律的规定，通过各种途径和形式参与管理国家，管理经济文化事业，管理社会事务。"这就是说，我们的依法治国和社会主义法治国家，是与最广泛的人民民主连在一起的，是真正能够实现的，是人类历史上任何依法治国、法治国家所无法比拟的。

按照党的十一届三中全会以来党的基本路线和邓小平同志建设有中国特色社会主义理论，实现依法治国和建设社会主义法治国家应具备如下基本条件：

（一）进一步健全我国的社会主义民主制度

民主是法治的基础。"没有民主就没有社会主义"①，当然就不可能有社会主义法治。为了实现依法治国，建设社会主义法治国家，必须充分发扬社会主义民主，进一步完善我国人民民主制度。过去往往把民主只作为一种工作方法、工作作风，或者只作为一种手段。按照法治国家的要求，社会主义民主首先是一种新型的国家制度，其核心是人民对国家事务的管理。邓小平同志曾说："我们的最终目标是要发展社会主义民主。"② 宪法规定，"要把我国建设成为高度文明、高度民主的社会主义国家"③。由此看，民主更重要的是目的。所以，讲依法治国和建设社会主义法治国家，必须讲社会主义民主，以保障人民当家做主的地位为宗旨。宪法规定："中华人民共和国的一切权力属于人民，人民行使国家权力的机关，是全国人民代表大会和地方各级人民代表大会。"④ 按照我国宪法和法律规定，中国人民主要是通过自己选出的代表，组成全国的和地方的各级人民代表大会，选举和决定国家领导人和国家政权机构领导人，选举和决定地方政权机构领导人，并通过他们管理国家事务，管理经济、文化和社会事务。宪法和法律还对保障公民的其他民主权利作了规定。这些规定体现了社会主义民主的实质，也真正体现了主权在民的原则。但是，实践证明，宪法和法律的规定，并非是现实的，也不可能是完美的。这不仅是因为把宪法和法律关于保障人民民主权利的条文付诸实施需要经过努力，甚至要付出代价，还因为宪法和法律本身也要随客观形势的发展不断完善。为了把宪法和法律规定变为现实，必须使之具体化，并建立相应的制度。关于这个问题，邓小平曾指出："重点是切实改革并完善党和国家的制度，从制度上保证党和国家政治生活民主化，经济管理民主化，整个社会生活的民主化。"⑤

---

① 《邓小平文选》第 2 卷，第 168 页。
② 《邓小平论民主与法制》，法律出版社 1990 年版，第 87 页。
③ 《中华人民共和国宪法》序言。
④ 《中华人民共和国宪法》第 2 条。
⑤ 《邓小平文选》第 2 卷，第 336 页。

（二）建立完善的社会主义法律体系

完善的社会主义法律体系，是依法治国，建设社会主义法治国家最基本的条件。缺少这一条件，根本谈不上依法治国，更谈不上建设社会主义法治国家。所谓"完"，"全也"，是指完全、完备；所谓"善"，"良也、佳也"，是指良好。完备良好而且成体系，标准是高的。本文第二部分围绕社会主义市场经济体制所需要的法律谈了八项内容。王家福等最近在《论依法治国》① 一文中，列举了九个方面法律，即宪法、行政法、经济法、行政诉讼法、民商法、民事诉讼法、刑法、刑事诉讼法和社会保障法。二者所取的角度不同，但都是我国社会主义法律体系不可缺少的。为了使之完善，我们在立法中应认真总结我国自己的立法经验，特别是十一届三中全会以来的立法经验，以解决好中央和地方在立法方面的权限划分，遵循在中央统一领导下，充分发挥地方的主动性、积极性，处理好各部门之间的关系，树立全国一盘棋观念，克服把立法作为固定或扩充本部门、本地区权力的狭隘思想。同时，我们还应注意借鉴其他国家或地区的立法经验，包括发达国家、发展中国家以及台湾、香港地区的经验。资本主义国家的法律是反封建斗争的成果，不少国家成功地发展了市场经济；不少发展中国家同我国有类似的争取民族独立和发展本国经济、文化的历史；台湾和香港是我国的组成部分，几十年来以比较快的速度实现了现代化。这些国家和地区在立法方面的成果也是人类文化结晶的组成部分，其中有益的经验，我们一定要认真研究吸取。在整个立法工作中我们都应注意科学化、民主化、程序化，以使法律真正达到合法。如此，才能保证我国社会主义法律体系内容科学，反映社会主义建设的客观规律，体现全体人民的意志，符合时代的潮流。

（三）健全对权力的监督和制约机制

权力不受监督和制约，必然导致专断和滥用，必然导致腐败，依法治

---

① 王家福、李步云、刘海年、刘瀚、梁慧星、肖贤富：《论依法治国》，《法学研究》1996 年第 2 期。

国就无从谈起。在总结"文化大革命"的教训时，邓小平曾指出："还有一些干部，不把自己看作是人民的公仆，而把自己看作是人民的主人，搞特权，特殊化，引起群众的强烈不满，损害党的威信，如不坚决改正，势必使我们的干部队伍发生腐化。"① 为了解决这类问题，邓小平指出："要有群众监督制度，让群众和党员监督干部，特别是领导干部。凡是搞特权、特殊化，经过批评教育而又不改的，人民就有权依法进行检举、控告、弹劾、撤换、罢免，要求他们在经济上退赔，并使他们受到法律、纪律处分。对各级干部的职权范围和政治、生活待遇，要制定各种条例，最重要的是要有专门的机构进行铁面无私的监督检查。"② 如果说"文化大革命"中的教训和邓小平的上述言论已被某些人淡忘，那么，近两年发生的某些举国震惊的大案、要案，仍然引不起对权力监督的重视，就是政治上的冷漠和麻木。我国社会主义法律和制度已经规定了比较完备的监督体系，如全国人民代表大会和地方各级人民代表大会对国家和各级政权领导人、政权机构的监督，中国共产党内部的和民主党派的监督，各级政权系统内部监督，人民群众监督，舆论监督等。当前的问题是一方面从法律和制度上进一步使之完善，诸如尽快制定监督法，建立和完善宪法和法律监督制度等，更重要的是如何使已有的法律和制度受到普遍重视，切实得到贯彻。否则，不仅谈不上依法治国、建设社会主义法治国家，而且现有的国家稳定和社会秩序也难以维持。

（四）建立公正廉洁的执法和司法机制

"徒法不能以自行。"③ 这是说，一个国家要使法律得到实施，必须建立相应的执法和司法机制。这个机制还必须是公正的、廉洁的。这里所说的执法，是指行政执法，包括公安、工商、税务、交通等属于国家行政系统有制裁权的机构。这里所说的司法，是指国家审判机制和检察机制。这些机制要健全，要讲究效率，要依法办事。不仅要重视实体法，还应遵守

---

① 《邓小平文选》第2卷，人民出版社1994年版，第332页。
② 同上。
③ 《孟子·离娄上》。

程序法。依法定程序办事，做到"执法必严，违法必究"①。在现代国家，司法机关是维护社会正义，保护公民权利，裁决违法犯罪与否和惩治罪犯的最终防线，必须保证其独立行使权力。《中华人民共和国宪法》规定，人民法院、人民检察院依照法律独立行使职权，"不受行政机关、社会团体和个人的干涉"②。目前在司法实践中，以各种方式和手段干涉司法的事例屡有发生，由此招致枉屈者不鲜见，实为影响我国司法公正之大忌。干涉司法早在我国古代已为法律所禁止，《唐律》："诸有所请求者，笞五十；主司许者，与同罪。已施行，各杖一百。所枉罪重者，主司以出入人罪论……即监临势要，为人嘱请者，杖一百，所枉者罪与主司同"，"诸受人财而为请求者，坐赃论加二等；监临势要，准枉法论。"③ 现在为了杜绝干涉司法的现象，有必要通过立法对"说情"予以禁止。对于其中依仗权势"说情"者，要绳之以法。

为了建立公正、廉洁的执法和司法机制，必须培养一支坚强的高素质的执法和司法干部队伍。由于封建主义残余的影响和市场经济负面的影响，干涉执法和司法的现象短时期难以避免，但干涉者是否能得逞，则决定于执法和司法干部队伍素质的高低。我们要认真贯彻公务员条例、法官法、检察官法和警察法。通过考试和考核，把政治品德、法律知识、文化素质高，把忠于人民、廉洁奉公、主持正义和必要时敢以身殉职的人选拔到政权机构中来。实践证明，为了使这支队伍稳定发展，能抗拒腐蚀，一方面应不断加强对其职业道德教育，与此同时，还应在国家经济发展的基础上，不断提高其物质待遇，充分认识以俸养廉的必要性和重要意义。为了维护国家机关的声誉，取信于民，对于国家机关及其工作人员在执法和司法中的错误，一旦察觉，绝不护短。对犯错误的工作人员，依情节重轻，给予必要法纪处分；对合法权利受侵害的公民，要按照《国家赔偿法》的规定，予以及时救济。

---

① 《中国共产党第十一届中央委员会第三次全体会议公报》。
② 《中华人民共和国宪法》第 126 条、第 131 条。
③ 《唐律疏汉·职制》。

四

既然依法治国，建设社会主义法治国家在政治制度和法律制度上都是一场深刻的改革，实现这场改革，就必须更新观念。

本文在前面已经提出，尽管古代的"法治"对比"德治"和"人治"，已经是进步的，但由于这种思想当时是与君主专制制度相联系，所以它只能是统治者实现其统治的一种方式。后来，步入资本主义社会，资产阶级共和制代替了君主专制，情况有所变化，不过"法治"在本质上仍然是少数富人的统治。只有在社会主义国家人民民主条件下，真正的法治和法治国家才能实现。

中华人民共和国建立，为建设社会主义法治国家廓清了道路，创造了前提条件。事实上，在中国共产党的领导下，这方面也做了许多努力，并在一个时期取得了不小的成绩。但是，由于旧传统的影响，由于科学文化发展水平不高，无论是我们的人民或领导人，都未能摆脱历史的局限，对于法治，对依法治国和建设社会主义法治国家认识不足，更缺少自觉性，再加上其他因素，20 世纪 50 年代后期大规模破坏法制，60 年代至 70 年代"文化大革命"的历史悲剧就难以避免了。从中国共产党十一届三中全会前后邓小平提出关于健全社会主义民主和加强社会主义法制，到最近江泽民提出依法治国作为治国方略，是对历史经验的深刻总结，是治国指导思想的丰富和发展。实现这一目标，必然要经历充满改革的过程。在历史上，任何改革都是以更新观念为前提，实现依法治国，建设社会主义法治国家，必须更新观念。

（一）要树立法律极大的权威、法律至上的观念

法律极大的权威、法律至上作为一种思想价值理念是资产阶级反对封建君主专制制度过程中提出的。虽然提出者当时只作为团结本阶级和动员广大人民起来反对封建统治的口号，并且在取得胜利后很长时期未真正付诸实践，但是由于它本身的科学性、合理性，使它的精神内涵和基本原则超越了提出者的阶级局限，成为全人类共同文化发展的结晶。正因如此，

它不仅是现代资本主义民主国家人民正在实行或力争实现的一个重要目标，而且也是我们依法治国，建设社会主义法治国家的准则。有人担心提"至上"是太绝对了，其实不然。一个国家、一个民族、一个社会，甚至一个社区，为了稳定和发展，为了安居乐业，都需要秩序和权威，需要最高的权威。它是什么？只能是法律。"历史证明，治理国家不坚持法律至上，就必然是这样那样的君主至上或者领袖至上。国家的命运，事业的兴衰，必然以当权者个人的品德、才能和经验为转移。这是极其危险的。"①我国的社会主义法律是在中国共产党领导下通过国家权力机关制定的，反映全体人民的意志和要求，反映社会发展的客观规律。如果它还不具有极大的权威，什么权威还比它更大？如果它还不至高无上，什么还能至高无上？有人说法律可能被修改或废除。废除的法律将会以新法律代替，修改后的法律仍然是法律。更何况法律的修改和废除也必须依法进行。至于有关"权大还是法大"的争论，只不过是现实生活中存在的问题，理论上应该是十分清楚的。在法治国家，权力与法律是不能分离的，人民以民主形式创制法律，行政、司法依法办事，依法行使权力。国家一切权力来源于人民，属于人民。权力如非法律赋予，就是法外特权。依照我国宪法和法律的规定，一切党派、机关和个人都必须受法律约束，在法律范围内活动，不能超越其外，更不能凌驾其上。"公民在法律和制度面前人人平等……人人有依法规定的平等权利和义务，谁也不能占便宜，谁也不能犯法。"②邓小平这话非常对。对于一切违反法律的行为，无论是普通公民或国家领导人，无论其地位多高，功劳多大，都必须受法律追究。法律极大的权威，法律崇高的地位是在实践中树立的，不树立明确的观念，就不可能实现依法治国，更谈不上建设社会主义法治国家。

（二）要树立正确的权利与权力、权利与义务观念

从根本上说，权利是人所固有的。在剥削阶级社会，人民的权利全部或部分被剥夺了，之后，通过斗争、革命又全部或部分夺回了。夺回的是

---

① 王家福、刘海年、李步云：《论法制改革》，《法学研究》1989 年第 2 期。
② 《邓小平文选》第 2 卷，人民出版社 1994 年版，第 332 页。

固有而后来失去的，不是任何人恩赐的。宪法关于"中华人民共和国一切权力属于人民"的规定，既阐释了中国人民权利的本源，又赋予权利以法律保障，还揭示了权利与权力的关系。权力是人民授予的。人民是主人，一切国家机关及其工作人员都是人民的公仆。权力不得滥用，并且要加以监督和制约。一般说，对于人民，法律不禁止的，其行为都不应受法律制裁；而对于国家机关工作人员，法律未授权，则不得行使非职务权力，更不允许滥用权力。我们国家封建君主统治的历史很长，"臣民"、"子民"和"父母官"的观念很深，加上其他因素，事物的本质常常被假象所掩盖。现实生活中权利与权力的关系、民与官的关系往往被倒置，致使以权力侵害权利的现象频频发生。这是依法治国，建设社会主义法治国家之大忌。此外，还要树立正确的权利与义务观念。权利与义务是统一的。在我们社会主义国家，不允许只享受权利不尽义务，也不允许只尽义务而不享受权利。关于公民的权利与义务，我国宪法设专章作了明确规定。但实践中，无论在立法、执法或司法中，二者的关系往往不理想。当强调权利保护时，往往忽视应尽的义务；当强调义务时，又往往忽视应有的权利。而问题出得最多的是对权利的侵犯。这与某些干部思想深处轻权利重义务的观念有密切关系。我们应当认识，人民权利不仅是固有的，而且也是根本的。党和国家机关及其工作人员的宗旨是为人民服务，我们的一切行动一定要以维护和保障人民的权利为出发点和归宿。

（三）树立依法治理的观念

单纯依靠命令来指挥国家机器运转，这是缺乏民主和"人治"的特征。依法治国，建设社会主义法治国家，必须依法治理。1949 年之前中国共产党领导的中国民主革命是以武装斗争推翻国民党的反动统治。在革命根据地虽然也颁行了一系列法律，成功地领导了根据地建设，但毕竟长期处于战争环境，在总体运作上命令和执行命令成为主要形式。新中国成立后，开始几年，主要是搞群众运动；之后国家很快转入计划经济体制，除继续大搞群众运动，其运作方式主要通过指令和执行指令。在此情况下，许多干部习惯于按长官意志办事，而不努力熟悉有关本部门和本职务相关的法律和规章。即使长官的指示和意见错了，也依然照办不误。这种现象在许多单位至今屡见不鲜。传统习惯的力量是巨大的，从靠行政命令向依法治理转变，对国家机关及其工作人员绝非易事，需要长期艰苦努力。当然，提倡依法治理，并非一概排斥行政命令，而是要求行政命令符合法律规定。对此，上级机关及其工作人员应注意，下级机关及其工作人员也有义务监督。此外，依法治国和依法治理，是把法作为人人必须遵守的普遍规范。就是说，治人者和治于人者都必须守法。而不能曲解为只把法作为治理别人的手段，形成一部分人治另一部分人，官治民，最后形成我治你和他。这种理解和依法治理的本义相违背，也是社会主义法治国家的本质所不相容的。

（四）提高道德水准，增强守法自觉性

所谓道德，是人们关于善与恶、公正与偏私、诚实与虚伪、荣誉与耻辱、正义与非正义等观念以及同这些观念相应的、由社会舆论和人们信念来实现的行为规范总称。在阶级社会，不同阶级有不同的道德，而统治阶级总是利用自己的权力千方百计地将本阶级的道德变为整个社会的道德，强制人们遵循。在我国社会主义条件下，社会主义道德与法律本质相同，目标也一致，二者有着紧密的联系。

应该说，道德是法律实施的基础，法律实施又有利于维护良好的道德。依法治国，建设社会主义法治国家，必须提高全社会的道德水准。只有如此，才能提高广大干部和人民群众守法的自觉性。从另一个角度说，道德可分为公共道德和职业道德。职业道德是公共道德的一部分。职业道德又按各种职业的不同而显出自己的特点。农民、工人、职员、国家工作人员和公职人员等一切公民，都必须遵守社会公德和职业道德。否则，即使不违法，哪怕只是一些人不遵守公共道德，不遵守职业道德，总寻找机会钻法律的空子，在法律与道德之间打擦边球，形不成好的社会风尚，社会秩序也难以维持。增强道德水准，要注意吸取中华民族文化的优秀部分，如尽忠报国、忧国忧民、忠于职守、睦邻相处、严于律己、宽以待人、敬老爱幼、尊师重教、助人为乐、诚实守信，等等。对于西方文化，要择其善者而效之，不可一概照搬。增强道德水准，主要应当靠引导、教育，对违反道德的行为，可给以舆论压力，但不要施加法律强制，否则会

扩大打击面，欲速不达。

　　四十多年前，中国人民在以毛泽东为首的中国共产党第一代领导核心的率领下，成立了中华人民共和国；十多年前，又在以邓小平为首的第二代领导核心率领下，开始成功地发展社会主义市场经济，进行社会主义民主和法制建设；现在，以江泽民为首的第三代领导核心，带领全国人民继续坚持发展社会主义市场经济的同时，进一步明确提出依法治国，建设社会主义法治国家。这是治国方略的发展，无论从中国政治制度或法律制度发展看，都是划时代的宏伟工程和新的里程碑。尽管任务艰巨，尽管需要历史过程，但是，只要随着客观形势的需要，不断加强和改善党的领导，经过坚忍不拔的努力，建设社会主义法治国家这一宏伟目标，一定能够实现。我们法学研究工作者和政治学研究工作者，应在自己的岗位上继续努力，为这一目标的实现作出贡献，以使我们的祖国变得更加美好。

（原载《法学研究》1996 年第 3 期，《新华文摘》全文转载）

依法治国必须更新观念

　　1996 年新春伊始，江泽民同志在中央政治局举办的法制讲座上，发表了关于依法治国的重要讲话。之后，八届全国人大四次会议又将"依法治国，建设社会主义法制国家"定为战略目标和治国方略，在《国民经济和社会发展"九五"计划和 2010 年远景目标纲要》中加以规定。这是对邓小平建设有中国特色社会主义理论的实际运用和新发展，必将进一步促进我国政治制度和法律制度的改革和完善。

　　我们今天提出的依法治国，是人民依法治国，与资本主义的依法治国有本质区别。正如江泽民同志所说：依法治国，"就是广大人民群众在党的领导下，依照宪法和法律的规定，通过各种途径和形式参与管理国家、管理经济文化事业、管理社会事务。"[1] 这是人类历史上其他性质的依法治国和法治国家所无法比拟的。不过，对于我们来说，依法治国又是一项艰巨的历史工程。邓小平同志指出："我们这个国家有几千年封建社会的历史，缺乏社会主义的民主和社会主义的法制。"[2] "封建专制传统比较多，民主法制传统很少。新中国成立以后，我们也没有自觉地、系统地建立保障人民民主权利的各项制度，法制很不完备，也很不受重视。"[3] 这就是说，我们实现依法治国，虽然有强烈的客观要求和坚定的信心，但我们国家这方面的基础条件还不是很理想。因此，实现这一目标不可能毕其功于一役，必然要经历一场深刻的改革，经历一个充满矛盾的历史过程。在历史上，任何一场改革都是以更新观念为前提，实现依法治国当然也不会例外。更新观念必须：

---

　　① 江泽民：《依法治国　保障国家的长治久安》，《人民日报》1996 年 2 月 9 日。
　　② 《邓小平文选》第 2 卷，人民出版社 1994 年版，第 348 页。
　　③ 同上书，第 332 页。

一 要树立法律极大权威、法律至上的观念

法律有极大的权威，法律至上，作为近代意义上的一种思想价值观念，是在资产阶级革命时期反对封建君主专制制度过程中提出的。虽然资产阶级思想家和他们的政治领袖当时只作为团结本阶级和动员广大人民起来反对封建统治的口号，并且在资产阶级革命胜利后很长时间并未切实将它付诸实践。但是，由于这个口号本身的科学性、合理性，使它的精神内涵和基本原则超越了提出者的阶级局限，成为全人类共同文化发展的结晶。正因为如此，它不仅是现代资本主义民主国家正在实行的原则或力争实现的一个重要目标，而且也应是我们依法治国、建设社会主义法制国家的准则。有人担心提"至上"是否太绝对了。其实"至上"和"极大"是一个意思，无非是说法律的地位崇高。一个国家，一个民族，一个社会，甚至一个社区，为了稳定和发展，为了安居乐业，都需要秩序和权威，需要最大、最高的权威。这个权威是什么？只能是法律。只有法律最稳定、最可靠。历史证明，治理国家不坚持法律权威至上，就必然是这样那样的君主至上，这样那样的领袖至上。如是，民族的命运，国家的兴衰，事业的成败，就必然以当权者个人的品德、才能和经验为转移。这种连中国古代法家学者都批评的"人治"，对于现代国家，有可能带来难以想象的灾难，极其危险。

我国的社会主义法律是在中国共产党领导下，通过人民民主选出的国家权力机关制定的，它是反映全体人民的意志和要求、反映社会发展客观规律的行为规范。如果它还不具有极大权威，什么权威比它更大！如果它不至高无上，什么还至高无上！有人说法律可能被废除或修改，怎么还可能至高无上？废除的法律将会以新的法律代替；修改后的法律仍然是法律，何况法律的废除或修改也必须通过国家权力机关依法进行。至于有关"权大还是法大"的争论，只不过是现实生活中不正常现象的反映，理论上应该是十分清楚的。在法治国家，权力与法律是不分离的。人民以民主形式创制法律；行政、司法依法办事，依法行使权力。国家的一切权力来源于人民，属于人民。权力如非法律赋予，就是法外特权。依照我国法律

规定，一切党派、机关和个人都必须受法律约束，在法律范围内活动，不能超越法律之外，更不能凌驾于法律之上。邓小平同志说："公民在法律和制度面前人人平等，党员在党章和党纪面前人人平等。人人有依法规定的平等权利和义务，谁也不能占便宜，谁也不能犯法。不管谁犯了法，都要由公安机关依法侦查，司法机关依法办理，任何人都不许干扰法律的实施，任何犯了法的人都不能逍遥法外。"① 这话非常对。对于一切违反法律的行为，无论是普通公民或国家领导人，无论其地位多高，资格多老，功劳多大，都必须受法律追究。法律的极大权威，法律的至高无上地位是在实践中树立的。只有在行动中，而不仅只是在言论上宣称依法办事，法律的崇高权威才能逐步树立。也只有如此，才能谈得上依法治国，才能谈得上建设社会主义法制国家。

二　要树立正确的权利与权力、权利与义务的观念

树立正确的权利与权力、权利与义务观念，是建设法治国家必备的思想条件。从根本上说，权利是人所共有的、不可剥夺的。在剥削阶级社会，人民的权利全部或部分被剥夺了，之后，通过斗争、革命又全部或部分夺回了。夺回的是人民固有而失去的，不是任何人恩赐的。这才是真正的历史唯物主义观念。我国宪法关于"中华人民共和国一切权力属于人民"的规定，既阐明了中国人民权利的本源，又赋予权利以法律保障，还揭示了权利与权力的关系。权力是人民授予的，人民是国家的主人，是国家权力的主体。一切国家机关及其工作人员都是人民的公仆。他们受人民之托行使权力。对权力要加以监督和制约，严禁滥用。有一种颇有影响的说法：对于公民，法不禁止即自由；对于官员，法未授予即禁止。从人权保障说，这种理论有其道理。但对一个社会来说，这种说法又不够严谨。除了遵守法律，公民还应遵守道德。按职业道德的要求，官员对于职务之外的事务也应见义勇为，只是不得滥用权力。我们国家封建专制统治的历史很长，在官与民的关系方面，"臣民"、"子民"和"父母官"的观念很

---

① 《邓小平文选》第 2 卷，人民出版社 1994 年版，第 332 页。

深，加上官员在公共事务中以管理者的身份来支配人和物等因素，事物的本质常常被假象所掩盖。现实生活中，权利与权力的关系，官与民的关系，往往被倒置，以至于权力侵害权利的现象屡见不鲜，实为依法治国，建设社会主义法制国家之大忌。

此外，还要树立正确的权利与义务观念。权利与义务是统一的。在我们社会主义国家，不允许只享受权利而不尽义务，也不允许只尽义务而不享受权利。关于公民的权利和义务，我国宪法设专章作了明确规定。但在实践中，无论在立法、执法或司法中，往往对二者的关系处理得不好。当强调权利保护时，往往忽视应尽的义务；当强调义务时，又往往忽视应有的权利。在现实生活中，不尽义务和侵犯权利的现象都存在，而有的甚至发生在同一个人身上。但问题出得最多的是对权利的侵犯，这不能不说是与某些干部思想深处轻公民权利重公民义务的观念有关。应当认识到，人民的权利不仅是固有的，而且也是根本的。我们党和国家机关的宗旨是为人民服务，我们的一切行动一定要以维护和保障人民的权利为出发点和归宿。树立了这样的观念，依法治国才有坚实的思想基础。

三　要树立依法治理的观念

单纯靠命令来指挥国家机器运转，这是缺乏民主和实行"人治"的特征。在计划经济条件下，许多干部只习惯于按长官意志办事，而不必努力学习有关本部门和本职务相关的法律和规章（实际上当时除计划之外的法律和规章也不健全）。有的人即使知道长官的指示和意见错了，也照办不误。这种现象在许多部门和单位至今仍频频可见，传统的惯性力是巨大的。现在，实现依法治国，建设社会主义法制国家，要求我们的干部从主要靠命令和指令办事向依法治国转变，这对于国家机关及其工作人员绝非易事，需要作长期艰苦努力。当然，提倡依法治理，不是一概排斥行政命令，而是要求行政命令符合法律规定。对于行政机关、企事业单位的命令和规章是否符合国家法律，上级机关及其工作人员和下级机关及其工作人员都有监督的权力（权利）和义务。此外，依法治国和依法治理，是把法律作为人人必须遵守的普遍规范。这就是说，治人者和治于人者都必须守法。那种把法律曲解为仅仅是治理别人的手段,一部分人置身于法律之外,甚至凌驾于法律之上的观念是错误的。那样,依法治理将会形成一部分人治另一部分人,上级治下级,官治民,最后形成我治你和他的法律专制。这是对依法治理的曲解,与社会主义法治国家的本质相违背,必须在大规模开展依法治理开始时就予以注意。

四 提高道德水准,增强守法自觉性

依法治国,建设法治国家,是全体公民,包括国家领导人、广大干部和人民群众的千秋大业。正如前面谈到的,实现这一目标不仅要求有正确的指导方针,完善的法制和高素质的执法、司法干部队伍,而且还要求增强全体公民守法的自觉性。为此,就要加强社会主义精神文明建设,提高广大干部和人民群众的道德水准。

所谓道德,是人们关于善与恶、公正与偏私、诚实与虚伪、荣誉与耻辱、正义与非正义等观念及同这些观念相应的、由社会舆论和人们的信念来实现的行为规范总称。在阶级社会,不同阶级有不同的道德,统治阶级总是利用自己掌握的国家权力,千方百计地将本阶级的道德变为整个社会的道德,强制人们遵循。在中国封建社会对所谓"三纲"、"五常"等本属于道德的规范,公然以法律手段加以维持,就是很突出的实例。在社会主义制度下,社会主义道德与法律是同一社会经济基础的上层建筑。二者本质相同,目标一致,有紧密的联系。应该说,道德是法治的基础,实行法治又有利于维护良好的道德。为了实现广大干部和人民群众执法、守法的自觉性,必须提高全社会的道德水准。

道德可分为公共道德和职业道德。公共道德是社会上所有的人都应遵守的道德;职业道德按职业的不同而显现不同特点,又分为各种职业道德。职业道德是从事某种职业的人所应遵守的。工人、农民、国家工作人员、公职人员和一切公民都要遵守社会公德和职业道德,接受良知和舆论的约束。在实践中我们发现,有良好道德的人必然会自觉遵守法律;而不违法的人,不见得都有良好道德。有的甚至还道德败坏。所以,依法治国,建设社会主义法制国家,必须提高全民的道德水准,不然,即使一部分人不遵守公共道德，不遵守职业道德，总找机会钻法律的空子，在法律和道德之间打擦边球，公务员就不可能勤政、廉政，公职人员就不可能尽职、尽责，良好的社会风尚难以形成，结果是社会秩序也难以维持。我国有悠久的历史文化传统，号称礼仪之邦，提高道德水准，要注意吸取中华民族的优良传统，如尽忠报国、忧国忧民、忠于职守、廉洁奉公、严于律己、宽以待人、敬老爱幼、尊师重教、助人为乐、诚实守信、勤俭持家、睦邻相处，等等。对于西方文化，要择其善者而效之，不可盲目崇拜、迷信，不可一概照搬。提高道德水准，主要靠引导、教育，对于违反公共道德的行为可给予舆论压力，对于违反职业道德的行为，也可以视情节予以纪律处分，但不要予以法律惩治，否则欲速不达，还会扩大打击面，招致国家法制的破坏。

江泽民同志指出："一种观念的树立，一种意识的培养，需要一个相当长的过程。"① 树立依法治国、建设法治国家的观念更是如此。所以他说："必须坚持不懈地做好法制宣传工作"，"要充分认识法制宣传教育的长期性和艰巨性。"② 十多年来，我国进行的"一五"普法教育和"二五"普法教育，以波澜壮阔的规模在全国开展，取得了很大成绩，在此基础上即将进行的"三五"普法宣传，会使广大干部和群众的法律素质有一个新的提高。不过，从实践经验看，为了搞好法律宣传教育，真正达到更新观念的目的，必须注意以下几点：

第一，要把法制宣传教育，作为对全体公民的基础教育。中央连续举办法制讲座，为各级干部和全国人民树立了良好榜样，应当把这种讲座坚持下去，在中央和地方各级党政机构、各个系统、各个行业普及开来。此外，邓小平同志曾指出："法制教育要从娃娃开始，小学、中学都要进行这个教育，社会上也要进行这个教育。"③ 从小培养孩子法律意识，学校设立法律知识课程，教育孩子遵守法律，学会用法律保护自己的权利，一直持续到大学。这是百年树人的大事。一些外国已经实行，我们不妨也通过

---

① 江泽民：《依法治国保障国家的长治久安》，《人民日报》1996 年 2 月 9 日。
② 同上。
③ 《邓小平文选》第 3 卷，人民出版社 1993 年版，第 163 页。

试行，取得经验以建立制度，在全国范围实行。

第二，要做好法制宣传教育计划和方案，并根据不同对象选择、编写好教材。一般说，宪法应是基本教材，然后根据不同情况和需要选择有关教材，如"三五"普法，就应选择有关依法治国、依法治理的有关材料，以提高广大干部、群众的法律意识和法治观念，自觉遵守法律，自觉依法决策，依法行政，依法维护国家利益，依法维护自身利益。教材的形式可以多种多样，有些形式可以类似《三字经》，深入浅出，容易理解和记忆，为广大群众所喜闻乐见。此外，对于不同职业的人员，要进行有关职业的法律教育，将学与用结合起来。

第三，要注意言教，更要注意身教。这里有三层意思：一是宣讲法律的人，不仅要挑选法律专业知识高、能说会道的人，还应注意他的品德，注意他是否是遵纪守法的表率。如果其本人道德败坏，违法乱纪，甚至腐化堕落，尽管他能口若悬河，对法律能够倒背如流，只要他上讲台一站，这堂法制课就彻底失败了。二是要在党的领导下，举国上下共同造成一种环境，包括家庭环境、学校环境、社会环境。在这方面，父母、学校领导、教师、官员和公务人员等均负有重要责任，均应作出榜样，担任行政领导职务的官员，尤应如此。这样，我们的法制宣传教育才能收到预期的效果。三是注意通过执法和司法、裁定、判决活动进行法制宣传教育。乍看起来，各种诉讼案件很多，但具体到一个村、镇和街区为数却有限。纠纷一旦发生，众人关注。整个处理过程，尤其是最后的裁定、判决，都是宣传教育。依法办事、裁定公正的是正面宣传，起好的影响；适用法律不当、有失偏颇的会产生负面影响，徇私枉法、放纵犯罪的，则引发相反的效果。所以，行政执法和司法一定要严格依法办事，一定要公正，经得起检验。很长时期以来，一些执法和司法机关对许多案件的裁定和判决书，只宣布结果，而不说明裁定和判决的理由。有人戏言"不讲道理"，可能有些刻薄，但却是事实，应当注意改进。依法办事，并说明裁定和判决的理由，不仅可以取得良好的宣传效果，使广大干部群众受到法制教育，而且可以把审判置于广大人民群众监督之下，有利于提高执法和司法水平，取信于民。

（原载《人大工作通讯》1996 年第 6 期）

简论依法治国与精神文明建设

在邓小平建设有中国特色社会主义理论指导下，1996 年 3 月全国人大将"依法治国，建设社会主义法制国家"确定为治国方略；同年 10 月党的十四届六中全会就加强社会主义精神文明建设再次作了决议。这是我国政治生活中的大事，也是深深影响世纪之交我国建设与发展的大事。从理论上弄清、实践中处理好依法治国与精神文明建设的关系，有重要的现实意义和深远的历史意义。

"法治"是对"人治"而言的。由于我国历史上法治传统薄弱，解放后长时间内我们又对法治重视不够，吃了许多苦头，曾为之付出了重大代价。党的十一届三中全会恢复了实事求是的传统，人们法治意识逐渐提高，随着社会主义市场经济的建立和发展，要求相应的社会秩序和社会主义民主，客观形势进一步呼唤法治。10 多年来的情况、经验和问题说明，发展经济、教育和做好思想政治工作，能够化解和缓和许多矛盾，但还有许多矛盾只有靠法治才能解决。这是由于法律就其功能说具有规范化、制度化的效能，它通过规范各相关主体间的权利与义务关系，能够从深层次协调自由与秩序、权威与服从、公平与效率、政府与公民、中央与地方、地方与地方、社会与个人、自我与他人等关系。从而为那些仅凭借经济的、行政的、道德的手段难以解决的利益冲突和社会矛盾，提供一种合理的、有效的和安全的解决的途径，从根本上最终回答和落实在社会主义社会的一定发展阶段，如何有效地解决问题。正因为法律具有如此效能，所以当中央提出"依法治国"方针后，很快就被广大干部和群众所接受。但从全国看，发展并不平衡。"依法治国"尚须进一步强调。

"精神文明"是相对"物质文明"而言的。历史上任何一种类型的社会，无论是奴隶制、封建制和资本主义社会，都有自己的精神文明，否则物质文明就不可能得到发展。社会主义社会是更高形态的社会，当然更需要与之相适应的精神文明。社会主义精神文明内容很广泛，它包括教育、科学、思想、道德和文化等。其中关键、核心的部分是思想和道德。一个人无明确的思想和道德就会失去方向；一个集体、一个民族、一个国家无坚定的思想和良好的道德，就会是一盘散沙，招致混乱。思想道德是与社会发展的要求密切关联的，是分层次的，有的是少数人可以做到，有的则要求绝大多数人必须具备。少数人能做到的，国家可以提倡；要求多数人做到的，则要形成一定的大众舆论压力或者在某种程度上形成规范。对于纯属道德领域的行为，不可要求过激，更不可施以法律强制。20世纪五六十年代的实例说明，以法制为手段强迫人们去奉行某种思想道德，产生的效果是不好的。党的十一届三中全会之后，在坚持以经济建设为中心的同时，邓小平同志提出一手抓物质文明建设，一手抓精神文明建设，我国社会主义现代化建设事业取得了举世瞩目的成就。但由于重视不够，抓得不紧，在精神文明方面出现了一些问题，社会生活、思想道德以及党风政风方面许多问题亟待解决，特别是我们正经历体制转轨过程之中，解决这些问题就显得更为紧迫。党的十四届六中全会指出，精神文明建设的根本任务就是以科学的理论武装人，以正确的舆论引导人，以高尚的精神塑造人，以优秀的作品鼓舞人，努力培养出一代"四有"新人，保证我国社会主义事业健康、持续发展。社会主义思想不是自发的，社会主义精神文明重在建设。当前关键问题是，如何使已作出的决议更具有操作性，真正变成广大干部和群众的实际行动。

依法治国与精神文明建设息息相关，联系密切。二者都是在坚持党的基本路线，发展社会主义市场经济，进一步深化改革，建设有中国特色社会主义背景下提出的；二者都是我国社会主义经济基础的上层建筑，并为之服务；二者在内容上相互渗透，密切关联。社会主义精神文明是依法治国的基础，依法治国是社会主义精神文明建设的保障；依法治国的目标是建设社会主义法治国家，建设社会主义精神文明是为了"把我国建设成为富强、民主、文明的社会主义国家"。从以上可以看出，二者在提出的背景、性质、作用和达到的目的方面几乎完全一致。当然，我们指出二者的共同点，并不是抹杀依法治国与精神文明建设的区别。依法治国主要靠法律和执行法律；精神文明的核心部分则是思想道德。法律具有国家强制力，有刚性特点；而思想和道德则主要靠自律和社会舆论的约束，特点属柔性。在实践中，二者应相辅相成，有机结合，不可倒置，更不能相互贬低或排斥。不认识和处理好二者的辩证关系，理论上各执一理，实际中相互排斥，势必陷入我国历史上"法治"还是"德治"无休止的争论之中。这是一切有识之士所不愿看到的。

　　既然依法治国的目标是建设社会主义法治国家，而建设社会主义精神文明也是为把我国建设成为富强、民主、文明的社会主义现代化国家。那么，二者就必然会在体制改革和完善制度过程中相交汇，从而自然地提出制度建设问题。早在1979年邓小平同志就提出了改革党和国家领导制度问题。他指出："如果不坚决改革现行制度中的弊端，过去出现过的一些严重问题今后就有可能重新出现。"党的十三大还专门为政治体制改革作了决定。但由于种种原因，这个改革滞后了。我国现实生活中出现的许多问题，如某些行政机关执法不严、某些司法机关司法失衡、一些官员和公职人员贪污腐败且屡禁不止、对国家权力监督不严、人民群众一定程度的不满等，无不与此有关。现在，当党和国家进一步提出依法治国和建设社会主义精神文明之时，我们就应以此作为切入点和契机，响亮地提出加强制度建设的口号，一步步把政治体制改革向前推进。这样，就能更加稳妥、安全地实现振兴中华的目的。

（原载《人大工作通讯》1997年第14期）

"一国两制"

——从科学构想到成功实践

国家的统一，民族的解放是一百多年来无数仁人志士为之前赴后继而努力奋斗的目标。1949 年祖国大陆解放后，如何解决台湾问题和香港、澳门问题，完全实现祖国的和平统一，一直是中国领导人考虑、并为全国人民所关注的问题。"一国两制"就是以邓小平为核心的中国共产党第二代领导集体，在中国共产党十一届三中全会恢复了实事求是的思想路线，结合台湾、香港、澳门实际情况提出的以和平方式统一祖国的科学构想。香港已于 1997 年 7 月 1 日回到祖国怀抱。按照中葡两国《关于澳门问题的联合声明》，1999 年 12 月，中国政府将对澳门恢复行使主权。台湾问题也将按"一国两制"的构想和平解决，祖国终将实现完全统一。"一国两制"已从科学构想走向光辉成功实践，并将在实践中获得更加伟大的成功。在普天欢庆香港回归、四海华人充满自豪的日子，我们在这里相聚一堂，共同研讨"一国两制"与香港基本法的问题，是十分有意义的。下面，我拟就"一国两制"构想提出的背景、主要内容和意义谈些看法，以就教于各位同仁。

一 "一国两制"构想的提出

"一国两制"构想最初是考虑解决台湾问题提出的。1978 年中国共产党十一届三中全会恢复了实事求是的思想路线，使得我们能更客观地看待国内外政治、经济等诸多问题，并作出科学的抉择。对台湾、香港和澳门的方针政策就是其中之一。

1979 年 1 月 1 日，全国人大常委会《告台湾同胞书》在宣布停止对金门等岛屿炮击、呼吁通过海峡两岸之间的会谈结束军事对峙状态的同时，提出："我们殷切期望台湾早日回归祖国，共同发展建国大业。我们的国家领导人已经表示决心，一定要考虑现实情况，完成祖国统一大业，在解决统一问题时尊重台湾现状和台湾各界人士的意见，采取合情合理的政策和办法，不使台湾人民蒙受损失。"①

1981 年 9 月 30 日，全国人大常委会叶剑英委员长在向新华社记者发表的谈话中，代表国家宣布的九条方针说："国家实现统一后，台湾可作为特别行政区，享有高度自治权，并可保留军队。中央政府不干预台湾地方事务。"还宣布："台湾现行社会、经济制度不变，生活方式不变，同外国的经济、文化关系不变。私人财产、房屋、土地，企业所有权、合法继承权和外国投资不受侵犯。"②

1982 年 1 月 1 日，邓小平在会见外国朋友时指出："叶剑英委员长就台湾问题发表的'九条'方针，实际上是'一个国家，两种制度'。"③

1982 年 2 月，中共中央总书记胡耀邦说："我们还要在不远的将来，用另一种方式，即一个国家两种制度的方式，去解决统一台湾和收复香港、澳门主权的问题。这是我们在新的历史条件下应当采取的正确方针。"④

1983 年 12 月 25 日，陈云同志在一次谈话中说："说到统一，有个用什么'统'的问题。照我们的意见，就是用一个国名、一个首都来'统'，其余都可以维持现状不变。就是说，既不要用大陆的社会主义制度去'统'，也不要用台湾的现行制度来'统'。我们认为这是现实的，也是从实际出发的办法。"⑤

"一国两制"首先是考虑解决台湾问题提出的。但由于 70 年代末 80

---

① 中共中央文献研究室编：《一国两制重要文献选编》，中央文献出版社 1997 年版，第 3 页。

② 叶剑英：《关于台湾回归祖国，实现和平统一的方针政策》，载中共中央文献研究室编《一国两制重要文献选编》，第 6 页。

③ 王寅城：《香港的回归》，新华出版社 1996 年版，第 12 页。

④ 同上书，第 13 页。

⑤ 陈云：《从国家民族大局出发实现祖国统一》，载中共中央文献研究室编《一国两制重要文献选编》，第 29 页。

年代初，"新界""租借"期满临近，中国政府收回香港主权提上议事日程，所以这一构想首先被用来解决香港问题。

1982 年 9 月 24 日，邓小平在同英国首相撒切尔夫人那篇著名的谈话中，在申明中国政府恢复行使对香港主权坚定立场的同时，再次说明，收回香港之后，"实行适合于香港的政策。香港现行政治、经济制度，甚至大部分法律都可以保留……香港仍将实行资本主义，现行的许多合适的制度要保持"①。

1984 年 6 月 22 日、23 日，邓小平在分别会见香港工商界访京团和香港知名人士钟士元等的谈话中，全面阐述了"一国两制"构想提出的根据及其内容。他说："'一个国家，两种制度'的构想是我们根据中国自己的情况提出来的……中国有香港、台湾问题，解决这个问题的出路何在呢？是社会主义吞掉台湾，还是台湾宣扬的'三民主义'吞掉大陆？谁也不好吞掉谁。如果不能和平解决，只有用武力解决，这对各方都是不利的。实现国家统一是民族的愿望，一百年不统一，一千年也要统一的。怎么解决这个问题，我看只有实行'一个国家，两种制度'。"关于"一国两制"的内容，他说："我国政府在一九九七年恢复行使对香港的主权后，香港现行社会、经济制度不变，法律基本不变，生活方式不变，香港自由港的地位和国际贸易、金融中心地位也不变，香港可以继续同其他国家和地区保持和发展经济关系。我们还多次讲过，北京除了派军队以外，不向香港特区政府派出干部，这也是不会改变的。我们派军队是为了维护国家的安全，而不是去干预香港的内部事务。"为了贯彻"一国两制"，邓小平还阐明了"港人治港"的政策。他说："要相信香港的中国人能治理好香港。不相信中国人有能力管好香港，这是老殖民主义遗留下来的思想状态。""我们相信香港人能治理好香港。不能继续让外国人统治，否则香港人也是决不会答应的。""港人治港有个界限和标准，就是必须以爱国者为主体的港人来治理香港。未来特区政府的主要成分是爱国者，当然也要容纳别的人，还可以聘请外国人当顾问。什么叫爱国者？爱国者的标准是，尊重自己民族，诚心诚意拥护祖国恢复行使对香港的主权，不损害香港的

---

① 《邓小平文选》第 3 卷，人民出版社 1993 年版，第 13 页。

繁荣和稳定。"只要是具备这些条件，都是爱国者，不管他相信资本主义，还是封建主义。针对有人怀疑"一国两制"方针是否会变，邓小平肯定地回答说："我们对香港的政策五十年不变，我们说这个话是算数的。""我说不会变，核心的问题，决定的因素，是这个政策对不对。如果不对，就可能变。如果是对的，就变不了。"他并且说："我们对香港的政策长期不变，影响不了大陆的社会主义。中国的主体必须是社会主义，但允许国内某些区域，实行资本主义制度，比如香港、台湾。大陆开放一些城市，允许一些外资进入，这是作为社会主义经济的补充，有利于社会主义生产力的发展。比如外资到上海去，当然不是整个上海实行资本主义制度。深圳也不是，还是实行社会主义制度。中国的主体是社会主义。"①

如果说20世纪70年代末80年代初，"一国两制"构想还是粗线条的，那么，以邓小平这篇谈话为标志，这个构想已经相当系统和具体，对于香港尤其如此。同年12月中英两国在经过艰巨谈判之后签订的《关于香港问题的联合声明》，则是这一构想在实践中成功的第一步。

二 "一国两制"的基本点和主导思想

将上述关于"一国两制"的构想加以概括，可以看出它包含三个基本点：

1. "一个国家"。一个国家是指统一的中华人民共和国，香港、澳门和台湾是国家的神圣领土，是不可分割的部分。国家只有一个中央人民政府，首都是北京。国家的主权、统一和领土完整是不容置疑、不容谈判的。一个中国一个台湾不行，一个中国一个香港也不行，只能是一个统一的中华人民共和国。这是前提，是原则。

2. "两种制度"。在一个国家的前提下，祖国内地实行社会主义制度，这是主体；与此同时在小的地区，即香港、澳门和台湾实行原有的资本主义制度，并且长期不变。两种制度和平共处。

3. 高度自治。在国家统一后，香港、澳门和台湾实行高度自治。所谓

---

① 《邓小平文选》第3卷，人民出版社1993年版，第51—61页。

高度自治是指这些地区享有的权力无论在立法、行政和司法上，都要比我国内地省、民族自治区和直辖市大得多。如香港特别行政区有货币发行权，财政独立和税收独立；只要不与基本法相抵触，立法会可以制定各种法律；司法独立和享有司法终审权；此外，还实行"港人治港"。台湾享有的自治权还要大些。它除享有香港上述类似的权力，还可以保留军队。

"一国两制"构想的三个基本点，贯穿的主导思想或称主线就是爱国主义。邓小平在谈到他自己时曾说："我是中国人民的儿子，我深情地爱着我的祖国和人民。"这是中国老一辈革命家和以他为核心的第二代领导集体的共同感情。这种爱国主义思想，首先表现于民族感情：民族耻辱感、民族责任感、民族尊严感和民族自豪感。这从前文所引他们关于"一国两制"构想的阐述可以强烈地感觉到。这里我们还可以读一读全国人大常委会 1979 年元旦《告台湾同胞书》中的一段："中华民族是具有强大生命力和凝聚力的。尽管历史上有过多少次外族入侵和内部纷争，都不曾使我们的民族陷于长久分裂。近三十年台湾同祖国的分离，是人为的，是违反我们民族的利益和愿望的，绝不能再这样下去了。每一个中国人，不论是生活在台湾的还是生活在大陆的，都对中华民族的生存、发展和繁荣负有不容推诿的责任。统一祖国这样一个关系民族前途的重大任务，现在摆在我们大家的面前，谁也不能回避，谁也不应回避。如果我们还不尽快结束目前这种分裂局面，早日实现祖国的统一，我们何以告慰列祖列宗？何以自解于子孙后代？人同此心，心同此理，凡属炎黄子孙，谁愿成为民族的千古罪人？"[①] 后来，叶剑英委员长更是语重心长地说："我们希望国民党当局坚持一个中国、反对'两个中国'的立场，以民族的大义为重，捐弃前嫌，同我们携起手来，共同完成统一祖国的大业，实现振兴中华宏图，为列祖列宗争光，为子孙后代造福，在中华民族历史上谱写新的光辉篇章！"[②] 在香港问题上，以邓小平同英国首相撒切尔夫人的那篇谈话表现得最为典型。当谈判主权问题时，邓小平说："关于主权问题，中国在这

---

① 《中华人民共和国全国人民代表大会常务委员会告台湾同胞书》，载中共中央文献研究室编《一国两制重要文献选编》，第 1—2 页。

② 叶剑英：《关于台湾回归祖国，实现和平统一的方针政策》，载中共中央文献研究室编《一国两制重要文献选编》，第 7 页。

个问题上没有回旋的余地。坦率地讲，主权问题不是一个可以讨论的问题。……如果中国在1997年，也就是中华人民共和国成立四十八周年后还不把香港收回，任何一个中国领导人和政府都不能向中国人民交代，甚至也不能向世界人民交代。如果不收回，就意味着中国政府是晚清政府，中国领导人是李鸿章！我们等待了三十三年，再加上十五年，就是四十八年，我们是在人民充分信赖的基础上等待的。如果15年还不收回，人民就没有理由信任我们，任何中国政府都应该下野，自动退出历史舞台，没有别的选择。"他还说："我还要告诉夫人，中国政府在做出这个决策的时候，各种可能都估计到了。我们还考虑了我们不愿考虑的一个问题，就是在十五年过渡期间内香港发生严重波动，怎么办？那时，中国政府将被迫不得不对收回的时间和方式另作考虑。如果说宣布收回香港就会像夫人说的'带来灾难性的影响'，那我们就要勇敢地面对这个灾难，做出决策。"①

很显然，台湾和香港问题性质是不同的，台湾问题是祖国海峡两岸的关系，是同胞，故晓以民族大义；香港是英国侵略造成的，是收回领土，恢复行使主权问题。无论台湾和香港都是民族问题，民族感情问题。民族分裂是违反民族意志的，中国人都希望祖国统一，所以要实现"一国"。

这种爱国主义还表现在对国家和人民利益的关心。由于特殊的地理位置和历史机遇等诸多因素，香港、澳门和台湾同内地发展水平很不平衡，人民生活水平也存在较大差距。尤其是那些地区还实行不同的政治、经济和社会制度，市场经济发展比较成熟，这使得统一问题变得异常复杂。为保持人民生活水平不断提高，保持长期繁荣稳定，在大陆实行社会主义制度的情况下，允许在一个局部地区、在较小的范围实行资本主义。发挥香港等地作为国际贸易、金融、航运和海运中心的作用，可以为内地社会主义市场经济发展筹集资金，提供管理经验，有利于整个国家的建设事业。"一国两制"还有利于处理好与有关国家的关系。邓小平在谈到香港问题时曾说："我们解决问题的办法要使三方面都能接受。"② 由于香港是个国

---

① 《邓小平文选》第3卷，人民出版社1993年版，第12—14页。
② 《邓小平文选》第3卷，人民出版社1993年版，第101页。

际性的大都会，世界一些发达国家都在那里有投资，还牵涉到与这些国家的关系和利益。繁荣的香港将是我国与国际社会友好交往的桥梁。台湾和澳门也有类似情况。"一国两制"有利于祖国的统一，也有利于与英国等国的友好交往。和平的环境，和平的世界，这也是中国所需要的。

三 "一国两制"构想形成的历史脉络

任何一个伟大思想的提出都有其历史、社会背景。"一国两制"构想的提出，除本文第一部分谈到的之外，还有更深的历史渊源。它是我国历史经验的积淀，是中华民族智慧的结晶。

我们的祖国是一个有五千年历史的文明古国，在形成和发展过程中，逐渐形成了统一的多民族国家。自西周、尤其是自秦汉以后，人们从切身经验中认识到，国家的统一和民族的兴旺是紧密相连的，而分裂总是和混乱衰败相随，正因为如此，历史上杰出的有识之士和政治家总是致力于国家的统一和经济的发展。为了在我们这样一个幅员辽阔、习俗各异，政治、经济发展不平衡的大国保持统一，在朝廷势力所及的范围内，在主要制度大体一致的情况下，一些局部地区，尤其是一些少数民族地区，在具体管理制度上往往实行特殊的办法。

这种情况几乎每朝都有。如汉代，内地承秦实行郡县制，基层为乡。各郡长官称"郡守"。而边境少数民族地区则称"属国"，属国长官称"都尉"，秩比二千石，既典武职，又理民事。属国内部沿各族旧制。史称窦融为张掖都尉，"抚结雄杰，怀缉羌虏，……修善兵马，习战射，明烽燧之警，羌胡犯塞，融辄自将与诸郡相救，皆如符要，每辄自破之"[①]。唐代地方实行的州县制，基层仍设乡，少数民族地区设都护府和羁縻府州。羁縻府州保留原有的行政机构和政治制度不变，从长官到僚属都由本族人担任；允许其在本族内部称"国"，其首领君长亦可称"王"与"可汗"。《唐律疏议·名例》载："诸化外人同类相犯者，各依本俗法；异类相犯者，以法律论之。"这就是说，各族内部诉讼按各族原有的法律处理，与

---

① 《后汉书·窦融传》。

外族人之间的诉讼则依国家法典规定处理。元代统一全国后，实行诸制并举，将全国按地区和民族划分为蒙古、色目、汉人和南人等四个部分，实行不同的法律制度，突出蒙古人、色目人地位，加重对汉人和南人的民族压迫。明代地方分行省、府、县三级，少数民族地区实行不同政策。对西藏封授藏族各部落首领和喇嘛教各教派领袖不同品级职位，先后封授8位法王和王，并规定各代均由中央直接封授。诸法王和王在其辖区内实行政教合一。对蒙古族则以封"王"，授予官职和贸易互市，使其接受统治。对东北各少数民族先封"卫"，后在卫的基础上置奴儿汗都指挥使司辖于中央政府，奴儿汗都指挥使"父死子代，世世不绝"[1]。西南各少数民族主要沿袭元制，实行土司制度进行管理。所谓土司，即土官，由当地少数民族上层人士担任官职。他们的选用、升贬、袭替、功过标准、职责范围均与内地军事部门或地方行政部门有所不同。清代地方实行省、道、府、县四级管理，基层实行保甲制度。在边疆地区实行史家所谓的"边疆特别行政体制"[2]，这种体制在东北、蒙古、新疆、青海、西藏和西南又各自不同。

尽管历史上为保持国家统一实行的特殊政策和制度，多适用于边疆少数民族地区，并且有些还含有民族歧视成分，不可与今天之"一国两制"同日而语，但它毕竟凝集了民族的智慧，曾对国家的统一起了一定作用，并为我们解决今天面临的有关问题提供了历史借鉴。

此外，"一国两制"构想也是对中华人民共和国成立以来，毛泽东、周恩来等老一辈无产阶级革命家关于香港、澳门问题的一贯方针政策的新发展。"早在1949年9月全国政协第一次会议期间，毛泽东主席就提出要用和平方式解决历史遗留问题（包括香港问题）。"[3] 1954年，周恩来总理指出："香港是中国的，但解决香港问题的时机尚未成熟。"[4] 1956年，针对党内少数同志的急躁情绪，毛泽东同志指出："香港暂时还是不收回来

---

① 《明宣宗实录》卷10、84、105。
② 白钢编著：《中国政治制度史》第10卷，人民出版社1996年版，第243页。
③ 王寅城：《香港的回归》，第4页。
④ 同上。

好，我们不急，目前对我们还有用处。"① 1957 年 4 月，周恩来总理提出了保持香港特殊的地位"为我所用"的方针。他指出："香港的主权总有一天我们要收回的，连英国也可能这样想。"中国内地"要进行社会主义建设，香港可以作为我们同国外进行经济联系的基地。可以通过它吸引外资，争取外汇"，所以"保持香港这个阵地有好处"②。周恩来总理还指出："我们不能把香港看成内地，对香港的政策同内地是不一样的，如果照抄，一定不好……香港要完全按照资本主义制度办事，才能存在和发展，这对我们是有利的。"③ 1960 年，中国政府对港澳工作明确提出了"长期打算，充分利用"的方针。1963 年针对外国人对中国港澳政策提出的责难，中国首次公开声明："香港、澳门这类问题，我们一贯主张，在条件成熟的时候，经过谈判和平解决，在未解决以前维持现状。""中国人民不需要在香港、澳门问题上显示武力，来证明自己反对帝国主义的勇气和坚定性。"④ 1971 年 10 月，中国恢复了在联合国的合法席位。1972 年 3 月，根据中央指示，中国常驻联合国代表黄华致函联合国非殖民化委员会主席，指出："香港和澳门是被英国和葡萄牙当局占领的中国领土的一部分，解决香港、澳门问题完全是属于中国主权范围内的问题。"根据中国政府的意见，联合国非殖民化委员会向联大建议将香港和澳门从殖民地名单中删去。同年 11 月第 27 届联大批准了这个建议。这就从国际法法理上确认了中国对香港和澳门的主权立场和要求。1972 年 10 月，周恩来总理在会见英国客人路易斯·海伦时指出："香港的未来一定要确定，（新界）租约届满时，中英双方必须进行谈判……从中国拿走的领土必须归还。"⑤ 关于解决台湾问题，1979 年 4 月，全国政协主席邓颖超曾指出："我们根据毛主席、周总理的遗愿，在解决我国统一问题的时候，将尊重台湾的现状和现行制度，采取合情合理的政策和方法，不使台湾人民蒙受损失，不

① 1956 年 6 月 11 日毛泽东听取广东省委工作汇报香港问题时的谈话。转引自李后《百年屈辱史的终结》，中央文献出版社 1997 年版，第 4 页。

② 李后：《百年屈辱史的终结》，第 5 页。

③ 同上书，第 6 页。

④ 王寅城：《香港的回归》，第 5 页。

⑤ 同上书，第 8 页。

改变台湾人民的生活方式，也不影响外国在台湾的利益。"①

上述事实充分说明，"一国两制"构想的提出，有其深刻的背景。正如前面已谈到的，它是历史经验的积淀，是民族智慧的结晶，也是邓小平对毛泽东、周恩来等老一辈革命家对香港、澳门的一贯方针政策和解决台湾问题的思想进一步发展。在历史上，一个伟大思想的提出，总是与伟大人物连在一起的。"一国两制"这一伟大构想将和邓小平的名字一起载入史册。

四 "一国两制"构想的意义

"一国两制"构想提出后，很快成为和平统一祖国的指导方针。开始它表现为中国共产党和中华人民共和国政府的政策，用于解决香港问题。在中英两国关于香港问题正式谈判开始之前通过的宪法增加了一个新的条文，即宪法第 31 条，该条专门规定："国家在必要时得设立特别行政区。在特别行政区内实行的制度按照具体情况，由全国人民代表大会以法律规定。"这就为实行"一国两制"和制定相关法律提供了宪法依据。通过与英国和葡萄牙谈判，1984 年 12 月发表了中英两国《关于香港问题的联合声明》，1987 年 4 月发表了中葡两国《关于澳门问题的联合声明》。之后，全国人民代表大会于 1990 年 4 月制定了《香港特别行政区基本法》，于 1993 年 3 月制定了《澳门特别行政区基本法》。至此，"一国两制"的法律化迈出了关键性的步伐。根据《香港特别行政区基本法》，香港特别行政区政府开始筹建。1997 年 7 月 1 日，在中华民族和世界炎黄子孙的欢乐节日里，香港回到了祖国怀抱。香港的回归是和平统一祖国的第一站。

现在，我们的任务就是坚定不移地贯彻"一国两制"方针，严格按照基本法办事，实行高度自治和港人治港，保持香港的长期繁荣稳定。一个繁荣稳定的香港，不仅能更好地保障香港 600 万同胞的幸福，而且对于解决澳门和台湾问题，具有率先垂范的作用。最终解决台湾问题实现祖国统一，可能还要经历一个过程，但统一是包括海峡两岸人民在内的全中华民

---

① 王寅城：《香港的回归》，第 10 页。

族和所有炎黄子孙的愿望。既然"一国两制"构想具有深厚的历史基础，凝聚了我们民族的智慧，它就一定会在实现祖国完全统一的过程中显现出更加旺盛的生命力。

　　一个繁荣稳定的香港，不仅会进一步沟通香港与内地的密切联系，而且会成为内地与世界各国的友好桥梁。内地的社会主义市场经济将会在资金和管理经验方面得到更大的益处。香港的发展也会得到内地更多的支持，实现共同繁荣。一个繁荣稳定的香港，将向世界表明，求同存异，以和平方式解决国际、国内争端，是当今世界发展的最好途径。"一国两制"科学构想及其成功实践是我们中华民族对人类的新贡献。

　　　　　（原摘要载香港《文汇报》1997 年 7 月 18 日，《大公报》1997 年 7 月 19 日）

论社会主义法治原则

　　按：1997 年，党的十五大提出"依法治国，建设社会主义法治国家"的治国方略，明确宣示实行社会主义法治。这是对中国社会主义革命和社会主义建设经验的总结，是对马克思主义国家理论的新发展。本文以史实说明，社会主义法治是历史的必然，并对其应遵循的原则作了较全面阐释，即：一、民主原则；二、人权原因；三、自由原则；四、平等原则；五、法律至上原则；六、依法行政原则；七、独立行使司法权与司法公正原则；八、权力制约与监督原则；九、秩序稳定原则；十、党领导的原则。此文发表于 1998 年《中国法学》第 1 期，是全面论证此问题较早的一篇。

　　中国共产党第十五次全国代表大会的一个伟大历史性贡献，就是以坚定的态度重申并明确而完整地提出了"依法治国，建设社会主义法治国家"，以饱满的热情浓笔重书社会主义法治原则。这是对历史经验、特别是对十一届三中全会以来治国经验的科学总结，是对邓小平理论的继承、丰富和发展，必将在中国政治史、法制史和整个中国历史上留下清晰的印记。

一　法治是历史的必然

　　"法治"是相对"人治"而言的，实行"法治"意味着对"人治"的否定。在旧中国漫长的历史上，统治者虽然也注意制定和实施法律，一些著名王朝的法制还相当完备，但在君主专制体制下，法律只不过是实现统治者意志的工具。历史上的"治世"充其量也只是有"法制"而无"法治"，总体上是"人治"。如果说在自然经济条件下，"人治"还有其依存的条件和基础，那么，随着时代发展，愈来愈暴露出它的弊病。尽管这种弊病曾为许多有识之士痛陈挞伐，但在封建专制时代不可能找到医治它的药方。历史还证明，这种弊病绝不因封建帝制被推翻而消除，其影响依然长期存在。邓小平同志说："旧中国留给我们的，封建专制传统比较多，民主法制传统很少。新中国成立以后，我们也没有自觉地、系统地建立保障人民民主权利的各项制度，法制很不完备，也很不受重视。"① 在此种历史背景下，"即使像毛泽东同志这样伟大的人物，也受到一些不好的制度的严重影响，以至于对党对国家对他个人都造成了很大的不幸。"② 正是基于这样的认识，党的十一届三中全会以来，我国开始大力加强社会主义民主与法制建设，并且取得了巨大成绩。十五大进一步提出依法治国，实行社会主义法治，这标志着我们党和国家将与"人治"彻底决裂。

法治是历史的积淀，是人类文化的结晶。人类的先哲们早在公元前就提出了"法治"思想。在古希腊，亚里士多德指出："法治应当优于一人之治"③，"要想使事物合乎正义，必须有毫无偏私的权衡，法律恰恰正是这样一个合乎中道的权衡"④；他认为，"法治应当包括两重意义：已成立的法律获得普遍服从，而大家所服从的法律又应该本身是制定得良好的法律"。⑤ 在我国，春秋战国时的法家代表人物们首倡"法治"。"以法治国，则举措而已"⑥；"明王之治天下也，缘法而治"⑦。韩非提出治国要"以法为本"⑧，"法不阿贵，绳不绕曲"，"刑过不避大臣，赏善不遗匹夫"⑨。这些思想无疑是精辟的，但在奴隶制和封建专制主义统治下，根本不可能实现。何况，法家所主张的也非现代意义上的民主的法治，而是维护君主专

①　《邓小平文选》第 2 卷，人民出版社 1994 年版，第 332 页。

②　同上书，第 333 页

③　《政治学》，商务印书馆 1965 年版，第 167 页。

④　同上书，第 164 页。

⑤　同上书，第 199 页。

⑥　《管子·明法》。

⑦　《商君书·君臣》。

⑧　《韩非子·饰邪》。

⑨　《韩非子·有度》。

制统治的法治。近代和现代意义上的法治，是资产阶级革命的产物。资产阶级启蒙思想家们认为，使用绝对的专断权力，或以不确定的、经常有效的法律来进行统治，两者都是与社会和政府的目的不相符合的。[①] "在自由国家中法律便应该成为国王。"[②] 他们主张"国家的法律应该是不论贫富、不论权贵和庄稼人都一视同仁，并不因为特殊情况而有所出入"[③]。我国在封建社会后期和资产阶级革命过程中，一些杰出的思想家也都推崇法治。黄宗羲提出：君主之法是"一家之法而非天下之法"，"一家之法"为"非法之法"，应以"天下之法"取而代之。[④] 孙中山说："吾国昔为君主专制国家，因人而治，所谓一正君而天下定。只求正君之道，不思长治之方。"[⑤] 这样，民权无保障，国家只会混乱。改变这种状况必须依靠法治。而倡行法治又推宪法最重要，"宪法者，国家之构成法，亦即人民权利之保障书"[⑥]。资产阶级的法治思想尽管有其历史局限性，但它在唤起民众，推动资产阶级革命和促进资本主义发展方面都起了巨大的作用。明确建设社会主义法治国家，重申依法治国，是党的十五大在新的历史条件下，在社会主义经济基础上，继承人类历史优秀文化遗产而提出的更高类型的法治，它与更广泛的民主相结合，具有更大的真实性，"是社会文明的一个重要标志"[⑦]。

法治是我国社会主义市场经济发展的客观要求。从一定的意义上说，社会主义市场经济是一种法治经济；从另一种意义上说，它又是一种权利经济。前者是从市场外在形式和总体上讲的；后者是从市场主体内在要求和利益取向上讲的。无论是法治经济还是权利经济，都要求完善的法律制度。这是由于市场的培育和发展，需要依法确认市场主体法律资格；需要依法保护市场主体的财产所有权；需要依法保护市场主体相互交易的合同

---

① 洛克：《政府论》下篇。
② 潘恩：《常识》，商务印书馆 1959 版，第 54 页。
③ 洛克：《政府论》下篇，第 58 页。
④ 《明夷待访录·原法》。
⑤ 《民主主义第五讲》，《孙中山全集》第 5 卷，第 325 页。
⑥ 《中华民国宪法史前编序》，《总理全集》第 3 集，第 72 页。
⑦ 江泽民：《坚持和实行依法治国，保障国家的长治久安》，《人民日报》1992 年 2 月 9 日第 1 版。

自由；需要依法维护市场主体的合法权益和公平竞争；需要依法健全宏观调控体系，对市场进行必要的宏观调控；需要建立和维护与生产发展相适应的分配制度，保护公民的合法收入；需要依法普及教育，提高劳动者素质，发展科学技术，保护知识产权；需要依法区分作为公权者国家和作为财产所有者国家，防止权钱交易，维护对市场主体间纠纷裁决的公正；需要依法建立与社会发展相适应的社会保障体系；最后，还需要依法维护市场发展的社会秩序。建设社会主义市场经济体制是我国人民在邓小平理论指引下，经过不断实践和总结找到的一条把国家建设成富强、民主、文明的社会主义现代化国家的最好的道路。实践已经并将继续证明，培育和发展社会主义市场经济必须实行法治。

　　法治是实现社会主义初级阶段纲领的根本保证。以实事求是的思想路线和邓小平理论为指导，党作出了我国还处在社会主义初级阶段的科学论断。十五大进一步提出了初级阶段的基本路线和纲领——"社会主义初级阶段是逐步摆脱不发达状态，基本实现社会主义现代化的历史阶段。"① 社会的主要矛盾是人民日益增长的物质文化需要同落后的社会生产力之间的矛盾。这就决定了"在社会主义初级阶段，尤其要把集中力量发展社会主义生产力摆在首要地位"，"把经济建设作为全党全国的中心"，"只有牢牢抓住这个主要矛盾和工作中心，才能清醒地观察和把握社会矛盾的全局，有效地进一步解决各种社会矛盾"。党的十五大还进一步明确提出了建设有中国特色社会主义的经济、政治、文化的基本目标和基本政策：在社会主义条件下发展市场经济，不断解放和发展生产力；在共产党领导下，在人民当家做主的基础上，依法治国，发展社会主义民主政治；以马克思主义为指导，以培育有理想、有道德、有文化、有纪律的公民为目标，发展面向现代化、面向世界、面向未来，民族的、科学的和大众的社会主义文化。以现有的条件为起点，实现上述基本目标和政策构成的基本纲领，任务是艰巨的。为此，必须全面推进改革，深化改革。既需要积极探索，大胆试验，尊重群众的首创精神，也需要认真总结历史经验教训，

---

　　① 江泽民：《高举邓小平理论伟大旗帜，把建设有中国特色社会主义事业全面推向二十一世纪——在中国共产党第十五次全国代表大会上的报告》。本文以下引十五大报告不再注明出处。

还需要大胆吸收和借鉴世界各国包括资本主义发达国家的先进技术和管理经验。为了使改革的风险降到最低程度，付出的代价降到最低程度，必须实行法治。

二　社会主义法治原则

实行法治是历史发展的必然，是客观形势的要求。顺应历史发展和客观要求，党的十五大不仅坚定重申和更明确地提出了依法治国方略和建设社会主义法治国家的目标，而且还十分明确地宣示了一系列社会主义法治原则。

1. 民主原则。民主是法治的基础，"没有民主就没有社会主义"[1]，也就不可能有社会主义法治。始终从保障民主的角度强调加强法制，是邓小平民主法制思想的一个显著特征。民主是手段，是过程，更是目的。邓小平同志说："民主是我们的目标。"[2] 这说明民主更重要的是目的。民主，归根到底主要是一种国家形态，一种国家形式，其本质问题是国家制度问题。现代民主的精髓是"人民主权"。社会主义民主的本质是人民当家做主。我国宪法规定，国家的一切权力属于人民。人民行使国家权力的机关是全国人民代表大会和地方各级人民代表大会。人民通过自己选出的代表组成全国的和地方的人民代表大会，制定宪法、法律和法规，选举和决定国家工作人员，并通过他们管理国家事务，管理经济、文化和社会事务。一切国家机关工作人员一定要牢记，自己所行使的权力是人民赋予的，国家工作人员是人民的公仆，切勿本末倒置，反仆为主。邓小平同志曾指出："要从制度上保证党和国家政治生活的民主化，经济管理的民主化，整个社会生活的民主化。"[3] 江泽民同志在十五大报告中突出强调发展社会主义民主，指出："发展社会主义民主制度带有根本性、全面性、稳定性和长期性。"他还强调要使民主制度化、法律化，并且把依法治国建设社

---

[1] 《邓小平文选》第 2 卷，第 168 页。
[2] 《邓小平文选》第 3 卷，第 285 页。
[3] 《邓小平文选》第 2 卷，第 336 页。

会主义法治国家，作为民主法制建设的重要内容，作为政治体制改革的重要内容。这是对邓小平理论的继承和发展，标志着党对民主政治建设认识的深化。不仅如此，十五大报告还强调了发展基层民主的重要意义。基层自治是我国民主制度的重要特点，已显示了极大的优越性。江泽民在报告中指出："扩大基层民主，保证人民群众直接行使民主权利，依法管理自己的事情，创造自己的幸福生活，是社会主义民主最广泛的实践。"城乡基层政权和基层群众组织，都要进一步健全和完善基层民主选举、民主监督等制度。我们必须看到，随着社会主义市场经济的建立和多种所有制经济的发展，必然促进人们的主体意识增强，必然要求民主进一步发展。而市场经济也必然为民主的发展提供更多的物质条件。我国的社会主义民主在十五大精神指引下，一定会在法律上、制度上和物质上得到可靠保障。

2. 人权原则。充分实现人权是社会主义法治的重要目标。江泽民同志在十五大报告中提出，要"尊重和保障人权"。这是新中国成立近半个世纪以来，党在正式文件中第一次明确强调尊重和保障人权。充分享有人权是人类长期以来共同追求的伟大理想和崇高目标。为此，无数仁人志士前赴后继、矢志不渝地努力奋斗，许多人献出了自己的青春和宝贵生命。中国共产党最初的纲领中就体现了这一原则；第一、第二次国内革命战争时期更是把人权写在自己的旗帜上；抗日战争和解放战争时期的几个革命根据地，都先后制定了保障人权的条例，并对革命根据地的建设，民主政权的巩固，乃至共和国的建立起到了巨大作用。毛泽东同志在中华人民共和国成立前夕，还肯定了这一原则。但后来，由于"左"的错误影响，人权原则却被漠视进而遭到批判。其结果是"文化大革命"中公民权利被粗暴践踏。党的十一届三中全会后，人权保障问题逐步受到重视。进入90年代，江泽民同志提出要对人权问题进行认真研究，人权在我国理论界才被正名，对人权的关注才逐渐在法制建设中成为自觉。享有充分人权，是现代化建设中应有之义，也是社会主义本质和优越性的集中体现。我国社会主义市场经济的培育和发展所带来的利益个别化，国内市场与国际市场日益紧密的结合和现代科学技术发展，人类文明程度的提高，人们逐渐认识到在更多的领域存在着的共同利益，都对人权保障提出了新要求。十五大提出"尊重和保障人权"，是党在新形势下审时度势提出的正确原则。这一原则要求我们进一步提高尊重和保障人权的自觉性和坚定性，使我国社会主义法治达到新水平。

3. 自由原则。自由是社会主义法治原则不可或缺的重要价值，也是社会主义政治的真正目的，马克思曾说："取代存在着各种阶级的以及阶级对立的资产阶级旧社会的，这样一个联合体，在那里，每个人的自由发展是一切人的自由发展的条件。"① 为了个人的自由、阶级的自由、民族的自由和人类的自由，无数革命志士不惜流血牺牲。在中国人民革命取得胜利和在新的人民共和国诞生前夕，毛泽东同志怀着强烈的感情写道："由此上溯到一千八百四十年，从那时起，为了反对内外敌人，争取民族独立和人民自由幸福，在历次斗争中牺牲的人民英雄们永垂不朽！"② 与此同时，中国人民政治协商会议第一届全体会议通过的具有临时宪法作用的《中国人民政治协商会议共同纲领》规定："中华人民共和国人民有思想、言论、出版、集会、结社、通讯、人身、居住、迁徙、宗教信仰及示威游行的自由权。"并规定"实行男女婚姻自由"。在此基础上1954年宪法将《共同纲领》中的"人民"改称"公民"，"比共同纲领更详尽地规定了公民的各项自由和权利"③。可惜，这一宪法原则不久就遭到了破坏。以后一段时间里，宪法和法律规定的一些自由，竟公然被视为与社会主义制度不相容的对立物，从而严重地危害了我国社会主义事业。党的十一届三中全会以来，自由与社会主义建设事业是同步发展的，社会主义市场经济要求人们在经济、政治和文化上有更大的自由。因为只有人们能自由地安排自己的人身和财产，个人的思想和行为不再受到专横干涉，其创造性才能得到充分发挥，竞争机制才能形成，科学文化才能长足进步。当然，自由以不妨碍他人的、集体的和社会的自由和利益为限度。充分的自由必须用完善的法制加以保障。从这个意义上说，"自由就是做法律所允许事情的权力"④。社会主义法律能够为人们享有充分的自由提供可靠的保障。江泽民同志在十五大报告中强调，要"保证人民依法享有广泛的权利和自由"。

---

① 《马克思恩格斯选集》第1卷，人民出版社1972年版，第491页。
② 《毛泽东选集》第5卷，人民出版社1996年版，第350页。
③ 《一九五四年宪法说明》，《世界宪法大全》，青岛出版社1997年版，第75页。
④ 孟德斯鸠：《论法的精神》（上册）。

这将有力地促进我国宪法和法律规定的各项权利和自由的实现。可以充满信心地说，我国社会主义市场经济发展必将要求人们享有更加广泛的自由，而市场经济的发展和完善的法制又必然为这种自由的实际享有提供更加切实的保障，使我国公民更加幸福和自由。

4. 平等原则。平等是现代法治的内在要求，是社会主义应有之义。平等与自由都是社会主义的本质特征。法治所要求的平等是通过宪法和法律确认公民享有平等的法律地位和与之相应的平等权利；公民的权利受法律的平等保护，任何人不得超越于法律之外，凌驾于法律之上。我国宪法规定："中华人民共和国公民在法律面前一律平等"，"中华人民共和国各民族一律平等"，"年满十八岁的公民，不分民族、种族、性别、职业、家庭出身、宗教信仰、教育程度、财产状况、居住期限，都有选举权和被选举权"。宪法还规定："任何公民享有宪法和法律规定的权利。"为使宪法的规定得到实施，国家还制定了选举法、婚姻法和民族区域自治法等法律。对不同民族、不同性别和不同状况的公民的平等权利作出了具体规定。与世界许多国家相比，1949 年革命胜利后，我国公民在法律面前的平等应该说是切实的、高水平的。但有两个方面的问题却不容忽视：一是由于传统思想和制度的影响以及社会生产力发展的局限，还存在事实上的不平等；二是在实现平等过程中，曾有不顾客观条件，一再出现强拉平、穷过渡现象。在一段时间内，后者更严重地挫伤了人们进行社会主义建设的热情和积极性。以至于十一届三中全会以来，我们不得不花很大力气提高认识，进行改革。法治原则下的平等是对社会平等的确认和保障。在社会生活中，效率与公平、经济发展与社会保障，是两组密切相连的社会矛盾，也是困扰我们的现实问题。在领导社会主义建设中，我们党只有处理好其间的辩证关系，才能使二者相互促进，达到新的水平。以邓小平理论为指导，江泽民同志在十五大报告中以很大篇幅阐明了这方面的关系。他指出，在我国社会主义初级阶段，主要矛盾是人民日益增长的物质文化需要同落后的社会生产力之间的矛盾。因此，"发展才是硬道理"[1]。为了发展，报告重申了邓小平同志提出的"一切以是否有利于发展社会主义的生

① 《邓小平文选》第 3 卷，第 377 页。

产力，有利于增强社会主义国家的综合国力，有利于提高人民的生活水平"三项根本判断标准。报告指出，初级阶段"是由地区经济文化很不平衡，通过有先有后的发展，逐步缩小差距的历史阶段"。为了缩小差距，国家要东部地区充分利用有利条件，实现更高水平发展；同时要加大对中西部地区的支持力度，更加积极地帮助少数民族地区发展经济。在分配上要效率优先，兼顾公平，坚持完善按劳分配为主体的多种分配方式，允许一部分地区一部分人先富起来，进而带动和帮助后富，逐步走向共同富裕。与此同时，还要建立和完善社会保障体系，为城乡社会弱者提供最基本的保障。很显然，江泽民同志的报告贯穿了一个精神，就是从认识上正视、承认不平等，在实践中积极采取措施改变不平等，进而实现平等。

5. 法律至上原则。法律至上，也就是法律有极大的权威，没有任何个人或组织可以凌驾于法律之上。法律是否享有至高无上的权威，是检测真假法治的一个基本尺度。作为一个法治原则，法律至上虽然是资产阶级学者提出的，但是，它本身的科学性、合理性，超越了提出者的阶级局限，使它成为全人类共同文化发展的结晶。正因如此，在现代国家，它成为一种普遍原则被人们所接受。一个国家要实行法治，就要树立以宪法为核心的法律的至高无上的权威。至高无上，乍听起来好像有点绝对，其实不然。一个国家为了正常运转，为了稳定和发展，必须要有一种权威，这个权威只能是法，而不能靠人。因为法律与其他社会规范和管理手段相比，具有国家强制性、稳定性、精确性和科学性。靠"人治"，主要凭个别领导人的才智和经验决定国家重大问题，是异常危险的。稍有不慎，轻者给国家造成无可挽回的损失，重者给民族带来深重灾难。法治，归根到底就是"宪治"。宪法是国家的根本大法，是"母法"。一切法律都必须依据宪法，一切组织和个人都必须服从宪法和法律。宪法和法律至高无上的权威，不仅在于它们具有公正、理智的品格，还由于它们体现了"人民主权"的原则。我国宪法和法律是在中国共产党领导下，通过民主程序由立法机关制定的。它们凝聚了群众的智慧，反映了社会发展的客观规律，体现了全国人民的意志。因此，法律的至上权威，就是人民的意志至上权威。现行宪法序言明确规定："本宪法以法律形式确认了中国各民族人民奋斗的成果，规定了国家的根本制度和根本任务，是国家的根本法，具有最高的法律效力。"宪法总纲规定:"一切法律、行政性法规和地方性法规都不得同宪法相抵触。""一切国家机关和武装力量、各政党和社会团体、各企业和事业组织都必须遵守宪法和法律。一切违反宪法和法律的行为,必须予以追究。""任何组织或个人都不得有超越宪法和法律的特权"。依据宪法的规定,结合我国现实的情况,江泽民同志在十五大报告中再次强调,"维护宪法和法律的尊严,坚持法律面前人人平等,任何人、任何组织都没有超越法律的特权"。这必将增强全党和全国人民的法治意识,树立法律至上的权威,推动宪法和法律的实施。

6. 依法行政原则。依法行政是法治的重要环节。所谓依法行政,是指行政机关行使管理国家公共事务的行政权力,必须依据体现人民意志的法律。法律是行政机关据以活动的标准,是公民对行政机关活动评判的标准和行政机关违法并造成对公民损害时实行救济的标准。依法行政要求:行政机关非以法律授权不得拥有并行使某项职权;法律规定必须依据宪法,只有依据法律的规定和授权,行政机关才能制定行政法规和规章;在法律已有规定的情况下,行政性法规、地方性法规和规章不得与宪法和法律相抵触;法规先于法律作了规定的,一旦法律就此作出了新规定,就必须服从法律;行政机关职权与职责统一,不依法行使职权,就要承担责任。行政权力历来是国家诸权力中最普遍、最活跃的权力。目前在世界许多国家行政权均呈膨胀趋势。我国行政权力过大有历史传统的影响。在实行法治过程中,必须规范行政权力。正如江泽民同志在十五大报告中指出:"一切政府机关都必须依法行政,切实保障公民权利,实行执法责任制和评议考核制。"按照依法行政的原则,我们必须注意以下问题:第一,目前我国无论是经济体制改革还是政治体制改革,都是自上而下有领导进行的,但由于法制不健全,在有些领域无法可依,有些环节上又需要突破现行法规和规章;第二,在一些重要领域立法机关未制定法律,至今仍按行政机关制定的法规和规章办事,形成立法、执法和某些纠纷裁决均为一个机关;第三,已有法律的领域,某些规定的自由裁量权过大,给一些行政工作人员滥用权力留下了空隙。据有关机构统计,我国已制定的法律,绝大部分是由行政机关执行的。可以预计,行政权力强大的特点,在相当长的时间还会保持下去。为了既保障公民的权利,又使行政机关在管理国家公共事务中有章可循，发挥积极作用，必须进一步完善行政法，依法行政。

7. 司法独立与司法公正原则。司法独立与司法公正是密切相连的。前者为后者的条件，后者为前者的结果，都是实现国家法治的重要保障。在我国，古汉语"灋"字（即"法"）就意味着公平与公正，人们心目中的法是公平与正义的化身。在当代，司法是保护公民权利，维护社会正义，惩治犯罪的最后一道防线。司法的公平与正义是一个国家民主、文明程度的重要标志，所以普遍为诸多国家宪法和法律所肯定。司法是否公正，主要依赖于司法是否独立。这样，司法独立原则就成为重要的宪法和法律原则。我国宪法规定，人民法院、人民检察院依照法律独立行使职权，"不受行政机关、社会团体和个人的干涉"。为了贯彻这一宪法原则，《人民法院组织法》和《人民检察院组织法》又作了相应规定。尽管如此，实际状况与法律规定还存在较大距离，民众的议论很多。究其原因不外乎是：第一，司法队伍建设未完全按《法官法》、《检察官法》的规定执行，选举、任命干部时不符合条件，选举、任职后又不严格考核，一部分法官和检察官不适应工作要求。第二，部分党政领导漠视宪法和法律规定，忘记了邓小平同志说的，"法律范围的问题应该由国家和政府管。由党直接管不合适"①。他们插手司法，甚至以各种名义干扰司法。由于他们握有人事管理和经费管理大权，稍不如意，就给司法机关颜色看，有时司法机关不能不曲法申情。第三，市场经济的负面影响，已经不仅限于个别法官和检察官贪污受贿、徇私枉法，也影响局部制度，以至于出现了巧立名目、公开截留罚没款和诉讼费等见怪不怪的现象。为此，江泽民同志在十五大报告中提出"推进司法改革，从制度上保证司法机关依法独立公正地行使审判权和检察权"，是完全必要和适时的。严格执行这一要求，就能有效保证我国的司法独立和司法公正的实现，使我国的司法步上一层新台阶。

8. 权力的制约与监督原则。对国家权力加以制约与监督是法治的基本要求。权力不受制约和监督必然导致滥用和腐败。为了反对封建君主的独裁和残暴，资产阶级革命初期提出了分权原则，立法、行政和司法三种权力分工制约。所谓分权，虽然有其虚伪性，但毕竟是一个历史进步。经二

---

① 《邓小平文选》第3卷，人民出版社1993年版，第163页。

百多年演变，当今世界，无论是议会制国家还是总统制国家，仍以不同形式奉行这一原则。在总结和借鉴历史经验基础上，我国的人民代表大会制度在国家权力的配置上，实行合理分工，贯彻了制约和监督的社会主义民主原则。人民代表大会由民主选举产生，对人民负责并受人民监督。国家行政机关、司法机关由人大产生，对人大负责，受人大监督。在行政机关、司法机关，以及在司法机关的审判机关和检察机关之间，既分工负责、相互配合，又相互制约、相互监督。江泽民同志在十五大报告中说："我国实行的人民民主专政的国体和人民代表大会政体是人民奋斗的成果和历史的选择，必须坚持和完善这个根本政治制度。"其中就包括了完善对权力的制约和监督制度。我国宪法规定，国家的一切权力属于人民。人民有效地行使对国家权力的制约和监督，就可以避免社会主义事业陷入"人亡政息"的历史周期率。早在 1945 年毛泽东同志在回答黄炎培先生提问时，就曾明确指出，我们已经找到新路，我们能跳出"人亡政息"这个历史周期率。这条新路，就是民主。只有让人民来监督政府，政府才不敢松懈。只有人人起来负责，才不会人亡政息。①从理论上和制度设计上说，我国的人民代表大会制度是优越的，贯穿了对国家权力的制约和监督。为了贯彻法治原则，强化对国家机关的制约和监督，江泽民同志在报告中还特别强调要完善监督法制：加强对宪法和法律的监督；加强对党和国家方针政策的监督；加强对行使国家权力的监督；加强与民主党派间的相互监督；加强各群众团体的民主监督；加强群众监督和舆论监督；加强对各级干部特别是领导干部的监督等。总的来说，我国法律和江泽民同志报告关于对权力的制约与监督的规定、阐述是全面的。但事物却在不断发展变化，弄权犯法的人往往是"道高一尺，魔高一丈"。我们对此切不可掉以轻心，必须不断完善监督机制。在这个过程中，既不能照搬西方政治制度的模式，也不能不借鉴古今中外那些有益的经验。

9. 秩序原则。"社会秩序是一种相对摆脱了偶然性和任意性的社会生产方式和生活方式以及存在于其中的社会关系的固定形式"②，是法治的重

① 《延安归来》，载《八十年来》，文史资料出版社 1982 年版，第 148 页。
② 刘瀚、夏勇：《中国社会主义民主与法制》，江西人民出版社 1994 年版，第 70 页。

要内涵，是法律追求和要达到的目标。所有的法律都追求和代表一种秩序，只不过不同质的法，追求和代表的秩序不同罢了。我们所说的社会主义法治，是与社会主义民主连在一起的，当然也是社会主义秩序。混乱与无序，曾长期阻碍我国经济、政治、科学文化和整个社会的发展，"文化大革命"无休止的斗争更是给国家和民族造成了深重灾难。正是基于历史教训，邓小平同志复出后十分重视通过整顿，拨乱反正，实现秩序的恢复和重建。他说："经济搞好了，教育搞好了，同时法制完备起来，可以在很大程度上保障整个社会有序地前进。"他又说："在发扬民主的同时，还要加强社会主义法治，做到既调动人民的积极性，又能保证我们有领导有秩序地进行社会主义建设。"① 他强调指出："中国要发展起来，要实现四化，政治局面不稳定，没有秩序，什么事情都搞不起来，什么事情都搞不成功。"② 江泽民同志在十五大报告多处提到稳定、稳固、安定、安全、团结、市场经济运营机制、现代化建设的环境和生动活泼的政治局面等，都是法治所追求的秩序状态。为了建立实现社会主义初级阶段经济、政治和文化纲领所需要的法治秩序，必须正确处理改革、发展同稳定的关系。江泽民同志指出："在社会主义初级阶段，正确处理改革、发展同稳定的关系，保持稳定的政治环境和社会秩序，具有极重要的意义。没有稳定，什么事也干不成。"改革与发展必然要变更原有的秩序，必然要进行利益调整，所以不可能不出现阻力和困难，甚至引发社会的波动。但是，发展是硬道理，只有通过改革实现发展，才能达到更高程度的稳定，不能因阻力和困难而放松改革和发展；当然，也不能因改革、发展而不顾稳定。正如江泽民同志强调的："必须把改革的力度、发展的速度和社会可以承受的程度统一起来，在社会稳定中推进改革、发展，在改革发展中实现社会政治稳定。"只要我们按照十五大报告的精神，注意处理好改革、发展和稳定的辩证关系，掌握合适的度，我们就能建立良好的法治秩序，保证社会主义事业兴旺发达。

　　10. 党的领导的原则。党的领导是我国实现法治的根本保证。政党的

---

　　① 《邓小平同志重要谈话》，人民出版社 1987 年版，第 9 页。

　　② 同上书，第 42 页。

决策、活动和领导是现代法治国家的重要特征。所不同的是有些国家是两党制，有些国家是多党制。我国实行共产党领导的多党合作制，是历史的选择，并且已载入宪法。有的人可能认为共产党的领导与民主法治、建设社会主义法治国家有矛盾，其实不然。历史已经证明，没有共产党就没有新中国。当代中国的改革与发展，更离不开共产党的领导。诚然，在领导中国革命和建设过程中，共产党曾犯过错误，尤其是曾犯过像"文化大革命"那样给国家和民族带来严重灾难的错误。但是由于共产党是以马克思列宁主义、毛泽东思想和邓小平理论武装的党，是工人阶级先锋队，完全能依靠自身力量改正错误。经过无数挫折和曲折，它已经在思想上、政治上、组织上和作风上把自己锻炼得更加成熟和坚强。中国共产党现在比以往任何时候都更加强大，在邓小平理论的指引下，一定能领导全国人民实现社会主义初级阶段的经济纲领、政治纲领和文化纲领，也一定能领导全国人民实现法治，把我们的祖国建设成为法治国家。为达此目的，要加强党的领导，改善党的领导。事实证明，党要加强领导，必须改善领导；只有改善党的领导，才能进一步加强领导。江泽民同志在十五大报告中指出："共产党执政就是领导和支持人民掌握管理国家的权力，实行民主选举、民主决策、民主管理和民主监督，保证人民依法享有广泛的权力和自由，尊重和保障人权。"要做到这一点，必须首先发扬党内民主，保障党员的民主权利，加强党员对党的干部特别是领导干部的监督。他又指出："依法治国把坚持党的领导、发扬人民民主和严格依法办事统一起来，从制度上和法律上保证党的基本路线和基本方针的贯彻实施。"他还指出："要把改革和发展的重大决策同立法结合起来。"这要求党应把自己的路线、方针、政策通过法定程序变成国家意志，通过立法、行政和司法机关加以实施，改善领导方式，改变干预太多、包揽国家和政府事务的现象。江泽民同志还指出："党领导人民制定宪法和法律，并在宪法和法律范围内活动"，这都是我国社会主义法治的重要内容，也是我们过去生疏或比较生疏，而今后需要努力学习和尽快习惯的。只要我们不断加强和改善党的领导，我国社会主义法治就有可靠的保证和美好的前景。

三　努力贯彻社会主义法治原则

十五大报告阐明的社会主义法治原则和描绘的法治国家蓝图，是美好的、振奋人心的，也是一百多年来我们的先辈梦寐以求的。它对我们既非"挟泰山以超北海"般不可能实现；也非"为长者折枝"般轻而易举。江泽民同志说："建设社会主义民主政治，是逐步发展的历史过程，需要从我国的国情出发，在党的领导下有步骤有秩序地推进。"在依法治国方面，我们应在党的领导下，积极创造条件，有步骤地向前推进。除了努力实施前述法治原则外，还要做到以下几点：

首先，必须更新观念。实行依法治国方略，对我们共产党员和党的组织是一件新事物，必须不断提高认识，更新观念。最根本的是要认识到在社会主义社会里，人民是社会的主宰。一切事业都是为了人民，服务于人民。法律是人民意志的集中体现，宪法和法律的权威是绝对的，一切行政法规、地方性法规和规章，都应以宪法和法律为依据。国家工作人员包括国家领导人是人民的公仆。他们的权力由人民授予，他们的职责是执行法律，他们的行为受人民监督。所有官员和普通公民在法律面前一律平等，都有法律规定的平等权利和义务，"谁也不能占便宜，谁也不能犯法"①。一切违法犯罪行为，都必须受法律追究。我们国家封建专制统治的历史很长，人们的头脑中等级观念很深。人民革命的特点是武装夺取政权，1949年前在战争环境中的运作方式主要是命令和执行命令；新中国成立不久又实行计划经济，计划和指令一直下达到农民种植作物的类别和肥料、种子数量。官员事实上成为主宰。历史影响和现实状况，使人们（官员和普通公民）忽略了事物的本质，以致主仆颠倒。这种状况如不改变，再好的法律和政策都会成为空话，依法治国也将演变为上治下、官治民，人民将由主宰者变为被主宰者。还应看到，社会主义市场经济的发展，将进一步解放人们的思想，增强人们的主体意识，扩大权利要求范围。在此情况下，人们只有不断更新观念，才能适应新的发展趋势。

---

① 《邓小平文选》第 2 卷，人民出版社 1994 年版，第 332 页。

与此同时，还要进一步完善制度。邓小平同志指出："制度问题带有根本性、全局性。"① 十五大报告通篇贯穿关于制度的改革和完善。在《政治体制改革和民主法制建设》部分，江泽民同志提出，要"健全民主制度"、"加强法制建设"、"推进机构改革"、"完善民主监督制度"，要求最后"维护安定团结"，更是突出强调了制度的改革和完善。完善制度，从整个国家说，最主要的是要完善根本政治制度，即人民代表大会制度。江泽民同志指出："坚持和完善人民代表大会制度，保证人民代表大会及其常委会依法履行国家权力机关的职能，加强立法和监督工作，密切人民代表同人民的联系。"十一届三中全会之后，我国人民代表大会制度逐步完善，各级人民代表大会在国家政治生活中起到了愈来愈积极的作用，受到了人民普遍肯定。但从目前运作状况看，真正发挥宪法规定的权力机关的作用，还有待进一步完善。在人员构成上，要将有参政议政能力的人选入人民代表大会，不要把它当作安排退居二线干部的机构。为此，要完善选举制度，使人民代表真正代表民意，受人民监督。要认真研究和处理好各级党组织与人民代表大会的关系，使人民代表大会依据宪法和法律，真正成为名副其实的国家权力机关。此外，正如江泽民同志在报告中列举的，还要完善其他各项制度，诸如民主集中制度、共产党领导的多党合作制度、领导干部任期制度和退休制度、党内党外的民主监督制度、国家公务员制度以及组织制度、工作制度等。邓小平同志说："这些方面的制度好可以使坏人无法任意横行，制度不好可以使好人无法充分做好事，甚至会走向反面。"② 制度具有相对稳定性，但也必须随客观情况的发展而变化。我们应不断研究，认真总结，广泛借鉴，真正使之一步步完善。

在建设法治国家的整个过程中，要提高全体干部和人民群众的素质。人民群众是法治的主体，也是实现法治最活跃、最关键的因素。无论是立法、执法、司法和守法，其状态都是以人们的活动和行为为依归。所以，必须提高干部和人民群众的素质。提高立法者的素质，才能制定出良法、善法；提高执法和司法干部的素质，才能依法裁决案件，使法律固有的公

① 《邓小平文选》第2卷，人民出版社1994年版，第333页。
② 同上书，第333页。

平、正义品格得到实现；提高人民群众的素质，才能使法律得到切实遵守，才能对立法、执法和司法进行有效监督。人的素质包括思想素质、政治素质、道德素质、文化素质以及言谈举止、待人接物、衣着服饰，等等。素质的提高靠教育、靠训练、靠学习、靠熏陶。普法宣传是重要方面，已经取得了很大成效，还要进一步加大力度。与法律联系最密切的是思想道德，十四届六中全会以来，精神文明建设进一步加强，如何避免一哄而起，走形式，如何把对典型人物宣传同对一般人规范结合起来，也须进一步研究。江泽民同志说："法制建设同精神文明建设必须紧密结合，同步推进。"这也为提高人的素质指明了方向，只要在组织领导、宣传教育上认真落实，就能迅速获得更大成效。

邓小平同志说："我们现在所干的事业，是一项新事业。马克思没有讲过，我们的前人也没有做过，其他社会主义国家也没有干过，所以，没有现成经验可学。"这当然包括依法治国，建设社会主义法治国家。在前进的道路上，阻力是有的，困难也存在。只要我们从中国社会主义初级阶段的实际出发，不是从主观愿望和外国模式出发，"着眼于马克思主义理论的运行，着眼于对实际问题的理论思考，着眼于新的实践和新的发展"，我们就一定能够把自己的祖国建设成为富强、民主、文明的社会主义现代化法治国家。

（原载《中国法学》1998 年第 1 期）

言论自由与社会发展

　　言论自由和社会发展对于人类文明来讲都是重要的。但是，无论从人类历史还是从当今世界的现实来看，如何正确认识和处理这两者之间的关系，一直是一个颇为令人困惑的问题。有时我们听到这样的观点：发展中国家的发展不可避免地要以牺牲言论自由为代价；有时我们又听到这样的观点：言论自由是一项绝对权利，社会要为保障这项权利付出代价，即使允许淫秽、暴力作品泛滥甚至影响少年儿童的身心健康发展也在所不惜。这类观点不仅仅是一个认识问题，而往往通过立法、行政和司法审判等体现在制度设计和运作之中。尤其是在解决有关利益冲突、权利冲突的时候，问题就暴露得更加明显。有鉴于此，我愿就言论自由与社会发展谈几点个人见解，以就教于各位朋友和同行。

一

　　言论自由是指人人享有的以口头、书面以及其他形式获取和传递各种信息、思想的权利。它包括三个方面的自由：1. 寻求、接受信息的自由。人类为了生存和发展，必须认识和改造主观和客观世界，必须组成社会和进行交往沟通，为此，就要寻求和接受前人和他人的经验，享有寻求和接受信息的自由。否则，生存和发展将不可能。2. 思想和持有主张的自由。寻求和接收到的信息，成为思想的资源，经过加工成为思想和主张、意志。这种思想、主张和意志，不应受干扰和禁锢，否则发展将会停止，生存将受到威胁。3. 以各种方式传递各种信息、思想和主张的自由。这是人类为改造自然和争取社会进步，实现相互协作和联合必需的起码条件。言论自由是人们认识、接受、发展和传播知识、经验以及真理的重要形式，保障言论自由是对人的关怀和尊重。它与其他自由和权利一起成为现代市场经济、民主政治和现代国家立国的基础。

纵观历史，我们可以找到许多有关言论自由与社会发展紧密相关的强有力的论据。

中国古代西周王朝（公元前 1100 年至前 771 年）时期，统治者在全国实行以嫡长子继承为核心、以血缘关系为纽带的封邦建国的宗法奴隶制统治。从文献记载和考古资料看，西周奴隶主贵族制定了不少法律，史称："周有乱政而作《九刑》。"① 之后周穆王时又制定《吕刑》，② 这里所谓"刑"，就是指法律。传世和新发掘的金文中的法律史料也印证了这些记载。尽管如此，"礼"无论在国家政治统治或意识形态方面都居于主导地位。在政治统治上，它"经国家，定社稷，序人民，利后嗣"③，"分争辩讼，非礼不决；君臣上下、父子兄弟，非礼不定；宦官事师，非礼不亲，班朝治军，莅官行法，非礼威严不行"④。在思想和言论上，"非礼勿视，非礼勿听，非礼勿言，非礼勿动"⑤，可以说，言论自由被钳制到了无以复加的地步。虽然礼制有其存在的必然性，但到了西周末期已成了社会发展的障碍，不冲破"礼"的束缚，社会就不可能发展。春秋（公元前771—前403 年）战国（公元前403—前221 年）的变革当然是基于社会生产力的发展，但冲破了"礼"对人们思想的束缚也是重要条件。所谓"礼乐崩坏，权力下移"，就是对当时客观情况的描述。春秋末期开始的"百家争鸣"，则是中国古代言论自由的形式和内容。它是当时社会变革的产物，又大大地推动了社会变革。其结果是推动了中国从奴隶制度向封建制度的转变，为以后持续了两千多年的封建王朝统治奠定了基础。

历史发展到 19 世纪，中国的封建专制制度已愈来愈腐朽，但是对这种制度的任何批评、指责，都被法律视为"大不敬"和"犯上"，为常赦

---

① 《左传·昭公六年》。

② 见《史记·周本妃》，据吕思勉先生考：《九刑》实出周公之前（见《中国制度史》，第806页，上海教育出版社1986年版）。

③ 《左佐·隐公十一年》。

④ 《礼记·曲礼》。

⑤ 《论语·颜渊》。

所不原。① 1840 年之后，尽管列强入侵，丧权辱国，割地赔款，民族生存到了危亡的关头，封建君主们仍然抱住祖制不可改变的信条，企图继续禁锢人们有关改革的思想和主张。一百多年来，西方资产阶级的君主立宪思想、民主共和思想和马克思主义的人民民主思想在中国的传播，每一次都付出了血的代价。可以说言论不自由，是中国社会发展迟缓的一个原因。而经过艰苦斗争，先进思想终得传播并变成巨大的精神和物质力量，又成为推翻封建帝制，促使民主革命胜利，新中国诞生的巨大动力。

1978 年以来，中国经济取得了举世瞩目的成就，社会得到了长足发展，是与中国坚持解放思想、实事求是的思想路线分不开的。解放思想使人们冲破一个个理论禁区，想许多过去不能想的事，说许多过去不能说的话。对于许多重大问题，在"百花齐放，百家争鸣"的方针指导下，通过自由讨论，使认识符合或接近真理。实事求是是要求人们摆脱本本主义，认识和思考问题不要从现成的定义和原则出发，而要使思想认识符合实际，以实践检验思想和认识是否正确。评价社会发展进步的标准，"应该主要看是否有利于发展社会主义社会的生产力，是否有利于增强社会主义国家的综合国力，是否有利于提高人民的生活水平"②。这种新的历史条件进一步鼓舞了中国人的思想解放和言论自由，正在并将继续促进中国的社会发展。

言论自由与社会发展的密切关系，在西方国家的历史上，也有许多例证。很显然，如果烧死布鲁诺的神权政治和法律制度依然存在，那么人们今天登上月球、探测太空则是不可能的。

正因为言论自由之于社会发展具有如此重要意义，所以人们不仅把它当做一种信念，而且把这种信念用法律加以确认和保障；不仅把它制定为国内法，而且还以国际宣言和条约的形式加以规定。

如《世界人权宣言》第 19 条："人人有权享有主张和发表意见的自由；此项权利包括持有主张而不受干涉的自由，和通过任何媒介和不论国界寻求、接受和传递消息和思想的自由。"

---

① 《大清律例·名例律》。
② 《邓小平文选》第 3 卷，人民出版社 1993 年版，第 372 页。

又如，《公民权利和政治权利国际公约》第 19 条："一、人人有权持有主张，不受干涉。二、人人有自由发表意见的权利；此项权利包括寻求、接受和传递各种消息和思想的自由，而不论国界，也不论口头的、书写的、印刷的、采取艺术形式的或通过他所选择的任何其他媒介。"

除此之外，《德黑兰宣言》（1968 年）、《维也纳宣言和行动纲领》（1993 年）、《美洲人的权利和义务宣言》（1948 年）、《欧洲人权公约》（1950 年）、《美洲人权公约》（1969 年）和《非洲人权和民族权宪章》（1981 年）等国际人权宣言和公约对言论自由都作了规定。

二

言论自由对于社会发展是重要的，但并不能由此得出结论说它是绝对的、不受限制的。孟德斯鸠认为，自由是做法律许可的一切事情的权利。人人都是生活在特定的群体、社会和国家之中，都必须遵循公认的道德和法律确认的行为准则。不允许借言论自由侵犯他人的权利和自由。不允许损害社会公共道德，危害国家安全，出卖国家机密，危及世界和平，"如果一个公民能够做法律所禁止的事情，他就不再有自由了，因为其他人也同样有这个权利"。

因此，无论是国际公约或各国宪法，在宣告言论自由为一项基本人权并以法律保障的同时，都对这种自由权利的行使规定了相应的限制。

《公民权利和政治权利国际公约》第 19 条规定：言论自由的行使"带有特殊的义务和责任，因此得受某些限制，但这些限制只应由法律规定并为下列条件所必需：（甲）尊重他人的权利或名誉；（乙）保障国家安全或公共秩序，或公共卫生或道德"。有关这种限制，在其他国际或区域性人权公约中都有规定，其中，以《欧洲人权公约》最具有代表性。该公约规定："上述自由（指言论自由——作者注）的行使既然带有责任和义务，就得受法律所规定的程序、条件、限制或惩罚的约束；并受在民主社会中为了国家安全、领土完整或公共安全的利益，为了限制混乱或犯罪，保护健康或道德，为保护他人的名誉或权利，为了防止秘密收到的情报的泄露，或为了维护司法官的权威与公正性所需要的约束。"

据荷兰两位宪法学者统计，在世界 142 部宪法中，有 124 部规定了发表意见的自由。这些国家在肯定言论自由作为一项基本人权的同时，为防止这项权利的滥用，也都以"但书"的形式对这种权利的行使作了限制。

美国关于言论自由的"但书"多规定于各州宪法，如纽约州宪法："每一公民对于任何问题，均有写作、口述或出版其意见的自由，但须自负滥用此项权利之责任。"伊利诺伊州宪法："每个公民均能自由写作、口述或出版各种问题之文字，但若滥用其权利时须自负其责任。"作为法国宪法序言的《人权宣言》："自由传达思想和意见是人类最宝贵的权利之一。因此，各个公民都有言论、著述和出版自由，但在法律所规定的情况下，应对滥用此项自由负担责任。"巴西宪法："除每个人依照法律规定对其在娱乐和公开表演中所犯的越轨行为负责外，思想、政治或哲学见解可以自由表达，以及提供信息不受检查。通讯权利受到保护，出版书刊、报纸和期刊无须当局许可。战争、扰乱秩序的宣传或宗教、种族或阶级偏见的宣传，以及与道德及良好习俗背道而驰的出版物和放肆行为都将是不可容忍的。"印度宪法第 19 条第 1 款：一切公民均享有（一）"言论和表达自由"……但第 2 款规定："为维护印度主权完整、国家完全、与外国的友好关系、公共秩序、礼仪道德，或由于涉及藐视法庭、诽谤或煽动犯罪等问题而对上述第 1 款（一）项施加合理限制，也不妨碍国家为此制定法律施加此类限制。"埃及宪法："每个公民的思想和言论必须得到保障，在法律规定的范围内有权表达自己的意见。"

从这些国家宪法和法律可以看出，对言论自由的限制正如对言论自由的肯定一样，也是普遍的。尽管如此，我认为，就言论自由及对其限制来说，自由仍然是首要的、基本的，正如权利与义务之于法律，权利是基本的一样。限制言论自由的目的是为达到言论权利与言论义务的协调和统一。

三

关于对言论自由限制的范围大小和程度，从宪法和法律的条文中不是不能作出区分，但主要的还要看各国的司法与行政执法的实际情况。各个国家之间限制言论自由的不平衡，不仅仅是因为宪法和法律规定与法律的执行总是存在差距，而且还有更深层次、更复杂的原因。这就是：（1）各国的历史文化背景不同；（2）各国的宗教与民族习惯不同；（3）各国的经济、文化和科学技术发展水平不同；（4）各国国内的社会治安状况不同；（5）各国面临的国际形势不同。

客观世界是复杂的，且不断发生变化，它不像理论家笔下抽象形成的逻辑严谨、首尾一贯的应然道理。面对选民，担负国家责任的政治家和法官要更多地考虑具体情况下的具体操作。他们既要保障公民的言论自由，又要考虑社会秩序的稳定和发展，使这种自由权利的行使促进而不是妨碍秩序的稳定从而影响发展。为了避免顾此失彼，招致混乱，他们必须在履行自己职责时，注意在言论自由和发展所需要的社会秩序稳定之间寻找平衡点，也就是哲学上所称的"度"。这个度在各国宪法和法律中都有所规定，但在实践中对具体问题仍要靠法官依据法律的规定和事实作出裁决。

1997 年冬我们在访问挪威时，挪威最高法院院长卡斯坦·施密斯（Karstein Smith）告诉我们，最高法院正在审理这样一个案件：挪威白人联盟党以维护挪威人原有特性为由，公然在该党党纲中提出反对挪威人与黑人通婚。对此，初审法院判定该党领袖有罪，处以监禁和罚金。被告人不服，以该判决违反挪威宪法和《欧洲人权公约》关于言论自由的规定为由提起上诉。最高法院考虑到这一案件涉及重大原则问题，破例不经中级法院而由最高法院审理，并由最高法院全体法官出庭。经审理，最高法院认定，白人联盟党在党纲中反对白人与黑人通婚属于言论自由的理论是不能成立的。为了主持法律公正与社会正义，在所谓言论自由与反对种族歧视的关系上，选择了反对种族歧视的立场，驳回了上诉，维持初审判决。这一案件的审理过程和最终裁决给我们留下了深刻印象。它再次说明，宪法和国际公约关于言论自由的规定不得滥用，否则势必走向反面。

基于各个国家的具体情况，不少国家在批准《公民权利和政治权利国际公约》时，对该公约第 19 条关于言论自由及限制的有关内容作了某些保留或声明。例如，澳大利亚、比利时、法国和德国表示它们要在与《欧洲人权与基本自由保护公约》第 10 条、第 11 条及第 16 条相一致的前提下遵守《公民权利与政治权利国际公约》第 19 条；对于第 19 条第 2 段，澳大利亚、爱尔兰、卢森堡和荷兰曾就无线电和电视广播的规制和颁发执照作出了保留；卢森堡和荷兰还在保留中提到对电影公司和电影院颁发执照的制度，[①] 等等。对于这些保留或声明，只要不违背公约的根本原则，都应当抱着理解和谅解的态度。这是因为包括言论自由在内的各种自由和人权保障都主要依靠各国通过国内法律机制和措施来实现。一般情况下，其他国家政府和国际组织通过国际合作、平等对话和提示来促进而不是通过发表声明指责和干涉。

四

正如本文开始所谈到的，在历史上，中国人民为争取言论自由曾进行了长期斗争，并付出过血的代价。1949 年新中国成立以后，中国人民就把来之不易的言论自由写在自己的纲领上。《中国人民政治协商会议共同纲领》第 5 条："中华人民共和国公民有思想、言论、出版、集会、结社、通讯、人身居住、迁徙、宗教信仰及示威游行的自由。"这个纲领在 1954 年宪法制定之前曾起了临时宪法的作用。自 1954 年第一部宪法颁行之后，宪法虽几经修改，但言论自由都是明确肯定的。现行宪法规定："中华人民共和国公民有言论、出版、集会、结社、游行、示威自由。"同时还规定公民有"进行科学研究、文艺创作和其他文化活动的自由。"针对中国的具体情况，宪法特别规定，公民"对于任何国家机关和国家机关工作人员，有提出批评和建议的权利；对于任何国家机关和国家机关工作人员的违法失职行为，有向有关国家机关提出申诉、控告或者检举的权利"。同其他国家一样，中国宪法也为言论自由的正确行使确立三点原则。宪法第 51 条规定："中华人民共和国公民在行使自由和权利的时候不得损害国家的、社会的、集体的利益和其他公民的合法的自由和权利。"这一规定要求：尊重他人的权利和自由，尊重他人的名誉、人格和隐私，遵守公共秩序，保守国家秘密和国家安全，遵守公共道德。为了保证宪法规定的实

---

① 联合国人权事务委员会：《各国关于〈公民权利和政治权利国际公约〉及其任何议定书的保留、声明、通知和反对》（1992 年 5 月 12 日）。

施，中国《民法通则》、《未成年人保护法》、《保守国家秘密法》等法律还作了具体规定。《刑法》和《治安管理处罚条例》对于违反上述规定和构成犯罪的人规定了惩罚措施。

中国尽管对言论自由作了一系列法律规定，但由于封建专制主义统治历史很长，家长制影响极深，"不敬"、"非上"、"指斥乘舆"、"犯讳"、"不孝"、"告尊长"和"亲亲相隐"、"为长者讳"以及形形色色的封建等级特权等都曾作为封建刑法的罪名和适用原则。这些并没有随封建王朝的倾覆和封建皇帝被推翻而埋葬，之后很久仍时不时散发某些臭气。几十年来，在对待言论自由上，我们是有深刻教训的。一个时期，宪法原则曾遭到破坏，公民的言论自由得不到基本保障和正确对待。实践中，既有限制过严，"把领导人说的话当作'法'，不赞成领导人的话就叫做'违法'"[①]；又有失之过滥，在"大民主"、"革命行动"的口号下，一部分人对另一部分人，这一部分人和那一部分人之间，相互攻击、诽谤、揭露隐私、侮辱人格尊严，从动笔动口到动手，从动刀动棍棒到动枪动炮，形成了"全面内战"。只是在"文化大革命"结束、1978 年之后，中国共产党通过拨乱反正，恢复了宪法和法律秩序，混乱局面才得以根本好转。

中国20 世纪70 年代末80 年代初的思想解放促进了改革开放，改革开放所带来的社会发展促进了言论自由的实现。一方面，1978 年以来的经济改革首先使广大农民，然后使全体中国公民在财产关系、身份关系以及相应的行为选择等方面都获得了较大的自由，他们比过去更愿意，也更能够真实地表达自己的利益要求和内心的愿望；另一方面，随着社会、经济和科学技术的发展，报纸、杂志、收音机、电视机乃至 VCD 机和英特网络等大众传播媒介在中国以惊人的速度和规模增长，为中国公民充分享有言论自由提供了前所未有的条件。为了落实 1982 年宪法关于言论自由的规定，全国人民代表大会及其常务委员会、地方各级人民代表大会及其常委会，先后制定了一些有关新闻、出版、专利、商标、著作权的法律、法规。例如，《著作权法》特别规定："外国人作品在中国境内发表的，依照本法享有著作权。外国人在中国境外发表的作品，根据其所属国同中国

---

① 《邓小平文选》第 2 卷，人民出版社 1994 年版，第 146 页。

签订的协议或者共同参加的国际条约享有著作权，受本法保护。"① 这些规定表明，我国政府对言论自由的保护是不分国界的、十分广泛的。

中国人民正在建立社会主义市场经济体制，同时，也在建立社会主义民主政治，决心贯彻科教兴国和依法治国的方略，把自己的国家建设成为社会主义法治国家，建设成为富强、民主、文明的社会主义现代化国家。在现有的基础上实现这一伟大目标，必须深化经济体制改革，完善以社会主义公有制为主体、多种所有制经济共同发展的基本经济制度，坚持和完善按劳分配为主体的多种分配方式，坚持和完善对外开放，积极参与国际合作和竞争；必须大力发展科学和教育事业，促进科技进步，提高劳动者素质，加快新科技成果的运用，实现技术发展的跨越；必须继续进行政治体制改革，发展社会主义民主，对国家机关，真正实行民主选举、民主决策、民主管理和民主监督。"邓小平同志说：'发展才是硬道理'"②，而在我们前进的道路上，没有现成模式可以遵循，为了实现经济、科技、教育和政治等方面的发展，必须依靠广大人民群众的聪明才智和首创精神，这就需要以包括言论自由在内的各种权利与自由为基础条件。正如江泽民所说：要"保持人民依法享有广泛的权利和自由，尊重和保障人权"③。

中国尚处在社会主义初级阶段，法制在完备过程之中，今后应该依据宪法进一步完善有关保障言论自由的法律，诸如新闻法、出版法、广播电影电视法、演出法和其他关于信息传播的法律，使这些领域的从业人员之间，他们与听众、观众、读者之间的法定权利与义务关系进一步明晰，平时有所遵循，发生和解决纠纷时有法律依据。使包括言论自由在内的整个公民权利、政治权利的保障法律化、制度化，使这些权利一旦被侵犯就能得到及时救济。中国保障言论自由的法律有待完善，并不能否定 20 年来中国在保障言论自由方面所作的努力和取得的历史性进展。可以预言，充分的言论自由将进一步体现中国公民的民主和人权意识，从而进一步推动

---

① 《中华人民共和国著作权法》。

② 《邓小平文选》第 3 卷，第 377 页。

③ 《中国共产党第十五次全国代表大会文件汇编》，人民出版社 1997 年版，第 32 页。

中国社会主义市场经济和整个社会向前发展。而随着社会发展、科学技术进步和文化水平的提高，中国人将会更加充分地享有言论自由。这是肯定的。

（原载《郑州大学学报》1995 年第 5 期，《新华文摘》
2000 年第 1 期转载，此为转载稿）

法治与社会结构现代化

一

　　社会结构现代化，是指人群联结成社会系统的方式适应现代社会经济、政治、科技和文化的发展，并与之产生互动作用。一般来说，社会结构是由一定的社会经济形态决定并与社会一定的发展阶段相联系。在不同的社会经济形态或同一社会经济形态的不同发展阶段，社会结构会呈现出不同的形式。由于不同形态的社会经济是不同性质的政治、法律等社会上层建筑的经济基础，而社会上层建筑对经济基础又具有反作用。这样，作为社会上层建筑的重要组成部分的政治、法律，也必然对社会结构的形成与发展具有重要的影响作用。研究其间的关系，对于我们自觉地以法律促进经济发展，调整社会结构，实现社会结构的现代化有着重要意义。

二

　　在以农村自然经济为基础的中国封建社会里，社会是由地主阶级和农民阶级构成的。在这两大阶级之中又分为宗室贵族、大地主、中小地主、自耕农、贫苦农民和雇农等。此外，也有一定数量的商人、手工业者和手工业工人。前后两千余年，虽然历史发展、社会动荡、王朝倾覆，但历朝法律的根本任务都是维护封建地主阶级的等级特权，把农民阶级固定在土地上，把工商业者和他们的事业发展限制在一定范围内。从总的情况看，在大部分时间里，法律对社会经济的发展、社会结构的调整和稳定作用是巨大的，促进了整个社会文明的发展。1840 年之后，中国逐步沦为半殖民地半封建社会。在原有的基础上，中国社会出现了官僚资产阶级、民族资产阶级、小资产阶级和现代工人阶级，出现了不同的利益群体和多元化的发展趋势。中国民族资产阶级希望走资本主义发展道路，并在辛亥革命之后，试图以资本主义类型的法律促进经济发展，协调各阶级、各阶层的关系。愿望是好的，但不现实。帝国主义国家不能容忍在东方出现一个大国与其争夺市场，国内封建阶级也不情愿拱手让出权力。结果是战争和动乱代替了稳定，刺刀和枪炮代替了秩序和法律。应时而生，社会上出现了名目繁多的中央军、地方军、民团、土匪和帮会等特殊群体。

　　1949 年中国革命胜利，经过三年民主改革和经济恢复期之后，进入了向社会主义过渡时期。1955 年，私营工商业社会主义改造和农业合作化基本完成，在以公有制为基础的计划经济体制下，尽管原来的地主、资本家还存在，但地主阶级和资本家阶级已经被消灭和被改造。社会上存在的是工人阶级、农民阶级和地位不确定的知识分子，以及少量个体劳动者。工人阶级内部按所有制关系不同分为国营、地方国营和社办企业职工，农民在农业合作化后虽统称人民公社社员，但实际上按合作化前的家庭成分又分为贫下中农、中农和地主、富农。对地主、富农，按其劳动表现和政治态度，由群众和公社决定是否给予人民公社社员身份。不能获得社员身份的，则视为专政对象。当时法制不受重视，除 1954 年宪法之外，基本法律不完备，国家机构运行实际上主要靠政策。尽管如此，国家也曾希望以政策来协调社会各阶级、各阶层以及其他群体的利益关系。1956 年毛泽东发表了《论十大关系》的报告，在此基础上，1957 年 2 月，又提出了正确处理人民内部矛盾的命题。如若按照宪法的规定和这两个报告的基本精神，正确处理各种矛盾，协调各种关系，中国的经济发展和社会结构调整会顺利得多。不幸的是，后来党和国家领导人过分估计了国内和国际形势的严重性，并据以认为我国社会有两个剥削阶级和两个劳动阶级。右派分子同被打倒的地主买办阶级和其他反动派被称为一个剥削阶级；"正在逐步接受社会主义改造的民族资产阶级知识分子"是另一个剥削阶级；工人阶级和农民阶级是两个劳动阶级。[①] 并宣称："在整个过渡时期，无产阶级

---

① 参见胡绳主编《中国共产党七十年》，中共党史出版社 1991 年版，第 260 页。

和资产阶级的斗争，社会主义道路同资本主义道路的斗争，始终是我国内部的主要矛盾。"这种不符合宪法、脱离实际甚至无中生有的论断，不仅使国家无法正确处理不同阶级、阶层和群体之间的关系和妥善协调他们之间的利益，而且成了以后在阶级斗争问题上，一次又一次犯扩大化、最后导致犯"文化大革命"那样灾难性错误的根源。而这一错误极大地影响了社会经济发展，使社会结构出现畸形。1949年我国革命胜利至中国共产党十一届三中全会召开，在对待社会结构和协调各阶级、阶层和其他群体利益的关系上，留下的基本经验就是不能以个人意志替代反映客观规律的法律。

十一届三中全会之后，随着改革开放政策的推进，随着计划经济体制向社会主义市场经济体制的转变，中国大陆的社会结构也开始发生变化。主要特征就是在利益主体分散化的基础上正在形成多元化的利益群体。这就是说，在计划经济体制下的工人、农民、知识分子和干部等之外，出现了个体工商户、私营企业主、雇工、国有企业经理人员、外资和中外合资企业经理人员和高级职员，以及演员、运动员、教员、科学技术人员、律师、会计师和医生等职业群体。这些职业群体有的是市场经济体制下特有的，有的虽然在计划经济体制下已经存在，但只有在市场经济条件下，当知识和技术进入市场后才从工人、农民的"公职人员"中分离出来，形成独立的群体，展现出自己的特色。今后，"我国将长期处于社会主义初级阶段"①。"社会主义初级阶段，是逐步摆脱不发达状态，基本实现现代化的历史阶段；是由农业人口占很大比重，主要依靠手工劳动的农业国，逐步转变为非农业人口占多数、包括现代农业和现代服务业的工业化国家的历史阶段；是由自然经济占很大比重，逐步转变为经济市场化程度较高的历史阶段；是由文盲半文盲人口占很大比重、人民生活水平较低，逐步转变为科技教育文化比较发达的历史阶段；是由贫困人口占很大比重、人民生活水平比较低，逐步转变为全体人民比较富裕的历史阶段；是由地区经济文化发展很不平衡，通过有先有后的发展，逐步缩小差距的历史阶段；是通过改革和探索，建立和完善比较成熟的充满活力的社会主义市场经济

---

① 《中华人民共和国宪法·序言》。

体制、社会主义民主政治体制和其他方面体制的历史阶段；是广大人民牢固树立建设有中国特色共同理想，自强不息，锐意进取，艰苦奋斗，勤俭建国，在建设社会主义物质文明的同时，努力建设精神文明的历史阶段；是逐步缩小同世界先进水平的差距，在社会主义的基础上实现中华民族伟大复兴的历史阶段。"[①] 上述社会主义初级阶段的历史使命只有通过发展社会主义市场经济才能完成。而在社会主义市场经济条件下，前面所说的社会群体的变化和新出现的社会群体，将会进一步发展变化。诸如一部分工人下岗、再就业；一批农民进入城镇成为新的职工和企业家；一部分干部和知识分子"下海"经商成为经理人员……此外，教育、医疗、文化艺术、运动员职业进入市场等。人们不再在乎对职业从不同角度发出的褒贬之声，而只按社会经济发展的客观规律走自己的路。在此过程中，由于进入市场的个人素质高低、能力强弱、条件优劣、机遇好坏、关系多少等不同，经过激烈竞争和艰苦拼搏之后，在优胜劣汰的规则下，有些人成功了，有些人失败了，多数人则会处于中间状态。对于国家来说，这个过程不无痛苦，甚至要付出某种代价，但却难以避免。关键是如何采取实事求是的态度，认真总结国内外的历史和现实经验，科学地研究和认识社会发展客观规律，以尽可能少的代价，实现经济、政治和社会结构现代化，促进人的全面发展。

　　总结以往经验可以看出，我国对经济结构和社会结构协调的重要失误之一，是过分依赖政策和行政手段而轻视法律，如前面所说，有时即使既定的政策也往往遭破坏。近 20 年虽然注意了法律，但由于法律不完善，一些制度尚在建立过程之中，在操作层面上仍然主要靠政策和行政手段。这种状况应逐步改变。这不是说政策不重要，而是以法律来调整，进而实现法治具有更大的优越性。从本质上说，我国法律反映全国人民的利益和要求，反映社会发展的客观规律；法律由国家权力机关按民主程序讨论通过，具有科学性、稳定性、连续性，具有广泛的约束力和国家强制力；法律规范更具体、更明确、更肯定，便于操作。今年召开的九届全国人大二次会议通过的宪法修正案，把"依法治国，建设社会主义法治国家"载入

[①] 《中国共产党第十五次全国代表大会文件汇编》，人民出版社 1996 年版，第 16 页。

宪法，成为宪法原则。这一原则可以简要地概括为法治。法治从动态理解是依法治理国家；从静态理解是一种国家形态，一种由社会主义民主、人权、自由、平等、法律至上、依法行政、司法独立、秩序以及党的领导等原则和制度构成的国家形态。法治是建设有中国特色的社会主义的必由之路，也是我国社会结构现代化的必由之路。

三

为了使宪法确定的法治原则得到实施，从总体上来说，首先要加强立法工作，逐步形成以宪法为核心、门类齐全的法律体系。与此同时，要加强执法和司法工作，使法律规定得到切实实施并形成制度。对于经济发展和实现社会结构现代化，除了总体的立法和执法之外，完善以下几个方面的法律和制度是重要的。

1. 完善市场经济方面的法律和制度。我国大陆社会结构是随着改革开放和市场经济的发展而变化的，今后的发展也将与市场经济的发展息息相关，在经济市场化程度较高的水平上实现现代化。这样，市场经济的健康发展就是社会结构逐步现代化的关键。为了促使市场经济发展，必须完善有关诸如市场主体资格、市场交易合同、财产权保障、公平竞争、市场宏观调控、维护市场秩序等方面的法律，以有效地制止和惩治尔虞我诈、造假贩假、坑蒙拐骗、欺行霸市等种种不法行为，为各种市场主体进入市场提供安全、可靠保障。

2. 进一步完善财产权保障方面的法制。财产权是市场参与者追逐的目的，也是市场经济发展的基础。我国宪法在总纲中对于经济制度和财产权作了比较全面的规定："国家在社会主义初级阶段，坚持公有制为主体、多种所有制经济共同发展的基本经济制度，坚持按劳分配为主体、多种分配方式并存的分配制度"；"农村集体经济组织实行家庭承包经营为基础、统分结合的双层经营体制"[1]。宪法总纲还规定："在法律规定范围内的个体经济、私营经济等非公有制经济，是社会主义市场经济的重要组成部

---

① 《中华人民共和国宪法·总则》。

分。国家保护个体经济、私营经济的合法权益和利益。"① 现在的问题是，要通过立法使宪法的规定进一步具体化。尽管宪法总纲也规定了"社会主义公共财产神圣不可侵犯"，"国家保护公民的合法收入、储蓄、房屋和其他合法财产所有权。国家依照法律规定保护公民的私有财产继承权"②。但是，鉴于 1954 年宪法类似的规定于 50 年代末被破坏的事实，鉴于因保障财产权的具体法律不完善，不仅使公民的私有财产遭到侵犯的事件时有发生，集体所有制财产权未真正落实，而且国有资产的流失也十分严重，所以，我国应尽快制定物权法等有关财产权保障的法律。古人云："有恒产者有恒心。"③ 这话对于经济发展与合理的社会结构形成不无意义。有人担心保护私有财产的法律规定是否意味着认可两极分化，是否与实现共同富裕的社会主义原则相矛盾。其实，这是不必要的。私有财产是人们物质利益的集中体现，不切实保障包括国有财产、集体财产和私有财产在内的各种财产，市场经济的发展就失去了原动力。保护包括私有财产权在内的财产所有权，将进一步推动我国社会生产力的发展，增强综合国力。我们不能再像以往曾干过的那样不顾人们的思想觉悟条件去实行强拉平、穷过渡式的"社会主义"了。我认为，即使很久以后，向社会主义高级阶段发展的时候，也不会再采取剥夺富有者的方式实现社会主义，而将会在市场经济高度发展的基础上，通过对发展速度较慢地区的政策倾斜，通过国家税收，国有企业利润，做好公共福利大蛋糕的途径来实现社会主义，实现共同富裕。

3. 完善劳动保障和社会保障方面的法制。经济发展和现代化社会结构要求完善的劳动保障和社会保障体制。随着市场经济的发展，社会结构必然打破既定的格局，如不小心就会失去应有的稳定。为使这种变动不至于引发社会波动进而影响经济发展，必须注意完善劳动法和社会保障法。其中既包括规范劳动关系，维护劳动者平等就业和选择职业，取得劳动报酬、休息和休假，获得劳动安全卫生保护，接受职业技能培训等合法权利

---

① 《中华人民共和国宪法·总则》。
② 同上。
③ 《孟子·滕文公上》。

的劳动法律，也包括生育、养老、伤病医疗、退休保障、失业救济、死亡抚恤等社会保障、保险法律，使新加入劳动者队伍的人受到公平对待，也使需要离开现在工作岗位和工作单位的人无后顾之忧。目前，许多部门和地区职工下岗、机构精简的主要阻力并非人们不愿变更原有的工作，而是担心失去原来工作单位享有的社会保障。此外，一些外资、合资和私营企业以及个体工商户，在劳动力资源充足、工作岗位竞争激烈的情况下，无视工人劳动条件和应有的劳动保障和社会保障，致使工伤事故发生、职工生病和被辞退后享受不到应有的待遇。对此，除有关部门应加强管理，督促有关企业和业主依法办事外，社会保障方面，在城镇应加快从"单位保障"体制过渡到个人账户和社会统筹相结合的社会保障体制的步伐，在农村应注意家庭养老在内的多种形式的社会保障制度，通过改革形成新的社会保障体制，以确保公民的法定权利，排除社会结构调整和现代化过程中的阻力。

（四）进一步完善国家机构设置、编制和行政法制。国家机构系统不仅是社会结构的重要组成部分，而且在社会经济发展和社会结构现代化过程中具有重要作用。我国在计划经济体制影响下，国家权力无所不在，国家机构庞大，人员臃肿，政企不分，加上企事业单位行政化，全国官员和公职人员数目与人口比例，大大超过历史最高水平。不少地方人浮于事、效率低下、官僚主义严重，以权谋私、腐败现象丛生，直接影响改革深入和经济发展。中共十五大之后，国家决心精简机构。在中央的直接领导下，国务院首先作出表率，所属部、委、局数目减少，官员职数精简，提高了办事效率。这场改革现在正在向国家其他系统以及地方政府推进。实践证明，巩固改革已获得的成果和继续推进一场改革，关键是转变职能，理顺关系，首先是处理好党政关系；然后是处理好政府和企业、事业以及社会中介组织的关系。为此，必须加强国家机构设置和包括行政机构在内的国家机构人员编制立法。一定要明确，不通过国家权力机关决定，任何人都无权增设国家机构，不得随意设立临时机构；要把国家官员和公职人员控制在国家机构编制职数之内。与此同时，要按照市场经济发展的客观需要，逐步转变政府职能，做到该由企事业行使的职权，由企事业行使；该由社会中介组织办的事，交由社会中介组织。政府不应再越俎代庖，在改革过程中，一些省市在向"小政府，大社会"方向努力方面已经卓有成效。只要认真贯彻十五大精神，坚持既定的正确方针，不断总结和推广成功经验，才能通过深化改革，使国家机构在整个社会结构中处于合理地位，并有效地发挥其在经济发展和社会结构现代化过程中的重要作用。

（五）进一步完善社团登记法和社团法人制度。随着市场经济的发展，我国社会上出现了众多的学会、协会、联合会和事务所等社会组织和中介组织。其中多数是适应需要新成立的；也有些是原有的，只是在市场经济条件下承担了本应承担的任务。这些组织是社会结构的重要组成部分，对经济、政治、文化发展具有重要作用。在经济体制和政治体制改革过程中，尽管早已提出要将政府的部分职能转移给这些组织，并且也获得了一定进展，但不少方面至今仍有待实现。为了做到政府与社会组织和中介组织职能分开，要进一步完善社团登记法和社团法人制度，以使这些组织在政府的统一领导下，依照国家法律，一方面对内加强自律，另一方面，按照民主原则及时反映本群体的要求，同时承担起协调不同群体利益和服务社会的责任。

（六）进一步完善城乡基层群众性自治组织法制建设。在城市和乡村实行群众性自治是我国社会主义民主的重要特点。我国宪法规定："城市和农村按居民居住地区设立的居民委员会或者村民委员会是基层群众自治组织。"依据宪法，国家先后制定了《城市居民委员会组织法》（1989 年）和《村民委员会组织法》（1998 年）。这两部法律规定了居民委员会和村民委员会的设置、任务和组成，规定了它们和基层政权的关系，其目的是为了确保居民和村民自治权利。所谓群众性自治，就是把群众组织起来，进行自我教育，自我管理，自我建设，自我服务的组织。目前，在我国广大城乡，这两部法律正在实施之中。从已有的经验看，只要认真依法办事，它们就能在我国城乡民主政治、经济发展和社区建设以及社会结构现代化过程中发挥重要作用，而居民委员会和村民委员会也就成为我国现代化社会结构的重要形式。

（原载《法律科学》1999 年第 6 期）

政治文明与政治体制改革

按：党的十六大提出建设社会主义政治文明，是社会主义物质文明、精神文明的必然发展。政治文明可分为政治理念、政治制度和政治措施三个层面。具体内容是在党的领导下，实现社会主义民主，健全社会主义法治，尊重和保障人权。在各项事业的建设中要注意吸纳人类文明进程的优秀成果。政治文明建设是中国特色社会主义的组成部分，是全面实现小康的重要目标。其实现，要坚持包括政治体制改革在内的改革开放。关于政治体制改革的重要性。邓小平曾说："我们所有的改革能不能成功，还是取决于政治体制改革。"在面临诸多困难的情况下，政治体制改革既要积极推进，又要稳妥有步骤地进行。文章指出，为达此目的，以实施宪法和法律为切入点最为适宜。宪法和法律体现人民的意志，是在党的领导下依法定程序制定的。它的实施有相应的透明度和监督措施，即使出现某些失误，也能通过法律程序予以救济，继续向前推进。

中国共产党十六大政治报告提出建设社会主义政治文明，是我国社会主义物质文明、精神文明建设发展的必然要求，是社会主义经济体制改革、政治体制改革进一步深化，是全面建设小康社会、加快现代化事业的重要内容和目标，是对马克思主义国家学说的新发展。研究政治文明与政治体制改革，并把握二者的关系，对于推进宪政，把我国建设成富强、民主、文明的社会主义国家有重要意义。

一　政治文明的概念

政治文明是指社会发展到一定阶段，相对于政治蒙昧、政治落后的政治进步状态。它由经济基础决定并作用于经济基础。在人类历史上，不同形态的社会有不同的政治文明。进入阶级社会后，依次出现过奴隶制、封建制和资本主义政治文明。以民主、自由、法治和人权口号及相应制度为内容的资本主义政治文明，曾有力地推动了社会进步，成为政治文明发展的里程碑。

政治文明可分为三个层面，即：政治理念文明、政治制度文明和政治措施文明。政治理念，人们将其划归精神范畴，属精神文明的组成部分。由于政治理念关系一个国家、一个民族政治制度的根本方向，是政治制度和政治措施的灵魂，所以它又是政治制度和政治措施不可分割的部分。政治制度是指国家的本质，指人们通过什么形式对国家实行管理。它通常包括政权的阶级属性、政权的组织形式、政治领域的各种制度，如政党制度、选举制度和公民的基本权利保障，等等。政治措施是国家为维系政治制度而采取的法律、政策手段。诸如立法、执法、司法，政策的制定和实施。对政治制度而言，它属于具体政治行为。以上三个层面相互联系，又各有侧重。

我们建设的社会主义政治文明，是在借鉴和继承人类政治文明成果的基础上进行的。从人类发展进程和社会制度本质来说，社会主义制度优于资本主义制度，是资本主义制度无法比拟的。从政治文明的内容说，比之于资本主义，社会主义民主、自由更广泛，社会主义法治有更深厚的民众基础，社会主义人权保障更为切实。社会主义政治是政治文明发展的更新、更高阶段。

尽管如此，社会主义政治并非完美无缺。社会主义本身正经历着由初级阶段向高级阶段发展的过程，社会主义政治需要不断完善。这也正是提出政治文明建设目的所在。同时，应该看到，在经济全球化的背景下，世界许多国家和民族为了生存和发展，也都在不断完善包括政治制度在内的各种制度，即使在不同质的政治制度之间，我们也不能否认在具体制度、尤其是政治措施上存在的可比性。对于其他国家和民族政治文明建设的有益经验，应当通过交流，不断借鉴、学习。此外，人类为了避免战争和其他灾难性的破坏，半个世纪之前建立了联合国和其他一些重要国际组织，制定了联合国宪章，缔结了旨在维护世界政治、经济秩序的国际公约、协定，规定了大量共同行为规则。其中有些不仅涉及国际交往，还及于一个国家内的法律和行政。这使一个国家同另一个国家的政治举措，不仅在制度上有可比性，而且在法律上也有可比性，在一定条件下，还要受国际行为规则的约束。承认这种现实，在可能情况下缩小其间的距离，也是推进政治文明建设议题中应有之义。

二　社会主义政治文明建设的提出

社会主义政治文明建设，是在马克思主义指导下，在总结历史经验的基础上，对我国改革开放实践经验的新认识、新概括。

1949 年新中国成立，以毛泽东为首的党中央领导全国军民共同奋斗，迅速剿灭了百余万国民党残余部队和武装土匪；以三年时间恢复了被长期战乱破坏的国民经济；1953 年，实施第一个五年计划，开始了大规模经济建设；1954 年，在全民讨论的基础上制定了中华人民共和国第一部宪法。国家呈现出政通人和、欣欣向荣的局面。但就在获得初步成绩之后不久，一些领导人开始头脑发热，急于求成，不顾事物发展的客观规律，接连提出不切实际的"跃进"目标。在以"阶级斗争为纲"和"反修、防修"口号指引下，发动了一次又一次政治运动，直至那场灾难性的"文化大革命"。十年之中，竟然置宪法和法律于不顾，中断国家机构正常运转，打乱正常工作、学习和生活秩序，使公民权利遭侵犯，社会生产力遭破坏，国民经济达到了崩溃的边缘。

1976 年"四人帮"被粉碎，1978 年党的十一届三中全会拨乱反正，以邓小平为核心的第二代领导集体力挽狂澜，确立了解放思想、实事求是的思想路线。邓小平总结新中国成立后社会主义建设正反两方面经验、特别是"文化大革命"的教训。政治上提出发扬社会主义民主，加强社会主义法制，使民主制度化、法律化；经济上提出以经济建设为中心。针对"文化大革命"中"四人帮"说什么"宁要贫穷的社会主义"，邓小平指出："一九五八年到一九七八年这二十年的经验告诉我们，贫穷不是社会主义，社会主义要消灭贫穷。"[①]"社会主义的根本任务是发展生产力，逐

---

① 《邓小平文选》第 3 卷，人民出版社 1993 年版，第 116 页。

步摆脱贫困,使国家富强起来,使人民生活得到改善。"① 正是基于这种认识,十一届三中全会决定实行改革开放,把工作重点转移到社会主义经济建设上,集中主要力量发展社会生产力。改革是正视我们体制中的弊端和变革不适应发展的旧章法、旧传统;开放是结束长期形成的"闭关自守"状态,汲取国外一切有利于我们的先进经验。改革既包括经济体制改革,也包括政治体制改革。经济体制改革主要是改变僵化的计划经济体制,逐步发展社会主义市场经济。先由农村开始发展到城市的经济体制改革是成功的,在国内得到了人民的拥护,国际上也赢得了赞誉。政治体制改革则是改革党和国家的某些制度中的弊病,克服受封建残余影响而在党和国家机构中的家长制、官僚主义,发扬社会主义民主,加强社会主义法制,调动人民群众建设社会主义的积极性,保障经济体制和其他领域改革的顺利进行。在邓小平理论指引和党中央正确领导下,政治体制改革的不断进展,有力地保障了经济发展、社会稳定和人民生活水平的提高。

早在改革开放之初,当提出经济体制改革、政治体制改革,集中主要力量发展社会主义生产力,建设社会主义物质文明的同时,邓小平就根据党长期注意政治思想工作的优良传统,以及预计到在新形势下可能出现的新问题,提出了社会主义精神文明建设。他说:"我们要建设的社会主义国家,不但要有高度的物质文明,而且要有高度的精神文明。"② "我们要在建设高度物质文明的同时……建设高度的社会主义精神文明。"③ "所谓精神文明,不但指教育、科学、文化(这是完全必要的),而且指共产主义思想、理想、信念、道德、纪律、革命的立场和原则,人与人的同志关系,等等。"④ 可能是一个时期一些领导主要精力集中于抓经济工作;也可能由于政治体制改革太复杂、太艰巨,无论是改革或开放都提出了太多的问题,领导人无暇他顾;还可能由于逐步扩大的市场机制的理念,对原有的思想道德体系的某些侧面的冲击让人们难以适应;又可能由于适应社会主义市场经济的新的思想道德体系建立和完善需要过程,社会主义精神文

① 《邓小平文选》第3卷,人民出版社1993年版,第244—265页。
② 同上书,第367页。
③ 《邓小平文选》第2卷,人民出版社1993年版,第205页。
④ 同上书,第367页。

明建设一个时期放松了。实际工作中出现了"一手比较硬,一手比较软"的现象。结果,在思想领域,在制度层面,在社会主义生活和经济工作中,出现了坚持原则与思想僵化,改革开放与因循守旧,遵守道德与损人利己,开拓创新与目无法纪等界限混淆的情况。封建主义残余影响,资产阶级唯利是图,个人主义、无政府主义沉渣泛起。这些,不仅搅乱了人们的思想,而且相当程度影响了社会秩序和生产秩序。事实证明,"不加强精神文明建设,物质文明建设也要受破坏,走弯路"。① 在邓小平理论指导下,党的十二届六中全会作了《关于社会主义精神文明建设指导方针的决议》。1996 年 10 月,党的十四届六中全会又作了《关于加强社会主义精神文明建设若干重要问题的决议》。决议指出,精神文明建设最重要、最核心的内容是社会主义思想道德。其总的要求和目标是:"以科学的理论武装人,以正确的舆论引导人,以高尚的精神塑造人,以优秀的作品鼓舞人,培养有理想、有道德、有文化、有纪律的社会主义公民。"为落实决议的各项内容,中央还建立和完善了相应组织。这都标志着党和国家对精神文明的关注进入新阶段。

　　在坚持改革开放,抓好物质文明、精神文明建设的同时,中央对政治领域的有关制度的建设也是关注的。政治体制改革逐步进行,民主法制建设不断进展。1996 年 3 月,全国人大将"依法治国,建设社会主义法制国家"写入"九五"计划和 2010 年远景发展目标纲要,赋予"依法治国"以法律效力。此后,学界在讨论精神文明建设与依法治国的关系时,不少学者指出,法律观念与法律制度不同。法律观念属精神范畴,而法律制度一旦建立,就是一种客观存在。尽管制度与观念都属上层建筑,但制度却不属精神范畴,精神文明不包括制度文明。所以在提出物质文明建设与精神文明建设的同时,应提出建设制度文明或法制文明。② 笔者在同时发表的文章中也指出,依法治国与精神文明建设,"二者必然会在体制改革和完善制度过程中相交汇,从而自然地提出制度文明建设问题"③。正是在两

---

　　① 《邓小平文选》第 3 卷,人民出版社 1993 年版,第 143 页。
　　② 参见李步云《依法治国与精神文明建设的关系》;崔敏《论法制文明建设》,载《依法治国与精神文明建设》,中国法制出版社 1997 年版。
　　③ 同上书,《前言》。

个文明建设的进程中，在全国理论界关于制度文明研究的背景下，党的十六大政治报告全面总结我国社会主义建设实践经验，提出了政治文明建设。本来，从形式逻辑上讲，政治文明是制度文明的属概念，将制度文明建设与物质文明、精神文明建设并列，更合乎逻辑。十六大报告将政治文明建设突显出来，与物质文明、精神文明建设一起形成"三个文明建设"，显然是强调政治文明在建设社会主义国家中的重要性。至于政治文明与其他两个文明的关系：物质文明是基础，政治文明是保障，精神文明是动力和方向。三者相辅相成。正如胡锦涛同志所指出，政治文明建设是中国共产党"对自己一贯坚持和实行的发展人民民主的方针的新总结、新概括"①，是中国共产党对马克思主义国家学说的新发展。它必将进一步提高人们建设社会主义民主政治的能动性和积极性。

三　社会主义政治文明与政治体制改革的目标

从邓小平、江泽民等中央领导讲话，从党中央决议和党的十六大政治报告，以及宪法和法律的有关规定，可以清楚地看出，政治文明与政治体制改革的目标，是一致的或者是吻合的。概括说主要有如下方面：

（一）实现社会主义民主

民主就是人民主权，人民当家做主。民主是社会主义本质的要求，也是社会主义政治文明的根本特征。在以公有制为主体、多种所有制并存的社会主义社会，民主具有十分重要的意义。我国宪法规定："中华人民共和国一切权力属于人民。"邓小平指出："没有民主就没有社会主义，就没有社会主义现代化。"② 十六大报告强调，要坚持和完善社会主义民主制度，丰富民主形式，扩大公民有序的政治参与，保证人民依法实行民主选举、民主决策、民主管理和民主监督。实现社会主义民主，最主要的是坚持和完善人民代表大会依法履行职能。十六大报告特别提出的"优化人大

---

① 详见胡锦涛同志在中国共产党十六届二中全会上的讲话。
② 《邓小平文选》第 2 卷，人民出版社 1993 年版，第 168 页。

常委会组成人员的结构"，将会有力地促进人大作为国家权力机关的作用。实现社会主义民主，要加强党领导的多党合作和政治协商制度，加强和完善民族区域自治制度，切实保障各民主党派、各人民团体、各少数民族以及各阶层人民的民主权利，紧密团结，共同奋斗。实现社会主义民主，还要扩大基层民主，保证人民群众的依法直接行使民主权利，管理自己的事情，创造幸福生活。按照法律规定，在农村不断完善村民自治，在城镇社区不断完善居民自治。坚持和完善职工代表大会和其他形式的企事业单位的民主制度。我国是一个有近 13 亿人口的大国，完善基层民主制度，对于人民群众直接参与基层公共事务有益，对于锻炼群众、促进国家民主政治建设也有重要意义。

（二）健全社会主义法治

法治就是人民依据法律统治，人民依据法律管理国家和公共事务。法治是现代政治文明的标志，是建设政治文明的基本方略和保障。邓小平同志曾指出："为了保障人民民主，必须加强法制。必须使民主制度化、法律化……做到有法可依，有法必依，执法必严，违法必究。"[①] 党的十五大更加明确地将"依法治国，建设社会主义法治国家"作为治国方略后，全国人大通过宪法修正案将其确定为党政机关、企事业单位和全国人民必须遵守的宪法原则。十六大报告进一步强调了法治的重要性，并对立法、行政执法和司法分别提出了明确要求。在立法方面，要适应社会主义市场经济发展、社会全面进步和加入世界贸易组织以及经济全球化的新形势，加强立法工作，提高立法质量，到 2010 年形成有中国特色的社会主义法律体系。在行政执法方面，深化行政管理体制改革，转变政府职能，实现依法行政。在司法方面，推进司法体制改革，保证司法机关独立行使审判权和检察权，实现司法公正，保障在全社会实现公平和正义。在整个法治建设方面，十六大报告比以往更加强调按程序办事。法的程序和实体是统一体的两个方面。程序公正是实体公正的保障，实体公正是程序公正的目标。实践证明，执法、司法受干扰，审判权和检察权不独立，执法、司法

---

① 《邓小平文选》第 3 卷，人民出版社 1993 年版，第 146、147 页。

不公正，往往是从破坏程序开始的。不论其手段是权势、是关系，抑或是物质利诱，多是暗箱操作，假公济私。严格按程序办事，可以增加运作的透明度和监督力，就有可能避免可以避免的失误，即使偶然出现问题，也能够通过程序运行予以救济。严格按程序办事，必定会把我国法制建设推向新阶段。

（三）尊重和保障人权

人权即人的权利，人应当享有的权利。人权保障是一个国家政治文明的基本特征，也是我国发展社会主义民主政治、建设社会主义政治文明的内在要求。我国宪法规定的公民的基本权利和自由，比较全面地保障了公民的人身权利、政治权利、经济权利、社会权利和文化权利。党的十一届三中全会之后，在解放思想、实事求是的思想路线指引下，尤其是江泽民同志 1991 年初提出对人权问题研究之后，我国立法、政策制定以人民的权利保障为出发点和归宿，在人权建设方面出现了新局面。1997 年，党的十五大把"国家尊重和保障人权"写进政治报告；同年，我国驻联合国大使签署了《经济、社会和文化权利国际公约》（已经全国人大常委会审议批准）；翌年，我国又签署了《公民权利与政治权利国际公约》；十六大报告除重申"尊重和保障人权"，还进一步提出"促进人的全面发展"。这对我国人权保障提出了更高要求。人权保障以社会经济、政治、文化发展为条件，切实保障人权必将激发人民的积极性，有力地促进社会经济、政治和文化全面进步。

（四）加强和改善党的领导

党的领导是我国政治生活的重要内容，是实现政治文明的重要保证。坚持和改善党的领导，把政治文明建设、人民当家做主和依法治国统一起来，是我国推进政治文明建设的基本方针，也是我国社会主义政治文明区别于资本主义政治文明的本质特征。为了加强党的领导，必须更新观念。中国共产党对中国革命和建设事业的领导地位，确立于革命斗争和战争年代。在当时的特殊环境下，基本运作方式是命令和执行命令。革命在全国胜利后，长期实行计划经济，当计划制订之后，基本运作方式是指令和执行指令。虽然党章规定了民主集中制，宪法规定了人民代表大会制度，但实际运作方式与革命战争年代非常相似。加之中国历史文化的传统影响，使党章、宪法规定的党内民主和社会主义的民主未能认真实行，相当长时间在党内生活和国家政治生活中形成了个人专断，以致发生了"文化大革命"那样的错误。现在一定要适应从革命党到执政党这种变化。一个重要方面是按照党章、宪法规定和十六大报告精神正确对待法律。党必须在宪法和法律范围内活动，任何人、任何组织都不允许超越于法律之外，凌驾于法律之上。另外，就是要按照十六大的要求，依法执政，经过法定程序，使党的主张成为国家意志，使党组织推荐的人选成为国家政权机关的领导人员，并对他们进行有效监督。党还要支持国家机关依法履行职责，支持各人民团体依照法律和各自的章程开展工作，不要包办代替。认真遵行宪法，按照党章规定和十六大的精神办事，党就能在政治文明建设中迈出新的步伐。

（五）借鉴人类政治文明的成果

政治文明建设是一个不断发展的概念。政治文明有其发展的过去、现在和未来。近代以来，我们的前人一直不断探索在中国实现政治文明的道路。中国共产党人正是立足于中国实际、借鉴人类文明成果，才成功地领导了中国的革命和建设。在新的历史条件下，在建设社会主义政治文明的进程中，我们决不能照搬西方政治制度的模式。但是，我们也不能由此而拒绝汲取西方和东方国家政治建设中积累的诸如代议制民主原则、国家机构权力制衡原则以及政党和国家机构运作的透明度原则中所含的政治文明的有益经验。在国际方面，十六大提出了建立国际政治新秩序，国际关系民主化，促进人类共同发展，维护全人类共同利益等目标。这也要求我们在发展中与各国人民加强交流，借鉴人类政治文明的有益成果。

四　政治体制改革与社会主义政治文明的实现

推进政治体制改革与加强政治文明建设，都是历史进程的政治举措，二者统一于落实坚持、改善党的领导，落实于人民当家做主和依法治国的伟大实践。为此，建设政治文明就必须积极、稳妥、有步骤地推进政治体制改革。

积极，是由于政治体制改革不论对于政治文明建设和经济、文化建设都是十分重要的。在改革开放之初，邓小平就曾指出："党和国家的一切现行具体制度中，还存在不少弊端，妨碍甚至严重妨碍社会主义的优越性的发挥。"① "如果不坚决改革现行制度中的弊端，过去出现过的一些严重问题今后就有可能重新出现。"② 他对党和国家实际存在的领导干部职务的终身制尤为关注。他说："一个国家的命运建立在一两个人的声望上，是很不健康的，是很危险的。"③ "一个国家、一个党的稳定建立在一两个人的声望上，是靠不住的，很容易出现问题。"④ 他强调指出："我们所有的改革能不能成功，还是取决于政治体制改革。"⑤ 按照邓小平理论，多年来党和国家虽然建立了离、退休制度，不断完善人民代表大会制度，以党代政和党政不分有所改进，但在实践中人们还能感到邓小平曾批评的不少弊端，在实际中仍然明显或隐隐约约存在。不论从整个改革进程的需要和人民群众的要求看，政治体制改革都应加强力度。

稳妥，是由于政治体制改革是困难的、复杂的。它牵涉制度的废、改、立，机构的撤、并、建，人员的退、降、升。其中既有传统观念、习惯和作风的变更，又有个人、单位和部门利益的调整。新的观念、习惯和作风养成不易，旧的传统观念、习惯、作风转变更加困难。至于利益，在市场经济条件下，个人、单位和部门都不会轻易放弃。政治体制改革直接涉及的不是一般群众，而是对党和国家作过贡献、有较高文化和能力的公职人员。如不细致、稳妥地做好工作，一旦出现问题，其影响范围就更广，造成的损失就更大。只有稳妥进行，才能保证改革顺利，社会稳定。

有步骤，是要选择好切入点，考虑社会承受力，一步一步进行。根据我国实际情况，我们认为，以完善和实施宪法、法律为切入点是适宜的。

---

① 《邓小平文选》第 2 卷，人民出版社 1993 年版，第 327 页。
② 同上书，第 333 页。
③ 《邓小平文选》第 3 卷，人民出版社 1993 年版，第 311 页。
④ 同上书，第 325 页。
⑤ 同上书，第 164 页。

宪法和法律是在党的领导下由全国人民代表大会或其常委会制定的，是全国各族人民意志的反映。它的制定经过严格的民主程序。它的实施也有严格法定程序。按程序办事，有相应的透明度，便于制约和监督。一旦产生失误或有人以权谋私，法律有可诉性，能通过行政复议、行政诉讼、上诉再审进行救济。为了以完善和实施宪法、法律为政治体制改革的切入点，要响亮地提出推进社会主义宪政建设口号。宪政建设有深厚的群众基础，政治体制改革能从中获取强大的支撑力量。完善宪法和法律对政治体制改革是必要的，必须抓紧。同时要看到，在我国现行宪法和法律框架内，政治体制改革仍然存在相当大的空间，只要正视问题所在，有针对性地采取坚决措施，排除依法办事的阻力，在修改和完善法律的过程中，也能将政治体制改革推向深入。

为了推进政治体制改革，要提高文化自觉，特别是党员和干部的文化自觉。所谓文化自觉，就是要认识和科学地评价本民族的文化，肯定其优点，看到其不足；也要认识和科学地评价其他民族的文化，看到其不足，肯定其优点。通过比较，找出本民族文化的发展方向。如此，就能在政治文明建设和政治体制改革过程中，坚持中华民族优良传统的同时，直面制度上的缺陷和弊病。像我国近现代史上许多先行者那样，立足本国实际，大胆借鉴包括西方政治文明成果在内的人类文明进程优秀成果，建设自己的祖国。

政治体制改革和宪政建设是复杂的，前进的道路上不可能不遇到困难和阻力。但是，在党中央的领导下，我国已经迈出了步子，取得了成绩，积累了经验。只要大家都能在行动中而不是在口头上坚持邓小平理论和"三个代表"重要思想，立党为公，执政为民，全心全意为人民服务，就一定能不断将这一场历史性的改革一步步推向前进，夺取政治文明建设和社会主义事业的新胜利。

（本文原载《董必武法学思想研究文集》第 3 辑，

人民法院出版社 2004 年版）

台湾是中国领土不可分割的一部分

——从历史和法律论证

一

在外国势力的支持和影响下，台湾上层社会中的一小撮人，一直想把台湾从祖国分裂出去，搞"两个中国"或"一中一台"。李登辉的"两国论"和民进党纲领中有关"台独"的内容，就是明显的例证。这种分裂祖国的言行，尽管遭到了包括台湾民众在内的全中国人民的强烈反对，但少数坚持"台独"、妄图分裂祖国的分子，并未收敛。民进党赢得台湾"总统"大选、陈水扁上台后，在两岸问题上虽不似在野时公开打"台独"的旗号，但一直不愿抹去纲领中"台独"的内容。他们否认"九二共识"，不肯认同"一个中国"原则。加上小布什上台后，美国对外政策和防务政策发生了变化，军事战略重点从欧洲向东亚转移；对我国不再提建立战略伙伴关系，而视为竞争对手；对台放宽军售限制，不再重申克林顿曾宣布的"三不"原则。小布什甚至扬言，假如中国对台使用武力，美国将协助台湾防御。这对台湾民进党和陈水扁等的"台独"方针，起了强心剂的作用。"9·11"事件后，为了建立国际反恐联盟，美国对华关系有所改善，但基于历史经验，它不会大幅度调整在台湾问题上的立场。因此反对"台独"，解决台湾问题，实现祖国和平统一，仍然是进入新世纪后我国面临的艰巨、复杂的历史任务。

二

台湾是中国领土不可分割的一部分，自古以来就属于中国。公元12

世纪中叶，宋朝政府已派兵驻守澎湖，将该地区划归福建泉州管辖。元、明两代在澎湖设置行政管理机构。清康熙元年（1662 年），郑成功在台湾设"承天府"。之后，清朝政府逐步在台湾扩增行政机构，康熙 23 年（1684 年），设"分巡台厦兵备道"及"台湾府"；雍正 5 年（1727 年）改"分巡台厦道"为"分巡台湾道"，增设"澎湖厅"，定"台湾"为官方统一名称；光绪 11 年（1885 年），台湾被划为行省。1894 年，日本发动侵略中国的"甲午战争"，清政府战败，在日本威逼下，1895 年签订《马关条约》，割让台湾。

日本侵占台湾遭到全中国人民的反对，台湾同胞更是坚决抵抗，初期进行游击战争，之后又发动了十余次武装起义。1937 年，中国政府发布《中国对日宣战布告》，明确向全世界昭告：涉及中日关系的一切条约、协定、合同一律废止，并郑重宣布：中国将"收复台湾、澎湖、东北四省土地"。在打败日本侵略者，收复失地的鼓舞下，中国人民与全世界爱好和平的人民一起，对日本和德国、意大利法西斯侵略者进行了艰苦卓绝的斗争。

当胜利的曙光显现之时，1943 年 12 月，中国、美国、英国签署的《开罗宣言》宣告："三国之宗旨，在剥夺日本自 1914 年第一次世界大战开始以后在太平洋所夺得或占领之一切岛屿，在使日本所窃取的中国之领土，例如满洲、台湾、澎湖列岛等，归还中国。"之后，1945 年 7 月，中、美、英三国发表《促令日本投降之波茨坦公告》强调："开罗宣言之条件必将实施，而日本之主权必将限于本州、北海道、九州、四国及吾人所决定的其他小岛内。"同年 8 月 8 日，苏联对日宣战，同时宣布同意美、中、英三国《促令日本投降之波茨坦公告》。同月 13 日，美国总统杜鲁门将发给日本政府的"总命令第一号"通知各盟国。该命令规定：在中国（包括台湾）和北纬 16 度线以北的印度支那地区的日本军队由中国军队受降。21 日，中国陆军参谋长召见日本乞降使节，并指示中国将台湾和澎湖列岛划为第 15 受降区。9 月 1 日，"台湾行政长官公署"在重庆成立，同时成立"台湾警备司令部"，陈仪任行政长官兼警备司令。25 日，中国战区台湾省受降仪式在台北举行。受降主官陈仪代表中国政府宣布：从即日起，台湾和澎湖列岛已正式重新归入中国版图，该地区一切土地、国民、政事皆归于中国主权之下。11 月 3 日，台湾行政长官公署宣布：中国现行一切法律适用于台湾，日据时代的一切法律、法令一律废止。至此，结束了日本侵略者在台湾长达 50 年的殖民统治，中国实现了完全统一。

三

1945 年 8 月以后，台湾不仅在法律上而且在事实上已归还中国。之所以又出现台湾问题，主要是由于美国的介入，美国对中国的内政干涉所致。

第二次世界大战后，美国政府基于它的全球战略和国家利益，在中国出钱、出枪、出人，支持国民党集团发动内战。结果事与愿违，中国人民取得了革命胜利。1949 年美国国务卿艾奇逊给杜鲁门总统的信中承认："这种结局之所以发生，也并不是因为我们少做了某些事情。这是中国内部各种力量的产物，我国曾经设法去左右这些力量，但是没有效果。"新中国诞生后，美国政府并没有从以往的失败中汲取教训，而是对新中国采取了孤立和遏制政策，并在朝鲜战争爆发后公然武装干涉纯属中国内政的海峡两岸关系。1950 年 6 月 27 日杜鲁门宣布："我已命令第七舰队阻止对台湾的任何攻击。"美国第七舰队入侵台湾海峡，美国第十三航空队进驻台湾岛。1954 年 12 月，美国又与台湾当局签订了所谓《共同防御条约》，将中国的台湾省置于美国武力"保护"之下。从此，台湾问题成为中美两国的重大争端。

20 世纪 60 年代末 70 年代初，随国际局势变化和我国壮大，美国开始调整对华政策，两国关系出现解冻。1971 年 10 月，第 26 届联合国大会通过决议，恢复中华人民共和国在联合国的一切合法权利，并驱逐台湾当局的"代表"。1972 年 2 月，美国总统尼克松访华，中美双方发表上海公报。公报称："美国方面声明：美国认识到，在台湾海峡两边的所有中国人都认为只有一个中国，台湾是中国的一部分。美国政府对这一立场不提出异议。"1978 年 12 月，美国政府接受了中国政府提出的建交三原则，即：美国与台湾当局"断交"、废除《共同防御条约》以及从台湾撤军。1979 年 1 月 1 日，中美两国正式建立外交关系。中美两国建交联合公报声

明："美利坚合众国承认中华人民共和国政府是中国唯一合法政府。在此
范围内，美国人民将同台湾人民保持文化、商务和其他非官方联系"；"美
利坚合众国政府承认中国的立场，即只有一个中国，台湾是中国的一部
分。"但是，中美建交未过三个月，美国国会竟通过《与台湾关系法》，
以国内立法形式，作出了违反中美建交公报和国际法原则的规定，继续干
涉中国内政，阻挠中国统一。

美国阻挠中国统一，向台湾出售武器，遭到中国强烈反对。中美两国
政府经过谈判，于 1982 年 8 月 17 日达成协议，并发表了有关中美关系的
第三个联合公报。美国政府在公报中声明："它不寻求执行一项长期向台
湾出售武器的政策，它向台湾出售武器在性能上和数量上将不超过中美建
交后近几年供应的水平，它准备逐步减少对台湾的武器出售，并经过一段
时间导致最后的解决。"然而，近 20 年来美国政府并未认真履行自己的承
诺，不断违反公报。

正是由于美国的支持，以李登辉为首的台湾当局公然在国际上制造
"两个中国"，"一中一台"。1995 年 6 月李登辉的美国之行，更是挑战
"一个中国"、分裂中国的严重步骤。中国政府的严正立场，使美国政府认
识到，台湾问题事关中国主权，中国政府绝不会妥协与让步。在此情况
下，克林顿政府明确提出，平稳的中美关系对美国具有重要的战略价值，
重新确定了对华全面接触政策。1998 年克林顿访华，重申"一个中国"
立场，并在上海声明：不支持台湾"独立"；不支持"两个中国"、"一中
一台"；不支持台湾加入主权国家才有资格参加的国际组织的"三不"
政策。

1999 年 7 月李登辉公开抛出策划已久的"两国论"，将其"台独"政
策公之于众。尽管美国担心台湾当局突破一个中国政策引发台海两岸冲突
迫使美国卷入其间，与美国根本利益和对华政策总目标不符，视李登辉是
"麻烦制造者"，克林顿总统主动给江泽民主席打电话重申"三不"政策，
提出"一个中国，两岸谈判，和平解决"。1999 年 9 月，克林顿总统在奥
克兰明确地对江泽民主席说："李登辉的'两国论'给中国和美国都制造
了许多麻烦。"但是，从美国加强对台湾的防务，提升对台军售的数量，
进一步加快将台湾纳入美国战略导弹防御系统等一系列实际步骤看，美国

对中国台海两岸的基本方针是"抑制台独"、"防止统一",保持两岸"不统、不独、不战"的现状。小布什上台前后,就曾对中国政策发表了一系列激烈言论,说中国是"竞争对手",而非"战略伙伴",表示将"信守对台湾的承诺",甚至必要时"将协助台湾防御"。不过应该看到,美国现行对华政策是 20 多年来,由民主、共和两党历届政府长期探索后形成的,其基本点是美国国家利益优先。维持台湾海峡"不统、不独、不战"的局面最符合美国的战略利益。其双轨政策在实践中会有倾向性调整,但不大可能发生根本变化。

四

半个多世纪以来,在台湾问题上美国政府一方面与中国政府和台湾当局周旋;另一方面又在暗中单独或伙同日本人支持"台独"势力。早在 1942 年年初,美国军事情报局远东战略小组台湾问题专家柯乔治,向美国政府提出的"台湾战后处理计划"中,就主张战后对台湾实行国际管制。1945 年 8 月 16 日,日本无条件投降,一些日本军人曾勾结许丙等人密谋成立"台湾独立"地下组织。1949 年 5 月 30 日,廖文毅向美国情报人员提供一份英文《台湾发言》,鼓吹"台湾人不是中国人"。1950 年 2 月,廖文毅在日本东京成立"台湾民主独立党"。1955 年 9 月,廖文毅在美国和日本扶持下又纠集在日本的"自由独立党"、"台湾公会",成立所谓"台湾共和国临时国民会议",1956 年 2 月,成立"台湾共和国临时政府"。1961 年 9 月,在台湾岛内的"台独"分子密谋以暴力推翻国民党统治。台湾云林县议员苏启东时因涉嫌组织、参与"武装行动队",被判处死刑。陆续被捕者达 300 余人。1962 年 7 月,高雄地区军校学生施明德等成立旨在"推翻国民党、建立台湾民主共和国"的"台湾民主独立党",事败后 200 多人被捕,其中多人被判死刑。1964 年 9 月,台湾大学教授彭明敏等起草《台湾人民自救宣言》,鼓吹"一个中国、一个台湾",主张"建立一个民主自由的国土——台湾国"。为此,彭被逮捕。1970 年 1 月,彭明敏在美国中央情报局的帮助下逃往美国。同月,在日本的"台湾青年独立联盟"、在加拿大的"台湾人权委员会"、在台湾的"台湾自由联盟"

和"全美台湾独立联盟"、"欧洲台湾独立联盟"等"台独"组织在美国召开会议，组成"全球台湾人争取独立联盟"，总部设在纽约。1971年6月，美国中央情报局在一份"台湾问题"的报告中，建议通过"台湾政权台湾化"的途径，建立一个"由台湾人控制的代议制政府"，一旦政权掌握在台湾人手里，美国就可以运用它"设法就台湾的最终法律地位问题与中国对话"。同年12月，"台湾基督教长老会"发表《对国是的声明与建议》，鼓吹"台湾问题将来应由台湾1700万住民决定"。

进入20世纪70年代，一些"台独"分子和组织一方面鼓吹"公民自决"，同时又组织地下武装，企图以暴力推翻国民党的统治。1972年7月，"台湾独立革命军"在台湾树林、岗山等地炸毁铁路、军用货车，在台北焚毁工厂。1973年"台独"分子在巴黎行刺国民党驻德国总支部书记。1976年1月，"台独联盟"爆炸高雄变电站的高压电线；10月，"台湾省主席"谢东闵收到"台独联盟"暗藏炸弹的邮包，炸伤左手。1980年1月，"台独联盟"先后爆炸"中华航空公司"洛杉矶营业处、芝加哥营业处；2月，"台湾独立革命军"爆炸台湾驻巴拉圭大使馆；10月，"台独联盟"在桃园炸毁慈湖水坝及浮桥；11月，"台独联盟"炸毁由台南开往台北的"中兴号"客车，炸毁"总统府"输电系统，爆炸由高雄开往台北的"国光号"客车。1983年4月，台北的中央日报社和联合报社都发生爆炸事件；同年6月，桃园中正机场起火，调查认为均系"台独"分子所为。尽管国民党政府对"台独"势力进行打击，一些重要人物如黄信介、姚嘉文、张俊宏、林义雄、林弘宣、吕秀莲、陈菊、黄世梗等被"台湾警总"军事法庭以勾结"台独"分子、颠覆政府罪判处刑期长短不等的徒刑，但"台独"势力一直未停止活动。这种活动在"党禁"开放后更加猖狂、更加公开化。

1986年9月，民主进步党（民进党）在台北宣布成立，该党党纲提出，台湾前途"应由台湾全体住民，以自由、民主、普遍、公正而平等的方式共同决定"，"反对由国共双方违背'人民自决原则'的谈判解决方式"。1988年4月，民进党临时全会作出决议，声称"台湾国际主权独立，不属于以北京为首都之'中华人民共和国'。任何台湾国际地位之变更，必须经台湾全体住民自决同意"。民进党建立后，与主张台湾独立的

"台独联盟"等"台独"组织和势力的联系进一步加强，在台湾内外开展宣传和组织"台独"活动。1989年11月，民进党内主张"台独"的30多位"立委"及省、市"议员"候选人成立"新国家联线"，宣扬"建立新国家，制定新宪法"。1990年11月，民进党中常委成立"台湾主权独立运动委员会"。民进党发表声明称，"台湾主权与前途自决是民进党的基本主张"。1991年3月，海外及台湾岛内的"台独"团体在马尼拉举行"独派联席恳谈会"，公报主张走向组合，支持民进党的"台独"运动。8月，由民进党召开的"人民制宪会议"通过的"台湾宪法草案"将台湾定名为"台湾共和国"。9月，总部设在美国的"台独联盟"首次在岛内举行公开大会。"台独"势力组织"加入联合国大游行"，散发"加入联合国宣言"。之后，由18个"台独"组织组成的"联合国宣达团"前往纽约活动，鼓吹"台湾加入联合国"。10月，"台独联盟"在台北开会，宣布正式成立"台湾独立建国联盟台湾本部"，选举张灿鍙为主席。1992年1月，民进党籍立委邱连辉、陈水扁等主张制定以台湾"领土主权"为规范基础的"台湾宪法"，并借此制定"建国方略"。2月，陈水扁前往"内政部"领取政党申请表，表示将成立"台湾独立党"，借此证明"人民或政党有权提出对国家领土主权范围的界定主张"。1992年7月，民进党主席许信良带队的民进党美国访问团在纽约举办"联合国之夜"活动，俄、法、德等一些人出席，美国众议员索拉兹等人声言支持台湾人以"台湾"或"中华民国"的名义加入联合国。国民党内的少数"立法委员"，在"台独"的影响下，部分接受民进党等"台独"组织主张，黄主文、吴梓、陈哲男等在立法院称，不管统一或独立，将来都应由公民投票来决定。1992年12月19日，台湾第二届"立法委员"选举揭晓，国民党获63%选票，民进党获36%选票获得50席。2000年3月，民进党在台湾大选中获胜，陈水扁当选"总统"。迫于内外压力和立法院选举需要，民进党于2001年10月通过的党章修正案，把党纲中主张以"公民投票"方式"建国"，改变为任何关于台湾"独立现状"的更动要经过"公投"。其意思是说台湾维持现状就是"独立"，以此混淆视听。2001年12月1日，在台湾立法院选举中民进党获88席，占立法院席次的39%，成为立法院的第一大党。这说明以民进党为代表的"台独"势力在继续扩张。

五

"台独"势力之所以不断扩张，除前述美国和日本明里暗里支持之外，也与台湾内部诸因素的作用密不可分。

（一）日本侵占台湾之后实行了半个世纪的奴化教育，培养了一批亲日本势力。这些势力中的一些人物，或混迹于基层或隐藏于政界，看风使舵，一旦认为条件适宜，便美化日本殖民统治或与日本人勾结出卖祖国。李登辉便是他们中的代表人物。此人任台湾"总统"时，为了破坏两岸关系，抛出"两国论"；2000年台湾大选时分裂国民党，使民进党人陈水扁得以39%的票数当选"总统"；2001年台湾"立法院"选举，进一步分裂国民党，组织"台联"，以达支持民进党陈水扁搞"台独"的目的。我们对亲日派的恶劣影响不可掉以轻心。

（二）国民党盘踞台湾之后，对台湾的所谓"本土派"先压制后拉拢，很长时间存在隔阂。随着时间推移，本土派不仅在基层，而且在上层都占据了相当位置。其中一些人物，诸如陈水扁等搞分裂、搞"台独"，就是打出捍卫本土派的权益笼络人心。他们数典忘祖，篡改台湾历史，淡化台湾人是中国人的意识。这种手法不仅在新成长起来的青年人中起到了作用，而且在台湾基层、尤其是南部各市、县很有影响，尽管他们绝大多数的祖先都是从大陆福建等地移居台湾的移民。

（三）国民党长期实行军事专制统治，内部贪污腐败，派系斗争，对人民实行镇压，积留的许多问题成为难以丢掉的包袱，大量党产至今难以说清，被反对派指责为搞"黑金政治"。尽管蒋经国的改革给台湾人民留下了较好的印象，但仍不能说已为国民党挽回了影响，在党派斗争中国民党常常处于不利地位。两岸关系上，李登辉下台后，国民党虽不再提"两国论"，不过对于"一个中国"原则至今仍然是羞羞答答，死抱着"中华民国"不敢逾越雷池。

（四）从经济上看，台湾原有的基础环境条件加上国民党从大陆带去的大量资金，以及美国等西方国家的支持，使台湾经济在60年代至70年代有了较快发展，较早地进入了工业社会，岛内居民经济收入和文化水平提高较快，与香港、韩国和新加坡等地区和国家一起号称亚洲"四小龙"。台湾与大陆经济发展、生活状况平均水平相比，高于大陆。尽管我们提出以"一国两制"原则实现和平统一，但许多台湾人至今心存疑虑。从一些民意测验看，多数人是希望维持现状。

（五）台湾现在的公务员和公职人员以及企业的上层人士，相当一批是受西方教育出身，即使在岛内受教育的人也受西方文化强烈影响。加上资本主义市场经济基础上的法律制度和政权运作方式又是"五权分立"（实际上是"三权分立"），资产阶级民主、自由观念根深蒂固，对于人民民主专政的社会主义国家制度心存隔膜。半个多世纪来，尤其近 20 余年，大陆的社会进步、经济发展为世人瞩目，但由外部影响和具体制度所引发的腐败现象和效率低下也客观存在。这一切，台湾中上层人士和知识分子都是了解的。即使较开明的人，也流露出对统一后地方政府的位置有所顾忌。

由于上述诸因素影响，据有关民意调查数据（只作参考），目前台湾主张"台独"的人数约为 20%，主张立即实现与祖国大陆统一的人数为 20% 左右，而主张维持现状的人是多数。就对台湾内部说，如何影响这个多数，争取更多人摆脱"台独"势力是应当注意的。

六

解决海峡两岸的问题实现祖国和平统一主要是政治问题，而非法律问题。但无论从问题形成的历史看，还是从今后实现和平统一的道路看，无论就中美两国国际关系看，还是从构思台海两岸实现统一的框架看，法律问题都是已经提出或将会提出的问题。为了早日解决台湾问题，实现祖国和平统一，必须加强对所涉及的法律问题进行研究。

1. 台湾是中国领土不可分割的一部分，中华人民共和国政府是中国的唯一合法政府。这已为国际条约和《联合国宪章》所承认，为与我国建立外交关系的一百多个国家所承认。任何有关"台独"分裂中国的言论和行为，都是干涉中国内政，都是违背《联合国宪章》和国际关系准则的行为，是对国际秩序和世界和平的严重破坏，必须坚决反对。

2. 陈水扁和民进党一小撮人为代表的"台独"势力的分裂活动，不仅违反《中华人民共和国宪法》和《刑法》，正如许多有民族感情和良知的台湾同胞所指出的，主张台湾独立也违背"中华民国""宪法"和"刑法"。台湾现沿用国民党召开的"国民大会"1946 年 12 月通过、1947 年 1 月公布施行的"宪法"。这部宪法第 4 条规定："中华民国领土，依其固有之疆域，非经国民大会之决议，不得变更之。"所谓"固有之疆域"，包括台湾省在内的全部中国领土。陈水扁等主张"台湾独立"，建立"台湾共和国"，是公然变更疆域、分裂国家的行为。依照台湾"刑法"，是一种要受刑罚惩治的犯罪行为。台湾"刑法"第 100 条："妄图破坏国体，窃据国土，或以非法之方法变更国宪，颠覆政府，而着手实行者处七年以上有期徒刑，首谋者处无期徒刑。"

3. 陈水扁和民进党的一部分上层人物鼓吹台湾的前途由台湾岛内原住民"公决"。这不仅违反"《中华民国宪法》"，而且也违背国际法关于"自决"的原则。该"宪法"第 2 条："中华民国之主权属于国民全体。""全体国民"，是指大陆各省、自治区、市和台湾省的全体人民。既然如此，提出由台湾人、且是台湾的原住民进行台湾前途公投是违背"宪法"的。什么是"原住民"？台湾人民与大陆人民都是炎黄子孙，从可查的史料证明，绝大部分人与大陆福建、广东等省人民有血缘关系，现提出"原住民"观念，以什么划限？以明末郑成功收复台湾划限？还是以 1905 年日本侵略台湾划限？抑或是以 1945 年中国再次收复台湾划限？还是以国民党 1949 年逃往台湾划限？陈水扁与吕秀莲的祖根难道不也是在大陆吗？所谓"原住民"的提法，只能在台湾岛的人民间引起混乱和分裂。

从国际法原则看，所谓"自决"，是指"民族自决"。联合国大会 1961 年 12 月专门通过《给予殖民地国家和人民独立宣言》（以下简称《宣言》），该《宣言》宣布："为迅速和无条件地结束一切形式和表现的殖民主义"，"在托管地和非自治领地以及还没有取得独立的一切其他领地内立即采取步骤，依照这些领地的人民自由地表示的意志和愿望，不分种族、信仰或肤色，无条件地和无保留地将所有权力移交给他们，使他们享受完全的独立和自由。"很显然，"民族自决"是殖民地国家和人民的一种权利，而非现有独立国家某一民族和局部人民的权利。为不引起混乱，该《宣言》特别指出："任何旨在部分地或全面地分裂一个国家的团结和破坏其领土完整的企图都是与联合国宪章的目的和原则相违背的。"台湾陈水扁、吕秀莲等民进党一小撮人鼓吹"原住民"就台湾前途搞"公决",在国际法上找不到根据,并且与"民族自决原则"相悖。

4. 台湾问题的解决最好的选择是"一国两制",最佳的途径是和平统一。这是付出最小代价,最大有益于中华民族振兴的原则。关于"一国两制",邓小平同志曾说,对台湾实行"一国两制"比香港更宽,并举出台湾可以保留军队。江泽民同志说:只要台湾当局认同"一个中国",什么问题都可以谈。但是由于台湾当局的误导,台湾不少人对"一国两制"存在误解,把它说成是以大吃小,矮化台湾,使台湾失去"民主"、"自由"等。对此我们应做好研究和宣传工作,以廓清推行"一国两制"的障碍。我们认为"和平统一"是最佳途径,是由于非和平手段要付出巨大代价。海峡两岸都是中国人,且相邻地区人口十分稠密,两岸相当一部分人还有血缘关系,一旦刀枪相向,将陷于骨肉相残境地。

5. 尽管如此,但是我们决不承诺放弃使用武力。我国领导人多次公开宣布,不放弃使用武力,是为防止"台独"分子制造分裂和外国侵略势力占领台湾,而不是针对台湾人民。当然应当明确,使用武力是在特定情况下迫不得已的应变措施,基本方针还是和平统一。为了正确使用武力,要对使用武力的目标、范围、程度以及后果搞清楚,摸清对方的军事实力,特别是应将外国可能进行的军事干预考虑在内,做好应急方案,不战则已,战则必胜。

6. 关键问题是要按中央的既定方针,深化我国的经济体制改革,逐步推进政治体制改革,增强综合国力,使我国的国防力量迅速赶上世界上发达国家的水平。综合国力和国防现代化水平永远是解决台湾问题,实现和平统一的基础。我国的国防力量如果达到美国的水平,或者退后一步说达到俄国的水平,美国对"台独"的支持就会有所收敛。"台独"势力就不敢如此胆大妄为,台湾问题解决、祖国和平统一,就容易得多。

[本文原为内部报告的附件（2001 年 2 月 10 日）]

加入 WTO 和人权两公约
对中国法治的影响^①

　　按：这篇文章论述了加入《经济、社会和文化权利国际公约》，签署《公民权利和政治权利国际公约》，以及加入世界贸易组织，对我国法治产生和必将产生的影响。我国有五千年的文明史、五十六个民族和 13 亿人口。特定的历史文化和社会制度决定在中国建设社会主义，必然有自己的特色，不可能照搬西方国家或其他国家的模式，但必须学习其他国家经济、政治、文化和社会建设的先进经验，吸纳人类文明进程的优秀成果。人权两公约和世界贸易组织规则，虽然是第二次世界大战之后由西方国家主导制定的，但也含有世界各国人民长期奋斗的成果，一定程度上反映了社会发展的规律以及交流中应遵守的行为准则。将已批准的国际公约和协定纳入我国法律体系，对社会主义法治建设的影响将是正面的、积极的，能够推进中国特色社会主义建设事业。

　　1997 年秋，中国共产党第十五次全国代表大会结束不久，一位外国朋友问我：自 1978 年改革开放之后 20 年，中国法治发展经历了几个阶段？我思索了一下，回答说：从立法角度上看大体可分为三个阶段：

　　第一阶段是 1978 年十一届三中全会提出"有法可依，有法必依，执法必严，违法必究"十六字方针，到 1992 年为第一阶段。这一阶段立法的指导方针是"有法可依"。当时既缺乏资料，人才又少，经验也不足，

---

① 本文是笔者于 2002 年 4 月 5 日在日本早稻田大学所作报告（提纲）的基础上写成的。

所以只能"摸着石头过河"，边探索，边总结经验，边前进。法律既要适应经济体制改革的形势，但又难以摆脱计划经济的影响。

第二阶段应是 1992 年邓小平"南巡讲话"和中国共产党第十四次全国代表大会正式肯定发展社会主义市场经济之后，第八届全国人大提出建立社会主义市场经济法律体系。这一阶段立法目标比前一阶段明确，能较自觉地摆脱计划经济影响，适应市场经济发展的需要，立法质量有所提高。

第三阶段是 1997 年中国共产党第十五次全国代表大会进一步明确提出依法治国，建设社会主义法治国家，并提出到 2010 年形成有中国特色的社会主义法律体系。形成有中国特色的社会主义法律体系，比"有法可依"明确，比"建立社会主义市场经济法律体系"全面、科学。

对于这个观点，我后来在《现代市场经济与法治——中国的过去、现在和未来》一文中有所阐述。① 我的上述看法，只是把握 20 年来中国法治发展的阶段性特征，且主要是从立法角度形成的。据此，中国现在正处于第三个发展阶段之中。

进入这个发展阶段后，在国际人权保障和国际经贸领域，中国有两个重大举措：（1）1997 年 10 月和 1998 年 10 月，中国政府代表先后在联合国总部签署了《经济、社会和文化权利国际公约》、《公民权利和政治权利国际公约》。前者已经审议批准，后者有待审议。（2）2001 年 11 月，在经历了 15 年的历程之后，中国加入了世界贸易组织（WTO）。这两大举措，尽管国内有不同看法，至今仍有一些人持怀疑态度，但应该说大多数人是赞同的。政府的决定反映了多数人的意愿。应当认识到，无论是人权两公约或是世界贸易组织及其规则，都是 20 世纪人类在经历了漫长的坎坷道路，特别是两次世界大战的劫难，付出了沉重代价后，总结了正反两个方面教训，在人权保障和经济贸易发展方面达成的共识。尽管人权两公约、尤其是《公民权利和政治权利国际公约》反映了西方天赋人权观念，对经济、社会文化发展条件及于权利享有的制约注意不够；尽管 WTO 规

①　载《人权与宪政》，中国法制出版社 1999 年版，第 146—148 页；日本《国际经济研究》（英文版）1999 年第 1 期。

则是以形式上的平等对待当今世界发展不平衡的现实。但无可否认，它们都凝聚着亿万人的智慧，是各个国家、地区经过无数次协商、谈判、让步、折中所取得的成果，是人类文化发展的结晶。

关于中国为什么加入人权两公约和加入 WTO，我不准备多谈。这里只想指出，中国是世界大国，是联合国安理会常任理事国，在国际事务中有举足轻重的作用。当恢复联合国席位之后，中国如果长时间不加入《经济、社会和文化权利国际公约》与《公民权利和政治权利国际公约》，势必影响自己在国际人权保障活动中作用的发挥，影响中国的国际声誉。至于加入世界贸易组织，世贸组织号称经济上的联合国，中国在世界贸易中的比例将逐年增加，中国社会主义市场经济已经与国际市场联系在一起，只有遵循共同的行为准则，才能理顺各种关系，使经贸关系健康发展。加入世贸组织，既是中国经济发展的要求，也是世贸组织作为名副其实的世界贸易组织的需要。

按照国际法准则，加入国际公约和国际协定，在享受公约和协定规定的权利的同时，就要承担相应的国际义务。这样，WTO 规则和人权两公约（《公民权利和政治权利国际公约》经审议批准后）在中国的实施，必将对中国包括立法、执法、司法和法律服务等整个法治领域发生深刻影响，从而势必促进依法治国，建设社会主义法治国家的进程。

一　对立法方面的影响

完善法律是建设法治国家的基础条件。中国正加紧立法工作，以实现 2010 年形成有中国特色的社会主义法律体系这一目标。形成这样一个法律体系要遵循若干基本原则，诸如要反映中国社会主义经济发展客观规律；要反映全国人民的利益和要求；要以宪法为统帅，以基本法律为主干，由法律、行政性法规、地方性法规等构成的部门齐全、结构严谨、内容完善、关系和谐的体系；此外，还必须协调中国法律与国际公约的关系。

加入 WTO 和人权两公约之后，这一协调的要求更加严格了。《世界贸易组织协定》第 2 条第 2 款规定："附件 1、附件 2、附件 3 所列协定及相关法律文件（下称'多边贸易协定'）为本协定的组成部分，对所有成员具有约束力。"该协定第 16 条第 4 款规定："每一成员应保证其法律、法规和行政性程序与所附各协定对其规定的义务相一致。"第 5 款还规定："不得对本协定的任何条款提出保留。对多边贸易协定任何条款的保留应仅以这些协定规定的程度为限。"① 根据以上规定，中国加入 WTO 议定书作了相应承诺，该议定书第 2 条："（WTO 协定）和本议定书的规定应适用于中国的全部领土。""中国应以统一、公正和合理的方式适用和实施中央政府有关或影响货物贸易、服务贸易、与贸易有关的知识产权或外汇管制的所有法律、法规及其他措施，以及地方各级政府发布或适用的地方性法规、规章及其他措施。""中国地方各级政府的地方性法规、规章及其他措施应符合在《WTO 协定》和本议定书中所承担的义务。"② 人权两公约虽然没有类似 WTO 协定这种要求参加国国内法与之相一致的一般性条款，但要求参加国在立法上与公约的基本精神相符合则是明确的。这都是中国政府要承担的国际义务，也是中国立法不能不考虑的重要原则。

依据这一原则，在经贸立法方面，中国要通过立法进一步统一国内市场，逐步降低关税，逐步消除关税壁垒。扩大市场准入，贯彻贸易自由化原则。

中国将通过制定和修改环境保护和产品质量方面的技术规范，提高新产品质量，以增强在国际市场上的竞争能力。

中国将进一步完善社会保障方面的法律和制度，保障在激烈的市场竞争中失败者和弱势群体的适当生活水准，以保持社会稳定和可持续发展。

中国在保障城市适当生活水准的同时，将通过立法和政策，调整农业经济结构，发展农业生产，提高农民收入、尤其是贫困农民的收入，防止收入差距过大，并逐步改变在社会权利和其他相当一部分权利保障上，城市居民和农民一直延续实行的"二元体制"。

中国刑事法律与《公民权利和政治权利国际公约》的有关规定基本是吻合的，但也有若干条文存在差距。例如，关于死刑，该公约第 6 条说：

---

① 以上引文见《乌拉圭回合多边贸易谈判结果法律文本》（中文本），法律出版社 2000 年版，第 4、14 页。

② 以上引文见《中国加入世界贸易组织知识读本》，人民出版社 2002 年版，第 6 页。

"判处死刑只能是作为对最严重的罪行的惩罚。"而中国刑法第48条则说："死刑只适用于罪行极其严重的犯罪分子。"如果从文字看，"最严重的罪行"与"极其严重的犯罪分子"意思是一致的。但由于中国的具体情况，对"最严重的犯罪"理解不同，所以中国刑法条款中可以适用死刑的罪名较多，实践中适用死刑的案例也较多，与公约的基本精神不能认为是符合的。在审议和批准公约时，是对刑法死刑条款加以削减还是作出声明，显然是需要抉择的。

又如，关于酷刑，公约第7条规定："任何人均不得加以酷刑或施以残忍的、不人道的或侮辱性的待遇或刑罚，特别是对任何人均不得未能经其自由同意而施加医药或科学试验。"[1] 中国刑事法律是严禁酷刑的。《刑事诉讼法》第43条规定："严禁刑讯逼供和以威胁、引诱、欺骗以及其他非法的方法搜集证据。"《刑事诉讼法》和《刑法》还对施加酷刑的国家工作人员规定了法律责任。《刑法》第247条规定："司法工作人员对犯罪嫌疑人、被告人实行刑讯逼供或者使用暴力逼取证人证言的，处三年以下有期徒刑或拘役。致人伤残、死亡的，依照本法第243条、第232条的规定定罪。"该法第248条还对监狱、拘留所、看守所等监管机构的监管人员对被监管人进行殴打或者体罚、虐待情节严重者作了类似的规定。但这里的问题是，《刑事诉讼法》虽然规定严禁以非法手段取得证据，却并未规定以非法手段取得的证据不得作为证据。尽管最高人民法院后来通过司法解释对此作了弥补，但仍不能说不是立法方面的漏洞。由于实践中往往对破案时间要求紧迫，刑讯逼供就时有发生。为了杜绝这种现象，中国法学界已有人提出对《刑事诉讼法》作必要修改补充。中国不允许未经自由同意就对人施加医药或科学试验，但法律也未明令禁止。对此问题也应通过立法加以规定。

再如，关于劳动教养，公约第9条规定："人人享有人身自由和安全。任何人不得加以任意逮捕或拘禁。除非依照法律规定的程序任何人不得被

---

　　① 以上关于《公民权利和政治权利国际公约》的引文，见《国际人权文件与国际人权机构》，社会科学文献出版社1993年版，第24、25页。

剥夺自由。"① 中国现行劳动教养制度属于行政处罚，虽然对处罚改造轻微犯罪的人和维护社会治安起一定作用，但这个始建于 20 世纪 50 年代的制度所依据的是《国务院关于劳动教养问题的决定》及其《补充规定》和 1982 年国务院国发〔1982〕17 号文件转发的《劳动教养试行办法》。按照以上规定，不经司法程序可以剥夺被教养人长达三年、甚至四年的人身自由，无论按照中国的《立法法》或《公民权利和政治权利国际公约》，都是成问题的。中国法学界已就此发表了许多意见，并引起了国家权力机关的注意，现正草拟法律，有希望不久能够改革。

中国现行宪法（1982 年）规定了公民的各项基本权利和自由。诸如第 35 条规定，公民有言论、出版、集会、结社、游行、示威的自由；第 36 条规定，公民有宗教信仰自由。这些规定与《公民权利和政治权利国际公约》精神是一致的。不过，上述权利的具体保障，目前只有国务院行政法规加以规定。新闻、出版、结社和宗教信仰自由方面的法律，尚待总结有关行政法规实施经验之后加以制定。随着市场经济发展和公民的权利意识提高，完善基本权利保障方面的法律已日益显现出紧迫性。

在谈及加入 WTO 和人权两公约对中国法治建设影响时，不能不注意国际公约在国内法上的地位问题。按照国际法通则，国家对缔结或参加的国际条约必须遵守，对条约规定的义务必须履行。为此，国际条约在国内法上的地位，应由各国国内法加以规定。中国宪法未规定此项内容。为解决国内法与国际条约可能发生的冲突，中国部分法律，如《民法通则》、《民事诉讼法》、《涉外经济合同法》、《环境保护法》、《邮政法》、《民用航空法》等规定，国际条约的有关事项，无论中国法律是否有规定，都应直接并优先适用国际条约。WTO 规则在中国国内法上的地位，已由中国加入议定书予以明确；人权公约在中国国内法上的地位，在未通过宪法修正案作出规定之前，在审议批准《公民权利与政治权利国际公约》时应当加以明确。

---

① 《国际人权文件与国际人权机构》，社会科学文献出版社 1993 年版，第 24、25 页。

二 对行政执法方面的影响

依法行政是依法治国的关键。行政权力扩张，超越法律规定，避开人民群众监督，是目前世界不少国家出现的问题。中国历史上行政权力长期处于主导地位，现在无论在制度设计上还是实际运作中，这种影响都未完全消除。为了推进依法治国，中国国务院于 2000 年专门召开中央和地方高级行政官员会议，强调依法行政。加入 WTO 和人权两公约对依法行政提出了更严格要求。这主要表现在，WTO 是按规则运作，在成员方的法律符合其规则的情况下，它要求成员方政府严格依照法律运作。运作状况还要具有透明度，并接受有关成员方和世贸组织的监督。

关于透明度，中国加入 WTO 议定书第 2 条写道："中国承诺只执行已公布的、且其他 WTO 成员、个人和企业可以容易获得的有关或影响货物贸易、服务贸易、TRIPS 或外汇管制的法律、法规或其他措施。"此外，WTO 还设有专门审议机制，定期审议成员方执行协定情况。人权两公约对于缔约国和参约国履行义务的情况也规定了定期报告制度。《经济、社会和文化国际公约》第 16 条："本公约缔约各国承担依照本公约这一部分提出关于在遵行本公约所承认的权利方面所采取的措施和所取得的进展的报告。"第 17 条："本公约缔约各国应按照经济及社会理事会在同本公约缔约各国和有关的专门机构进行咨商后，于本公约生效后一年内，所制定的计划，分期提供报告"；"报告得指出影响本公约义务的程度的因素和困难。"《公民权利与政治权利国际公约》还决定成立人权事务委员会。关于它的职责，该公约第 40 条作了规定。其中该条第 1 款："本公约缔约国承担在（甲）本公约对有关缔约国生效后的一年内及（乙）此后每逢委员会要求这样做的时候，提出关于它们已经采取而使本公约所承认的各项权利得以实施的措施和关于在享受这些权利方面所作的进展的报告。"该条第 4 款："委员会应研究本公约各缔约国提出的报告，并应把它自己的报告以及它可能认为适当的一般建议送交各缔约国。委员会也可以把这些意见同它从本公约各缔约国收到的报告的副本一起转交经济及社会理事会。"该条第 5 款还规定："本公约各缔约国得就按照本条第 4 款所可能作出的意见向委员会提出意见。"①

　　抛开一些别有用心的国家以双重标准，对它所不喜欢的国家"鸡蛋里挑骨头"式的手段进行指责，以达到其政治目的之外，这里提出的对政府运作透明度和国际监督措施，还是应加以肯定的。因为国家机构运作的透明度既是现代民主政治的基础条件，也是一个国家民主、自由发展水平和人权保障状况的标志。历史经验证明，国家机构持续健康运作，离不开必要的监督。当然，这首先是国内监督，也包括不怀偏见的国际监督。像许多国家的一些行政官员一样，中国某些行政官员也存在规则意识不强，为谁服务、为谁负责的思想不明确，滥用自由裁量权，甚至徇私枉法，贪污腐败，侵犯公民和法人的权益。对此种情况，增加行政机构运作的透明度，使决策、执行、裁定等执政环节都置于公众监督之下，并按 WTO 规则和中国加入 WTO 议定书，扩大司法对行政的审查范围，就能够加以防止和及时救济。为了适应和履行加入 WTO 的承诺，中国政府和北京、上海、广州等地方政府公开出版地方行政规章和规范性文件，并欢迎人们订阅，这是进一步增加政府运作透明度和接受群众监督的重要步骤。可以相信，其他地方各级政府一定会起而仿效，届时，整个国家的依法行政将会大大向前推进。

三　对司法方面的影响

　　当今世界，即使标榜三权分立的国家，司法权与立法权、行政权比较，也是弱项。中国实行人民代表大会制度。从制度设计说，在广泛的人民民主基础上，全国人民代表大会是最高国家权力机关，集中掌握国家权力。它制定和修改宪法，行使立法权和违宪审查权；选举国家主席；决定国务院总理和国务院组成人员人选；选举最高人民法院院长和最高人民检察院检察长；监督国务院、最高人民法院和最高人民检察院的工作。虽然宪法规定最高人民法院独立行使审判权，最高人民检察院独立行使检察

---

　　①　以上引文见《国际人权文件与国际人权机构》，社会科学文献出版社 1993 年版，第16、17、34 页。

权，不受行政机关、社会团体和个人的干涉，但由于它们的人事和经费受制于行政，司法权实际上受到相当大的制约。历经半个多世纪，独立行使审判权和独立行使检察权至今仍然是有待实现的目标。由此可以坦率地说，在中国，司法权比之于立法权和行政权也是弱项。

此外，在法院的职权范围上，司法权也受到了法律的限制。1989年全国人大通过、1990年10月1日实施的《中华人民共和国行政诉讼法》规定，人民法院不受理公民、法人或其他组织对"行政法规、规章或者行政机关制定、发布的具有普遍约束力的决定、命令"的诉讼；同时还规定，不受理"法律规定由行政机关最终裁决的具体行政行为"的诉讼。这就是说，人民法院不仅无权受理抽象行政行为，而且对某些具体行政行为也无权受理。后来，1999年全国人大通过并施行的《行政复议法》，虽然对于人民法院受理行政案件范围的限制有所松动①，但仍然规定"法律规定行政复议决定为最终裁决的除外"。不过在加入WTO前后，中国通过修改法律对行政复议为最终裁决的事项范围进一步缩减，目前只有《外国人入出境管理法》和《中华人民共和国公民出境入境管理法》范围的具体行政行为仍不在司法审查之列。

在现代法治国家，司法是人权保障、不受侵犯的最后一道防线。按照WTO规则，也是对自然人和企业法人权益保障在国内、地区内的最后救济手段。WTO规则和中国加入世贸组织议定书关于司法审查的条款，扩大了中国现行司法审查权的范围。《中国加入议定书》第2条D款（司法审查）第1项："中国应设立或指定并维持审查庭、联络点和程序，以便迅速审查与《1994年关税与贸易总协定》相关的规定所指的法律、法规、曾普遍适用的司法决定和行政决定的实施有关的所有行政行为。此类审查是公正的，并独立于被授权进行行政执行的机关，且不应对审查事项的结果有任何利害关系。"很显然，中国目前不存在拥有一个行使此项职权的

---

　　① 《行政复议法》第7条："公民、法人或者其他组织认为行政机关的具体行政行为所依据的下列规定不合适，在对具体行政行为申请复议时，可以一并向行政复议机关提出对该规定的审查申请：（一）国务院部门的规定；（二）县级以上地方各级人民政府及其工作部门的规定；（三）乡、镇人民政府的规定。前款所列规定不含国务院部、委员会规章和地方人民政府的规章。"第8条第2款："不服行政机关对民事纠纷作出的调解或者其他处理，依法申请仲裁或者向人民法院提起诉讼。"

专门机构。鉴于它属于司法审查，这个机构未来不可能在国务院系统任何一个部门设立，因为它要求"独立于被授权进行行政执行的机关"。

那么，可以选择的方案是：（1）由全国人大常委会决定另设立机构；（2）扩大人民法院行政审判庭的职权。另设机构牵涉立法、机构名称、工作程序以及与其他国家机关的关系等事项，难度较大；后者比较顺理成章，但也要对相关法律进行修改。而其结果势必扩大人民法院的受案范围，扩大人民法院的职权。该条 D 款第 2 项："审查程序应包括给予须经审查的任何行政行为影响的个人或企业进行上诉的机会，且不因上诉而受到处罚。如初始上诉权需向行政机关提出，则在所有情况下应有选择向司法机关对决定提出上诉的机会。"如果说上述 D 款第 1 项所审查的是法律、法规和普遍适用的司法决定和行政决定，那么 D 款第 2 项的"任何行政行为"，既包括具体行政行为，也包括抽象行政行为。《议定书》的这一规定也大大扩大了人民法院的职权。

对于《议定书》的此项内容，中国国内有不同解读，不过就文字表述来说，我认为是清楚的、难以质疑的。

适应全球化的形势，日本和包括英国在内的许多欧洲国家都在进行司法改革。根据这次到日本访问所作的了解，日本司法改革有广泛的社会参与，内阁成立了推进委员会，并拟定了司法改革基本法，法案计划交议会通过成为法律。中国从 1997 年开始推进的司法改革，目标是司法独立、司法公正和司法效率。几年来，人民法院和人民检察院已作了许多努力，成效应该说是显著的。但从整体讲，不如日本的动作大。中国实现司法独立涉及理顺与国家其他机关的关系，需得到国家官员尤其是高级官员以及社会各界人士的支持。为此，提高他们对司法改革重要性的认识，增强法律文化自觉性是非常必要的。按照《中国加入议定书》扩大司法审查权，将对中国的司法改革注入新动力。其结果对加强社会主义法治建设，保障人权是有益的。

四　对法律服务业的影响

法律服务业的状况是一个国家民主法治发展水平的标志。它既是国家法治的重要组成部分，又属于经济领域的第三产业。这种特性使其对人权保障和经济发展都有举足轻重的作用。中国的法律服务业起步较晚，是1978年之后逐步发展起来的。现在它主要是以律师事务所为主干，还有公证处、专利代理事务所、基层法律服务所和若干社会法律咨询机构组成。律师制度恢复后，起初主要是从事刑事案件辩护，之后随市场经济的发展，人民权利意识的不断提高，人民群众、国家机构、企事业单位和社会团体要求提供代理、咨询、证明、调解等事务。20世纪80年代中期非诉讼法律事务增多，专利、商标、版权代理业务兴起，逐渐形成了法律服务市场，90年代有了较大发展，其服务领域由传统的诉讼代理和非诉讼民事代理拓展到金融证券、期货贸易、公司收购兼并和信息产业等高新技术领域。目前，中国法律服务业从业人数近30万，其中律师11.7万多人，律师事务所近1万家。此外，在律师业对外开放不断扩大的情况下，已有104家外国律师事务所在中国内地设立了代表机构。香港特别行政区有35家律师事务所在内地设立了代表机构[①]。他们在中国境内从事法律服务，是中国法律服务市场体系的组成部分。

　　以律师业为主干的法律服务市场发展是迅速的，但远谈不上发育成熟，也谈不上适应中国市场经济发展和加入WTO及人权两公约后法律服务市场国际竞争的需要。其中存在的主要问题是：（1）不同法律服务机构系统各自设定自己的准入条件、执业资格、执业标准、执业范围。可谓政出多门，法律服务市场不统一。（2）管理存在一定错位，该管的没管，不该管的却通过各种方式千方百计地行使行政权力。政府管理错位，行业管理不到位，法律服务市场有时发生一定混乱。（3）某些律师和法律服务工作者，不严格自律，在管理不到位的情况下，钻空子，私自收费，偷税漏税，甚至充当拉拢贿赂国家官员的中间人，严重地败坏了律师的形象和声誉。（4）律师事务所基本上是合伙和个体两种所有制形式，绝大部分是手工作坊式经营，平均每个律师事务所约11个人，多是"万能律师"，只要有利可图，无论刑事、民事、经济、行政、投资项目和法律咨询，什么都干，导致专业化水平不高。（5）在法治不健全、执法和司法存在腐败现象

---

① 《检察日报》2002年5月5日第1版。

的环境中，不少律师忙于跑关系，求人情，争案源。由于中国律师事务所的管理在某种程度上处于自由市场状态，其业务状况基本上取决于律师个人素质和活动能力，与律师事务所的声誉无大关系。律师事务所的业务往往是各个律师业务的简单相加。不少律师事务所成为借以领取执业证书和年检注册的场所。

中国律师服务业以上诸问题的存在，很难适应加入 WTO 后跨国公司入境、中国公司走出国门的需要；很难经得起外国律师业的激烈竞争。中国政府现已承诺，加入 WTO 一年内将取消在华设立办事处的外国律师事务所数量上的限制；取消外国律师事务所在华办事处设立城市的限制；取消一个外国律师事务所只能设立一个办事处的限制。同时，对外国律师事务所在中国从业范围也有所放宽，如可以就中国的法律影响进行评论，可以委托中国律师事务所和律师个人处理法律事务等。这将进一步加剧中国律师服务业的竞争。在此情况下，在 WTO 规则范围内，国家当然会对中国律师业提供保护，但应该看到，在市场经济条件下，国家所能提供的保护是有限的。法律服务市场开放的程度并非像表面上那样决定于国家决策者的意志，实际上是决定于市场的需要。国家决策者只能反映市场的需要。一些国家的经验证明，国家的决策如违背市场经济的发展规律作出不合时宜的决断，过度保护或者盲目开放，都要冒很大风险，甚至会付出沉重代价。

中国律师业适应加入 WTO 和人权两公约的形势，需要解决以下几个问题：

第一，提高律师队伍整体素质。为此，要提高律师资格的准入条件。已实行的统一考试制度要严格坚持下去；已获得律师资格的，要建立继续教育制度。律师既要注意提高业务素质，也要注意提高思想道德素质，树立民族意识、爱国主义精神和团队精神，严于自律，做遵纪守法的表率。以实际行动赢得人民群众、企业、事业、社会团体和国家机关的信任。

第二，要加强管理。司法行政部门和律师协会要结合我国实际情况，借鉴国外的律师行业管理经验，建立符合中国实际的律师业管理制度。行政机关和行业协会都要增强服务意识，及时解决实践中出现的问题，不断完善法律服务市场机制。同时要加强监督，严格纪律，及时处理违法乱纪人员，坚决清除严重危害律师形象和声誉、危害人民群众和国家利益的害群之马。

第三，根据市场发展的实际需要，在经济发达地区和大城市，提倡在自愿结合的基础上，律师事务所适度规模发展，逐步形成一批有专业分工、能承担大型项目和国内、国际复杂案件的大型事务所，并逐步在国内外形成自己的品牌和良好声誉。这样的律师事务所，不仅对经济发展，而且对国家法治建设都能做出重大贡献。

第四，提倡有条件的律师事务所积极慎重地同国外律师事务所进行合作。律师业务专业性、实践性都很强，既要熟悉法律，又要有丰富经验。中国律师业如要尽快适应国际竞争环境，单靠自己积累经验，需要很长的摸索过程。与国外律师事务所建立某种形式合作关系，是较快地走向国际的捷径。

总之，加入 WTO 和人权两公约对中国的法律服务业提出了更高要求。适应新的形势，只要举措得当，团结奋进，中国律师业一定会获得新的发展。

五　对政治体制改革将产生影响

从上述可以看出，加入 WTO 和人权两公约对中国的法治影响是广泛的、深远的。它必将影响到中国立法、执法、司法和法律服务。这些领域要适应客观形势，必然要在现有基础上进行相应改革。而这些改革又会对现行人事管理制度和与之相关的其他管理制度提出新要求，进而波及深层次的政治体制改革。政治体制改革牵涉广泛人群尤其是牵涉到广大干部切身利益的调整，因而会遇到更大阻力，应当慎重行事。不过，如邓小平所说，政治体制改革是改革向前推进的一个标志，"不搞政治体制改革不能适应形势"①。"我们的改革最终能不能成功，还是决定于政治体制的改

---

① 邓小平：《在听取经济情况汇报时的谈话》，《邓小平文选》第 3 卷，人民出版社 1993 年版，第 160 页。

革"①。只要全国人民能达成这样的共识，只要在改革过程中充分发扬社会主义民主，并以完善和贯彻法律为切入点，中国人民就一定能在实施 WTO 规则和人权两公约过程中，推进依法治国，把自己的国家建设成社会主义法治国家。

（原载《中国社会科学院研究生院学报》2002 年第 5 期，

《中国学者论民主与法治》转载）

---

① 邓小平：《在全体人民中树立法制观念》，《邓小平文选》第 3 卷，人民出版社 1993 年版，第 164 页。

民主法治与和谐社会建设

——兼谈董必武法治思想

中国共产党十六届四中全会提出建设社会主义和谐社会，是以马克思主义为指导，总结国际共产主义运动历史经验，根据我国经济、政治、文化和社会发展的新特点、新要求对社会发展目标作出的具有中国特色的新概括，是对马克思主义国家学说和社会建设理论的丰富和发展。民主法治是和谐社会的重要内容，是和谐社会建设的可靠保障。在建设和谐社会的过程中，认真学习董必武的著作，研究民主法治与和谐社会的关系，有重要的理论意义和实践意义。

一　建设社会主义和谐社会是对马克思主义的丰富和发展

和谐社会，一般说是指社会共同体内各种要素按照事物发展的客观规律，相互依存、相互协调、相互促进、共同发展的社会。实现和谐社会，始终是人类孜孜以求的崇高理想，也是无产阶级革命和社会主义建设使命的应有之义。

马克思恩格斯在谈到无产阶级革命胜利后建立的社会主义社会时指出："由社会全体成员组成的共同联合体来共同地和有计划地利用生产力；把生产发展到能够满足所有的人的需要的规模；结束牺牲一些人的利益来满足另一些人的需要的状况；彻底消灭阶级和阶级对立；通过消除旧的分工，通过产业教育、变换工种、所有人共同享受大家创造出来的福利，通过城乡的融合，使社会全体成员才能得到全面发展。"① 他们还指出，这一

---

① 《马克思恩格斯选集》第 1 卷，人民出版社 1995 年版，第 243 页。

社会"使每个人都有充分的闲暇时间去获得历史上遗留下来的文化——科学、艺术、社交方式等——中一切真正有价值的东西"①，使"每个人全面而自由的发展"②。从他们的论述中可以看出，人的全面自由发展与社会生产关系密切联系。社会关系实际上决定着一个人能发展到什么程度。从历史发展看，当人类跨入文明社会的门槛，在奴隶社会和封建社会，是人对人的依附关系（奴隶是奴隶主的物），人的发展受到极大局限；资本主义改变了这种以血缘关系为纽带、公开不平等为特征的社会制度，但取而代之的却是人对物的依赖关系，人极大地受制于资本。社会主义使人摆脱旧的生产关系，能使生产力高度发展，并使全体人民能够享受社会经济发展的成果，为人的全面、自由发展提供现实前提。所以马克思认为，只有推翻人剥削人的阶级压迫制度，建立社会主义制度，才能为生产力的高度发展开辟道路。

以马克思主义为指导，列宁为首的布尔什维克党领导的俄国十月社会主义革命推翻了沙皇统治，为社会主义建设奠定了基础。之后，制定宪法，颁行法律，在有计划按比例发展的思想指导下，迅速实现了社会主义工业化和农业集体化，大大提高了社会生产力，提高了广大劳动人民的生产积极性和物质文化生活水平，为人的发展提供了广阔天地。不过，由于社会主义建设无经验可循，更由于斯大林等苏共领导人被社会主义革命和建设胜利所陶醉，认为随着社会主义革命和建设进展，阶级矛盾和斗争愈来愈尖锐，在"肃反"的名义下大肆迫害高级干部、知识分子，破坏社会主义民主和法制。加之其后继者不能正确对待历史问题，对发展社会主义经济重要性认识不够，领导不力，致使人民生活水平降低，人心涣散，社会出现了严重不和谐。在西方价值观的影响下，社会主义发展遭到了挫折。

1949年新中国诞生，是继十月社会主义革命胜利后马克思主义在一个东方大国取得的最伟大胜利。新中国成立前夕制定的具有临时宪法作用的《中国人民政治协商会议共同纲领》和1954年《中华人民共和国宪法》，

---

① 《马克思恩格斯选集》第3卷，人民出版社1995年版，第150页。
② 同上书，第649页。

规定了我国的根本制度和人民的经济、政治、社会和文化权利。此后，中国共产党第八次全国代表大会提出，我国面临的矛盾，"是先进的社会制度同落后的社会生产力之间的矛盾"①。今后的任务就是"保护和发展社会生产力"，要把一个落后的农业中国改变成为一个先进的工业化的中国，满足人民群众日益提高的物质文化需要。毛泽东说："我们的目标，是造成一个又有集中又有民主，又有纪律又有自由，又有统一意志又有个人心情舒畅、生动活泼，那样一种政治局面。"②此时，在全国人民面前展现了一幅美好的社会主义图景，极大地鼓舞了人民群众建设社会主义的积极性。不幸的是，当毛泽东同志提出认真总结苏联共产党所犯的错误教训，认识到斯大林提出过渡时期"阶级斗争愈来愈尖锐"，搞肃反扩大化是错误的时候，却在中国不适当地强调阶级斗争。由在政治运动中扩大打击面，发展到"以阶级斗争为纲"，发动"文化大革命"，使社会主义民主和法治遭到严重破坏。

1976年"文化大革命"结束，1978年党的十一届三中全会恢复了实事求是的思想路线，提出发扬社会主义民主，加强社会主义法制；确立以经济建设为中心的社会主义基本路线。继而提出发展社会主义市场经济，建设社会主义物质文明和精神文明；建设小康社会，使"文化大革命"造成的社会极度不和谐得以根本扭转。

在此基础上，党的十五大提出"依法治国，建设社会主义法治国家"；党的十六大把"国家尊重和保障人权"写入党的报告，之后又载入国家宪法。报告还提出"全面建设小康社会"，即："根据十五大提出的到2010年、建党一百周年和新中国成立一百周年的发展目标。我们要在本世纪头二十年，集中力量，全面建设惠及十几亿人口的更高水平的小康社会，使经济更加发展、民主更加健全、科教更加进步、文化更加繁荣、社会更加和谐、人民生活更加殷实。"③根据十六大的精神，十六届四中全会明确提出建设社会主义和谐社会这一战略目标。胡锦涛同志说："我们要建设的

---

① 《毛泽东传》，中央文献出版社2003年版，第538页。
② 同上书，第715页。
③ 《中国共产党第十六次全国代表大会文件汇编》，人民出版社2002年版，第18页。

社会主义和谐社会，应该是民主法治、公平正义、诚信友爱、充满活力、安定有序、人与自然和谐相处的社会。"① 很显然，十六大政治报告提出"社会更加和谐"的"社会"是指全面小康实现后，与经济、政治、科教、文化并列的人民生活达到的一定水平、一种状态。对"社会"一词是从狭义上使用的，很大程度上是指物质关怀和社会保障。而十六届四中全会提出"建设社会主义和谐社会"的"社会"一词，是广义的，是指我国社会主义经济基础和上层建筑构成的整体。它是在以人为本的科学发展观的指导下，经济、政治、科教、文化、社会全面发展，人民的各种利益关系和矛盾得到正确处理，公平和正义得到实现，人与自然关系和谐相处的社会。这样，十六届四中全会就进一步发展了十六大提出的和谐社会思想。

全面建设小康社会是社会主义初级阶段之中的阶段性目标。建设社会主义和谐社会，虽然也是根据社会主义初级阶段的新情况、新要求提出的，但却是对国际共产主义运动及新中国半个多世纪社会主义建设理论和实践经验的新概括、新总结，是贯穿于整个社会主义时期社会建设的总方针、总目标。遵循这一方针，将使党在今后社会主义建设实践中，更加自觉地领导全国人民全面建设小康社会，进而实现社会主义建设的总体目标。

二　民主和法治在和谐社会建设中居于重要地位

社会主义和谐社会的建设是一个具有伟大历史意义的系统工程。它以人为本，内容包括经济、政治、文化、科技和社会建设，过程中要传承本国的、外国的优秀文化成果。在上述诸方面和相互关系上，人是核心，人民是依靠，人民的权利保障是出发点和归宿。以此根本方针为指导，胡锦涛同志在阐释和谐社会的内容时，把民主法治放到首要位置，这是对民主法治的认识进一步深化，对民主法治理论的进一步发展。中国共产党历来

---

①　2005 年 2 月 19 日胡锦涛在中央党校提高构建社会主义和谐社会能力专题研讨班开班式上的讲话（据新华社电）。

重视争取人民民主，并注意法治对民主的保障。1954 年毛泽东在总结中国
人民争取民主的历程时曾说："中国人民从清朝末年起，五六十年来就是
争这个民主。从甲午战争到辛亥革命这个期间是一个高潮。那个时候是向
清朝政府要民主，以后是向北洋军阀政府要民主，再以后就是向蒋介石国
民党政府要民主。"① 1949 年新民主主义革命获得成功，获得胜利的中国
人民先以起临时宪法作用的《中国人民政治协商会议共同纲领》，之后便
以《中华人民共和国宪法》肯定了人民当家做主的权利。以 1954 年宪法
为基础制定的我国现行宪法的《总纲》，开宗明义规定："中华人民共和
国是以工人阶级为领导、以工农联盟为基础的人民民主专政的社会主义国
家。""中华人民共和国的一切权力属于人民。"宪法《总纲》还明确规
定：我国"实行依法治国，建设社会主义法治国家"，"国家尊重和保障
人权"。中国共产党十一届三中全会以来，党和政府不断重申和坚持社会
主义民主原则。十六大提出全面建设小康社会的目标时，提出"社会主义
民主更加完善，社会主义法制更加完备，依法治国的基本方略得到全面落
实"，② 再一次重申了民主和法治的重要性。尽管如此，无论在理论界或国
家工作人员实践活动中，仍往往偏重于从功能上强调民主法治的作用。胡
锦涛同志把民主法治放在和谐社会建设的首要位置，这就告诉我们，民主
和法治不仅是工具和手段，也不仅仅是方略，而且是理念、是制度、是目
标。这就既在功能上，同时也在价值上强调了民主法治的重要性。

　　党和国家把民主和法治列在社会主义和谐社会建设的首要位置，从根
本上突出了"以人为本"和"主权在民"的思想。马克思主义认为，人
民作为社会生产活动的主体，是社会历史前进的动力和社会历史的真正创
造者。人民既然"有权来为自己建立新的国家制度"，国家制度就要真正
表现人民的意志③，并使"全体居民群众真正平等地、真正普遍地参与一
切国家事务"④，行使管理国家的权力。民主是法治的基础，法治是民主的
保障。只有通过法律程序将人民的意志集中起来制定成宪法和法律，变成

---

①　《毛泽东传》，中央文献出版社 2003 年版，第 310 页。

②　《中国共产党第十六次全国代表大会文件汇编》，人民出版社 2002 年版，第 19 页。

③　《马克思恩格斯全集》第 1 卷，第 281 页。

④　《列宁全集》第 28 卷，人民出版社 1990 年版，第 111 页。

规范明确的国家意志，然后以说服教育和国家强制的方式确保这种意志得到一体遵行，才能确保人民的民主权利，使人民得以安居乐业，实现社会和谐。

民主与法治作为社会经济基础的上层建筑的核心部分，它不仅由经济基础所决定，而且一旦形成，"它也会影响经济，推动经济的改造"①，积极作用于社会经济的发展。经济发展是和谐社会建设的基础，也是人的解放的物质条件。"民以食为天"。马克思在谈到人的解放时曾说：人的解放是由工业、农业和商业状况决定的，"当人民还不能使自己的吃喝住穿在质和量方面得到充分供应的时候，人们就根本不能获得解放"。② 总结我国经济发展的历史经验，邓小平说："发展是硬道理"。解决我国人民群众日益增长的物质文化生活需要与落后的社会生产力之间的矛盾，必须实现社会与经济发展。十一届三中全会以来的实践证明，我国历史上积累的许多问题是靠发展解决的，现在面临的、今后还会出现的问题，仍然要靠发展来解决。党的十六届三中、四中全会提出坚持科学发展观，就是为了实现社会经济全面、协调、可持续发展。而这一目标的实现，需要协调政治、经济、文化、社会建设的关系；需要协调社会经济发展与自然环境的关系；需要协调中央与地方，中央、地方与基层的关系；还需要协调经济领域各产业以及生产与消费的关系。这一切都需要通过民主决策和法律调控来解决。此外，适应上述诸方面发展的要求，或者说与上述诸方面发展相联系，和谐社会建设还要求公民思想道德及整体素质不断提高。这涉及从个人到家庭、群体、民族、人类的关系；涉及人类与动物界及整个自然界等诸多方面的关系。这也需要通过民主法治予以协调和保障。

正因为民主法治十分重要，所以中国共产党人以马克思主义为指导，通过不断加深对此问题的认识，并结合中国实际，通过宪法和法律，建立并逐步完善中国特色的社会主义民主制度。首先是人民代表大会制度。这是我国的根本政治制度。其基本内容是：人民按照宪法和法律选举人民代表，人民代表按照宪法和法律组成全国人民代表大会和地方各级人民代表

① 《列宁选集》第3卷，人民出版社1995年版，第181页。
② 《马克思恩格斯全集》第42卷，人民出版社1979年版，第368页。

大会。全国人民代表大会是最高国家权力机关，地方各级人民代表大会是地方国家权力机关。人民代表大会产生国家行政机关、审判机关、检察机关并决定重大事项。行政、审判、检察机关对人民代表大会负责并接受其监督。人民代表大会制度属"代议制"或"代表制"民主。其次，我国的民主制度还包括共产党领导下的多党合作制度。这是我国的基本政治制度，是我国新民主主义时期统一战线的继承和发展。全国政协和地方各级政协对国家事务有参政、议政权。其委员的产生及其运作基本上是采用协商方式，属于协商民主。这种民主制度与我国20余万个社会团体实行的协商民主相结合，进一步丰富了我国的社会主义民主制度。此外，我国特别重视基层民主。基层民主包括农村村民自治和城镇居民自治民主，以及企事业单位的职工代表大会和其他形式的民主制度。基层民主是一种直接民主制度。直接关系广大人民群众的意愿表达和切身利益，受到人民的拥护和国家的重视。党的十六大报告指出："扩大基层民主，是发展社会主义民主的基础性工作。"① 以人民代表大会为主体的代表制民主，人民政协和广大社会团体实行的协商民主和基层民主，构成了我国社会主义民主制度的丰富内容。以这种中国特色的社会主义民主为基础，通过制定实施宪法和法律，确保了我国社会主义事业的发展，并将确保社会主义和谐社会建设。

民主与法治不仅确保了我国社会主义经济、政治、文化和社会建设胜利发展，促进了全国人民物质文化生活水平日益改善，增强了中华民族的凝聚力，而且在当今世界，民主与法治成为综合国力中软实力的组成部分。社会主义民主与法治的加强，还有利于提高我国的国际地位，扩大我国的国际影响，从而为我国社会主义和谐社会建设营造良好的国际环境。

三　董必武的民主法治思想对和谐社会建设的意义

在中国民主主义革命和社会主义建设过程中，以毛泽东为首的老一辈无产阶级革命家，重视实现社会和谐，尽管曾走过一段弯路，但毕竟功勋

---

① 《中国共产党第十六次全国代表大会文件汇编》，人民出版社2002年版，第32页。

卓著。在民主法治领域，董必武是光辉榜样。他的著作和实践对和谐社会建设有重要现实意义。

首先，董必武立足于广大人民群众立场，顺应时代潮流，为中国的革命和建设事业奋斗终生。从青年时代参加辛亥革命、反对清王朝和北洋军阀，后来接受马克思主义加入中国共产党，反抗蒋介石对革命的屠杀，抗击日本侵略者，参与组织领导解放战争，直到建立新中国进行社会主义建设。他由一个民主主义者锻炼成长为一个无产阶级革命家。无论是身处革命根据地还是国民党统治区，无论是在激烈的战火中还是和平时期，无论是身居国家领导的高位还是受冷落处于逆境，他都矢志不渝，忠于党和人民，以其丰富的法学知识在不同时期从不同的角度为革命和建设默默奉献。在他身上，既表现出马克思主义理论家的高瞻远瞩和无产阶级革命战士的坚忍不拔精神；又蕴含着中国优秀分子富贵不能淫，贫贱不能移，威武不能屈的骨气；还渗透着普通劳动者的诚实与宽容品德。这使他在对敌斗争和民主法治建设中，既能立场坚定，爱憎分明，又能做到柔中有刚，宽严适度，表现出为国为民的高度责任心，始终沿着正确方向为新中国的民主法治建立丰功伟绩。董老的一生就是一曲动人而和谐的赞歌。

第二，董必武十分重视人民民主，重视民主政权建设。"一切革命的根本问题是国家政权问题"①，而革命政权的根本问题则是体现人民的意志，亦即民主问题。第二次国内革命战争时期，董必武曾担任中央苏区政法机构的领导职务。抗日战争时期，他虽然长时间在国民党统治区与国民党政府周旋和做统战工作，但仍关心抗日根据地的政权建设。解放战争时期，他回到解放区后担任华北人民政府的领导工作，直接领导革命根据地民主建政。新中国成立前后，他以华北解放区民主建政经验为基础，为人民代表大会制度的建立倾注了大量心血，总结出丰富的经验。董必武在谈到政权之于人民的重要性时指出："一切革命政党，最重要的问题，是夺取政权。"② 但是，在夺取政权之后，一定要维护这个政权，巩固这个政权，发展和建设这个政权。至于如何建立、巩固和发展革命政权，早在抗

---

① 《列宁全集》第29卷，人民出版社1985年版，第131页。
② 《董必武政治法律文集》，法律出版社1986年版，第35页。

日战争时期他就鲜明地指出：只有"能够发挥四万万五千万人民的积极性和主动性的民主制度"。而如何实行民主，董必武较早地提出人民代表大会是最便利于广大人民参加管理国家的组织，只有人民代表大会的形式，才能符合新民主主义的要求。在这种制度下，"人民是主人，人民代表和政府干部都是长工"①，这才能代表我们政治生活的全面。人民代表大会制度是我国的根本政治制度。为了使革命政权的基础更加广泛，董老还强调统一战线的重要和与党外民主人士长期合作问题："统一战线是我们党的基本方针。在民主建设中，从中央到地方，特别是县以上的地方，所要建立的政府，一定是人民民主联合政府，一定要包括民主人士在内。"② 董老的思想不仅在当时他领导的华北人民政府中得到了遵循，在后来的中央人民政府组成中也得到了体现。为了确保人民的民主权利，他还强调要处理好党政关系和人民代表大会对由其选举产生的政府的监督权。他认为党领导国家政权，绝不是说把党和国家政权看作一个东西。"党领导着国家政权，但它并不直接向国家政权机关发号施令。"③ "党无论在什么情况下，不应把党的机关职能和国家机关职能混同起来。党不能因领导政权机关就包办代替政权机关的工作。"④ 实践证明，把党和国家政权机关混同起来，以党的机关包办代替政权机关的工作，不仅影响国家政权机关职能发挥，也势必削弱党对国家政权机关的领导作用。至于政府与人民代表大会的关系，董老特别强调政府要接受人民代表大会的监督。人民代表大会选举政府，政府的权力来源于人民代表大会，因此政府的工作要受人民代表大会的监督。人民代表大会规定了的，政府才能做，没有规定就不能做。如果有紧急措施，做了要向人民代表大会作报告，错了要批评，一直到受罢免处分。董老关于人民民主的思想，从争取建立人民民主政权到巩固、发展人民民主政权是一个完整的科学体系，不仅在当时发挥了重要作用，就是今天也仍闪烁着光辉。

第三，董必武的法学思想为我国社会主义法治奠定了基础。作为前清

---

① 《董必武法学文集》，法律出版社 2001 年版，第 106 页。
② 《董必武政治法律文集》，法律出版社 1986 年版，第 59 页。
③ 《董必武法学文集》，法律出版社 2001 年版，第 109 页。
④ 同上书，第 110 页。

秀才，他具备深厚的人文学底蕴。他曾留学外国研究法律，有精湛的法学专业知识。之后，长期担任党和国家政法部门领导职务，主持立法和司法工作，有丰富的实践经验。他的著述是留给我们的宝贵财富，其法学思想为我国社会主义法治建设奠定了良好基础。

在立法方面，董必武指出，新政权一定要制定自己的宪法和法律，有法可依。"建立新的政权，自然要创造法律、法令、规章、制度。我们把旧的打碎了，一定要建立新的。否则就是无政府主义。"① 新中国成立前夕，他参加了《中国人民政治协商会议共同纲领》的起草，主持起草了《中华人民共和国中央人民政府组织法》，为新生的人民政权立法奠定了初步基础。不过，建国初期形势复杂，阶级斗争尖锐，进行城乡民主改革，解放生产力，"没有群众运动是不行的"。在此情况下，农村开展了土地改革，城市开展了打击封建势力的民主改革，全国开展了镇压反革命、"三反"和"五反"等群众运动。这些群众运动成绩是巨大的，但也有些副作用，如过程中出现某些过火行为，助长了一些人轻视法制的心理。因此，1953 年开始大规模经济建设后，董必武以政务院政治法律委员会党组的名义向中央建议：在大规模的社会改革运动大体结束以后，人民民主专政的工作必须用而且可能用正规的革命法制来施行，并且用以保护人民的利益和国家建设事业的顺利进行。此后，董老多次参与 1954 年我国第一部宪法草案的研究、修改和补充，主持了人民法院组织法、人民检察院组织法、地方各级人民代表大会和地方各级人民委员会组织法，为年轻的共和国立法作了奠基性的工作。

制定法律是为了贯彻落实。董老一直强调严格依法办事，并提出了人民司法思想。他说："我认为依法办事，是我们进一步加强人民民主法制的中心环节。"② 这样，他就把依法办事和人民权利、新民主主义制度的建设与发展联系起来，并指出依法办事是加强法制的中心环节。针对少数党员和国家工作人员建国之初不重视、不遵守国家法制，一些党组织对这种现象的危害未予以足够的注意，他严肃地指出，党员、国家工作人员、特

---

① 《董必武政治法律文集》，法律出版社 1986 年版，第 41 页。
② 《董必武选集》，人民出版社 1985 年版，第 418—419 页。

别是领导干部要带头守法，甚至提出这些人违法犯罪要加重处罚。现在看来，"加重"处罚与法律面前人人平等的原则不符，但却表明了董老整肃党员和官员无视国家法治以至于违法犯罪的决心。为了实现依法办事，他还要求"政府要倾听群众的呼声，采纳群众的意见……还要使群众敢于批评政府、敢于监督政府，直到敢于（要求）撤换他们不满意的政府工作人员。"① 董老的这些话，让人耳目一新，与当时国民党政府欺压群众、官官相护形成鲜明对照。如果说依法办事是对所有国家机关和全体国家工作人员提出的普遍要求，那么人民司法思想则是对司法机关及其工作人员提出的根本指导思想。他说："人民司法的基本精神，是把马、恩、列、斯的观点和毛泽东思想贯彻到司法工作中去……人民司法的基本观点之一是群众观点，与群众联系，为人民服务，维护人民的正当权益。"② 这里，他既提出了人民司法的基本方针，又指出了人民司法的出发点和归宿。

"徒法不足以自行"。在制定了法律，确立了司法原则的前提下，要使法律真正成为裁决诉讼案件的准绳，使公平和正义得到伸张，必须建立实施法律的机制，培养合格的司法干部。为此，在他主持下政务院发布的《关于加强人民司法工作的指示》（以下简称《指示》）中，要求"各级人民政府必须切实地领导和加强这一工作，并采取必要办法使人民司法制度在全国范围内有系统地逐步地建立和健全起来。"③《指示》还对司法干部培养、调配，以及经费保障作了明确规定。在人民政权刚刚建立，百废待兴，司法干部奇缺的情况下，对干部的来源，他提出通过对旧司法人员改造，从部队转业干部中挑选，同时加强法学教育培养年轻干部加以解决。实践证明，这一指示的贯彻执行对人民司法思想的落实提供了组织保证。

董必武的民主法治思想在我国老一辈无产阶级革命家中最为系统和完整，是毛泽东思想的重要组成部分。1956 年 9 月，他在中国共产党第八次全国代表大会上所作的题为《进一步加强人民民主法制，保障社会主义建设事业》的发言，是其民主法治思想的集中体现，其中强调的有法可依，

---

① 《董必武选集》，人民出版社 1985 年版，第 55—56 页。
② 《董必武法学文集》，法律出版社 2001 年版，第 45 页。
③ 《政务院关于加强人民司法工作的指示》，《中央人民政府法令汇编（1949—1950）》，第 221 页，法律出版社 1982 年版。

有法必依，依法办事和严格守法，成为邓小平 1978 年提出的"有法可依，有法必依，执法必严，违法必究"的社会主义法制原则的思想理论基础。董老的这篇讲话和他的著述中的其他民主法治理念，虽然一段时间曾被忽略，但由于它融汇了中国人民革命的历史经验，反映了人民的意愿，饱含着真理，其目的又是为实现民主，励行法治，所以，当历史长河的激流拂去掩盖在它上面的尘埃之后，更显出了璀璨夺目的光辉。董老的民主和法治思想将永远是我国民主法治及我国社会主义和谐社会建设的丰富思想资源。

（原载《董必武法学思想研究文集》2006 年）

关于"以人为本"与
社会主义法治建设

中国共产党十六届三中、四中全会相继提出"以人为本，全面、协调、可持续发展"的科学发展观，对我国社会主义建设事业具有重要理论意义和实践意义。"以人为本"是科学发展观的核心，也是社会主义法治建设的根本和价值准则。加深对此问题的研究与认识，将大大促进我国法学理论发展和法治建设的进程。

一 "以人为本"为核心的科学发展观提出的背景

"以人为本"是社会主义的本质特征。从根本上说，社会主义建设的目的就是为了人，为了满足人民群众日益增长的物质文化需要，为了人民生活幸福和自由全面发展。党的十六届三中、四中全会进一步强调以人为本，将其作为科学发展观的核心，具有很强的时代特征和针对性。

从国内形势发展看，十一届三中全会确立改革开放方针以来，我国国民经济高速增长。据统计，2001 年我国国内生产总值比 1989 年增长近两倍，达到 95933 亿元；2005 年我国国内生产总值达到 182300 亿元，比 2000 年翻一番，年均增长率达到 9% 以上。预计，2006 年将会有新的增长。经济高速发展使人民生活水平大大提高，实现了从温饱到小康，现在正奋力全面建设小康社会。20 多年中，全国人民都由国民经济高速发展而得了实惠。这是事实，必须充分肯定。但是，在发展过程中也出现了不少问题。诸如：地区发展不平衡，一段时间城镇下岗工人未能及时妥善安置，城乡新增劳动力就业压力加大；"三农"问题突出，农村耕地不断减少，不少失去土地的农民得不到合理补偿；群众对看病难、看病贵和上学难、上学贵，反映强烈；生产安全形势严峻，工矿重大事故频繁发生，煤矿百万吨死亡率居高不下，严重超过发达国家和发展水平相同的发展中国家；部分资源短缺，浪费普遍存在，河流、湖泊、土地、空气污染严重，土地沙化面积不断扩大；国家机构臃肿，有些不严格依法办事，效率不高，部分官员贪污、浪费、官僚主义作风招致群众不满，致使党的机关和国家机关公信度降低；中央与地方、部门与部门、个人与集体的关系也出现了某些值得关切的问题。上述问题，有的是在发展过程中难以避免，有的则是可以避免而未能避免、甚至是人为的。一个不容忽视的重要原因是，在市场经济条件下，有些人忘记了社会主义的理想和原则，唯利是图，损人利己；有些人把自己所在部门、地区在党的领导和群众共同努力下实现的发展作为个人的政绩，在"为官一任，造福一方"的口号下单纯追求 GDP 数字；加之缺少严格监督，党政部门用人制度不健全、不合理，又使这种错误政绩观和极不健康的风气未能得到应有批判与及时纠正。这些问题引起了人民群众强烈不满，迫切需要加以解决。

从国际形势发展看，世界早已是一国"工业所加工的，已经不是本地的原料，而是来自极其遥远的地区的原料；它们的产品不仅供本国消费，而且同时供世界各地消费"。[①] 经济全球化和科技高速发展，进一步拉近了不同国家、地区和民族的距离。中国的产品摆上了许多国家和地区的货架，源源不断地满足世界亿万家庭的需求。中国的公司正大步跨入亚、非、拉甚至欧美等国投资。与此同时，不少跨国公司也涌进中国或急切希望进入中国。中国成了许多遥远国度的石油、矿产、木材以及其他诸多工业品出口市场。鉴于商品质量关系经济发展和人民健康，各国都呼吁提高商品质量，加强商品安全保障。此外，气候变暖、土地沙化，江河海洋污染，资源迅速减少，以及难以受国界限制的疾病传播和其他自然灾害危及全球。各国人民为了自身的安全和福祉，要求本国政府行动起来，制定或与他国政府联合制定相关行为规则。其内容都围绕对人的重视，对人的价值的重视，进一步增强了维护人权的意识。在此形势下，进一步强调以人

---

① 《马克思恩格斯选集》第 1 卷，人民出版社 1995 年版，第 276 页。

为本为核心的科学发展观，既体现社会主义的本质要求，又适应国内国际形势的发展。

二　"以人为本"的含义

"以人为本"，就是在发展过程中尊重人、爱护人、依靠人，把维护人的权益作为发展的出发点、过程和归宿，真正认识到人是社会主义建设事业的根本。这里所说的人，就是中国传统文化中对自然界和人类社会所概括的"天、地、人"中的"人"。天，中国和其他国家都有将其视为诸神居住的地方。道教的玉皇大帝，佛教的佛祖，天主教的上帝，基督教的耶稣，伊斯兰教的真主，都在天堂。所以人们常常把天与神联系在一起，天代表神。地，中国传统文化认为是由金、木、水、火、土诸元素构成。这些元素属物质，又统称物。这样，人既与天、地相对应，又与神和物相对应。无论与天、地相对应，还是与神、物相对应，人这一概念在这里都是全称的、普遍的，即指所有人，而非某一部分，某一阶级、阶层的人；也非某一民族、某一性别或某种职业的人。从这个意义上说，以人为本的"人"，与人权概念的"人"是一致的。所谓"本"，即根本。在语言学中，本与末相对。按《说文》，本、末皆从木，"木下曰本……草木之根柢也。""木上曰末……在其上谓木杪也。"对于草木来说，无根柢不可能成活，根柢当然比末梢更重要。以人为本，是说比之于天和地，或比之于神和物，人是最重要的。所谓天地万物，人为贵，就是这个意思。

如此解析"以人为本"，并非否定人民大众的主体地位。工农人民大众是人类历史的创造者和发展的原动力，过去、现在和将来都是人类的主体，是我们国家的主人。不过应当认识，随着社会主义建设事业的进展，人民大众一词的内涵和外延也在不断丰富和扩大。它的丰富和扩大，正是无产阶级解放全人类和解放自己的实际进程。这就是为什么说以人为本的提出，是在新的历史条件下，党对为人民大众服务宗旨的新发展的道理。

"以人为本"为核心的科学发展观提出之初，一些人按照本单位人员的构成的主要部分，提出以其为本。这种积极态度和探索精神可以理解，但仔细推敲，很难算得上准确把握了"以人为本"为核心的科学发展观的含义。例如，我们的国家机关和从事服务的诸多行业，它们的工作人员当然应受到尊重和爱护，但要提出以政府官员或某种职业、某一行业的工作人员为本，是否会造成不同行业、职业和群体之间的矛盾？如硬要套用，则要加许多说明。否则有人会问：他们的服务对象呢？有口号不是说顾客是"上帝"吗？当然，不加区分简单地提以服务对象为本也不准确。如监狱管理，其宗旨是"执行刑罚，惩罚和改造罪犯，预防和减少犯罪"。①教育改造罪犯当然也是一种服务，但如说监狱是以罪犯或服刑人员为本，显然不妥当。这样理解，丝毫没有轻视服务者，也不是不重视某些服务对象，而是说对以人为本这一重要观念要从根本精神上理解，贯彻落实要从完善法律制度和改变作风入手，不可不分具体情况从语言文字上硬套。

三　"以人为本"是对我国传统文化的传承和对外国优秀文化的吸纳

　　中华传统文化经长期发展和积淀，既有大量精华，也有不少糟粕。从春秋战国起，不少思想家提出的"以人为本"或"以民为本"，即属前者。迄今，被认为国家形成的第一个王朝夏代的资料很少。从文献和甲骨文内容看，商代人十分迷信，国家运作假上天之命行使权力，生杀予夺先行占卜，有身份的人死亡后以人殉葬。周王朝兴起接受殷纣王暴虐无道招致灭亡的教训，提出"明德慎罚"，建立以血缘关系为纽带、以嫡长子继承为中心的宗法制度，以同姓分封天下。据史籍和金文记载，国家机构运作主要不再依据占卜、遵从天道的安排。商品交易、土地使用、司法审判等"人事"由官员主持，通过法律调控。但沦为奴隶的人仍被视为物，任凭主人用以驱使、交换，甚至可以杀害。即使庶民或统治阶级内部也实行等级特权制度，法律肯定公开不平等。但人殉已经减少，人的价值至少从社会发展需要较以往受重视。随着社会生产发展和人类文明进步，春秋时期王室衰微，权力下移，春秋到战国社会出现了大分化、大变革。社会发

---

　　① 《中华人民共和国监狱法》第1条，载《中华人民共和国法律全书》，警官教育出版社1999版，第210页。

展和文明程度提高，人进一步受到重视。《左传》："国将兴，听于民，将亡，听于神。神，聪明正直而虚者也，依人而行"①，"人，神主也"②，就是当时情况和人们观念变化的写照。之后，"百家争鸣"的各家，基于不同阶级和阶层的利益，政见不同，治国方略也不相一致，但对人的重视都有增强。儒家提倡"爱人"；《论语》："厩焚。子退朝，曰：'伤人乎？'不问马。"③ 又："樊迟问仁。子曰：'爱人'。"④ 本来，孔子提倡以俑陪葬取代人殉是一种历史性进步，但他仍以俑是人形而深感不安，说："始作俑者，其无后乎"。⑤ 儒家论述民本思想最突出的是孟轲。他说："民为贵，社稷次之，君为轻。"⑥ 墨家倡导人与人"兼爱"。为实现其主张，墨翟提出"尚贤"，即王公大臣要"不党父、兄，不偏富贵"，"以尚贤事能为政"。⑦ 他们从事手工业者居多，常以手工业生产为例，提出"利于人谓之巧，不利于人谓之拙"⑧，以利于人作为评价人事的标准。法家治国的主张比较冷峻，但却提出以农耕致粟多和军功解放奴隶，重民心之逆顺，认为："政之所兴，在顺民心；政之所废，在逆民心。"⑨ 管仲还曾说："王者以百姓为天。百姓与之则安，辅之则强，非之则危，背之则亡。"⑩ 被认为是兼儒法的荀卿则说："天之生民，非为君也；天之立君，以为民也。"⑪ 他还说："君者，舟也；庶人者，水也。水亦载舟，水亦覆舟。"⑫ 战国"百家"重视人，宣扬民本思想是为了封建制度的建立与统治的稳定，尽管如此，仍是历史进步，并且不少内容含有真理成分，所以两千多年来它能受到后人的重视而传承不息。

---

① 《左传·庄公三十二年》。
② 《左传·僖公十九年》。
③ 《论语·乡党》。
④ 《论语·颜渊》。
⑤ 《孟子·梁惠王》引。
⑥ 《孟子·尽心下》。
⑦ 《墨子·尚贤中》。
⑧ 《墨子·鲁成》。
⑨ 《管子·牧民》。
⑩ 《韩诗外传》卷四。
⑪ 《荀子·大略》。
⑫ 《荀子·王制》。

　　"以人为本"除传承中国传统文化，还吸纳了西方国家优秀文化成果。人有自然属性也有社会属性，人性有普遍的、相通的特征。这就是为什么位于世界东方的古代中国在发展进程中，逐步认识到人的重要价值提出"以人为本"（或"以民为本"）思想的大体同一时期，位于世界西方的古希腊、古罗马也开始意识到了同一问题。由于地理位置和不同文化背景，两地使用的语言及着手建立的制度虽不一致，但仔细分析仍有共同之处。古希腊、古罗马思想家主张的民主只及于少数贵族和具有平民身份人的范围，但它毕竟是历史发展的一步，成为十四五世纪文艺复兴人本主义可资借鉴的思想遗产。后人评论文艺复兴是向后看，而这恰恰说明了它对古代优秀文化的继承，使思想在新的历史条件下得到发展。人本主义随着资本主义的产生和发展，随着资产阶级走上历史舞台而获得了赖以存在的社会基础，并成为资产阶级反对封建专制制度和神权统治、实现把人从宗教神学禁锢状态下解放出来的思想武器。"天赋人权"，"民主、自由、平等、博爱"，是资产阶级用以动员人民起来推翻封建专制制度的口号。革命胜利后，资产阶级又将其作为构建国家制度的指导。尽管不完全情愿，但迫于强大的工人运动的压力，却不能不逐步将这种思想变为政策和法律一点一点付诸实施。

　　应该承认，在欧洲人文主义基础上发展起来的资产阶级民主、自由、平等和人权，不仅强烈地影响了中国的民主革命，而且作为人类社会发展的文明成果，对我国社会主义民主法治的建设，对"国家尊重和保障人权"的宪法原则的确立，对"以人为本"为核心的科学发展观的提出，也是重要的思想资源。承认这一点，同时承认它是对我国传统文化的传承，不仅不是失去原则，而恰恰表现出在新世纪面对国际新形势，我国在决策上的高度文化自觉。

四　"以人为本"是对马克思主义的继承和发展

　　马克思主义是科学，是人类社会发展的文明成果，是我国社会主义革命和建设事业的指导思想。马克思恩格斯的全部理论，无论是哲学、政治经济学或科学社会主义，都是围绕着人、人类彻底解放和人的自由全面发展而展开的。在前人研究的基础上，他们进一步揭示了人类社会发展的历史规律。在深刻分析资本主义面临的无法靠自身力量克服的种种矛盾过程中，他们阐明了资本主义是最后一个剥削阶级社会，必然为社会主义社会所代替。社会主义"以每个人的全面自由的发展为基本原则"①，"将给所有的人提供健康而有益的工作，给所有的人提供充裕的物质生活和闲暇时间，给所有的人提供真正的充分的自由"。② 马克思恩格斯的著作中关于"以人为本"的思想是突出的，不能仅仅以未能在马克思恩格斯著作中找到"以人为本"的字句就否认它的存在。诚然，在他们的著述中大量篇幅是对资本主义经济、政治和法律制度的批判与揭露，在批判与揭露过程中阐明关于阶级斗争、无产阶级专政理论，但仔细读读就会发现其目的仍然是为了人，为了实现人类彻底解放。马克思曾指出，生产力或一般财富的普遍发展是个人全面发展的基础。"而个人从这个基础出发的实际发展是对这一发展的限制的不断消灭"。③ 马克思主义认为，对生产力或一般财富普遍发展，有来自制度的、体制的、思想观念和科学发展水平的诸多限制。在阶级压迫的剥削阶级社会，无产阶级首先面对的是要解决制度问题。所以《共产党宣言》公开宣布："他们的目的只有用暴力推翻全部现存的社会制度才能达到。"④

　　在社会主义运动历史上，1871 年的巴黎公社是无产阶级推翻旧制度的第一次尝试，但只存在了 72 天就失败了。不过其经验却是无产阶级的宝贵财富。时过 46 年之后，1917 年 10 月俄国无产阶级运用巴黎公社原则推翻了沙皇统治和继起的资产阶级政府。又过了 32 年，1949 年中国共产党领导中国人民获得了新民主主义革命胜利。这都是为生产力和整个社会发展排除制度上的限制。社会主义在苏联和中国的胜利充分说明，无产阶级联合被压迫人民进行的这场大革命是多么必要。后来，苏联解体、中国社会主义建设一个时期走上弯路并为之付出沉重代价，是由于无产阶级和劳动人民的领导者在革命胜利、政权得到巩固之后，过分地强调了阶级斗

---

① 《马克思恩格斯全集》第 23 卷，第 649 页。
② 《马克思恩格斯全集》第 21 卷，人民出版社 1965 年版，第 570 页。
③ 《马克思恩格斯全集》第 46 卷下册，人民出版社 1980 年版，第 36 页。
④ 《马克思恩格斯选集》第 1 卷，人民出版社 1995 年版，第 307 页。

争，未能适时地把主要力量转向经济建设。在世界经济、科学技术迅速发展的情况下，广大人民的生活水平没有得到相应提高，宪法和法律规定的经济、社会、文化权利和民主权利未能得到切实保障。究其深层次的原因，既有囿于旧体制的束缚，也有思想观念的局限。近30年来，中国社会主义事业获得举世瞩目的成就，中国人民生活水平大幅度提高，得益于贯彻邓小平提出的解放思想、实事求是的思想路线和十一届三中全会确立的改革开放方针。

社会发展是不间断的，对发展阻力的排除不可能一劳永逸。体制上、尤其思想观念上的阻力将会长期存在。这是由于一般情况下，人的主观认识往往滞后于客观世界发展，以及各种体制建立之后的相对稳定所产生的影响。正因如此，十六大政治报告在阐释我国今后社会主义经济、政治、文化和社会建设任务时，均相应地强调了相关领域的体制改革。十六届三中、四中全会提出"以人为本，全面、协调、可持续发展"，既为体制改革进一步提出了明确方向，也为思想观念的更新注入了新动力。

五　坚持"以人为本"促进我国社会主义法治建设

"以人为本"是中国传统文化的精华，是人类文明的结晶，是马克思主义的根本原则，也是社会主义的本质特征。但如前面谈及，由于种种主客观原因，在社会主义建设实践中，无论是前苏联或我国，既有总体上的偏离，也有被部分官员在具体行动中忽略和违反。现在党中央使用我国人民倍感亲切的语言明确提出并加以强调，立即获得了热烈反响。它一定会成为我国社会主义事业健康发展的指导方针和强大精神力量。在提出以人为本科学发展观的前后，党中央相继提出了"全面建设小康社会"，"构建社会主义和谐社会"战略目标和"执政为民"，"依法执政"，"情为民所系、权为民所用、利为民所谋"等一系列亲民口号。可以说铿锵有力，掷地有声，目不暇接，令人振奋。现在的问题是要下大力气抓落实。如此，战略目标才能逐步变为现实，亲民口号才能成为滋润大地的春雨。

为了抓落实，首先要以中央的精神统一全体党员和干部，尤其是负责干部的思想，提高其贯彻中央决议的自觉性，真正将以人为本的观念变成行动的指南。为此，首先要求全面、准确把握以人为本的科学发展观的内涵。以人为本是科学发展观的核心，它与全面、协调、可持续发展是一个整体。所谓全面发展，包括社会生产力与生产关系，经济基础与上层建筑等各领域都得到发展；所谓协调发展，是指按照客观事物的发展规律，在经济领域各部类之间的关系协调，经济、政治、文化、社会之间的关系也要协调，以使相互支持、促进，而非拖累、掣肘；所谓可持续发展，是说各个领域的发展不能寅吃卯粮，只顾眼前或一个暂短时间，而要考虑长远，考虑发展的持续性，为子孙后代发展留下余地。这里既包括自然资源，也包括人才培养，还包括体制改革和制度完善。全面、准确把握科学发展观的内涵，对树立科学发展观是重要的。为了贯彻落实，还必须在这一观念指导下，因地制宜地制定政策，进而制定内容更加具体、规范更加明确，具有更大约束力和可操作性的法律，形成上下一体遵行的制度。

　　这里应指出，以人为本的科学发展观，将对我国法理学产生巨大影响。半个多世纪以来，受苏联法学理论界的影响，我国法理学界往往把马克思揭露资产阶级法的本质时说的："你们的观念本身是资产阶级的生产关系和所有制关系的产物，正像你们的法不过是被奉为法律的你们这个阶级的意志一样"[1] 来定义社会主义法律，把我国社会主义法律仅仅说成是统治阶级意志的体现，并且不容置疑。但对马克思说的"法律应该是社会共同的、由一定物质生产方式所产生的利益和需要的表现"[2] 却注意不够。实践中只肯定法是阶级专政的工具，而未注意恩格斯关于"在现代国家中，法不仅必须适应于总的经济状况，不仅必须是它的表现，而且还必须是不因内部矛盾而自己推翻自己的内部和谐一致的表现"[3] 的说明，很长时间在法的本质和功能问题上争论不休。其实，结合历史和现实，全面理解马克思和恩格斯的论断，就会认识到，即使在资本主义社会，法也具有社会性的一面。现在，党中央根据我国将长期处于社会主义初级阶段这一历史特点，根据社会主义经济、政治、文化、社会发展的新形势，提出以

---

[1]　《马克思恩格斯选集》第1卷，人民出版社1995年版，第289页。
[2]　《马克思恩格斯全集》第6卷，人民出版社1961年版，第292页。
[3]　《马克思恩格斯选集》第4卷，人民出版社1995年版，第702页。

人为本的科学发展观之后，关于法的本质与功能的讨论将进入新阶段，人们对此问题的认识也将更加深刻和明确。这就是说，我国社会主义法既有阶级性，是统治阶级和广大人民意志的体现，也有社会性，它也必然反映全体人民的意志和要求，并且随着社会主义建设事业的发展，在敌对阶级已不存在的社会里，其社会性的特征将愈加凸显。

完全可以预计，认识的提高，观念的形成，不仅将推动法理学的研究，而且会推动整个法学理论和各部门法的研究，进而影响国家的立法、行政和司法。

坚持以人为本，正确认识法律的本质和作用，才能在立法工作中正确处理人与物、人与自然的关系，正确处理中央与地方、地方与地方、城市与乡村的关系，正确处理工业与农业、工农业与服务业的关系，正确处理不同民族、不同行业、不同群体、不同性别的关系，正确处理国内与国际、理想与现实的关系，正确处理民主、自由、平等的关系；才能使我国法律反映全体人民的意愿，反映各个阶层、各个地区、各种职业人群的利益和要求，适应"国家在社会主义初级阶段，坚持公有制为主体、多种所有制经济共同发展的基本经济制度"，适应"坚持按劳分配为主体，多种分配方式并存的分配制度"；① 才能使法律内容"和谐一致"，在保障公民的权利、维护社会稳定和发展中发挥重要作用。

坚持以人为本，才能在行政执法中逐步消除封建社会"以君为本"的专制主义影响形成的官本位思想；才能使行政机关和官员真正认识到权是人民授予的，只能依法行使，不能滥发"红头文件"，不能滥用自由裁量权，更不能恣意横行，或明里暗里卖官鬻爵、贪污腐败；才能使行政机关庞大的公务员队伍真正增强服务意识，提高服务效率，自觉接受来自人民群众、媒体以及人大和党政系统的监督，把国家行政机关建成人民信赖的法治政府。

坚持以人为本的科学发展观，正确认识法的本质和作用，才能依照宪法把人民法院真正建设成"国家的审判机关"，把人民检察院真正建成"国家的法律监督机关"。使他们真正能依照法律"独立行使审判权"，

---

① 《中华人民共和国宪法修正案》第14条。

"独立行使检察权"，真正做到不受行政机关、社会团体和个人的干涉①；才能使法官和检察官做到在执行职务时不受权势和金钱的威逼诱惑，依法秉公行使权力，把国家的司法机关建设成惩治犯罪、维护人权的最后一道防线，实现社会公平正义。

坚持"以人为本"不仅关乎我国立法、行政执法和司法水平的提高，还关系全体公民思想道德素质和守法意识的增强。反映人民利益和要求的法律得到人民的拥护，国家机关和官员严格依法办事成为群众守法的表率，宪法和法律上下一体遵行，我国社会主义法治建设就会展现新水平。由于法治涉及整个社会主义经济、政治、文化和社会建设的方方面面，因之它必将推进我国社会主义和谐社会建设。

[原载《中国社会科学院学术咨询委员会集刊第 3 辑（2006）》]

---

① 《中华人民共和国宪法》第一百二十五条、第一百二十九条、第一百二十六条、第一百三十一条。

"宽严相济"：构建和谐
社会的刑事政策

　　根据中国共产党十六届六中全会精神，最高人民法院和最高人民检察院在十届人大五次会议上的工作报告中，都强调要贯彻"宽严相济"的刑事政策。这是适应构建和谐社会的要求，对刑事政策的进一步调整。它必将促进我国民主法治建设，在全社会实现公平正义和安定有序，完善我国的人权保障制度。

一　新中国成立之初即提出体现
"宽严相济"精神的刑事政策

　　所谓"宽严相济"，相济，即相救助、相成。刑事政策"宽严相济"，是在惩治犯罪问题上宽与严相结合，相互作用，以达惩治、预防犯罪之目的。新中国成立之初，针对当时的对敌斗争形势和社会犯罪状况，为了巩固人民政权，党和国家就提出"镇压与宽大相结合"，体现宽严相济精神的刑事政策。1950 年 6 月，毛泽东在党的七届三中全会的报告中明确指出：对于一切危害人民的土匪、特务、恶霸及其他反革命分子，"必须实行镇压与宽大相结合的政策，即首恶者必办，胁从者不问，立功者受奖的政策，不可偏废。"① 后来，他根据实践中出现的问题，指出"如同宽大应有边，镇压也应有边，无边是不对的"②。"镇压与宽大相结合"，镇压与宽大都应有边，以及"坦白从宽，抗拒从严"等，既区分了犯罪嫌疑人

---

　　① 《毛泽东文集》第 6 卷，人民出版社 1999 年版，第 72 页。
　　② 《毛泽东》上册，中央文献出版社 2003 年版，第 194 页。

在共同犯罪中的地位、犯罪情节，又区分了认罪的态度，还确立了宽与严的政策法律界限。这一刑事政策所含有的威慑力和感召力，在当时清剿盘踞于大陆的上百万武装土匪的斗争中，以及 1951 年 2 月制定的《惩治反革命条例》中均得到了体现。1952 年 4 月制定的《惩治贪污条例》中也贯彻了"镇压与宽大相结合"，"坦白从宽，抗拒从严"精神。由于贯彻了这一政策，有效地动员了人民群众，震慑了敌人和社会犯罪分子，使穷凶极恶残害人民的武装土匪得以迅速清除，众多的暗藏特务受到惩治，其他危害社会治安和危害经济的犯罪得到了遏制。日趋安定的社会秩序，有力地保障了国民经济恢复，支持了抗美援朝战争的胜利，大规模经济建设能于 1953 年顺利展开。

二　五十年代末开始，除一个暂短时期，我国基本上是实行重刑政策

受"左"的思想影响，我国自 20 世纪 50 年代末开始发动了一系列政治运动，使体现"宽严相济"精神的刑事政策受到严重干扰。60 年代初，提出阶级斗争年年讲、月月讲、天天讲，夸大了阶级斗争的严峻形势。其间除对日本战犯、伪满洲国战犯和国民党战争罪犯实行特赦之外，总的说刑事政策日趋严厉。"文化大革命"开始，提出"以阶级斗争为纲"，后来又提出实行"全面专政"，不仅大大加重了对社会犯罪的刑罚，刑罚矛头也指向了一些无辜人士，一批干部和群众的经济、政治和人身权利遭到侵犯。体现"宽严相济"精神的政策被严重歪曲和破坏。

1976 年"文化大革命"结束，党的十一届三中全会批判了"以阶级斗争为纲"。在"解放思想，实事求是"的思想路线指导下，1979 年制定的《刑法》、《刑事诉讼法》重新体现"宽严相济"、"镇压与宽大相结合"的刑事政策；明确肯定了罪责自负，罪刑相宜、罚当其罪，惩罚与教育相结合，主观与客观统一和社会主义人道主义原则。但是，由于 80 年代初经济体制变动，一些人错估形势，想乘机捞上一把，经济犯罪增加，治安形势恶化。当时，邓小平在谈到经济犯罪时指出："这股风来得很猛，如果我们党不严重注意，不坚决刹住这股风，那么我们的党和国

家确实要发生会不会'改变面貌'的问题。"① 对于严重刑事犯罪分子，他指出："必须坚决逮捕、判刑，组织劳动改造，给予严厉的法律制裁。必须依法杀一批，有些要长期关起来。"② 为了有效惩处严重破坏经济秩序和危害社会治安的犯罪分子，全国人大常委会于 1982 年 3 月和 1983 年 9 月相继颁行了《关于严惩严重破坏经济的犯罪决定》和《关于严惩严重危害社会治安的犯罪分子的决定》。决定对上述犯罪分子"依法从重从快"惩罚（简称"严打"）。与此同时，还颁行了《关于迅速审判严重危害社会治安的犯罪分子的程序的决定》，对《刑事诉讼法》规定的审判程序作了修改。适应"严打"颁行的单行刑事法律，对作为刑法典和诉讼法典的一些内容作了重要修正。如对杀人、强奸、抢劫、爆炸和其他严重危害公共安全、情节特别严重的犯罪，"可以在刑法最高刑以上处刑，直至判处死刑"③。增加了刑法原规定的死刑条款，刑法原规定的死刑罪名不到 40 个，已属世界上死刑罪名最多的刑法之一，新颁行的刑事法律，使死刑罪名增至 70 多个，成为世界上死刑罪名最多的刑法；按照"从快"原则，对刑事诉讼法程序经修改简化，加快了包括死刑上诉、抗诉和复核在内的审判程序。上述犯罪分子的"上诉期限和人民检察院的抗诉期限，由刑事诉讼法第一百三十一条规定的十日改为三日"④。其死刑复核，此前最高人民法院已下放到省、市、自治区高级人民法院。这些修改，是非常严厉的举措，致使刑法的罪与罚、刑法与刑事诉讼法之间应有的关系失却了平衡。1996 年、1997 年国家对刑事诉讼法典和刑法典先后重新进行修改。《刑法》规定："法律明文规定为犯罪行为的，依照法律定罪处刑；法律没有明文规定为犯罪行为的，不得定罪处刑。"⑤

---

① 《邓小平文选》第 2 卷，人民出版社 1993 年版，第 403 页。
② 《邓小平文选》第 3 卷，人民出版社 1993 年版，第 34 页。
③ 全国人大常委会《关于严惩严重危害社会治安的犯罪分子的决定》第一条，中国人大网中国法律法规信息系统。
④ 全国人大常委会《关于迅速审判严重危害社会治安的犯罪分子的程序的决定》第二条，中国人大网法律法规信息系统。
⑤ 《中华人民共和国刑法》第 3 条，《中华人民共和国警察全书》，警官教育出版社 1999 年版，第 320 页。

《刑事诉讼法》规定："未经人民法院判决，对任何人都不得确定有罪。"① 由此明确肯定了"罪刑法定"和"无罪推定"原则，改变了在法定刑之上"加重处刑"的规定，并禁止以非法手段获取证据。不过，由于刑法中死刑条款未能明显减少，死刑罪名尚保留 68 个之多，某些严重犯罪的死刑复核权仍未统一收回最高人民法院行使等，使 80 年代初"严打"开始的重刑政策并未发生根本变化。②

"严打"发生于我国改革开放之初。在十一届三中全会确立的"一个中心两个基本点"的基本路线指引下，国家开始由计划经济向社会主义市场经济体制转变，由农村开始的改革向城市铺开。城乡旧的秩序在改变、新的秩序待建立，各种社会矛盾处于错综复杂状态，严重危害人民生命财产安全的经济犯罪和刑事犯罪空前增多。"除恶就是行善"③。为了保护人民生命财产安全，维护社会治安，使改革开放和经济建设能够顺利进行，严厉惩治严重破坏经济的犯罪和危害治安的犯罪，无疑是必要的。事实上"严打"也震慑和遏制了犯罪。应该说，十一届三中全会确立的改革开放政策能够贯彻，国家政治稳定、经济发展、社会有序，固然有多种因素，但对严重经济犯罪和治安犯罪的严厉惩处则是重要因素之一。因之，受到了全国广大干部和群众的支持。

不过，任何事物都是一分为二的。对于"严打"法学界当时就有不同意见。"严打"虽然取得了成绩，但过程中也出现了一些不可忽视的问题。案件多，任务重，破案要求急。公、检、法三机关干警不足，有的地方为了应付需要，不得不从其他部门抽调力量，而一些临时调来的干部业务不熟；也有些地方为集中力量加快办案速度，建立了公、检、法三家联合办公，结果加强了相互配合而削弱了相互制约；有的单位为了按时破案，不按法律规定获取证据，在侦查和预审阶段出现了逼供现象；而有些司法机关在案件公诉和审理阶段又对证据审查不严，未能完全守

---

① 《中华人民共和国刑事诉讼法》第 12 条，《中华人民共和国警察全书》，第 257 页。
② 2006 年 12 月全国人大常委会通过《关于修改〈中华人民共和国法院组织法〉的决定》："死刑除依法由最高人民法院判决外，应当报请最高人民法院核准。"最高人民法院决定自 2007 年 1 月 1 日起死刑报请最高人民法院核准。
③ 《毛泽东传》上册，第 200 页。

住最后一道防线，以至于出现了一些冤案和错案。本来，对严重破坏经济和危害社会治安的犯罪实行"严打"，作为非常措施，在一定时间是可以的，但我国自 80 年代初实行"严打"，却持续了十多年。虽然 1996 年和 1997 年《刑事诉讼法》、《刑法》相继修改，以法典的形式进行了规范，不过之后连续开展的"专项斗争"，实际上延续了"严打"的某些做法。

取得的成绩说明"严打"必要，出现的问题则说明"严打"与重刑的局限。现实和历史经验以及新形势的要求，不能不令人对问题重新思考。

三　"宽严相济"是总结历史经验，汲取人类文明成果，适应构建和谐社会的刑事政策

国家的刑事政策，首先是立足本国实际，传承中华优秀文化，同时也要汲取人类文明进程中的科学成果。

我国早在西周就提出"刑罚世轻世重"。[①] 意思是："刑新邦用轻典"、"刑平邦用中典"、"刑乱邦用重典"。[②] 这就是说适用刑罚要根据形势。其目的是"刑期于无刑"[③]，即以刑罚惩治犯罪，达到消灭犯罪，不适用刑罚之目的。为此，就要"宽严相济"。"严"，《左传》称"猛"："宽猛相济，猛以济宽，政是以和。"[④] 古人这些思想深深影响了历史上一些治世明君。汉高祖刘邦总结秦始皇"专任刑罚"致"天下结怨，溃而叛之"的经验，领兵攻入关中之初，便宣布"杀人者死，伤人及盗抵罪"三章之法，稳定了民心，为胜利奠定了基础。汉经几代经营，相继废除酷刑、减轻刑罚，成就了"风流笃厚，禁网疏阔"[⑤] 的文景之治。唐初，李渊、李世民父子接受隋炀帝忌刻昏乱，民不堪命，遂至于亡的教训，占领京城之

---

① 《尚书·吕刑》。
② 《汉书·刑法志》。
③ 《尚书·大禹谟》。
④ 《左传·昭公二十年》。
⑤ 《汉书·刑法志》。

后便"约法为十二条",削炀帝烦峻之法。之后,他们又相继制定《武德律》、《贞观律》,一再减轻刑罚。史称,太宗"以宽仁治天下,而于刑法尤甚"。贞观四年,"天下断死罪二十九人"[①],可见贞观之世适用刑法的情形。明初,朱元璋立国未稳,便着手制定明律。他接受元末法纪纵弛招致弊端丛生的教训,提出"法贵简当,使人易晓"[②]。《大明律》虽以严厉刑罚惩治贪腐官吏,被称为"重典",但其刑罚却比史家誉为"宽平"的唐律总体上有所减轻。后来,为清王朝所沿用。

在西方,中世纪实行农奴制,刑法严厉,手段残酷。资产阶级革命后相继废除。"二战"以后,各国逐步减轻刑法,主要国家刑法均趋于轻缓。以死刑为例,截至 2004 年世界上已经有一半以上的国家和地区在法律上废除了死刑或在实践中停止了死刑的适用。仍保留死刑的国家只有 94 个,其中大多数国家对死刑的适用严格限制。如日本最近十多年每年平均只执行死刑犯 1 名;美国自 1973 年以来每年平均执行死刑犯不到 100 人;印度是一个有 10 亿人口的大国,经济社会发展水平均不及我国,国内民族矛盾、种姓制度残余矛盾和宗教矛盾引发的社会暴力大量存在,但其刑法只有 6 个死刑条文,每年执行死刑的人数只有百人左右。其他保留死刑的国家,刑法中的死刑条款也不超过 20 个。司法实践中,有的国家判处罪犯,数罪并罚刑期达 100 年以上,的确超乎我们的理解,但那是对剥夺人生命的替代,反映不同民族法律文化对待人生命价值的观念。有人担心,减少死刑条款会降低刑罚的威慑力,使犯罪分子胆大妄为,犯罪数量增加,影响社会治安。据欧盟有关国家专家和学者介绍,统计数字显示,废除、停止适用和减少死刑,并未诱发人们曾担心的社会犯罪,相反社会犯罪呈平稳或下降趋势。现在,人类历史已进入 21 世纪,一个国家采取什么方式预防和惩治犯罪,既反映维护社会安定的需要,也表明文明程度的发展水平。

中国是文明古国,社会主义大国,现正处于历史上空前的盛世。如若前引《尚书》"刑罚世轻世重"关于不同形势下应适用轻、重不问刑罚尚

---

① 《新唐书·刑法志》。
② 《明史·刑法志》。

有几分真理，那么我国无论如何也不能列入应适用重典的"乱国"之列。所以，继20世纪50年代之后，2006年党中央进一步明确提出实行"宽严相济"的刑事政策，正是新一代领导集体审时度势，为适应构建社会主义和谐社会，在总结本国历史和现实经验的基础上，吸纳人类文明的成果作出的十分正确的决策。所谓和谐社会，正如中央十六届六中全会《决定》和胡锦涛同志所概括的，是在以人为本的科学发展观的指导下，以社会主义经济持续发展为基础，实现"民主法治、公平正义、诚信友爱、充满活力、安定有序、人与自然和谐相处的社会"①。这是奋斗目标，也是发展过程。"宽严相济"的刑事政策既与其中民主法治、公平正义、安定有序有直接关系，也与诚信友爱、人与自然和谐相处联系密切。宽严相济的刑事政策，是大多数人民的意愿，是法治的重要内容。在立法与司法实践中坚持这一政策，才能实现社会公平正义，减少个人与个人，个人与群体，群体与群体，个人、群体与国家机构之间的对立，使社会安定有序；坚持这一政策，就能为社会主义精神文明建设提供更切实的保障，实现诚信友爱，实现人与人、人与自然和谐相处。

四　贯彻"宽严相济"刑事政策要解决的若干重要问题

经验证明，一项政策的提出或调整，从提出、讨论，达成共识，然后通过程序确立，十分不易。而确立或调整之后，重新被认识、接纳，到见之于行动贯彻落实，往往更为困难。从20世纪80年代初开始的"严打"未停顿地持续了十多年，之后的刑事政策仍属严厉，在包括政法机关在内的相当部分干警和人民群众中留下了很深的印象。"严打"过程中制定的单行法律对某些罪行加重惩罚的条款已被刑法典所吸纳；"严打"中出现的某些不符合法律规定的做法（如不严格依法律规定获取证据），少数干警实际上已视为"常规"。近年，法律虽已明确禁止，党政机关也曾三令

---

① 《在中央党校提高构建社会主义和谐社会能力专题研讨班开班式上的讲话》，《人民日报》2005年2月20日。

五申，并开始采取包括讯问犯罪嫌疑人同步录像等措施加以监督，但从新闻媒体披露的信息和司法机关处理的案件看，一些问题至今尚未完全解决。在此情况下，贯彻落实"宽严相济"的刑事政策必须首先、至少同时要解决如下问题。

（一）要认识"宽严相济"的刑事政策是构建社会主义和谐社会的一项重要举措。社会主义和谐社会是人类的崇高理想，是美好的社会形态。党中央提出构建社会主义和谐社会，现正日益深入人心。目前要进一步解决的问题是，使全国人民认识到它的实现需要创造各种条件。当然最关键的是要在以人为本的科学发展观指导下，不断发展社会生产力，尽可能地增加物质财富，在此基础上，通过采取包括经济、政治、文化和社会建设在内的各种措施实现社会公平正义。同时，对于过程中不可避免地发生的刑事犯罪，要以体现"宽严相济"的政策为指导，实事求是地予以恰当处理。案件公正处理，哪怕是某一具体案件的处理，都反映人性关怀和社会正义要求。它不仅关系受害人和相关涉案人的权利，还及于法律制度以及对被侵害的社会关系保护。"宽严相济"是事物统一体矛盾的两个方面，只有依据实际情况把握其间的度，才能相辅相成，实现中和与公正。也只有如此，才能有效化解社会矛盾，减少人们之间对立，促进和谐。古人曾说："爱百姓故刑罚中，刑罚中故庶民安，庶民安故财用足，财用足故百志成"①，而"刑罚不中则民无所措于足"②。这话清楚地说明了爱护百姓与公正适用刑罚、公正适用刑罚与人民安居乐业和发展生产的关系；也说明了不公正适用刑罚，必然导致人民惴惴不安、手足无措的不良后果。今天将古人这些对事物规律性的揭示，与贯彻"宽严相济"的刑事政策同建设和谐社会的关系深入加以思考，对认真贯彻这项政策是有现实意义的。

（二）要承认实行"宽严相济"是我国刑事政策的重大调整。如前文所谈，新中国成立之初，党和国家就提出了体现"宽严相济"精神的刑事政策，并在50年代和"文化大革命"结束后的一段时间在有关具体政策

---

① 《礼记·大传》。
② 《论语·子路》。

制定和立法以及司法中得到了较好体现。不过，总的说，半个多世纪中，50 年代末开始形成的"左"的路线和开展的一系列政治运动，"文化大革命"中"以阶级斗争为纲"和"全面专政"，使体现"宽严相济"精神的政策受到严重干扰和破坏；80 年代初开始的持续"严打"，虽然与以往的政治运动和"文化大革命"中的某些措施性质上不能同日而语，不过体现"宽严相济"精神的政策在一定程度上毕竟是淡化了，司法实践中宽与严明显失去了平衡。现在，党中央进一步明确实行"宽严相济"的刑事政策之时，如果我们只认为这是"一贯政策"，而不直面它的曲折历程和曾受到的干扰，以及由"严打"而致刑事立法和司法中出现的问题，就不可能认识它是在原有基础上的新发展，从而认识这项政策的重要性，也就不可能全面理解它的精神实质，无法真正认识我们曾经出现的和现在依然存在的某些问题，进而影响找出今后前进的方向。

（三）要全面理解和深刻领会"宽严相济"刑事政策的内涵。首先要认识，"宽严相济"不只是指实体法即刑法对犯罪量刑的轻重，以为量刑轻则宽，量刑重则严；同时也包括是否严格依程序法即刑事诉讼法办事的评价。在现代法治中，程序公正与实体公正同样重要。审理案件如果只注意实体法，而不遵守程序法，想得到理想的结果，将如"缘木求鱼"，可欲而不可得。不严格遵守法定程序，甚至违反程序，会使宽严都失去可靠依据。不仅如此，许多情况下，违反程序招致破坏制度、侵害社会关系的危害，甚至超过某些犯罪。其次，"宽严相济"对于刑事司法是一项指导全局的政策。其中既涵盖宽也涵盖严。按罪行大小、情节轻重和认罪态度，依照法律当轻则轻。其中可以不判刑的尽量不判，能从轻的，不重判；即使犯了死罪，如有重大立功表现或其他可减刑的理由的也要济之以宽，重中有轻，如应判死刑立即执行的，可判处死刑缓期二年执行或无期、长期徒刑。与此同时，对于危害国家安全、严重暴力和黑社会性质犯罪仍要严厉；对严重经济犯罪也要加大打击力度，即依照法律当重则重。再次，宽与严都应有"边"，都要讲规格，司法的"边"由法律划定。超越法律的宽宥是放纵犯罪；超越法律的严惩是滥施刑罚，都会造成不良社会后果。如系主观故意，则要追究司法官员的责任。最后，国家正进行司法体制改革，为了最大限度减少社会对立，有些地方司法机关对轻微刑事案件和过失致人重伤的案件，开始实行调解和对受害人或受害人亲属的补偿，以免除或减轻加害人刑罚。轻微刑事案件调解，我国古已有之，在革命根据地的法制中也有规定，50年代和60年代初仍在全国不少地方实行，效果是正面的，现在的试点应当继续进行。如获新的成功经验，加以肯定推广，将会减少诉讼，促进社会和谐。

（四）要在司法和与处理刑事犯罪有关的行政执法机构以及人民群众中大力宣传"宽严相济"刑事政策。落实"宽严相济"刑事政策是一个系统工程。从立案、侦查、采取强制措施、预审、起诉、审理、判决，从宣布无罪释放，到定罪判刑交付管制和收监执行刑罚，涉及一系列行政执法和司法机关，也必然会引起新闻媒体和人民群众的关注。所以对这项政策要广泛进行宣传教育。通过宣传教育，司法机关及其官员要摒弃以往那种对案件量刑从严是立场坚定，失之过严是认识问题，不严肃对待；对案件量刑从轻是右倾，失之过宽是事故，要追究责任，向偏严倾斜的观念。以使司法官员都能在无思想包袱的环境下，依据事实和法律作出公正判决。此外，与处理刑事案件有密切关系的是公安机关。它对案件前期的立案、侦查、预审，是刑事政策贯彻的重要环节，是否坚持"宽严相济"直接关系司法机关的审理和判决质量。与刑事案件有关的行政执法机构还有监察、工商、税务、物价、海关和审计等部门。它们对渎职、贪污、欺诈、走私、偷漏税等违法犯罪有调查权和一定处分权，提高这些机构及其工作人员对"宽严相济"刑事政策的认识和相关法律的知识，就能避免所调查的案件该移送的不移送，避免某些已触犯刑律的案件，仅以党纪、政纪、治安处罚和以罚款代替刑罚，违反国家法制的统一。新闻媒体和人民群众在更广泛范围提供违法犯罪线索，监督"宽严相济"的刑事政策的落实中具有重要的作用。他们的积极性应当给予更有力的鼓励和支持。

（五）要以"宽严相济"政策为指导进一步完善刑事立法。在行政执法和司法中落实"宽严相济"刑事政策固然重要，但却有明显局限性。实行依法治国，罪刑法定，刑事司法必须以刑事法律为依据。如前所述，我国1979年的《刑法》比50年代初的《惩治反革命条例》和《惩治贪污条例》对罪的量刑虽然较轻，但由于肯定了"反革命罪"，死刑罪名达 40 个，本来就属世界上较重的刑法。后经"严打"相继颁行的一系列单行刑法，死刑罪名增至 78 个。1997 年刑法经修订，死刑罪名仍有 68 个，且每项罪量刑较重，且法官的自由裁量幅度较大，成为世界上最重的刑法之一。1979 年的《刑事诉讼法》经 1996 年修订，有很大进步，受国内外法学界好评，但对证据认定、辩护制度的规定仍存在缺陷；受害人和犯罪嫌疑人等的某些权利保护也存在不足。这使"宽严相济"的刑事政策如得到全面贯彻，需要进一步完善刑事立法。刑法，要大幅度削减与合并死刑条款，非危害国家安全、公共安全或谋杀等严重的罪，其他贪贿、偷盗等经济犯罪可考虑取消死刑。以长期或无期徒刑加重对经济犯罪的经济惩治。缩小法官定罪量刑自由裁量幅度。刑事诉讼法要完善证据采集和认证制度、辩护制度和公开审判制度。总之，要更有效地落实宪法规定的人民法院独立行使审判权，人民检察院独立行使检察权和履行法律监督的职责。刑事法律完善，既要立足中国实际，又要注意国际上轻刑趋向，借鉴外国的有益经验。我国虽然处于体制转轨时期，刑事犯罪发案率一直较高，但一定要认识到社会犯罪原因是复杂的，仅只加重惩治不可能有效遏制犯罪，尤其要认识，重刑更非中国社会主义刑事政策的特征。在此问题上重温 18 世纪意大利著名法学家贝卡里亚和列宁的结论是有益的。贝卡里亚说："对于犯罪最强有力的约束力量不是刑罚的残酷性，而是刑罚的必定性。"[①] 列宁说："惩罚的警戒作用绝不是看惩罚的严厉与否，而是看有没有漏网，重要的不是惩罚罪行，而是使所有一切罪案都真相大白。"[②] 他们的结论对刑事司法和立法均有重要指导意义。

构建社会主义和谐社会，是中国共产党人对马克思主义社会建设理论的新发展，它的实现需要全国人民共同努力，需要多方面政策措施予以支持。刑事犯罪虽不似劳动就业、财产分配、教育卫生领域纠纷牵连人那么多，涉及面那么广，但其矛盾却更加尖锐激烈，更加影响社会安定。"宽严相济"的刑事政策，体现"以人为本"，体现法律面前人人平等和国家

---

① ［意］贝卡里亚：《论犯罪与刑罚》，中国大百科全书出版社 1993 年版，第 59 页。
② 《列宁全集》第 4 卷，人民出版社 1957 年版，第 3 页。

法治统一的宪法原则，是实现社会公平正义、安定有序的重要政策。坚持这一政策，就能使刑事案件得到更恰当、公正处理，更有效地化解社会矛盾，增强人民团结，就能编织疏而不漏的恢恢法网，使所有犯罪都受到应有的惩罚，将犯罪发案率减到最低的程度，促进和谐社会建设。

（原载《科学发展　社会和谐》，中国社会科学出版社 2007 年版）

依法治国:历史的经验总结

在社会文明进程中，人类一直是在实践中不断总结经验，加深对客观世界的认识，并将这种认识上升为理论，作为制定政策和法律的依据，治理国家，促进发展，改造客观世界。依法治国从观念提出，理论阐释，制度建立及在治理国家过程中运用与发展，都是历史经验的总结。

无论是古代中国还是古代希腊，无论是《管子·明法篇》还是亚里士多德《政治学》等著作中，关于"以法治国"的论述，均为依据实践经验针对当时"礼治"或"人治"出现的弊端提出的革新。新的理论虽曾遭到某些批评，但作为"百家争鸣"的一家或辩论的一方，却为社会变革提出了新思路。由于共处于特定的社会背景和依法治国理论含有的真理成分反映了先进文化，即使持不同见解的对立方，也不能不在演变过程中汲取其中的精华。

居于国家统治地位的历代帝王更不同于理论家，他们面对复杂的社会现象和激烈的社会矛盾，从不拘泥于某一家的说教。虽后世研究者曾按自定的标准将其划分为这一家或那一家的信徒、门生，贴上不同的标签，其实，这些统治者对于先哲的理论多是采取实用主义。这就是为什么人们在大量古文献和出土文物中看到"以吏为师、以法为教"和焚毁诗书、坑杀儒生的秦王朝，官员们仍将诸多儒学教条奉为箴言和圭臬；为什么汉武帝一方面"罢黜百家，独尊儒术"，同时又强化法律统治。中国古代，自汉武帝之后，儒学的地位步步高升，其创始人孔子的声誉青云直上，终被奉为君民顶礼膜拜的"至圣先师"。但历代帝王，尤其是开国君主，无不将编撰法典、严密法网作为首要任务。经汉、魏、晋、南北朝，在递相沿袭的基础上，至《唐律》，就已使"刑杀之书寓于慈祥恺恻之意"，影响东亚诸国的中华法系基本上形成。古代欧洲，源自罗马法的成文法，在历史演进中不断发展，为大陆法系形成奠定了基础。源自英国的"普通法"，从确认普遍适用于全国的判例到"衡平法"的出现和适用过程，也表明了统治者对法律的重视。正是这些法律，保障了中国和欧洲古代文明的发展，也保障了国家在较长时期的统一和稳定。当然，在王权至高无上，以公开不平等为特征的封建社会，法律的局限性是显然的。统治者们往往只将法律作为治民的工具，而自己则超越于法律之外，凌驾于法律之上。这就使古代社会只有"法制"而无"法治"。

法治是随资产阶级革命胜利逐步建立的。革命在这方面最重要的贡献，就是将保障人权、实现社会公平正义作为法治的价值取向，并将其与民主相联系，提出、建立了"三权分立"制度。不过，资产阶级所主张的"民主"是狭隘的、残缺不全的。它不仅曾排斥大量无产者，甚至长时期排斥本阶级的妇女。尽管经过人民群众长期艰苦斗争，情况有所改变，法治进程开始受到较普遍监督，但至今民主仍受金钱控制，司法仍屡受行政干预，穷人在许多情况下仍然无能力争得司法公正。即使在最发达的国家，真正的民主、自由与法治仍然是有待实现的目标。

社会主义革命实现了绝大多数人在国家中的主人翁地位，为现代法治建设展现出广阔前景，然而实践证明，道路也是曲折、坎坷的。客观上，十月社会主义革命后的苏维埃国家和新民主主义革命胜利后的中国，由于都长期受西方列强和帝国主义的侵略、包围、封锁和遏制，处于战争和准战争状态的年轻国家的领导者们，为保卫国家，追求效率，不得不以高度集中的类军事手段组织生产，管理社会。加之，主观上受封建家长制影响多，受民主法治影响少，国家权力运行中往往以个人意志代替人民群众意愿，以命令、指令代替法律，宪法和法律往往成为具文。结果，在苏联民主和法制的破坏为国家解体埋下了伏笔；中国人民也因此付出了沉重代价。

法律是理智的产物，一定意义上说是冷峻的，但弱者却对之倍感亲切。在"文化大革命"中，权利饱受"全面专政"侵犯的广大干部和群众，痛定思痛，强烈呼唤法治；十一届三中全会后发展起来的社会主义市场经济迫切需要法治；中国、外国的历史和现实经验都证明法治之重要。正是在这种背景下，党中央把"依法治国，建设社会主义法治国家"写入党的决议，确立为治国方略，并通过法律程序载入国家宪法，奉为宪法原则。这不仅对于中国特色社会主义建设，而且对于整个社会主义伟大事业都有重要意义。

不过，"历史的经验值得注意"。实践证明，写在党的决议和宪法上的治国方略和原则，并非都是现实的。要充分认识官本位和以言代法在我国政治生活、社会、文化建设以及经济运作过程中影响的顽固性；充分认识不正当的部门利益、地方利益和个人利益可能对法律实施造成的障碍。总之，要充分认识目标和现实之间的距离。按照中央部署，下决心对应实施法治过程中的种种挑战，排除一切阻力，"全面落实依法治国基本方略，弘扬法治精神，维护社会公平正义"。如此，我们就能推进社会主义法治国家建设，夺取全面建设小康社会和构建和谐社会的新胜利。

（原载《法学研究》2007 年第 4 期）

思想解放与我国的人权法治

解放思想，正确认识客观世界，是推进革命和建设事业的思想基础，也是人权法治发展的前提条件。纵观 100 多年来我国人权法治的沿革，从《中华民国临时约法》到现行《宪法》，每前进一步，无不与思想解放密切相连。加深对此问题的研究，对于继续解放思想，提高人权法治建设自觉性，贯彻和落实"国家尊重和保障人权"的宪法原则，促进我国人民享有更充分的人权具有重要意义。

一　在西方资产阶级自由、平等、天赋人权影响下，摆脱封建礼教的束缚，辛亥革命推翻封建君主专制制度，中华民国建立，制定《临时约法》，中国人权法治迈出第一步

中国人民同世界各国人民一样，曾长期为争取自己的权利而奋斗。但是，将"人"与"权"联系起来使用"人权"一词，是近代西方资产阶级启蒙思想家关于"自由"、"平等"、"天赋人权"学说对中国影响的产物。启蒙思想家的学说及其政治主张在西欧和北美的成功实践，使 19 世纪末中国的一批知识分子开始摆脱传统礼教束缚，从新的角度审视延续了两千余年的封建君主专制制度。他们逐步认识到：自由、平等是"天赋"的人权，而非神仙、皇帝的恩赐，起而以不同方式抨击"朕即国家"、皇帝为"九五之尊"的封建伦理观念。如果说，十七八世纪西方资产阶级启蒙思想家的"自由"、"平等"、"天赋人权"学说，为 19 世纪末中国知识分子的思想开启了新空间，那么，他们的后辈则以坚船利炮侵略

中国，加深了中国人民对资产阶级人权本质的认识。1840 年鸦片战争后，英、美、法、德、葡、俄、日等帝国主义，强迫腐朽的清政府签订《南京条约》、《虎门条约》、《望厦条约》、《黄埔条约》、《北京条约》、《瑷珲条约》、《伊犁条约》、《马关条约》等一系列不平等条约。中国主权丧失，割地赔款，人民遭奴役，家园被蹂躏。面对封建专制制度的压迫和帝国主义的侵略，康有为愤怒道："吾中国四万万人，无贵贱，当今日在覆屋之下，漏舟之中，薪火之上，如笼中之鸟，釜底之鱼，牢中之囚，为奴隶，为牛马，为犬羊，听人驱使，任人宰割，此四千年中二十朝未有之奇变。"[①] 他与梁启超、严复、谭嗣同等一批具有爱国主义的知识分子，著书立说，揭露封建君主专制制度，宣传民主理想。他们指出，初民"择其公且贤者，立而为之君"是要求他维护自己的安全。[②]"君也者，为民办事者也；臣也者，助民办事者也。"君和臣如不维护民的安全，不为民办事，则可易其人。[③] 其理想是实现"人人皆有自主之权，人人皆平等"的民主制。[④] 他们言辞激进，行动却缓和得多，希望说服年轻的光绪皇帝通过自上而下变法实现维新。尽管其主张并未根本触及封建君主制，但仍为慈禧代表的旧势力所不容。变法刚刚启动，光绪皇帝便被囚禁，谭嗣同等六君子被杀害，前后经历了 103 天的变法维新遭失败。

思想解放往往要通过正反两方面的教育。康有为等变法失败，谭嗣同被杀，使孙中山为首的资产阶级革命派认识到，不能再囿于封建君主政体内进行改良。孙中山指出：依靠朝廷"将国家加以改革，那是绝对不可能的，因为改革意味着给他们以损害……就会丧失他们现在享受的特权"。[⑤] 他进一步说："主权在民，国之通义"[⑥]，"天下者，天下人之天下，非一二族所独占"。[⑦]"中国问题的真正解决"，必须以国民革命推翻清王朝。面对清统治者的残酷镇压，邹容则大声疾呼："吾侪何为而革命？必有障

---

① 《康有为政论集》（上册），中华书局 1981 年版，第 237 页。
② 《严复集》（第 1 册），中华书局 1986 年版，第 34 页。
③ 《谭嗣同全集》（下册），中华书局 1981 年版，第 339 页。
④ 《民约论巨子卢梭之学说》，《新民丛报》第 12 号，光绪二十八年六月十五日。
⑤ 《孙中山选集》，人民出版社 1956 年版，第 64 页。
⑥ 《孙中山全集》第 3 卷，中华书局 1984 年版，第 319 页。
⑦ 《孙中山全集》第 5 卷，中华书局 1985 年版，第 628—629 页。

碍吾国民天赋权利之恶魔焉，吾侪得而扫除之，以复我天赋之权利"，"杀尽专制我之君主，以复我天赋之人权"。① 1905 年，孙中山将其组织和领导的同盟会的纲领概括为"三大主义"，即：民族主义、民权主义、民生主义（通称"三民主义"）。民族主义为推翻清政府，建立民族独立的国家；民权主义为推翻封建专制制度，建立民国；民生主义为平均地权，进行社会革命。他期望"举政治革命、社会革命毕其功于一役"，振兴中华。在"三民主义"号召下，革命党人领导了一系列武装起义。1911 年的武昌起义得到全国响应。在波澜壮阔的革命浪潮压力下，清帝宣布退位，统治中国两千多年的封建君主专制制度被推翻，建立中华民国。1912 年 1 月 1 日，孙中山就任临时大总统。他以《大总统令》明确宣告："天赋人权，胥属平等。"② 同年 3 月制定《中华民国临时约法》。

《临时约法》是中国近代宪政史上第一部资产阶级性质的宪法，是辛亥革命的最重要法治成果。它规定："中华民国由中华人民组织之"，"中华民国主权属于国民全体"，"中华民国人民一律平等，无种族、阶级、宗教之区别"。这些条款，以根本法的形式确认封建专制制度的覆灭和中华民国的诞生。《临时约法》效仿西方资产阶级国家三权分立原则。参议院为立法机关，行使立法权。临时大总统和内阁为行政机关。临时大总统代表临时政府，总揽政务，拥有公布法律、统帅军队、任命文武官员、宣战媾和、宣布戒严和大赦特赦等权力。国务总理和国务院辅佐大总统。法院为司法机关，依法审判民事和刑事案件，"法官独立审判，不受上级官厅之干涉"。《临时约法》第二章规定了资产阶级宪法中一般的民主原则和自由权权利。其中有：人民享有人身、财产、居住、迁徙、言论、出版、集会、结社、通信、信仰等自由；人民有选举、被选举、请愿、陈诉、诉讼等权利。虽然规定的上述权利，在国家"有认为增进公益、维持治安或非常紧急必要时，得依法律限制之"③，特别是同年 3 月参议院依据《约

---

① 《时论选集》第 1 卷（下册），三联书店 1960 年版，第 665 页。

② 《大总统通令开放疍户惰民等许其一体享有公权私权文》，《中国近代史资料丛刊》，《辛亥革命》八。

③ 以上引文均见《中华民国临时约法》，载《世界人权约法总览》，四川人民出版社 1991 年版，第 740—743 页。

法》第 53 条制定的国会选举法，对选举资格从财产等方面做了诸多限制，将广大贫困劳动人民排除在外，充分表明了它的剥削阶级本质。但从总体看，它毕竟是革命者理想的资产阶级共和国的方案初步具体化、法律化，在中国人民心目中树立了一面旗帜，鼓舞他们更积极地争取自己的权利和参与民主政治的斗争。

后来，辛亥革命的果实被封建军阀袁世凯所篡夺，《临时约法》被撕毁，这一严酷的事实再次告诫革命者："政权问题是一切革命的根本问题"。① "如果没有政权，无论什么法律，无论什么选出的代表都等于零。"② 正是从亲身经历中逐步认识到了这一科学道理，孙中山为首的资产阶级革命派才醒悟，单靠"护法断不能解决根本问题。"③ "宪法之成立，唯在列强及军阀势力颠覆之后耳。"④ 在半殖民地半封建的中国，必须进行反帝国主义反封建主义革命。这一历史任务是共产党领导人民革命实现的。

二 马克思主义在中国的传播，中国共产党人高举人权旗帜，人民革命胜利，新中国诞生，制定社会主义类型宪法，为人权法治奠定了基础

马克思主义深刻批判了资本主义制度和资产阶级人权观念的虚伪性，揭示了人类社会发展的规律。《共产党宣言》指出："到目前为止的一切社会历史都是阶级斗争的历史。""压迫者和被压迫者，始终处于相互对立的地位，进行不断的、有时隐蔽有时公开的斗争，每一次斗争的结局都是整个社会受到革命改造或者斗争的各个阶级同归于尽。"⑤ 为了使整个社会受到革命改造，无产阶级要使自己成为统治阶级，并以统治

① 《列宁选集》第 3 卷，人民出版社 1995 年版，第 86 页。
② 《列宁全集》第 13 卷，人民出版社 1987 年版，第 309 页。
③ 《孙中山丛书》，上海太平洋书店 1927 年版，第 55 页。
④ 《孙中山选集》，人民出版社 1956 年版，第 522 页。
⑤ 《马克思恩格斯选集》第 1 卷，人民出版社 1995 年版，第 272 页。

阶级的资格消灭阶级对立和阶级本身存在的条件。无产阶级"如果不同时使整个社会永远摆脱剥削、压迫和阶级斗争，就不能再使自己从剥削它压迫它的那个阶级（资产阶级）下解放出来"。① 基于这一认识，马克思主义将其奋斗目标规定为实现全人类的解放，实现每个人的全面自由发展。

从理论上说，资产阶级启蒙思想家关于自由、平等和人权的学说与马克思主义关于人类解放、人的全面自由发展的学说，都是关于人的权利的学说，关于人的解放的学说，但二者相较，后者站得更高，视野更远，胸怀更宽广。启蒙思想家的理论虽有历史进步性，并为其实现做了制度设计，但阶级局限是显然的。这在依据其理论建立的资本主义制度中表现得十分突出："自由"是剥削的自由；"平等"是富人间的平等；而"人权"不要说对于被压迫阶级和有色人种，即使对于资产阶级的女性，很长时间也只是画饼，因而不能不是残缺不全的、虚伪的。某种意义上说，资本主义国家人权的改善和国际人权事业的发展，是得益于马克思主义关于人类解放学说的传播和社会主义制度建立后的推动。

1917 年俄国十月社会主义革命开辟了人类历史的新纪元。列宁为首的布尔什维克党发展了马克思主义，在一个贫穷、落后的农业国家成功地进行了社会主义革命，建立了苏维埃政权。世代受压迫受剥削的劳动人民真正成了自己国家的主人，人权享有普及于前所未有的范围。十月社会主义革命胜利和马克思主义在中国的传播，极大地鼓舞了中国革命者，他们在黑暗中看到了曙光，迷惘中产生了希望。由此开始了中国近代历史上第二次思想解放。

接受马克思主义、后来成为中国共产党创始人的李大钊、陈独秀等，作为民主主义革命者时曾倡导人权和人性解放，反对封建君主专制。李大钊曾指出："民与君不两立，自由与专制不并存。是故君主生则国民死，专制活则自由亡。"② 陈独秀曾说："别尊卑重阶级，主张人治，反对民权

---

① 《马克思恩格斯选集》第 1 卷，人民出版社 1995 年版，第 252 页。
② 《李大钊文集》（上），人民出版社 1984 年版，第 175 页。

之思想之学说，实为制造专制帝王之根本恶因。"① "国人而欲脱蒙昧时代……当以科学与人权并重。"② 马克思主义和中国革命斗争实践告诉人们，中国人民为了争得自由、平等和人权，必须进行彻底反对帝国主义和反封建主义革命。1919 年的"五四"运动和 1921 年中国共产党成立，是中国革命实现这一伟大转变的标志。由此确立了新民主主义革命目标，而这个革命是与社会主义革命相联系。

由于人权的内容更为具体，人民群众能看得见，感受得到，为了广泛发动群众争取自己的权利，中国共产党成立之初就把人权写到自己的旗帜上。按照第二次全国代表大会精神，党在北京、广州、上海、山东和江西等地成立了"争取人权同盟"。党组织相继领导了 1922 年 9 月安源路矿大罢工，同年 11 月汉口英租界 4 家洋花厂罢工，10 月开滦煤矿罢工，1923 年 2 月京汉铁路大罢工。每次罢工按照不同情况均提出了具体权利要求，而京汉铁路大罢工中，针对军阀吴佩孚的血腥镇压，响亮地提出了"为自由而战，为人权而战"的口号。争取人权的斗争从知识分子、工人迅速扩及于农民。1931 年"九一八"，日本大举侵略中国。在民族危亡关头，1935 年 8 月 1 日，中共中央发表《为抗日救国告全体同胞书》（八一宣言），鲜明地号召全国人民："为祖国生命而战！为民族生存而战！为国家独立而战！为领土完整而战！为人权自由而战！"③《宣言》极大地唤起了民众抗击日本帝国主义的积极性。此后，无论在抗日战争中或人民解放战争中，无论在浴血奋战的前线或后方其他形式斗争中，人权都是党动员人民的口号和争取实现的目标。

思想解放与人权发展还表现在革命根据地关于人权保障的法治建设方面。人权是美好的理想和奋斗目标，如若实际享有，就要使其成为法定权利，得到法律保障。以农村包围城市，是中国新民主主义革命的特点。在过程中，制定包括人权保障在内的法律，建设革命根据地，是中国共产党对马克思主义的新发展。早在 1931 年江西红色根据地，党所领导制定的

---

① 《陈独秀著作选》第 1 卷，上海人民出版社 1984 年版，第 239 页。
② 同上书，第 135 页。
③ 《中国革命史参考资料》第 3 集，中国人民大学出版社 1956 年版。

《中华苏维埃共和国宪法大纲》（1934 年曾修订）就规定了工人、农民、红军士兵和一切贫困民众的基本权利。抗日战争时期，中央所在的根据地颁行了《陕甘宁边区宪法原则》，制定了《陕甘宁边区施政纲领》、《陕甘宁边区保障人权财权条例》。党领导的其他根据地制定的人权条例有：《山东省人权保障条例》、《晋冀鲁豫边区保障人民权利暂行条例》、《晋西北保障人权条例》、《渤海区人权保障条例执行规则》、《修正渤海区人权保障条例》。上述法律法规肯定了不分男女、种族、宗教在法律面前一律平等；肯定了抗日根据地人民的选举权与被选举权；肯定了人身非依法律规定不得逮捕、拘禁、审讯或处罚；肯定了人民行动自由，住所、财产不受侵犯。肯定了人民集会、结社、言论、出版及思想、信仰自由。解放战争时期，针对战争过程中易出现的问题，一些地方还制定了保障人权的特别文献，如《哈尔滨特别市政府布告——为禁止非法拘捕、审讯及侵犯他人人权等行为事》、《豫皖苏边区行政公署训令各级政府切实保障人权、严禁乱抓乱打肉刑逼供》等。这表明即使在严酷的战争条件下，在敌人的围剿、扫荡过程中，党和根据地政权对人权保障也十分注意。有人以江西红色根据地颁行之《中华苏维埃共和国宪法大纲》只规定保障工农劳苦大众的权利，抗日根据地的人权法律剥夺了"汉奸及褫夺公民权者"的"选举、罢免、创制、复决之权"①，剥夺了汉奸的"居住行动自由权"②，就对其是否属于人权法律文献提出质疑，这是没有道理的。人权概念有其发展过程，人权保障制度更是逐步完善。抗日战争时期当我们制定法律保障人权时，在首倡人权的欧洲资本主义国家，还奴役大片殖民地，而美国还实行种族隔离制度。"当时的非洲裔美国人被剥夺了选举权和诸多公民权，并在法律上被隔离于白人种族之外。"③ 其实根据地的法律对汉奸等也是作了妥善规定的："对于汉奸分子，除绝对坚决不愿改悔者外，不问其过去行为如何，一律实行宽大政策，争取感化转变，给以政治上生活上之出路，不得加以杀害、侮辱、强迫写悔过书。对于一切破坏边区分子，例如

---

　　① 《山东人权保障条例》，《世界人权约法总览》第 765 页，四川人民出版社 1991 年版。

　　② 《晋冀西豫边区保障人民权利暂行条例》，《世界人权约法总览》，四川人民出版社 1991 年版，第 767 页。

　　③ 《参考消息》2008 年 7 月 31 日：《埃菲社华盛顿 7 月 29 日电》。

叛徒分子、反共分子等，其处置办法仿此。"[1] 正是注意保障人权，同时对汉奸等敌对分子的处置制定了妥善政策，根据地才日益巩固和发展，最后成为夺取抗日战争胜利和全国革命胜利的坚强支撑。

1949 年中华人民共和国成立，标志着我国历史进入新阶段。人权法方面最重要的成果，是《中国人民政治协商会议共同纲领》和在此基础上1954 年制定的《中华人民共和国宪法》。具有临时宪法作用的《共同纲领》开宗明义宣布："中国人民解放战争和人民革命的伟大胜利，已使帝国主义、封建主义和官僚资本主义在中国统治宣告结束。中国人民由被压迫的地位变成新社会新国家的主人。"[2] 中国人民从此站起来了！长期遭受剥削、压迫和欺凌，历经无数次磨难的中华民族深深懂得这一宣告之重要。它使四万万五千万中国人真正享有了做人的尊严，享有了人权。依据《共同纲领》，1950 年先后颁行了《婚姻法》和《土地改革法》，1953 年 3月颁行了《选举法》。《婚姻法》宣布废除旧的包办强迫、男尊女卑的封建婚姻制度，实行男女婚姻自由，夫妻权利、义务平等，子女权利受法律保护的新民主主义婚姻制度。它首先使占全国人口总数二分之一的女性获得解放，同时也是对受旧婚姻制度束缚的男性的解放。《土地改革法》规定："废除地主阶级封建剥削土地所有制，实行农民土地所有制，借以解放生产力，发展农业生产，为新中国的工业化开辟道路。"[3] 它的贯彻实行，使新中国成立时仍受封建土地制度束缚的 3 亿多农民获得了土地和其他生产资料。除西藏等个别少数民族地区实行特殊政策外，在全国实现了孙中山先生"耕者有其田"的理想。贯彻婚姻法和农村进行土地改革的同时，城市安置失业工人和接收国民党政府职员，开展将受封建把头剥削和压迫的工人解放出来的民主改革。城乡民主改革极大地鼓舞了全国人民的革命热情和生产积极性，有力地支持了抗美援朝战争，支持了剿灭盘踞在大陆的 100 多万土匪和暗藏的国民党特务的斗争，有效地捍卫了国家独立，维护了社会秩序和人民生命财产安全。1952 年，国民经济恢复到历史

---

[1] 《陕甘宁边区施政纲领》，《世界人权约法总览》，四川人民出版社 1991 年版，第 787—788页。

[2] 载《世界人权约法总览》，四川人民出版社 1991 年版，第 810 页。

[3] 《中华人民共和国土地改革法》。

最高水平。1953 年，国家开始大规模经济建设。按照同年制定的《选举法》，经普遍选举，1954 年召开全国人民代表大会，制定了《中华人民共和国宪法》（以下称《宪法》）。

这部由毛泽东领导起草、经多方面征求意见并由全国人民大讨论、最后由全国人民代表大会一致通过的《宪法》，"巩固了我国人民革命的成果和中华人民共和国建立以来政治上、经济上的新胜利，并且反映了国家在过渡时期的根本要求和广大人民建设社会主义共同愿望"①。在"总纲"中规定了国家性质："中华人民共和国是以工人阶级领导的、工农联盟为基础的人民民主国家"；肯定了主权在民的原则："中华人民共和国一切权力属于人民"；同时规定了实行人民代表大会制度，"人民行使权力的机关是全国人民代表大会和地方各级人民代表大会。"② 这是一部社会主义类型的宪法。它的制定过程及其内容，都体现了社会主义民主原则，体现了对人权的尊重，因而进一步激发了全国人民对社会主义革命和社会主义建设的积极性。

1955 年，全国实现了农业合作化以及对手工业和个体工商业的改造。1956 年，基本实现了对资本主义工商业的改造。社会主义改造的基本完成，促进了工农业和整个国民经济发展。1953 年到 1956 年，工业总产值平均每年递增 19.6%，农业总产值平均每年递增 4.8%，出现了市场繁荣，物价稳定，人权状况显著改善的大好局面。

不幸的是，在国家各项事业胜利发展之际，党和国家主要领导人却错判了政治、经济形势，在一系列问题上作出了错误决断：1957 年的反右派斗争严重扩大化，将数十万知识分子、爱国人士和党的干部错划为"资产阶级右派分子"，长期遭到不公正对待；1958 年，在经济建设上急于求成，夸大主观意志的作用，轻率地发动大跃进和农村人民公社化运动，加上自然灾害和苏联背信弃义撕毁合同、逼债，致使国家经济自 1959 年至 1961 年连续三年发生严重困难，许多人营养不良，一些地方发生了不正常死亡现象；1959 年对坚持正确意见的彭德怀进行了错误的批评，将他与黄

---

① 《中华人民共和国宪法》（1954）《总纲》。
② 同上。

克诚、张闻天、周小舟等定为"反党集团"，接着，从上到下开展了"反右倾"，使政治上、经济上已经出现的错误雪上加霜；1963 年至 1965 年，将一些基层干部因执行"左"倾政策出现的问题和作风问题，都认为属阶级斗争问题，发动群众进行批判，对其造成了重大伤害；1966 年以党中央的名义发动"文化大革命"，提出打倒"党内走资本主义道路的当权派"、"反动学术权威"。全国范围出现"停课闹革命"、"停产闹革命"，冲击党和国家机关，严重破坏了社会秩序、工作秩序和学习秩序。人民群众，直至国家主席的人身权、财产权，甚至生命权都遭受了侵害。中央指出："历史已经证明，'文化大革命'是一场由领导者错误发动，被反革命集团利用，给党、国家和各族人民带来严重灾难的内乱。"①

对于应加强法制和出现的不重视法制的现象，党和国家领导层早有批评和建议。党的创始人之一董必武 1956 年在党的第八次全国代表大会上曾指出："现在无论就国家建设的需要来说，或者是就客观的可能性来说，法制都应该逐渐完备起来。法制不完备的现象如果再让它继续存在，甚至拖得过久，无论如何不能不说是一个严重问题。"他提出，要"有法可依……要赶快把国家尚不完备的法律制定出来"；还要"有法必依，凡属明文规定的，必须确切地执行，按照规定办事"。②遗憾的是，他的正确意见未受到应有重视，致使在国家运作中，形成了以政策代替法律，并逐渐演变成以领导人的个人意见代替政策和法律的极不正常的状况。

前文所列举的辛亥革命的历史告诉我们，政权问题是革命的根本问题。由于未能掌握住政权，《临时约法》很快成为具文。而 1957 年至"文化大革命"这段历史则告诉我们，在掌握政权，甚至制定宪法之后，如若不进一步完善法制，严格按宪法和法律办事，宪法规定的社会主义目标和人民权利的实现也得不到保障。不过，这里需要说明，1954 年《宪法》虽然曾遭到破坏，并由此给国家带来过严重危害，但这部经亿万人民讨论、全国人民代表大会通过的宪法所确立的原则是科学的、有生命力的。它在动乱中让人们向往秩序；事物被扭曲时，唤起社会公平正义；在打、

---

① 以上引文见《关于建国以来党的若干历史问题的决议》。
② 以上引文见《董必武选集》，人民出版社 1985 年版，第 413、419 页。

砸、抢、抄、抓成风时，是判断守法与违法犯罪的准绳；当干部和群众人格尊严、人身安全受侵害时，仍有人大义凛然地手持《宪法》维护自己的权利。事实证明，在劫难中它是人民的精神支撑，之后它又是 1982 年制定的现行宪法的蓝本。所以可以说，1954 年宪法为我国人权法治奠定了基础。

三　十一届三中全会提出"解放思想，改革开放"，之后提出建设中国特色社会主义，"依法治国"与"国家尊重和保障人权"，确立为宪法原则，我国人权法治进入新阶段

1978 年，党的十一届三中全会果断结束"以阶级斗争为纲"的路线，确立"解放思想、实事求是"的指导思想，开始全面地认真地纠正"文化大革命"及其以前的"左"倾错误，决定健全社会主义民主和社会主义法制，把工作重点转移到以经济建设为中心的社会主义现代化事业上来。这次会议的精神反映人民的意愿，受到了普遍拥护。按照"实践是检验真理的唯一标准"，人们开始全面系统地研究毛泽东思想，摒弃以往对马克思主义经典著作的错误理解和附加，认真思考由于思想长期禁锢而未能审视的重要理论和实践问题。诸如，针对错误理解列宁关于"无产阶级专政是不受任何法律约束的政权"，重"人治"而不重视法律和制度，甚至公然说出"和尚打伞，无发（法）无天"无视法律的言论。邓小平指出："往往把领导人说的话当做'法'，不赞成领导人说的话就叫做'违法'，领导人的话改变了，'法'也就跟着改变。"[1] "为了保障人民民主，必须加强法制。必须使民主制度化、法律化，使这种制度不因领导人的改变而改变，不因领导人的看法和注意力的改变而改变。"要"做到有法可依，有法必依，执法必严，违法必究"。[2] 按照十一届三中全会的精神，在

---

[1] 《邓小平文选》第 2 卷，人民出版社 1994 年版，第 146 页。
[2] 同上书，第 147 页。

中央直接主持下，历次运动遗留的大批冤假错案得到平反，被错误处理者及其受株连的亲属得到了昭雪。与之同时，国家加快了立法工作，制定出《刑法》、《刑事诉讼法》等一批急需的法律。针对以往不顾经济发展水平和群众思想觉悟，在农村组织的"人民公社"和城镇的手工业、商业不适当地集体化或国有化造成的生产效率不高、生活贫困，邓小平指出："贫穷不是社会主义。"按照人民群众的意愿，先后在农村和城市进行改革，解决人民的温饱问题。这样，随十一届三中全会精神贯彻，至 90 年代初，全国人民的经济、文化和政治权利得到了迅速提高。

尽管思想解放和改革促进了经济、政治发展和人民各项权利提高，但人权理论研究却非一帆风顺。这不仅是因为此研究领域长期无人敢于涉猎，还由于国内外不断有人利用人权问题诋毁社会主义制度，导致问题复杂化。在理论界，除《光明日报》发表《论人权与公民权》一文正面阐述人权理论①，其他多数是从"人民权利、公民权利"或某一部分人的权利论述的。诸如《加强法制建设，保障人民权利》、《保障人民权利是革命法制的优良传统》、《给文艺工作者以法律保护》、《论罪犯的法律地位》、《再论罪犯的法律地位》等。而当中央理论刊物等主流媒体发表《人权是资产阶级口号》后，人们的思想又产生了新的疑虑，直到90 年代初才有了新的变化。

为了适应国内外客观形势的要求，1991 年初，江泽民指出：人权问题回避不了，要进行研究。此后，中央宣传部、国务院新闻办公室、中国社会科学院等按照中央部署进行了以下工作：

第一，中央宣传部组织编辑《人权研究资料丛书》。此丛书共六个部分：《世界各国人权约法》、《马克思主义人权理论》、《中国人权建设》、《西方国家人权学说》（上下册）、《发展中国家与人权》、《社会党和民主社会主义人权观》等；加上中央党校编辑之《世界人权约法总览》，全丛书共约 700 万字。连一些西方国家学者也赞叹，如此系统和有规模的人权资料在其他国家未曾见过。编者在《总序》中坦言："在一段时间里，我们对人权问题的研究不够重视，缺少了解，甚至有些同志不加分析地视为

---

① 徐炳：《论人权与公民权》，《光明日报》1979 年 6 月 19 日。

资产阶级的东西不予理睬，另有一些同志则盲目照搬西方的人权观念，自觉不自觉地接受西方资产阶级人权观的影响。这些都是不正确的。"① "这套书的编选和出版，无疑是有重要意义的，因为它是我国第一套关于人权研究比较全面、比较系统的资料，对人权理论研究、人权建设实践和外交领域的斗争，都有重要参考价值。"② 这套丛书的出版还有另外一层更加重要的意义：它是由中央宣传部牵头编辑的，在编辑过程中动员了中央单位、科研机构和部分高等学校的专家学者。这实际上是对人权资料搜集和理论研究作了进一步发动。

第二，按照中央的部署，中国社会科学院承担了理论研究任务。根据邓小平关于"要大胆吸收和借鉴人类社会创造的一切文明成果"③ 的重要思想，胡绳院长指出，人权研究要以马克思主义为指导，主要为完善我国人权保障制度服务，同时也为国际人权斗争和交流服务，在研究中要与人类文明进程的科学成果相结合。以此为宗旨，担当这一研究任务的法学研究所，在召开一系列座谈会的基础上，于 1991 年 6 月在北京举办了全国性的大型人权理论研讨会。参加研讨会的有学者、专家和政府官员。会议较集中地讨论了人权研究的重要意义、人权的概念和人权的历史发展等问题。会议对主要问题基本上达成了共识：所谓人权是人依其自然属性和社会本质应当享有和享有的权利。其主体是人。它既包括本国人，也包括外国人、难民和无国籍的人，即所有人。这里说的人以个人为主体，同时也包括集体。集体人权是个人人权的延伸。这一概念的客体是权利，应当享有的权利。应有权利属道德权利，它体现依社会经济文化的发展人类的共同愿望和追求，是法定权利和实有权利不断完善的动力和先导。人权有共性，也有个性。其共性是基于人们共同利益产生的理想和需要；其个性是由各个国家民族文化传统、地理环境、社会制度及科学技术发展水平所产生的特点。人权在国与国表现不同质的人权制度；在一国之内，在阶级对抗的条件下，经济上、政治上占统治地位的阶级总是通过法律等手段谋求

---

① 《人权研究资料丛书》"总序"，四川人民出版社 1994 年版。
② 同上。
③ 《邓小平文选》第 3 卷，人民出版社 1993 年版，第 373 页。

本阶级的特殊利益，具有明显的阶级性。人权的共性与个性是相互影响、相互渗透的。在制定人权政策和完善人权法制时，既要注意共性，也要注意个性，过分强调一方面而忽略另一方面，都可能在实践中招致不良后果。上述认识是学界同仁运用历史唯物主义，对前人的研究成果和《世界人权宣言》基本内容的概括。至于研究的意义，学者们还指出：充分保障人权是社会主义制度的内在要求，与实现人的全面自由发展之目标是吻合的。我国宪法本身就是一份权利保障书。过去受"左"的思想影响，不愿谈人权，不利于我国人权保障事业和国际人权交流与斗争，今后我们应高举人权旗帜。

第三，在资料收集理论研究的基础上，国务院新闻办公室组织撰写、并于1991年11月发表了《中国的人权状况》白皮书。"白皮书""前言"之外共分10个部分：生存权是中国人民长期争取的人权，中国人民获得了广泛的政治权利，公民享有经济、文化和社会权利，中国司法中的人权保障，劳动权利的保障，公民享有宗教信仰自由，少数民族的权利保障，计划生育与人权保障，残疾人的人权保障，积极参与国际人权活动。白皮书以马克思主义为指导，从理论和实践的结合上全面阐释了我国的人权状况，并对人权作了充分肯定。"前言"开宗明义指出："享有充分的人权，是长期以来人类追求的理想。从第一次提出'人权'这个伟大的名词后，多少世纪以来，各国人民为争取人权作出了不懈的努力，取得了重大成果。""旧中国长期处于帝国主义、封建主义、官僚资本主义压迫之下，广大人民群众没有人权可言。深受其苦的中国人民，一百多年来，一直把推翻'三座大山'的压迫、争得人权作为自己的奋斗目标，为此前赴后继，不怕流血牺牲，进行了长期的艰苦卓绝的斗争。"这里，将人权称为"伟大的名词"，"是长期以来人类追求的理想"，中国人民一直把"争得人权作为自己的奋斗目标，为此前赴后继……进行了艰苦卓绝的斗争"，就充分肯定了人权，肯定了人权的普遍性，也肯定了人权的特殊性。白皮书强调了生存权和发展权之于中国的重要，是由于中国人民从切身经历中认识到，生存权是享有其他人权的前提，不打败"三大敌人"，任凭帝国主义欺侮，中国人民无人权可言；不通过发展解决人民衣、食、住、行，人民的生存得不到保障。当然，发展不仅是经济发展，还包括政治、文化和社会发展。中国人民正是认识到"发展是硬道理",扭着发展不放,才使人权保障水平不断提高。《中国的人权状况》白皮书总结了历史,展示了现实,展望了未来,摆事实,讲道理,极具说服力。它的发表,国内为之一振,国外为之一震,产生了巨大反响。邓小平说:"这是一篇大文章,一篇好文章。"① 其基本观念标志党和政府对人权认识步入新境界,成为国家人权制度建设新的里程碑。

自此之后,在十一届三中全会精神指导下的以宪法为中心的人权法律体系进一步完善。早在1982年《宪法》修改前,邓小平就曾指出,修宪是为"要使我们的宪法更加完备、周密、准确,能够切实保证人民真正享有管理国家各级组织和各项企业事业的权力,享有充分的公民权利,"② 1982年12月通过的现行宪法对公民的权利作了更全面、广泛的规定,并将《公民的基本权利与义务》从1954年宪法第三章改为第二章。放在更加显著的位置。宪法颁行后,全国人民代表大会又分别于1988年、1993年、1999年和2004年,通过了四个宪法修正案共31条,对宪法的一些条款作了重要修正,尤其是将"依法治国、建设社会主义法治国家"与"国家尊重和保障人权"确立为宪法原则,这就全方位推进了人权保障法治。

——政治权利保障的法律。政治权利是人民参与国家事务管理的权利。依照《宪法》规定,我国实行人民代表大会制度。人民行使政治权利主要表现在依照宪法和法律选举人民代表大会代表,并对他们及由他们组成的人民代表大会选举和任命的国家和地方各级政府及国家工作人员进行监督。为了充分发扬民主,将更合格的人员选为人民代表和任命为国家工作人员,宪法和法律扩大了差额选举范围。县、乡人民代表大会代表由选民直接选举,全国人民代表大会代表和省、自治区、直辖市的人民代表大会代表由下一级人民代表大会选举。各级人民代表大会代表、地方各级人民代表大会常务委员会副主任和人民政府副职领导人员,一律由差额选举

---

① 田丹:《朱穆之同志与中国第一个白皮书》,《风云激荡七十年》(下),五洲传播出版社2007年版,第362页。

② 《邓小平文选》第2卷,人民出版社1994年版,第339页。

产生。地方各级人民代表大会常务委员会主任、人民政府正职领导人员、人民法院院长和人民检察院检察长也由差额选举产生。如果提名的候选人只有一人，也可以等额选举。宪法规定，公民对任何国家机关工作人员有批评和建议的权利，对于违法和失职行为，有向国家机关提出申诉、控告或检举的权利。对于公民的申诉、控告或检举，有关国家机关必须查清事实，负责处理。任何人不得压制和打击报复。

——人身权保障的法律。人身权是有关人身安全、人身自由、人格尊严等相关的权利。宪法规定的各项基本权利都以人身权的切实保障为前提。《宪法》明确规定，公民的人身自由不受侵犯。任何公民非经人民检察院批准或者人民法院决定，并由公安机关执行，不受逮捕。禁止非法拘禁和以其他方法非法剥夺或者限制公民的人身自由，禁止非法搜查公民的身体。公民的人格尊严不受侵犯，禁止用任何方法对公民进行侮辱、诽谤和诬告陷害。公民的住宅不受侵犯，通信自由和通信秘密受法律保护。依据《宪法》，国家通过《刑法》、《刑事诉讼法》等法律加强对人身权的保障。法律严禁刑讯逼供，对于拘留、逮捕、搜查、取证等涉及人身自由和安全的强制方法作了明确规定。违反规定，"对证人及其近亲属进行威胁、侮辱、殴打或者打击报复，构成犯罪的，依法追究刑事责任；尚不够刑事处罚的，依法给予治安管理处罚"①。1996 年、1997 年，适应客观形势需要，我国先后对《刑事诉讼法》和《刑法》进行了修改。《刑法》总则规定了罪刑法定原则："法律明文规定为犯罪行为的，依照法律定罪处刑；法律没有规定为犯罪行为的，不得定罪处刑。"《刑事诉讼法》总则规定了无罪推定原则："未经人民法院依法判决，对任何人都不得确定有罪。"为了确保司法公正，《宪法》和法律规定：人民法院依照法律规定独立行使审判权，人民检察院依照法律规定独立行使检察权，不受行政机关、社会团体和个人的干涉。在不断实践过程中，国家还通过修改法律，通过司法体制改革，进一步完善了公开审判制度、人民陪审员制度、辩护制度、法律监督制度、死刑复核制度、诉讼代理制度和司法救助制度等。

——经济、社会和文化权利保障的法律。我国是社会主义国家。《宪

---

① 《中华人民共和国刑事诉讼法》第 49 条。

法》的重要特色是对经济、社会和文化权利有较明确规定。《宪法》规定："我国实行社会主义市场经济。"依据《宪法》，国家制定了《民法通则》、《物权法》、《担保法》、《专利法》、《著作权法》、《商标法》、《合同法》等，以确保作为社会主义市场经济基础的财产权和知识产权；制定了《公司法》、《合伙企业法》、《个人独资企业法》、《农民专业合作社法》、《反垄断法》、《反不正当竞争法》等，以保障各类市场主体的法律地位，保障其公平参与市场竞争，促进市场经济健康发展；制定《消费者权益保护法》、《产品质量法》、《城市房地产管理法》、《食品卫生法》、《农业品质量安全法》、《药品管理法》等，以保障消费者权益和健康；制定《环境保护法》、《大气污染防治法》、《水利法》、《水污染防治法》、《防沙治沙法》、《海洋环境保护法》、《土地管理法》、《森林法》、《草原法》、《矿产资源法》、《煤炭法》、《节约能源法》、《清洁生产促进法》、《放射性污染防治法》、《环境噪音污染防治法》等，以保护自然资源和人民生存环境。国家制定《劳动法》、《工会法》、《劳动合同法》、《就业促进法》、《生产安全法》、《矿山安全法》、《职业病防治法》、《红十字会法》、《公益事业捐赠法》、《劳动争议调解仲裁法》，以及《职工探亲规定》、《工人退休、退职暂行规定办法》、《国有企业职工待业保险规定》、《工伤保险条例》、《失业保险条例》、《城镇居民最低生活保障条例》、《建立城镇职工基本医疗保险制度的决定》等法律和法规，以完善社会保障制度；制定《教育法》、《高等教育法》、《职业教育法》、《民办教育法》、《国防教育法》、《教师法》、《科学教育普及法》、《体育法》、《科学技术普及法》等，以在全国普及九年制义务教育，发展中、高等教育，提高公民的文化素质、健康水平和全社会的文明程度。

　　——少数民族权利保障的法律。我国是一个统一的多民族国家，共有56个民族。汉族占全国人口总数的92%，其他55个民族占8%。"国家的统一，人民的团结，各国内民族的团结，这是我们的事业必定要胜利的基本保证。"① 现行宪法对少数民族的权利和事务作了详细规定。《宪法》"总纲"："中华人民共和国各民族一律平等，国家保障少数民族的合法权

---

① 《毛泽东选集》第 7 卷，人民出版社 1999 年版，第 204 页。

利和利益，维护发展各民族的平等、团结、互助关系。禁止对任何民族的歧视和压迫，禁止破坏民族团结和制造民族分裂的行为。""各少数民族聚居地方实行区域自治，设立自治机关，行使自治权。"除"序言"、"总纲"有关规定外，第三章《国家机构》中还专列"民族自治地方的自治机关"一节。宪法138条正文中，有28条涉及少数民族的规定。依据宪法，1984年制定了《民族区域自治法》。它标志我国的民族区域自治制度进入法治化阶段。按《宪法》和《民族区域自治法》规定，自治机关既有一般地方国家机关的共性，又有其特性。诸如：民族自治地方的人大常委会中，由实行民族区域自治的民族公民担任主任或副主任。自治区主席、自治州州长、自治县县长由实行民族区域自治的民族公民担任。民族区域自治地方的人民政府实行自治区主席、州长、县长负责制。民族区域自治地方机关的其他组成人员，要尽量配备实行民族区域自治的民族和其他少数民族的人员。自治机关享有比其他地方同级国家机关的地方法规和单行条例的制定权和经济管理权。少数民族参加最高国家权力机关和地方各级权力机关的代表，大大超过占全国总人口8%的比例。为了促进少数民族地区经济、政治文化和社会发展，国家和经济发达地区持续加大对少数民族地区的支援，使少数民族地区的国民生产总值和居民人均收入增长速度连年高于内地各省。随着国家西部大开发战略的实施，少数民族地区的经济、政治、文化和社会权利一定会更快发展。

——妇女、儿童权利保障的法律。妇女、儿童的权利保障一直受国家关注。妇女占全国总人口的二分之一，是建设社会主义的重要力量；儿童是国家的未来，他们的健康成长是全社会的希望。《宪法》明确规定："妇女在政治的、经济的、文化的、社会的和家庭生活等各方面享有同男子平等的权利。""婚姻家庭、母亲和儿童受国家保护。"还规定："父母有抚养教育未成年子女的义务。""禁止破坏婚姻自由，禁止虐待老人、妇女和儿童。"依照《宪法》，国家颁行的《婚姻法》、《继承法》、《民事诉讼法》等对于妇女和儿童权利的保障作了具体规定。20世纪90年代以来又颁布《未成年人保护法》、《妇女权益保障法》、《母婴保健法》，对妇女和儿童的权利保护作了进一步规定。《妇女权益保障法》规定，妇女享有同男子平等的政治、文化、劳动、财产、人身和婚姻家庭权利。《未成年人保护法》规定："国家保障未成年人的人身、财产和其他合法权益不受侵犯"；保护未成年人的各项权利，以及家庭、学校、社会和司法机关在保护未成年人方面的职责。为贯彻落实以上两个法律，国务院颁行了《中国妇女发展纲要》和《中国儿童发展权利纲要》。上述法律和纲要的实施，有效地保障了妇女的权益和发挥了她们在社会主义建设中的作用；有效地保障了儿童和未成年人更健康成长。

　　——残疾人权利保障的法律。中国残疾人占全国人口 5% 以上，超过8000 万。残疾人的权利保障，不仅关系他们自身，而且关系千万个家庭和整个社会安定，关系社会主义建设事业发展。《宪法》规定："公民在年老、疾病或丧失劳动能力的情况下，有从国家和社会获得物质帮助的权利。""国家和社会保障残疾军人的生活，帮助安排盲、聋、哑和其他有残疾的公民的劳动、生活和教育。"依照《宪法》，国家制定了《残疾人保障法》。其他法律，诸如《民法通则》、《婚姻法》、《继承法》、《兵役法》、《义务教育法》等也都有保障残疾人权益的条款。国务院和有关部门还专门制定了保障残疾人权利的专门法规和规章。诸如《关于残疾人事业工作纲要》、《关于发展残疾人教育的若干意见》、《残疾人就业条例》、《全国残疾人三项康复工作实施方案》、《关于残疾人个体开业给予免征税照顾的通知》、《关于对社会福利生产单位征税问题的通知》等。各省、自治区、直辖市的国家权力机关，根据本地的实际情况还制定了保障残疾人权益的地方性法规。法律明确规定，禁止歧视、侮辱、侵害残疾人；禁止虐待和遗弃残疾人；对于侵害残疾人人身权利或其他合法权益，构成犯罪行为的，依刑法规定从重处罚。国家建立了残疾人联合会，除台湾外，其他所有省、自治区、直辖市以及地区（市）、县均建立了相应的地方组织。它们为残疾人权利保障发挥了重要作用。

　　中国人权保障制度的特点是真实性。经改革开放 30 年的努力，人权保障法律体系基本形成。社会主义市场经济发展，政治体制改革不断深化，为人权保障提供了更坚实的基础。现在各种权利保障均达到了前所未有的水平。政治权利和自由方面，人民依法享有选举权和被选举权。历届人民代表大会代表选举的参选率都高达 90% 以上。人民通过各种途径和形式管理国家、社会事务和经济文化事业；有言论、出版、结社、游行示威自由，有宗教信仰自由；实现了通过包括通信、会议、报刊以及互联网等形式对人民代表，对国家机关和国家工作人员进行监督。经济权利方面，社会主义市场经济高速发展，2007 年国内生产总值达到 24.66 万亿元，跃居世界第四大经济体。城镇居民可支配收入，由 1990 年的 1378 元增至 2007 年的 13786 元；农村居民人均纯收入，由 1990 年的 686 元增至 2007 年的 4140 元。城镇居民银行储蓄存款余额，由 1990 年底的 7034 亿元增至 2007 年底的 3.17 万亿元，城镇居民住房不仅面积扩大，质量提高，而且成为居民财产的重要组成部分。劳动就业和社会权利方面，最近 5 年，全国平均每年城镇新增就业 1000 多万人，农村劳动力转移 800 多万人，基本解决了下岗工人再就业和城镇新增劳动力的就业问题。近年企业退休人员养老金不断提高，城镇职工养老制度不断完善，2007 年参保人数突破 2 亿人，基本医疗保险参保人数达 1.8 亿人。农村全面建立了最低生活保障制度，新型农村合作医疗不断完善，参合农民 3.7 亿人。文化权利方面，全国农村义务教育阶段学生已全部免除学杂费，全部免费提供教科书，对家庭困难的寄宿生提供生活补助。从 2008 年下半年开始，城市义务教育阶段学生也免除学杂费。在普及九年义务教育的同时，国家大力发展中、高等职业教育和普通高等教育。2007 年，中、高等职业教育在校生分别达到 2000 万人和 861 万人；普通高等教育本科生和研究生达到 1144 万人。教育发展，推动了经济、文化和科学技术的发展，为全民素质提高创造了条件。

四　在党的领导下，坚持"以人为本"的科学发展观，继续解放思想，构建和谐社会，使人民享有充分人权，实现人的全面自由发展

经过前人长期努力，在中国共产党的领导下，人民革命获得了胜利。新中国成立和 1954 年《宪法》制定，为我国人权法治奠定了基础。20 世纪 50 年代后期至"文化大革命"期间，由于"左"的错误和"以阶级斗争为纲"的路线影响，人权建设曾走了弯路。1978 年党的十一届三中全

会之后拨乱反正，走上健康道路。30 年来，随着社会主义事业的不断发展，人权法治成就巨大，世人瞩目。不过，实现人民期望的目标，仍面临诸多有待解决的问题，可谓任重道远。

在立法方面，宪法规定的某些基本权利，如新闻传播和社会保障方面的权利等，现在多是以行政法规、规章和政策规制，尚需以法律的形式加以规范。某些已制定的法律和法规，随着形势的发展和社会条件的变化，需要加以修改，诸如：《刑法》的死刑条款和罪名过多，《刑事诉讼法》与《律师法》之间某些规定不一致，以及劳动教养制度的改革等。此外，我国现在已参加了包括 23 个国际人权公约在内的诸多国际条约。这些国际公约对我国法律制度必然会产生一定影响，但目前在我国法律体系中的地位则需要进一步明确。在执法和司法方面，有因干部水平低或徇私枉法或因外部干扰，造成某种程度执法不严或司法不公，加之一些官员贪污腐败，致使在某些权益遭侵犯的群众心目中，一些国家机关及国家工作人员公信度降低。基层民众有理由的上访不断，群体性上访屡屡发生。在经济、社会和文化方面，地区、城乡发展不平衡，收入差距拉大，千万人尚待脱贫。由于缺少严格监督，部分企业履行社会责任不认真，甚至欺上瞒下，造成社会保障规定不落实，产品质量不合格，工矿事故频频发生。环境治理进展缓慢，局部地区，个别河流污染还有加重之势等。除以上法定权利保障有待解决，社会发展还会不断提出新的问题。权利虽不能超越社会经济和文化的发展，但当社会经济和文化发展到一定水平，将促使人们提出新的权利要求。此时，国家就应义不容辞地将这种要求变成法定权利，并创造条件使人民享有。而这种过程将会不断持续下去，需要长期关注。

在国际方面，中国是 13 亿人口的大国，是联合国安理会的常任理事国，30 年的高速发展，已跃居世界经济体前列，现正大步融入国际社会，在国际经济发展和政治活动以及人权保障事业中都举足轻重。发达国家担心由此国际实力格局改变，视中国为竞争对手或威胁；发展中国家对中国主持国际正义，抗衡西方国家在人权问题上的"双重标准"寄予殷切期望；中国本身对公认的国际行为准则正经历熟悉和适应过程。应当认识，在包括国际人权在内的诸多国际事务中，西方国家虽不能为所欲为，但仍力图操控。它们立足本国利益，采取的"双重标准"，以及个别国家奉行的单边主义，绝不会轻易改变。一些国家反复以"人权问题"指责我国，在联合国前人权委员会十数次提出"反华提案"，并非关心中国人权。如若看不清，不妨回顾他们历史上对中国的侵略和凌辱，还可以回顾新中国成立以来他们对中国的军事骚扰、战争威胁、经济制裁和遏制，再不然，可以看看北京奥运会之前，拉萨发生打、砸、抢、烧、杀事件后，他们对肇事的"藏独"分子的态度，以及一些人和媒体对奥运圣火在国外传递中的暴力干扰和鼓噪。这都是"醉翁之意不在酒"，而是以"人权"为借口，妄图损害中国声誉，阻碍中国发展。

国内与国际的问题都说明，我们面临的问题是复杂的。如前文所言，人权建设方面以往问题的解决，和近30年取得的巨大业绩，是在党领导下思想解放的结果，今后还必须在党的领导下继续解放思想。唯有如此，才能按照十七大的精神，深化经济体制改革，推进政治体制改革，解决经济、政治、文化和社会权利保障方面的问题；唯有如此，才能遵循关于"国家尊重和保障人权"的宪法原则，弥合在此问题上仍存在的认识差距，为人权保障进一步扫除思想障碍；唯有如此，才能在向市场经济转轨过程出现的利益博弈中，经过协调，找到共同点，在政策和法律层面达成统一；唯有如此，才能既立足中国实际，承传优秀历史文化，又不墨守成规，大胆借鉴人类文明成果，在人权保障制度上实现创新；唯有如此，才能提高广大干部的思想、业务素质，严格坚持法律制度，有效克服执法和司法中仍存在的腐败现象，在全社会实现公平正义；唯有如此，才能立足中国，放眼世界，准确把握国际形势发展，妥善处理在人权保障问题上与发展中国家和发达国家之间的关系，为我国和平发展营造良好的国际环境。

为了促使社会主义事业更健康发展，切实保障人权，我国在实现"小康"之后，现正全面建设小康社会，并提出构建社会主义和谐社会和推动建设和谐世界。所谓和谐社会，是"按照民主法治、公平正义、诚信友爱、充满活力、安定有序、人与自然和谐相处的总要求"，坚持以人为本的科学发展，坚持改革开放，坚持民主法治，坚持正确处理改革发展和稳定的关系，在党的领导下，形成全体人民各尽其能、各得其所而又和谐相处的社会。所谓推动建设和谐世界，是"按照和平共处五项原则和其他公认的国际关系准则同世界各国不断发展友好关系，推动建设持久和平、共同繁荣的和谐世界"。[①]其具体内容是：政治上相互尊重、平等协商、不干涉他国内政、实现国际关系民主化；经济上相互合作、优势互补、共同发展、互利共赢；文化上相互借鉴、求同存异、尊重不同民族文化多样性、促进人类文明繁荣发展；安全上相互信任、加强交流合作、以和平方式解决国际争端；环境保护上相互帮助、维护人类赖以生存的地球家园。上述目标是中国特色社会主义的美好蓝图和行动计划。其核心是"以人为本"，"尊重和保障人权"。只要在党的领导下继续解放思想，坚持科学发展观，中国特色社会主义事业和人权法治一定会达到新水平，一定会为人民充分享有人权，实现人的全面自由发展提供更可靠的保障。

（原载《中国改革开放与人权发展30年》，人民日报出版社2009年版）

---

① 此处引文见《中共中央关于构建社会主义和谐社会若干重大问题的决定》。

中国特色社会主义法治的
发展与新发展

　　按：遵循十一届三中全会的精神，1979 年中央 64 号文件在传承中华优秀法律文化和吸纳人类文明的基础上，提出"实行社会主义法治"。1997 年党的十五大进一步明确提出"依法治国，建设社会主义法治国家"，全国人大并于 1999 年通过宪法修正案，将其确立为宪法原则，是对马克思的发展。有力地推动了我国社会主义法治进程。由于宪法在国家法律体系中是母法，具有统领地位，所以宪法之于法治的作用就一再被强调。胡锦涛："宪法以法律的形式确认了我国各族人民奋斗的成果，规定了国家的根本制度、根本任务和国家生活中最重要的原则，具有最大的权威和最高的法律效力。"他还提出："宪法法律至上"。本来，实行法治，依法治国，建设社会主义法治国家，强调宪法的重要地位和作用，是应有之义，法学界也有诸多阐述。但在我国，改革开放是中国共产党中央自上而下发动的。所以，宪法的地位、作用和权威由中央和国家领导人加以强调，并且确认其至高无上的地位，意义就更加非凡，是对社会主义法治的新发展。胡锦涛在提出宪法法律至上的同时，也提出了党的事业至上、人民利益至上。本文认为，上述已包括于宪法法律之中。肯定宪法的至高无上地位，严格遵守宪法和法律，就是维护党的事业，维护人民的利益。

　　中国特色社会主义法治是中国特色社会主义的核心部分，也是这一伟大事业的重要特征和保障。新中国成立以来，从提出建立革命法制，到十一届三中全会提出加强社会主义法制，党的十五大提出"依法治国"建设社会主义法治国家，再到胡锦涛同志代表党中央提出"宪法法律至上"，反映了党和国家对法治建设日益重视。研究这一历程，对于高举中国特色社会主义事业伟大旗帜，在理论和实践上都具重要意义。

一 中国特色社会主义法治概念

所谓中国特色社会主义法治，最集中的概括就是党的十五大提出的"依法治国，建设社会主义法治国家"。十五大之后，它先是由《中国共产党章程》确立为党的纲领，之后又载入国家宪法，确立为宪法原则。对于社会主义法治原则，十五大之后法学界多有解析，我在一篇文章中将其分为十个原则，即：民主原则，人权原则，自由原则，平等原则，法律至上原则，司法独立与司法公正原则，权力制衡原则，秩序原则，党的领导原则①。以上原则归纳起来就是，社会主义法治以民主为基础，体现人民主权。其目的是实现人民自由、平等和享有充分人权。为达此目的，必须具备相应的条件，即在社会主义经济发展的基础上，实现权力制衡，建立安定和谐的社会秩序。在我国，关键是加强和改善党的领导。这一概念既反映了现代国家的一般理念——民主、自由和人权，又表明了我们国家的本质特征——社会主义和共产党的领导；既确立了党和人民治国理政的基本方略——依法治国，又阐明了我们的奋斗目标——建设社会主义法治国家，尊重和保障人权。对于前述民主、自由、平等及人权被视为现代国家的一般理念，我想不应当产生异议。恩格斯曾经说过："现代社会主义……就其理论形式来说，它起初表现为18世纪伟大启蒙学者所提出的各种原则的进一步的、似乎更彻底的发展。"②恩格斯的话说明，上述原则不是资产阶级的专利。尤其是它们已被我国宪法和法律所肯定，从而注入了新的内容。正如恩格斯说的，是在原有基础上作出了进一步的"更彻底的发展"。当然，对原则的宣示容易，论证和阐释也不十分困难，但要将其付诸实践、变为现实，却要从历史沿

---

① 刘海年：《略论社会主义法治原则》，《中国法学》1988年第1期。
② 《马克思恩格斯选集》第3卷，人民出版社1965年版，第404页。

革把握发展趋势，自觉实现观念更新，进行经济、政治、文化和社会体制改革。其中政治体制改革与社会主义法治发展的关系尤为密切，显得更加重要。为使这一体制改革健康、平稳发展，党的十六大提出："要把党的领导，人民当家做主和依法治国有机统一起来。"这也是社会主义法治发展中应当注意遵循的。

二　依法治国：历史经验的传承与发展

（一）传承中华优秀法律文化

法是民族精神的产物。任何国家的法律和制度都是在特定历史文化背景下形成和发展的。中国有五千年的文明史，自跨入文明社会门槛之后，在长期农耕社会，聚族而居的生活环境、宗法制度及不同民族融合的基础上，形成了风格独特、内容丰富的中华文化。法律和制度作为其中的重要部分也具有鲜明的民族特点。开始，经长期习惯演变，奉行以嫡长子为中心、以血缘关系为纽带的礼制。西周之后形势变化，春秋战国"礼崩乐坏"，社会进入大变革时代。人们思想空前活跃，不同学派对于治理国家纷纷提出见解，史称"百家争鸣"。法家主张"以法治国"，说"威不两错，政不二门，依法治国，则举措而已"。① 儒家虽然不排除法律作为治国的手段，但偏重"礼治"，又称"德治"。孔子："道（导）之以政，齐之以刑，民免而无耻；道（导）之以德，齐之以礼，有耻且格。"② 墨家和道家对于治理国家也都提出了自己的主张。对于这场争论，后世有人依据当世观念和需要，将其形容为"水火不相容"、"冰炭不同器"。应该说，他们的分歧是客观存在的，在某些问题上可称得上尖锐、激烈。但由于都是共处于同一历史背景和社会大变革时代，都是为社会发展寻找出路，因此，各学派的思想观念不可能不相互影响、相互吸纳。这不仅从战国末期荀况的《荀子》和吕不韦的《吕氏春秋》中得到证明，即使在儒法等各家的代表著作中，也都能看到对"忠君"、"孝亲"等伦理观念和维护君

---

① 《管子·明法》。
② 《论语·为政》。

主专制统治理论的宣扬。

　　如果说偏重抽象理论的学者、各派之间存有门户之见尚且能够沟通，那么君临天下的帝王，在现实生活中各种复杂问题和难以回避的社会矛盾面前，则是实用主义者。为了维护其统治地位，许多帝王从不拘泥于某一学派的说教。尽管起初他们可能倾向这一派或那一派的观念，后世的研究者也曾按当时的需要，自定标准将其划为某一派的信徒、门生，然而事实证明，帝王们最终不能不按社会经济发展和政治统治的需要，吸纳自认为一切有利于统治稳定的主张。这就是为什么在大量历史文献和新发现的简牍、帛书中，人们会看到在崇尚法家学说，"有学法令，以吏为师"①，焚毁诗书、坑杀儒生的秦王朝，官员们仍将诸多儒学教条奉为圭臬和座右铭的原因所在。总结秦始皇统一全国后被胜利冲昏头脑，"废王道，立私权，禁文书而酷刑罚"②，招致失败的教训，汉王朝建立之初实行"无为而治"，其实是"王霸道杂之"。此后，儒学地位逐步上升。到汉武帝"罢黜百家，表章六经"③，董仲舒"引经义决疑狱"，儒学地位进一步升高。直至其创始人孔子被奉为"至圣先师"。正是在儒法两家学说此消彼长或彼长此消的过程中，二者在实践中实现了"巧妙"的结合。帝王们视法律为不可须臾离开的法宝，同时又不忘用儒家美妙的言辞予以妥善包装。从秦汉经魏、晋、南北朝，到隋、唐，每一王朝建立，开国之君无不首先抓法典编纂。正是在不断总结、递相沿袭的基础上，各王朝法制均采用"外儒内法"的形式，至唐达到了"完美"程度。人说《唐律》以儒家的礼为准绳，使刑杀之书寓以慈祥恺恻之意，节目简要、定刑宽严适中。宋、元、明、清各代在承传中对其进一步丰富和发展，使之更趋完备。中国封建法律确立的各项原则，形成的观念和运作经验，诸如：依法治国，重视法典编纂；引礼入法，维系伦理道德；忠君孝亲，树立家长权威；统一国家，不同法式并存；重视吏治，严格官吏监督；借债还钱，保证正常交易；提倡告奸，维系社会治安；诬告反坐，自首减免罪行；纠纷调解，促

---

① 《史记·秦始皇本纪》。
② 同上。
③ 《汉书·武帝纪》。

进邻里和睦；法平如水，断罪依据法律；王子犯法，与民同等受罚；允许刑讯，不得超越限度；伤人抵罪，定罪依据证据；杀人偿命，死刑奏请朝廷复核等，成为中华法律文化的重要内容。其中固然有理想化的成分，还夹杂有现代人认为的糟粕，尤其在实施过程中常常受到干扰，但它毕竟促进了中国古代文明，并且以其巨大的传统力量，还会继续成为中国特色社会主义法治建设的思想资源。

（二）吸纳人类进程的文明成果

与中国春秋战国先哲们提出不同治国理念，是以礼（德）治国还是以法治国大体同一时间，在西方古希腊也出现了此问题的研究和争论。柏拉图主张人治。在《理想国》中，他说："除非哲学家成为国王……国家就不会解脱灾难，得安宁。"而他的学生亚里士多德则主张法治，他指出："法治应当优于一人之治。"[1] "为政最重要的一个规律是，一切政体都应当订立法制。"[2] 他还引梭伦："制定法律，无贵贱，一视同仁，直道而行，各得其所。"由此可以看到，古希腊哲学家与中国春秋战国时的儒家和法家，虽身处两地、相隔万里，但所辩论的问题不仅命题相同，观点类似，使用的语言也相差无几。在信息不通、相互不可能交流的年代，出现这种"奇怪"的现象，只能用马克思主义关于人性的普遍性和特殊性、共性和个性来解释。公元前 6 世纪至公元 3 世纪，古代雅典和古代中国经济、政治和文化都有了较大的发展，社会都处于大变革之中。国家如何治理？先哲们依据自己所处的社会环境和时代提出了各自的主张。中国，如前所述儒法两家争论的结果是礼法结合、外儒内法；而在古希腊，亚里士多德的"法治"主张似乎略占上风。古希腊哲学家的法律思想和古希腊的法律对作为欧洲法治文明标志的罗马法具有深远影响。

罗马法从公元前 415 年制定《十二铜表法》算起，历经共和时代和帝国时代，其法律形式从元老院制定的单行法律、决议，到后来皇帝发布的敕令和编纂的法典，内容不断发展变化，维护和促成了罗马帝国的兴旺和

---

[1] 《政治学》，商务印书馆 1965 年版，第 167 页。
[2] 同上书，第 269 页。

繁荣，也见证了它的没落和衰败。它虽然是维护奴隶制度的产物，但所规定的诸多民事法律关系，如物权、债权和继承权等，却含有资本主义法律关系原则。所以马克思称之为"商品生产者社会第一个世界性的法律"①。古罗马法对中世纪欧洲法律具有重要影响，也是近代资本主义国家法的渊源。公元476年，西罗马帝国被北方的日耳曼部落联盟（罗马人称之为"蛮族"）所灭，建立了一些所谓蛮族国家，开始向封建制转变。这些国家在自己原有习惯法的基础上，有选择地吸收了罗马法的一些规范，分别编纂出《欧利克法典》、《萨里克法典》等"蛮族法典"治理国家。经过长期演变，罗马法成为欧洲后来形成的"大陆法系"的主要渊源。在欧洲与大陆法系并行的还有"普通法系"。公元1066年诺曼底公爵威廉征服英国之后，在英国建立了以国王为中心的封建专制制度。国王以日耳曼原有的法律为主结合当地原有的习惯审理案件，以此形成的判例作为普遍适用于全国的法律，称之为"普通法"。"普通法"还包括稍后出现的"衡平法"。这是在依"普通法"对一些案件无法处理的情况下，国王指派大法官以衡平的原则予以处理而形成的案例。由于"普通法"与"衡平法"均以判例为特征，又称"判例法"。从古希腊哲学家关于法的重要性论述，古希腊法、罗马法到中世纪的"蛮族法典"，以及英国"普通法"的形成，都说明西方奴隶制和封建制国家统治者在治理国家过程中也十分重视法律。

　　由于奴隶制和封建制国家法律实行公开不平等，以残酷刑罚维护等级特权，在社会经济日益发展的背景下，大约到14—15世纪，人民就开始觉悟到它已成为社会发展的桎梏和进一步实现自己权利的障碍。资产阶级革命首先发生的英国，就是从争取人民权利开始的。由新贵族控制的国会1628年通过的《权利请愿书》、1679年通过的《人身保护法》，以及1689年通过的《权利法案》，都是步步限制以国王为代表的旧封建贵族的权力，争取本阶级的财产权、人身权和政治权利。如果说这些立法是资产阶级与以国王为代表的封建势力妥协的产物，那么，18世纪北美独立战争和法国资产阶级革命则要彻底得多。其所颁布的宪法和法律，诸如美国1776年

---

① 《马克思恩格斯选集》第4卷，人民出版社1958年版，第248页。

《独立宣言》、1787年《美利坚合众国宪法》，法国1789年《人权与公民权宣言》以及1804年的《拿破仑法典》等，均以宪法和法律形式肯定了资产阶级启蒙思想家提出的民主、自由、平等、人权和国家建构中的"三权分立"原则。这些原则在思想家那里有理想成分，资产阶级革命过程中曾是动员人民群众同封建阶级斗争的口号，资产阶级取得政权后，不仅未打算在广大群众中普遍实施，即使对本阶级妇女，很长时间也不过是美妙的画饼。所以说它是狭隘的、残缺不全的。只是由于它本身含有的真理成分，通过广大人民群众长期斗争，三百多年来不仅对资本主义制度发展和国家建设发挥了一定作用，而且对包括中国在内的前殖民地和半殖民地国家争取民族独立斗争也有重要影响。辛亥革命中，民主、自由、平等和人权一直是中国革命者力争实现的目标，也是辛亥革命后《中华民国临时约法》所体现的宪法原则。辛亥革命的果实虽然被篡夺了，但《临时约法》肯定的原则却为革命者们所牢记。自那时起，它便是同倒退复辟的封建势力和专制独裁斗争的宪法武器。

（三）发展马克思主义国家学说

马克思主义充分肯定资本主义的历史进步作用，说它"是在'自由'、'平等'、'民主'、'文明'的道路上向前迈进了具有世界历史意义的一步"[1]。但同时也揭示了它的局限性和潜伏的危机。马克思恩格斯指出："过去的一切运动都是少数人的或者为少数人谋利益的运动。无产阶级运动是绝大多数人的，为绝大多数人谋利益的独立运动。"[2] 他们总结阶级斗争，特别是无产阶级同资产阶级斗争的历史经验，创立了无产阶级革命和无产阶级专政学说，指出："工人阶级革命的第一步，就是使自己上升为统治阶级，争得民主。"[3] 如何争得民主，实现民主？1871年巴黎工人进行了伟大实践。起义后以普遍民主方式成立的公社委员会，立即颁行法令，以国民自卫军代替常备军，以治安委员会代替旧

---

① 《列宁全集》第37卷，人民出版社1984年版，第109页。
② 《马克思恩格斯选集》第1卷，人民出版社1956年版，第283页。
③ 同上书，第272页。

警察机构，以司法委员会代替司法机构，实行议行合一等一系列革命举措。其宣言和行动表明，巴黎公社是工人阶级的政府，是"社会解放的政治形式，把劳动从垄断劳动者自己所创造的或是自然所赐予的劳动资料那批人篡夺的权力（奴役）下解放出来的政治形式"①。公社的经验是宝贵的，"原则是永存的"，但由于革命只发生在一个城市，且建立的政权只存在了 72 天，不可能没有一定局限性。马克思主义国家学说是通过 1917 年俄国十月社会主义革命和中国 1949 年新民主主义革命胜利实践进一步丰富的。

俄国十月社会主义革命是在一个比较落后的国家发生的，虽也是通过城市武装起义，但却与农民建立了牢固联盟。革命胜利后建立的是工农兵苏维埃政权。依据当时国内外形势，第一届苏维埃政府建立后立即颁行《和平法令》、《土地法令》，通过《被剥削劳动人民权利宣言》，以解决当时面临的最急迫的和平问题与土地问题。《被剥削劳动人民权利宣言》成为俄罗斯 1918 年宪法第一章。适应国内外形势新发展，俄罗斯与白俄罗斯、乌克兰等国建立苏维埃联盟，1936 年通过了《苏维埃社会主义国家联盟宪法》。中国新民主主义革命是在俄国十月社会主义革命影响下在一个半殖民地半封建社会发生的。为了争取革命胜利，工人阶级在长期的斗争中不仅与农民建立了牢固联盟，而且与小资产阶级、民族资产阶级建立了广泛的统一战线。这是中国革命的特色，也是 1949 年革命胜利后制定的具有临时宪法作用的《共同纲领》的特色，并为 1954 年《中华人民共和国宪法》所肯定。依据 1954 年宪法所建立的人民代表大会制度，从本质上看，与巴黎公社和俄国的苏维埃制度一脉相承，都是绝大多数人当家做主的政权，但却有鲜明的中国特色。这就是中国人民民主政权的基础更广泛、更稳固。

无论是俄国（包括后来的苏联）或中国，革命胜利后都注意了宪法和法律对治理国家的重要作用，都首先抓宪法和法律制定。并且，所制定的宪法和法律对政权巩固，战争创伤医治，国民经济恢复和大规模社会主义经济建设展开都发挥了重要作用。但是，由于客观上新生的苏维

---

① 《马克思恩格斯选集》第 2 卷，人民出版社 1957 年版，第 415 页。

埃国家和中国人民民主政权建立后，帝国主义为将其掐死于摇篮里，实行封锁和禁运，并不惜发动战争，长期处于战争和准战争状态；由于主观上受封建家长制影响大，加上权力高度集中，习惯于以指挥战争的方式管理经济，管理社会，在初期获得巨大成就面前，便忘乎所以。领导人从无视法制发展到破坏法制。苏联领导人认为，过渡时期阶级斗争越来越尖锐，"肃反"扩大化，错杀了一大批党政军高级干部和高级知识分子；中国共产党虽然对此理论上有所批判，但却认为"阶级斗争，一抓就灵"。1962 年八届十中全会后提出阶级斗争要年年讲，月月讲，天天讲，以致"文化大革命"中提出"以阶级斗争为纲"，一大批干部和群众受到迫害。中国共产党十一届三中全会正式结束"文化大革命"，使社会主义回归正确道路。而苏联党所犯的严重错误却为苏维埃社会主义国家联盟解体埋下了伏线。

20 世纪 90 年代初，苏联解体，东欧一系列社会主义国家改制，标志社会主义运动出现低潮。在此紧要关头，中国共产党人以邓小平为领导，高举中国特色社会主义旗帜，响亮地提出加强社会主义民主法制，提出"依法治国，建设社会主义法治国家"，从而继承和发展了马克思主义国家学说。之所以说是发展，是由于中国共产党人在马克思主义经典作家以往对法的本质和作用肯定的基础上，进一步对其进行了科学评价。中国宪法规定："我国将长期处于社会主义初级阶段。"[1] 这个初级阶段究竟多么长，没有说，但它是整个社会主义的一个阶段则是明确的。而整个社会主义阶段的国家只能是社会主义法治国家。此外，这里还有一层意思，"依法治国"是治国的方略，固然有一定的工具作用，但重要的是它是一种行为准则，全体公民应普遍遵行的规则。这里治国的主体表现为党和政府，而不仅仅是党和政府，重要的是党和政府代表的全体人民。如果说"依法治国"尚含有方略的意思，那么"建设社会主义法治国家"，则是法治要实现的目的。当然，这不是最终目的，最终目的是人，是"以人为本"，是全中国人都享有充分人权。中国共产党对马克思主义国家学说的发展，不仅将保证中国特色社会主义建设的胜利，而且将对整个社会主义运动产

---

[1]　《中华人民共和国宪法修正案》第 12 条。

生深远影响。

三　宪法法律至上：中国特色社会主义法治的新发展

如前所述，十一届三中全会之后，党和国家对法律和制度建设日益重视。邓小平在十一届三中全会上的讲话中，提出的"有法可依，有法必依，执法必严，违法必究"十六字方针，为社会主义法治建设指明了方向。如果说在此前和之后的一段时间党和国家面临的矛盾是解决有法可依问题，那么20世纪90年代，尤其是进入新世纪之后，经持续努力，基本上建成了中国特色社会主义法律体系，矛盾的主要方面则转化为有法必依，严格依法办事；转化为干部和群众一体遵守法律问题。依法治国，建设社会主义法治国家确立为宪法原则以来，党和国家虽然下大力气抓了这方面的工作，也取得了一定成效，但仍存在诸多问题有待解决。究其原因主要是：其一，旧传统的影响。邓小平同志在总结党的历史经验时曾指出："我们这个国家有几千年的封建社会历史，缺少社会主义的民主和社会主义的法制。"[1] "旧中国留给我们的，封建制传统比较多，民主法制传统很少。"[2] 这种传统在以农业经济为特征、聚族而居的广大农村和基层，国家法律的贯彻往往受宗族、邻里亲情的影响。人与人之间亲情关系浓厚，法律意识淡薄。这种传统在党和国家机关内部，则表现为家长制。一些领导人往往视自己为所在地方和单位的家长。如邓小平所说："家长制是历史非常悠久的一种陈旧的社会现象，它的影响在党的历史上产生过很大危害，陈独秀、王明、张国焘等人都是搞家长制的。"[3] 这种遗风虽然曾屡受批判，但至今仍未完全消除，"不少地方和单位，都有家长式的人物，他们的权力不受限制，别人都要唯命是从，甚至形成对他们的人身依附关系"[4]。在这样的地方和单位，"家长"们的权威往往高于法律。其二，国家权力运作受计划经济体制时期影响。我国新民主主义革命是武装夺取政

---

① 《邓小平文选》第2卷，人民出版社2002年版，第348页。
② 同上书，第332页。
③ 同上书，第330页。
④ 同上书，第331页。

权，革命斗争中运作方式是命令、执行命令。新中国成立后，党未能及时由革命党向执政党转变，仍以指挥军队的方式组织经济建设。用毛泽东同志的话说就是"主要靠决议、开会"，"每个决议都是法，开会也是法"。结果将宪法的法律抛到一边，产生了诸多弊病。改革开放之后，情况有了变化，但至今在许多人心目中，红头文件、直属领导的批示仍高于法律。其影响所及，潜规则泛滥，法律文件在某些领域成具文。其三，市场经济的负面影响。市场经济重视个人权益保护，激发人们的积极性，但同时也助长了一些人的私欲。一些人为满足自己的私欲，不仅在金融借贷、土地买卖、工程招标以及其他商品交易中大搞权钱交易，而且出现了买官卖官等诸多恶劣实例。这种极不正常的违法犯罪行为，虽三令五申、严刑重罚但成效甚微，人民群众强烈不满。所以胡锦涛同志指出："在发展社会主义市场经济的新形势下……有法不依，执法不严，违法不究的问题还不少，一些不同程度的违宪现象仍然存在。"①

为了加强社会主义法制，解决实际存在的有法不依问题，党和国家重视维护宪法和法律的权威。江泽民同志指出："我们党领导人民制定宪法和法律，也要领导人民遵守宪法和法律。"胡锦涛同志指出："宪法以法律的形式确认了我国各族人民奋斗的成果，规定了国家的根本制度、根本任务和国家生活中最重要的原则，具有最大的权威和最高的法律效力。""要在全社会进一步树立宪法意识和宪法权威，切实保证宪法的贯彻和实施。"不久前胡锦涛同志更是提出"宪法法律至上"，把宪法和法律的地位强调到了前所未有的高度。所谓至，即极、最。至上，至高无上。宪法法律至上就是在国家生活中没有比宪法和法律更高的权威。古往今来，治理一个国家总要有一种权威，否则必然招致混乱。领袖、政党都很重要。列宁曾指出：没有一批有经验、有极高威信的领袖，"无产阶级专政、无产阶级的'意志统一'，就会成为一句空话"②。在革命时期，政党的领袖是依他们的品德、才能在长期实践斗争中选拔的，在人民群众中有很大的个人魅

① 胡锦涛：《在首都纪念中华人民共和国宪法公布实施二十周年大会上的讲话》，《人民日报》2002 年 12 月 5 日。

② 《列宁全集》第 4 卷，人民出版社 1958 年版，第 331 页。

力和权威。新的国家建立后，作为领袖，个人的品德、才能也是人民群众拥护的基本条件，但其从产生、履行职责到受监督，都必须依据宪法和法律。比之于领袖个人，宪法和法律有更高的权威。宪法和法律至上首先含有这层意思。

如果说上述意思是从宪法与党和国家领导人角度做出的分析，领导人和党组织"必须在宪法和法律的范围内活动"。那么宪法法律至上还有更深层的意思，即宪法和法律与党的事业、人民利益的关系。胡锦涛同志在提出宪法法律至上的同时，还说党的事业至上、人民利益至上。这就进一步申明了"宪法和法律体现了党的事业和人民利益的统一。党员遵守宪法和法律就是遵从人民的意志，服从党的领导"。实际上，这种统一关系宪法已明确规定。人民利益是我国宪法和法律的根基。宪法明确规定："中华人民共和国一切权力属于人民。"宪法的本质就是集中体现人民的意志，反映和维护人民的利益。所谓党的事业，就是中国特色社会主义。宪法规定："我国将长期处于社会主义初级阶段。国家的根本任务是沿着中国特色社会主义道路，集中力量进行社会主义现代化建设。"中国特色社会主义建设，已获得了伟大成功，它不仅是中国共产党的事业，而且是全中国人民的伟大旗帜，不仅在社会主义初级阶段，而且在整个社会主义历史时期都将受到国家宪法和法律的保护。

宪法法律至上，是十一届三中全会以来党和国家领导人多次强调的宪法和法律权威的新发展，是中国特色社会主义法治信念的再强调。将这一信念变为党和国家机关及全体公民的实际行动，就要在不断提高对建设中国特色社会主义法治重要性认识的基础上，依照宪法和法律规定，进一步扩大社会主义民主，完善人民代表大会制度，完善社会主义法律体系，加强人大对"一府两院"的监督，对所有国家工作人员的监督，对国家预决算的监督，真正使全国人民代表大会和地方各级人民代表大会成为名副其实的最高国家权力机关和地方国家权力机关，将中国特色社会主义法治建立在更加坚实的基础上；依照宪法和法律规定，国家行政机关要依法行政，按精兵简政原则设置机构、配备干部，克服官僚主义，提高服务意识，按既定目标，建设法治政府；依照宪法和法律规定，国家司法机关要独立行使审判权和检察权，排除一切干扰（包括党政领导干部的干扰），真正在全社会实现公平正义，尊重和保障人权；依照宪法和法律规定，完善民族区域自治制度，加强少数民族地区建设，促进民族和睦和社会和谐；依照宪法和法律规定，加强基层自治组织建设，加强城乡社区和社会主义新农村建设，在发展经济和提高思想道德的基础上，采取多种方式化解社会矛盾，及时、有效地调处各种纠纷，维护社会稳定；依照宪法和法律规定，坚持五项基本原则，遵守我国参加的国际公约和有关国际行为准则，发展同各国的外交关系和各国人民的友好关系，推进建设和平繁荣的和谐世界。

中国特色社会主义法治是中国特色社会主义的重要组成部分和可靠保障。宪法法律至上是党提出的社会主义法治的最高行为准则。坚定不移地贯彻这一准则，中国特色社会主义法治和社会主义事业就能展现新面貌。

（本文是在 2009 年 2 月中国法学会召开的"部分专家关于中国特色社会主义法治道路座谈会"的发言提纲基础上撰写，原载《南都学坛》2010 年第 3 期。）

关于警察执法规范化建设问题

　　按：依法行政和建设法治政府是依法治国的关键。依法行政规范
的主要对象是国家公务员。在我国，公务员的总数中警察约占四分之
一，首都北京警察约占公务员总数的二分之一。警察是拥有武装的组
织，较其他行政执法机构具有更大的强制力，职责与国家司法机关密
切。规范警察执法，对依法治国，对提高党和政府的公信力有重大意
义。本文是 2011 年在中国警察协会的"警学论坛"上的专题报告。
2011 年《人民公安报》曾摘要发表，2012 年《公民与法》全文
刊登。

　　为坚持"依法治国，建设社会主义法治国家"的宪法原则，贯彻落实
十七大和十七届四中、五中全会精神，多位中央领导同志在不同场合、通
过不同形式，强调"进一步提高执法公信力"，"公正廉洁执法"，"提高
执法办案水平"，"保障司法公正，建设公平正义的社会"。在此背景下，
第三届警学论坛将主题确定为"中国警学理论范畴与警察执法规范化建
设"。学术委员会领导要我就论坛主题的一部分——警察执法规范化建设
作一题报告。与会诸位都是这方面的行家里手，要我谈此问题，无异于
"班门弄斧"，使我如履薄冰。所谈不妥之处，望各位指正。

一　对警察执法规范化建设的理解

　　为了加深对此问题的理解，我想将问题分开讲。
　　第一，关于"警察执法"。这是诸位天天、月月、年年从事的工作，
不用多讲。但有两点应予注意：首先，"执法"不是立法，不是创造法律，

而是执行法律。这要求履行职务时只能在法律规定的范围内行事。法律规定有一定的自由裁量权，不得超越，更不能滥用，否则就是违法。此外，警察不是一般国家机构，而是拥有武装的国家机构。警察执法区别于工商、税务、卫生、规划、城管和环保等行政执法。警察的警徽上有国徽，警察手中握有武器，执行职务代表国家，具有更大的强制力，这就是警察执法的特殊性。执法说来容易，做起来却不无困难。法律再具体，也不可能将社会上纷繁复杂的各种矛盾解决办法都事先加以规定。没有规定怎么办？1949年2月，新中国成立之前，我们党在废除国民党的《六法全书》的决定中指出：在人民的新法律还没有系统发布之前，以共产党的政策及人民政府与人民解放军发布的各项纲领、法律、命令、条例、决议为依据。司法机关办事原则是有上述各项规定者，从其规定，无上述各项规定者，从新民主主义的政策。现在与当年已不可同日而语，中国特色社会主义法律体系已经形成。不过，也不是说所有的行为规则都已完具。这样，法律无规定的就要依政策办事。政策是法律的灵魂和指导，即使法律规定到位了，也要注意政策。这就要求我们在执行职务时不断提高政策水平。

第二，关于"规范化"。按《说文》："规，巨也，有法度也。""范，法也。"《尔雅·释诂》："范，常也。"疏："模法之常也。"从古人关于规范解释原意，规范即有法度，而且这种法度已成为遵行的具体模式。至于模式具体到何种程度，警察有多少种类就应有多少种模式。从大的方面说国际与国内不同，边防与内卫不同，内卫的安全、法警、狱警、消防、森林、铁路、交通、内保、治安、刑侦、经侦、反计算机犯罪与户籍等各有区别。否认了这种不同，一般化的要求，只能称"原则"，而不能称具体规范和模式。至于"规范"与"化"相联系，则要求法度不仅成为遵行的模式，而且要成为常态，成为覆盖一定地区、整个国家甚至是到域外执行警务工作相关行为的常态。

第三，关于警察执法规范化建设中的"建设"。这里"建设"一词，是要求我们能动地采取措施向警察执法规范化目标前进。近年来，政法机关的基础设施、办公条件等"硬件"有了明显改善。当前，在继续抓好"硬件"建设的同时，应该把主要精力放到改进"软件"上来，着力解决制约公正廉洁执法的突出问题，使执法能力、执法水平、执法公信力有一个质的提高。确定"警察执法规范化建设"为论坛主题,大家聚集一起,探讨"软件"建设,就是以实际行动实现上述目标。

以上对论坛主题相关部分解读,不是咬文嚼字,而是想说明警察执法规范化建设有其特点,是重要的、具体的,涉及的领域是广泛的。此外,警察执法规范化建设还有如下特点:它是历史经验的传承,不注意前人的经验不可能成其规范;既然是规范就有其稳定性,否则就不成其为规范;既然有其稳定性,就不能朝令夕改,不过又不能将规范当教条、当桎梏,而要不断以新经验丰富其内容,以适应新形势的要求。

二 警察执法规范化建设的重要意义

为了加深对此问题的认识,应遵循马克思主义关于"在分析任何一个社会问题时……就是要把问题提到一定历史范围之内"的教导。[①] 中央领导和公安部从不同角度提出警察执法规范化建设,正是基于我国所处的历史条件和为适应国内外客观形势发展的要求。

首先看国内形势。1978 年党的十一届三中全会决定实行改革开放以来,在以往的基础上,我国社会主义事业发生了巨大变化。近二十年来,国民生产总值以年均 10% 高速增长。2010 年国内生产总值达到 39.8 万亿元人民币,成为超越日本的世界第二大经济体。国家综合实力大大增强,人民生活水平大幅度提高。尽管如此,由于我国人口多,底子薄,地区和城乡发展不平衡,在现代化的发展道路上,整个社会正经历着从基本上属农业自然经济、社会主义计划经济体制,向工业化、信息化、城镇化、社会主义市场经济和国际化的巨大转变过程。这些转变是历史发展的必然,是国家进步的标志。随之也带来了一系列变化:人口流动增加,农民土地丧失,职业变动加速,居住地址变迁,观念更新,思想自由度大大拓展以及维权意识加强等。一切事物的发展都有两面性。上述发展变化,表明社会进步也关乎人民生活水平提高。但由于地区和城乡以及不同群体间发展不平衡,收入差距拉大,不可避免地给社会管理带来了一系列问

---

① 《列宁选集》第 2 卷,人民出版社 1960 年版,第 512 页。

题：诸如人口流动与信息数字化拓展了人身和思想活动的空间，但某些人却失去了原有的安全条件，意志薄弱者甚至被引诱而陷入犯罪；职业变动、尤其从农村步入城市，是文明进步，不适应者有的发生疾病，有的产生精神苦恼；房屋拆迁居住变迁，提高了生活水准，由于改变了原有的熟人社会生活环境，也带来了治安问题；市场化促进了国家经济发展，其负面作用也诱发了贪污腐败；人们维权意识加强，要求管理思路和方式更新，如不注意法律界限，会引发社会矛盾，等等。其中大量的、主要的是人民内部矛盾，但也不乏敌我矛盾。这些问题如不妥善解决或解决得不及时，将影响社会稳定，而社会稳定是我国持续高速发展的重要前提条件。

其次看国际形势。随着经济全球化和高科技发展，国际形势出现了新变化。其要点是：自苏联解体冷战局面结束后，美国单极左右世界的局面受到了中国、印度、巴西、俄罗斯、南非等国家崛起的挑战，世界向多极化发展；由于人们之间和国家之间的关系在高科技的发展下愈加密切，世界上发生的如地球变暖、地震、水旱等自然灾害，发生的诸如国际恐怖主义，宗教狂热及教派、民族冲突，大规模杀伤性武器扩散，毒品生产和传播等刑事犯罪，都非一个国家所能应对，要求国际合作；和平与发展是我国和世界人民的心愿，但美国和一些西方国家并不愿放弃昔日的霸主地位，顽固地推行自己的价值观和制度模式，造成世界许多国家混乱，中国更是他们的主要目标。新中国成立初期是公开军事侵略、武装骚扰和经济封锁，20世纪90年代初实行的制裁，至今尚未完全结束。在中国崛起不可阻挡的情况下，一方面说中国是"利益攸关方"，另一方面不停歇地对中国遏制和围堵。奥巴马上台后，在美国力不从心的情况下，推行什么"巧实力"。所谓"巧实力"，无非是新瓶装旧酒。实际上，在国际斗争中，他们一直运用这种策略。这就是自己赤膊上阵不奏效的情况下，将其他国家和地区力量推到前面。如联合国人权理事会建立前，在人权委员会每年的例会上，美国从20世纪90年代初开始，都以双重标准提出反华提案。开始是自己作为提案发起国，后来便隐藏于幕后策动其他国家提，连续十多次一次也没能达到目的。最近的"巧实力"，突出表现是在东北亚和南中国海，利用我国与一些国家领土、领海争端，挑拨离间关系，将一些国家推到前面，妄图给我国发展制造麻烦。现在北非的利比亚又是一例。由于美国军力被伊拉克、阿富汗战事拖住，腾不开手，借联合国在利比亚设禁飞区的决议，背后支持法国、英国等一些北约国家当马前卒。此外，还利用新闻媒体丑化我国和与之意识形态不同的国家的形象，妄图分裂民族关系，搅乱人们思想，像在东欧和北非一些国家那样搞什么"颜色革命"、"茉莉花革命"，颠覆我人民政权。

最后，国内外形势要求加强警察规范化建设。警察是国家政权的核心组成部分，无论在处理人民内部矛盾或敌我矛盾方面，无论在维护社会治安或国家安全方面，都居于十分重要的地位。经先辈的奉献和同辈大批优秀干警的努力，警察历来被广大人民群众视为党和政府的代表，危难时的依靠。有一句话人们常说，国之命在民心，是说人民拥护与否，关系国家兴衰。民心是什么？是中国特色社会主义发展，祖国强盛，是人民日益增长的物质文化需要得到满足，经济、政治、文化、社会权利得到保障，在全社会实现公平正义。警民关系是党和人民关系的重要内容。密切警民关系，将进一步加强党的执政基础，巩固国家政权。国内外形势历来是互动的。当代科学技术发展进一步加强了相互之间的影响力。我国是有十三亿人口的大国，是联合国安全理事会的常任理事国。我国与整个国际社会发展机遇和面临的挑战许多方面是共通的，不少方面可谓是患难与共、休戚相关。我国的稳定和发展将对世界和平与发展产生深远影响。面对中国和平崛起，美国和一些西方国家将中国定位为"利益攸关方"，大部分发展中国家将中国视为对抗美国霸权的重要力量，对我国参与全球事务治理寄予殷切期望。随着国力的增强，在联合国范围内我国已承担了更多的国际义务，无论在完善和制定国际行为规则方面，在救助自然灾害、维护世界及地区和平派出维和部队和警察方面，在应对跨国金融诈骗、毒品制造买卖以及贪污贿赂等方面，都已经和正继续发挥作用。随着形势发展，这方面任务将进一步加重。加强警察执法规范化建设，就能更好地履行国际义务，展示我国良好形象，为中国特色社会主义建设营造更加适宜的国际环境。

三　如何加强警察执法规范化建设

前已谈到，警察执法规范化建设包括"硬件"和"软件"两个方面，现在要把主要精力放到改进"软件"上来。"软件"包括的范围很广，从政治方向、政治思想、法律意识、职业道德、服务态度、业务技能到身体素质等均在内。

政治是方向、政治思想是根本。警察执法规范化建设一定要牢牢把握政治方向，抓好思想政治工作。遵循党指挥枪的原则，警察要严格置于党的绝对领导之下，保卫人民民主专政，捍卫社会主义国家政权，维护人民权益。遵循党的十七大和十七届四中、五中全会精神，坚持改革开放，坚持以人为本、执政为民，坚持党的事业至上、人民利益至上、宪法法律至上。围绕以上基本方针，在政治思想和法律意识、职业道德方面，中央领导同志从多方面提出的明确要求都很重要。其中令人印象深刻的是关于加强和提高理想信念、宗旨意识问题。自1921年中国共产党诞生，迄今已90周年。为在中国实现社会主义、共产主义的理想信念，一直是鼓舞我们前辈在十分艰难困苦的条件下，不畏流血牺牲前赴后继与敌人斗争的精神力量。在当代、在整个社会主义初级阶段，建设中国特色社会主义，实现中华民族伟大复兴，是我们的奋斗目标。90年来，我国从一个半殖民地半封建社会变成强大的社会主义国家，中国人从被西方人称为"东亚病夫"，中华民族从被他们视为可以任其凌辱的民族，成为自立于世界民族之林的受人尊敬的民族，与党的理想信念和为人民服务的宗旨引导是密不可分的。不过，在市场经济负面的影响下，一些人的理想信念和宗旨意识削弱了。其中包括少数警察在内的国家工作人员，在国内外复杂的形势面前，在物质和其他因素的利诱之下迷失了方向，搞以权谋私，权钱交易，甚至踏上了违法犯罪道路。在此情况下，警察作为我国政权系统的特别重要群体，进一步树立理想理念，提高宗旨意识，从严治警，才能不负党和人民的期望，担当起宪法和法律赋予的职责。

在抓好政治方向和政治思想这一根本的基础上，为了建设中国特色社会主义法律制度，为了推进警察执法规范化建设，坚持改革开放，提高警察队伍的法律文化的自觉性，承传中华优秀文化，总结我国警察执法的经验，吸纳人类文明进程的优秀成果也是十分重要的。

　　首先关于承传中华文明。中华文化源远流长，博大精深。按十五大报告，正确的态度是"去其糟粕，取其精华"。历史地看，传统文化精华是主要的，支撑了五千年中华文明的发展。其中包括治安方面设官分职在内的法制文明。《周礼·秋官司寇》："惟王建国，辨方正位，体国经野，设官分职以为民疾。乃立秋官司寇，使率其属而掌邦禁，以佐王刑邦国。"《周礼》所载，虽不能全视为信史，但也并非全是刘歆委托。郭沫若认为应是汉代学者依当时所见之战国简书为据编撰而成。它的记载说明，西周已注意设官分职。司寇分管国家治安与司法方面事务，当时司法与行政无严格区分，其下属既有管治安的，也有管断狱的，还有管监狱的。春秋时的孔夫子曾任鲁国的司寇，他曾说："听讼，吾犹人也，必也使无讼乎。"① 看来处理各种纠纷时，他是主张先以调解的方法化解社会矛盾的。战国和秦代，基层已建立了治安组织。秦基层治安组织称"亭"，在城市称"市亭"。汉高祖刘邦秦朝末年是亭长，相当于现在的派出所所长，亭长属下有亭卒，是基层治安机构的工作人员。

　　秦法律关于行政方面的规定相当详细。如任用官员实行保举制度，"任人而所任不善者，各以其罪罪之"②。官吏出差依爵位高低规定有不同的伙食标准；履行职务实行严格问责制；为避免结党营私，官员调任新职不得带原来的助手到新单位等。③ 对警察执行职务，法律也有严格规定。秦律不提倡对人犯刑讯逼供："治狱，能以书从迹其言，毋笞掠而得人情为上；笞掠为下，有恐为败。"又："凡讯狱，必先尽听其言而书之，各展其辞，虽知其虵，毋庸辄诘。……诘之极而数虵，其律当笞掠者，乃笞掠，笞掠之必书曰：爰书：'以某数更言，无解辞，笞讯某。'"④ 这是说如果笞讯，要在作为讯问记录的"爰书"上加以说明。秦时在流通领域通

---

①　《论语·颜渊》。
②　《史记·范雎蔡泽列传》。
③　《睡虎地秦墓竹简·置吏律》。
④　《睡虎地秦墓竹简·封诊式》。

行的一般等价物有金、钱、布。官府对布的宽度和长度规定了固定尺寸，规定了与钱的比价，如若交易者敢于拒绝使用某一种是违法的，要受惩罚。管理市场方面的吏如果巡查不严，也要受惩罚。侦查案件，抓捕人犯注意证据搜集，注意法医检验和痕迹查看。对人犯采取的强制措施，不能超出其所犯罪行应受的惩罚："捕资罪，即端以剑及兵刃刺杀之，何论？杀之完为城旦，伤之耐为隶臣。"资罪是应处缴纳罚金或实物的罪行。这就是说对于逮捕应受资罚的罪犯，如若刺杀或刺伤，要按故意和过失、杀死或杀伤分别对逮捕人的官吏处以刑罚。以上是秦律的例子，唐以后法律中这方面的规定更多，篇幅所限，只举唐律中三条：《职制律》："诸有所请求者，笞五十，主司许者，与同罪。已施者，各杖一百。"对于"受人财请求"、"有事以财请求"、"监主受财枉法"等，加重治罪至处以绞刑。[1] 这是严禁请托的例子。关于刑讯，唐律规定："诸拷囚不得过三度，总数不得过二百，每讯相去二十日。""若拷囚过三度，及杖外以他法拷掠者，杖一百。被拷数过者，反坐所剩。以故致死者，徒二年。"[2] 唐律规定官吏要严格履行职务，但对追捕人犯视滞留、不斗而退，斗而退实行区别处理：《捕亡律》："诸罪人逃亡，将、吏已受使追捕，而不行及逗留，虽行，与亡者相遇，人、仗足敌，不斗而退者，[各] 减罪人罪一等；斗而退者，减二等。即人、仗不敌，不斗而退者，减三等：斗而退者，不坐。"[3] 应该说这种区别对待是合情合理的。任何文明都是在不断吸纳历史文化基础上发展的。中国古代，包括维护社会治安及相关执法人员行为规范的史料十分丰富，极为宝贵。随着我国在世界上的影响日益扩大，中华文明已在国际上引起了广泛注意，今天我们进行警察执法规范化建设，应当注意研究这些丰富的史料，借鉴、传承自己历史上的经验。这既有益于中国特色社会主义建设，也是弘扬中华文化的要求。

　　第二，认真总结我国当代警察执法的经验。中国近代警察发轫于1898 年戊戌变法，黄遵宪在时任湖南巡抚陈宝箴支持下，"略参西国之

---

① 《唐律疏议·职制》。

② 《唐律疏议·断狱》。

③ 《唐律疏议·捕亡》。

制"，"去民害，为民生，检非违，索罪犯"，创办湖南保卫局。1901年袁世凯建巡警军，1902年在保定试办巡警并办警察学堂，组建维护天津秩序的警察部队，1905年朝廷建巡警部。自那时起，警察已有100多年的历史。辛亥革命之后，经北洋政府、南京国民政府，尤其是新中国发展60多年，当代警察执法建设积累了很多经验。新中国成立，在总结苏区、抗日根据地和解放区公安工作的基础上，以解放军和地下党的成员为主体，建立了公安机关。此后，经历了维护社会秩序、支撑抗美援朝战争、肃清武装土匪和镇压反革命等政治运动，机构逐步健全，队伍不断扩大，在十分艰苦的条件下，对社会主义革命和建设事业做出了贡献。1978年党的十一届三中全会以来，在改革开放的形势下，1995年制定《人民警察法》，警察法制建设进一步完备。警务工作实践中，应对了如长江水灾、汶川大地震、玉树强地震、舟曲特大泥石流和东北森林大火等重大自然灾害；应对了西藏拉萨、新疆乌鲁木齐民族分裂分子制造的严重刑事犯罪事件；警卫了来我国访问的多个国家元首、政府首脑以及重大国际会议；为奥运会、亚运会和世界城市博览会的成功举办做了出色的工作。这与警察维护社会秩序、打击犯罪的工作，尤其是在党的领导下，警民合作维护国家稳定的经验，都要认真总结，加以推广，以提高队伍的政治思想和业务素质及工作效率。我国的许多省、自治区和直辖市，甚至地级市，人口和面积相当于欧洲和世界其他地区一个中等国家，所积累的经验是丰富的、宝贵的。问题是如何及时总结出具体经验。为此，有必要建立一种机制把从中央到地方各级公安机关的积极性都调动起来，不要等上级发话之后再着手总结。这样我们所探讨的执法规范化建设速度就会加快。

第三，要注意借鉴外国警察执法中于我有益的经验。人类文明是在不同民族不同文化的相互影响过程中发展的。董必武曾经说过法律是一种文化，警察执法规范化也体现一种文化。当然，这种文化与一般文学艺术、科学教育不同，属于政治范畴，有更强的阶级性。但并非与外国警察没有可比和相通部分。我们要肯定我国制度的优越性，也要看到自己的不足；我们要揭露西方国家警察制度本质问题，也应承认其优点。前面我们说了我国近代警察就是"略参西国之制"建立的，这是说我国警察与西方一些国家警察制度虽有本质区别，但也有不少地方可以借鉴，比如关于"米兰达规则"向犯罪嫌疑人宣布法律规定的权利的某些内容；再如交通管理、灾难救援、擒拿格斗、逮捕人犯、械具使用规范以及服务态度等，都有可资借鉴之处。不少同志去过日本，有条经验，在街上问路最好是去问警察，为指明道路，有时他能领问路的人走一百多米。我曾带团到丹麦访问，丹麦哥本哈根市警察局局长曾自豪地告诉我和我的同事，丹麦的警察在各行业服务态度评比中常常是第一或第二。我听后半信半疑。之后从一些学者那得到信息，的确如此。当然外国也有不好的，如美国的不少警察就相当粗暴，尤其对有色人种。洛杉矶 20 世纪 90 年代发生的殴打黑人事件，法院处理不公引发暴乱就是例子；在美加边境打伤中国女公民也是例子。对于不好的，我们要批判，作为反面教材；好的要大胆学习，以取长补短，发展自己。随着全球经济一体化，我国与外国的交往愈来愈频繁，警务方面联系大大增多，对执法规范化建设要求熟悉国际行为规则。我曾到联合国人权高专办公室论证对中国警察培训的项目，此项目由联合国资助，一批警察到英国培训，据说获得成功。加强与联合国和有关国家这方面的交流，从熟悉国际行为规则看，有利于我国警察执法规范化建设。

四　加强法治教育，为警察执法规范化建设创造良好环境

　　警察执法规范化建设，是在我国当前特殊环境下提出的。我国有悠久历史文化，有勤劳朴实、充满睿智的人民，历史上曾经创造了享誉世界的璀璨的中华文明，但在这个过程中也经历了两千多年君主专制统治。正如邓小平指出的："旧中国留给我们的，封建专制传统比较多，民主法制传统很少。解放后，我们也没有自觉地、系统地建立保障人民民主权利的各项制度，法制很不完备，也很不受重视"①，"缺乏社会主义民主和社会

---

① 《邓小平文选》第 2 卷，第 332 页。

主义法制"①。新中国成立虽已六十余年，不过我国正经历并且将长期处于社会主义初级阶段。随着改革开放和认识水平提高，党和国家已将"依法治国，建设社会主义法治国家"、"国家尊重和保障人权"，作为治国方略和根本原则写入党章、载入宪法。不久前结束的十一届全国人大第四次会议宣布"中国特色社会主义法律体系形成"。法律的生命力在于实施。今后，在不断完善法律体系的同时，将会进一步抓贯彻落实。在这样历史发展的背景下，进行警察规范化建设，还应注意抓好以下三点：

第一要抓好法治宣传教育。早在 20 世纪 80 年代，邓小平在题为《在全体人民中树立法制观念》的讲话中就指出："现在从党的工作来说，重要的是端正党风，但从全局来说，是加强法制。我们国家缺少执法和守法传统……法制观念与人们的文化素质有关。现在这么多青年人犯罪，无法无天，没有顾忌，一个原因是文化素质太低。所以，加强法制重要的是进行教育，根本问题是教育人。"② 邓小平这里谈到了执法和守法，谈到了法制观念与人们的文化素质，虽然列举的是青年，实际上既包括青年和其他群众，也包括广大干部。试想，如果广大公民都具有较高的文化素质，能遵守国家法制，就能避免许多不应发生的纠纷和案件，我们的交通和各种公众场合就会比现在有秩序得多，整个社会治安将得到改善。法治宣传要以宪法为蓝本，以公民的权利和义务为主要内容。在法治普及教育中，除国家机关和主流媒体的作用，应注意发挥基层自治组织和社会团体的作用。依据国家法律和社团章程，基层自治组织、社团及其成员要加强自律。此外，他们还应通过不同形式的活动，推动经济、政治、社会和文化发展，化解各种社会矛盾。基层自治组织遍布全国城乡，社团组织在民政部系统登记的已近 40 万，未在民政部系统登记的超过百万，如若注意发挥其作用，该是多么大的一支力量。人民法律意识提高，基层自治组织和社团作用依其条例、章程充分发挥，警察的力量将能集中到更加需要的地方。法治宣传教育不光是"言传"，重要的是"身教"。如果我们的所有行政执法人员和司法人员都做到以身作则，严格依法办事，成为公民守法

---

① 《邓小平文选》第 2 卷，第 348 页。
② 同上书，第 163 页。

的典范，法治宣传教育效果就会大大提高，党和政府就能进一步取信于民。

第二，在党的领导下，所有国家执法机构都要依法办事，规范执法行为。实践证明，警察执法规范化，需要所有行政执法部门的支持和配合。这么说不是打横炮，不是说其他行政执法部门执法不规范，警察执法规范化就无法建设，而是说遵循依法治国的总原则，国家行政机关都要按建设法治政府的目标，依法行政。不应像现实生活中呈现的那样，一些公民个人或单位违法行为本来可以在刚发生时解决的，相关行政部门不严格管理，对于如占用街区、毁坏绿地、污染环境、造假贩假、危害食品安全以及房屋拆迁等产生的矛盾，采取行政不作为，任凭问题闹大，然后推给公安机关或司法机关。结果既加大了执法成本，使政法机关不堪重负，也造成了不良影响。

第三，警察执法规范化建设还要得到地方各级党政领导机关和领导人的大力支持。前面提到的法治教育、公民素质提高以及其他行政执法机关的配合，需要相关党政机关领导的支持自不必多讲。此外，党政机关负责干部对警察系统的领导（包括对个案的领导），也要在科学发展观的指导下依据宪法和法律。前面谈到，警察机构从总体上说是武装组织，其执法活动更具有国家强制性，所以必须严格依据法律，不可一发生什么纠纷都将警察推到第一线。一些群体性事件中警察主要是维持秩序，制止不法分子从中捣乱，防止事态扩大。不可不经调查研究不按法定程序匆忙表态，尤其对于劳资纠纷不可冒然偏袒一方。还有，领导人在涉及个人声誉和尊严以及事关自己亲属的问题上，不得凭感情用事动用警力。最后应当指出，一些地方发生重大案件，要求迅速破案是对的，但下达限定破案时间缉拿罪犯的决定，一定要讲究科学性，不要动辄发布"不惜一切代价"之类不着边际的指令，不要轻率地以"撤职查办"相威胁。否则，"欲速则不达"，实践中逼出相反的结果的案例并不鲜见。

警察执法规范化建设，是一项系统工程，对于政权巩固，社会稳定，参与全球范围治理和提高我国的国际影响力都具重要意义，是我国新时期警察队伍建设和政权建设的重要举措。为了将其落到实处，不能停留在一般号召上，要在中央和公安部领导重视的基础上，争取立项。这是一项系统工程，要组织专人进行理论研究、实证性研究；组织有关部门、地区和相关专业的人员进行调查和总结经验；进一步完善法律、法规和规章，制定相应的规程，并在实践中不断提高。完全可以相信，这项任务一定会得到各级党委和政府领导的大力支持，在大家共同努力下，警察执法规范化建设一定会达到新水平。

（《人民公安报》2011 年 6 月 19 日摘要刊载，全文载《公民与法》2012 年第 9 期）

创新社会管理机制
落实国家人权行动计划

一

　　制定和实施《国家人权行动计划》，对全面建设小康，切实尊重和保障人权具有重大意义。2012 年 6 月，继我国 2009—2010 年人权行动计划圆满完成，国务院新闻办公室又发布了《国家人权行动计划（2012—2015 年）》。预计 2015 年之后，人权行动计划还会滚动式继续制定。《国家人权行动计划》是响应 1993 年维也纳世界人权会议倡议制定的。此次会议通过的《维也纳宣言和行动纲领》呼吁："世界人权会议建议各会员国考虑是否制定国家人权行动计划，说明该国为促进和保护人权所应采取的步骤。"《行动计划》制定的依据是，我国宪法、法律有关保障人权的原则和规定；国家经济、政治、社会和文化发展的实际情况；以及《世界人权宣言》和我国加入的国际人权公约。在国内，它是政府对人民的承诺，也是在全国范围就推进人权保障事业的动员；在国际，它是响亮的宣示，表明中国政府重视人权并积极参与国际人权保障活动的决心。人权行动计划贵在行动，是我国全面建设小康和建设中国特色社会主义的实际步骤。

二

　　《国家人权行动计划》内容全面具体。坚持以人为本，全面、协调和可持续的科学发展观，按 1966 年联合国大会通过的《经济社会文化权利国际公约》、《公民权利和政治权利国际公约》关于基本权利的分类，以及《世界人权宣言》通过 60 余年，人权两公约通过半个多世纪以来，国际人权保障事业的发展，《人权行动计划》全面规定了各种权利和各类弱势群体的权利保障。例如：经济、社会和文化权利部分，列举了工作权、基本生活水准权、社会保障权、健康权、受教育权、文化权和环境权；公民权利和政治权利部分，列举了人身权、被羁押人的权利、获得公正审判的权利、宗教自由、知情权、参与权、表达权和监督权；弱势群体权利部分，列举了少数民族权利、妇女权利、儿童权利、老年人权利和残疾人权利。各项权利是不可分割、相互依存的，弱势群体的权利是相互影响、共同促进的。在我国，生存权与发展权被视为首要人权，只要把握重点，全面推进，就能保障人权的逐步享有。

为确保人权行动计划实现，经社文权利部分，规定了有关权利保障 2015 年达到的具体数字指标，如：就业和工资方面，2012—2015 年，城镇年均新增就业 900 万人，城镇登记失业率控制在 5% 以内，最低工资标准年均增长 13% 以上，绝大多数地区最低工资标准达到当地从业人员平均工资的 40% 以上。城乡居民收入增长方面，实际增长和经济增长同步，2011—2015 年，国内生产总值年增长 9%，城镇居民人均可支配收入和农村居民人均收入，分别年均增长 7% 以上。医疗保险方面，2015 年基本覆盖城乡居民，城乡医疗保险参保（合）人数达 13.2 亿人。健康保障方面，在促进公共卫生服务、有效控制传染病流行、加大慢性病治疗力度、保障饮用水安全和改善食品安全的基础上，进一步延长人民的预期寿命。教育方面，发展学前教育，均衡教育资源，巩固 9 年义务教育普及水平，小学入学率保持在 99% 以上，初中入学率达 99%，9 年义务教育巩固率达 93%，以此为基础，普及高中教育，提高高等教育质量。环境保护方面，着力解决饮用水源、大气、土壤和重金属污染等问题。2015 年，PM2.5（细微颗粒物）监测覆盖地级以上城市，国家森林覆盖率达至 21.66%。用具体数字标明有关权利实现的目标，在实践中既有利于操作，也便于监督，是新行动计划的一大特点。

公民权利和政治权利部分，在社会主义市场经济发展的基础上，随政治体制改革的进展和法律完善，进一步完善对公民的基本权利、司法权利和民主权利的保障。随着新修改的《刑事诉讼法》实施，对公民的人身权、被羁押人的权利和公开审判的权利加大了保护力度。如，对犯罪嫌疑人严格批捕手续，严禁刑讯逼供和以其他非法方法搜集证据，不得强迫任何人证明自己有罪。为有效防止刑讯逼供，对采取刑讯逼供等非法方法收集的犯罪嫌疑人、被告人供述及采用暴力、威胁等非法方法收集的证人证言、被害人陈述，应予以排除，不能作为定案的根据。为从源头上杜绝刑讯逼供，《国家人权行动计划》依据法律规定加强对刑事诉讼活动、刑法执行和监管活动的监督。国家工作人员利用职权实施的非法拘禁等侵害公民人身权利的犯罪，要加大查处力度。在政治权利保障方面，规定贯彻宗教信仰自由的宪法原则，落实《宗教事务条例》，保障公民宗教信仰自由。保护公民不被强制信仰宗教或不信仰宗教，不因宗教信仰而受歧视。这一部分以大篇幅规定保护公民的知情权、表达权、监督权。《行动计划》将公民的民主权利加以具体化，有利于我国社会主义民主制度的进一步完善和发展，将使中国特色社会主义制度立足于更加坚实的基础之上。

三

《国家人权行动计划》是软法性质的人权保障发展蓝图。所谓软法性质，是指政府发布的有实现目标、权利义务规定而没有罚则，不具备作为独立奖赏或惩治依据的规范性文件。

它既不是法律和行政法规，也不像阐明情况、宣示政策理念的白皮书，类似国家权力机关制定的规划，但品位不似前者。我国的《国家人权行动计划》具有如下特征：第一，它是由国务院委托国家新闻办公室和外交部牵头、56个中央国家机关及非政府组织参加制定的，具有广泛性和权威性。第二，每一部分内容都是依据宪法、法律的相关规定，依据全国人大通过的《国民经济和社会发展第十二个五年规划》，依据我国已加入的国际人权公约。我国是信守承诺的。凡加入的国际人权公约已被吸纳于我国法律之中，是我国法律体系的组成部分。《行动计划》落实具有可靠的法律和物质保证。第三，它的实施，有监督机制——"国家人权行动计划联席会议"。这个机制也是由国务院新闻办公室牵头、由中央和国家机关以及一些在国内外有影响的非政府组织参加。由它负责实施、监督和评估计划的执行情况。它要求中央和国家机关各有关部门、各级地方政府，对行动计划高度重视，结合各部门职责和各地区特点，采取有效措施完成行动计划确定的各项目标；联席会议还要对行动计划实施情况进行调研、检查和终期评估，并公布评估报告。在这样的机制监督下，国家人权行动计划的各项目标一定会得到落实。

四

适应国内外形势发展和《国家人权行动计划》实施，要创新社会管理机制。《国家人权行动计划》提出："在实施《行动计划》过程中……要创新社会管理机制。"创新社会管理机制，是实施《行动计划》之必须，也是国内外形势发展的要求。在国内，十一届三中全会之后，尤其发展社会主义市场经济以来，国民经济和科学技术高速发展，民主政治、法治建设逐步推进，人民生活继续改善，国家实力空前增强，人民主权意识不断提高。在此基础上，《国家人权行动计划》提出："在全社会传播人权观念、普及人权知识。"这将进一步提高人民的维权意识，是社会主义精神文明和政治文明的表现。在国际，随着我国和发展中国家经济发展，经济总量在世界经济中比重增加，包括人权问题在内的国际问题上，获得了强有力的话语权。2006 年，联合国改革建立的人权理事会，取代了原经社理事会所属的人权委员会，升格与安全理事会、经社理事会平行的同属于联合国大会的机构。人权、安全和经济社会理事会三个机构，号称联合国的三大支柱。人权保障问题越来越受到国际社会的关注。人权理事会建立的普遍审议机制，每四年要对所有会员国的人权状况进行一次审议。美国等西方国家虽然已难以像过去那样提出歧视性提案，要求对我国人权状况进行特别审议，但由于他们在国际事务的许多领域处于主导地位，仍然可以利用所操纵和影响的国际组织、新闻媒体，以双重标准在所谓人权问题上丑化我国，将破坏我国的声誉作为遏制我国发展的另一种手段。邓小平说"发展是硬道理"，包括人权事业的发展。面对国内人民维权意识提高，为了加速我国人权事业发展，在国际人权斗争中占领道德制高点，我们必须创新社会管理机制。

五

关于创新社会管理机制的几点思考。创新社会管理机制是一个非常宽泛的动态概念。"社会"本身内容就很宽泛，将其与"管理"、"创新"相连接，就更难把握，尤其是再加上"机制"。机制创新管理，势必牵涉相关领域的改革。尽管如此，并非无脉络可循。从远处说，我国有五千年文明史，中华文化源远流长，其中的优秀传统是我们取之不尽、用之不竭的文化资源。从近现代说，中国共产党领导建立的统一的多民族国家的宪法和法律，总结了历史和当代的经验，指明了前进的道路。只要立足我国实际，传承中华优秀文化，严格依法办事，自觉总结本身的经验，虚心吸纳别人的有益经验，就能在创新社会管理机制方面不断取得进展。

首先要吸纳传承优秀传统文化。中国传统文化关于社会管理的内容十分丰富，如春秋战国先哲们关于仁、仁政、爱人的思想；关于和、和谐、和而不同的论述；关于德、德礼、道德的阐释；关于法、法度、依法治国的理论；还有历代官员奉为圭臬的自律、治家、交友和处事的箴言等；此外，历代明君良臣治国理政的案例和事迹等，都可资借鉴。实际上，党和国家在社会主义建设中提出的"以人为本"、"和谐社会"、"一国两制"以及刑事政策"宽严相济"等，已经为我们传承优秀传统文化做出了榜样。

第二，严格依法办事。2011年全国人大宣布，中国特色社会主义法律体系已经形成。这无论在中国或世界历史上都是创新。所谓法律体系，是以宪法为核心，以法律、行政法规、地方性法规和行政规章组成的。其中既有原则条文，又有具体规范，这就决定了严格依法办事是创新社会管理机制的关键。当然，严格依法办事并非易事，这是由于有的领导干部喜欢在法律之外批条子、发指示；有些干部屈从于权势，摆脱不了亲情，或经不起财色的诱惑；还有些受旧传统影响，违反法纪而不自觉。凡此种种，在一些执法和司法的过程中，已形成了一种与法治抗衡的潜规则。十一届三中全会之后，国家领导人号召，执法干部要敢做铁面无私、刚正不阿的

"当代包公"。当前，有勇气站出来打破潜规则，坚持依法办事、公正执法的，就是创新社会管理的典范。

第三，干部特别是党员干部带头守法。与严格依法办事相关联，要使《国家人权行动计划》得到落实，严格依法办事，还要使法律得到遵守，国家领导人、党政干部和广大人民群众一体遵守。目前，全国共产党员已超过八千万，国家机关、企事业单位和社会团体中，绝大多数干部是共产党员。他们的表率作用，言传身教，对全民守法具有重要影响。不过由于受旧传统侵蚀，官本位、特权思想在少数干部观念中挥之不去，自以为可以超越法律之外。有的人甚至违法乱纪，贪污腐败，严重影响了党和政府的公信力。现在，应在人民群众监督下，严肃法纪，惩治贪腐；弘扬正气，奖赏带头守法、兢兢业业扎实工作的人员。使广大党员和干部受到鼓舞，使人民群众守法蔚然成风。如此，社会秩序就会出现新面貌。

第四，既要总结自身经验又要虚心向别人学习。《国家人权行动计划》内容宽泛，覆盖面很广，各系统、各地区和各单位，如何创新社会管理机制，无现成模式，需要各自依据相关法律、政策因时因地总结自身经验。法律即使有具体规定，也要摸索在本地区、本单位贯彻落实的方法。社会是不断变化的，落实《人权行动计划》的方式方法，也要与之相适应。在总结自身经验的同时，还要虚心学习别人的经验。创新社会管理机制主要靠自己，但社会发展历来是相互影响的。现在已进入信息时代，各地区各系统应通过互联网或其他方式学习别人的先进经验，包括外国的有益的经验。学习别人的经验，不可夜郎自大，要虚心，要有勇气承认自己的缺陷和不足，做到虚怀若谷。我们的国家很大，经济社会文化发展不平衡，人权保障许多内容需要条件。在此情况下，东部地区往往快于中西部地区。注意学习不同地区的先进经验十分重要。国外一些发达国家和地区，社会权利保障制度起步早，其经验教训也可资借鉴。总之，总结自己成功的经验，学习他人先进经验，都是重要的创新社会管理。

第五，发挥社会组织在人权保障中的作用。《国家人权行动计划》指出，实施行动计划，要"尊重和发挥人民群众的主动性"，"发挥社会组织在人权保障中的建设性作用"。党和国家历来重视人民群众在建设中的伟大作用。以往多数情况下是党政系统号召，由工、青、妇具体组织，但当时群众组织数量毕竟有限。在社会主义市场经济条件下，社会组织如雨后春笋，公民社会将发展成为国家机构、企、事业组织之外的另一庞大系统。对社会组织既要管理，更重要的是发挥他们所蕴含的巨大作用。通过这些组织的力量，将人民群众实施人权行动计划的主动性与积极性发挥出来，将是创新社会管理机制有益的新实践。

　　创新社会管理机制，落实《国家人权行动计划》，是法治建设、人权保障重要的阶段性工程，也是伟大的历史任务。它的实现，将使中国特色社会主义制度放射出更加灿烂的光彩，需要我们共同努力。

中国古代的法治与社会经济发展

中国古代，"法治"一词的含义与现代不同，它是实行封建专制制度的工具。尽管如此，只要我们认真考察历史就会发现，法治与社会经济发展也是密切相关的。实行法治或法治状况好，社会就稳定。经济就发展，否则，社会就紊乱，经济就停滞，甚至遭破坏。

"法治"，中国古代称为"以法治国"，在古文献中最早见于《管子·明法》："威不两错，政不二门，以法治国，则举措而已。"意思是说，只要君主集中权力，依法治国，治理好国家是很容易的事。"法治"作为一种主张提出后，经一些政治家、思想家阐述和实践，战国中期之后逐渐发展成为系统的学说。当时持这一主张的政治家和思想家被后人称为"法家"。其代表人物有李悝、商鞅、慎到、申不害、韩非和李斯等。

综合法家代表人物的著作和言论，其"法治"主张的基本内容是：

（一）"法治"对于治理国家十分重要，反对"人治"。他们说："明王之治天下也，缘法而治。"① "法者，天下之程式也，万世之仪表也。"② 他们还说："君人者，舍法而以身治，则诛赏夺与从君心出矣……君舍法而以心裁轻重，则同功而殊赏，同罪而殊罚矣，怨之所由生也。"③

（二）法律的制定要适应历史发展，符合当时实际，反对因循守旧。商鞅提出："是以圣人苟可以强国，不法其故；苟可以利民，不循其礼。""各当时而立法，因事而制礼。礼法以时而定，制令各顺其宜……治世不一道，便国不必法古。"④ 韩非也认为，法应随历史的发展而变化："故治

---

① 《商君书·君臣》。
② 《管子·明法》。
③ 《慎子·君人》。
④ 《商君书·更法》。

民无常，唯治为法，法与时转则治，法与世宜则有功……时移而治不易者乱。"①

（三）法令是人们言行的标准，君上和臣下都不应曲法任私。他们认为，法令必须"布之于百姓"②，以使"万民皆知所避就"，使"吏不敢以非法遇民，民不敢犯法以干法官"③。君主本人也要"慎法制"，做到"言不中法者，不听也；行不中法者，不高也；事不中法者，不为也"④。商鞅还总结历史经验，得出了"法之不行，自上犯之"的结论⑤，提出要"壹刑"。他说："刑无等级，自卿相将军以至大夫庶人，有不从王令，犯国禁，乱上制者，罪死不赦。"⑥ 韩非也认为："法不阿贵，绳不挠曲，法之所加，智者弗能辞，勇者弗敢争。刑过不避大臣，赏善不遗匹夫。"⑦

（四）以法为本，法、势、术结合。这种结合的思想，《管子》一书已经提出，韩非在此基础上使之更加系统化。《管子·任法》："有生法，有守法，有法于法。夫生法者君也，守法者臣也，法于法者民也。君臣上下贵贱皆从法，此之为大治。"韩非说，治国要"以道为常，以法为本"⑧。为了使法得以实行，君主还要有"势"。所谓"势"，就是实力、权势。韩非进而提出君主要"擅势"。他说："抱法处势则治，背法去势则乱。"⑨ 当然"势"也离不开法，有"势"无法就会是"人治"，而管理好国家，"人治"远不如"法治"更为可靠。有"势"有"法"还必须有"术"。韩非说："术者，因能而授官，循名而责实，操杀生之柄，课群臣之能者也。"⑩ "术者，藏之于胸中，以偶众端，而潜御群臣者也。"⑪ 由此可以看出，"术"是监督考核和驾驭群臣的手段。

---

① 《韩非子·心度》。
② 《韩非子·难三》。
③ 《商君书·定分》。
④ 《商君书·君臣》。
⑤ 《史记·商君列传》。
⑥ 《商君书·赏刑》。
⑦ 《韩非子·有度》。
⑧ 《韩非子·饰邪》。
⑨ 《韩非子·难势》。
⑩ 《韩非子·定法》。
⑪ 《韩非子·难三》。

法家学说存在着一个基本矛盾，即：一方面强调"法治"，宣扬依法办事，同时又强调君主专制的权力，唯君主之命是从。从根本上说封建"法治"是君主专制制度的从属物，有很大的阶级局限性和历史局限性。不过，在当时新兴地主阶级处于上升时期，"法治"理论基本上符合时代要求，有些论述在以后很久，以至于今天仍具有生命力。正因法家的"法治"主张适应当时社会经济发展需要，因而为不少国家实践或沿袭。其中，尤以商鞅变法的秦国最为突出。

二

公元前361年秦孝公即位。为了增强国家实力，他任用商鞅进行了大刀阔斧的变法改革。这次改革的宗旨是推行"法治"，主要措施有：废除井田制，鼓励开荒和农业生产；奖励军功，禁止私斗；迁都咸阳，推行郡县制；按人口征收军赋，统一度量衡；奖励告奸，实行连坐和改革落后的风俗，等等。商鞅的变法改革虽曾遭宗室贵族强烈反抗，但由于得到秦孝公的大力支持，对于包括太子在内的贵族犯法行为也惩治不贷，所以深得民心，获得了很大成功。史称"行之十年，秦民大悦，道不拾遗，山无盗贼，家给人足。民勇于公战，怯于私斗，乡邑大治"①。其后秦国诸王直至秦始皇执政，均奉行"法治"。秦法在商鞅之后不断丰富和发展，秦国日渐强大，成为问鼎中原的大国，最后完成了全国统一。

中国古代法律史上，秦法是有名的，秦推行的"法治"影响是巨大的。根据文献记载，尤其是从湖北云梦睡虎地秦墓竹简，我们看到了秦"法治"的概况。距今两千多年前的秦律，要比我们原来的想象完备得多。

以下试举例说明：

（一）有关国家机构和官吏职务的法律。见于云梦秦简的《除吏律》、《置吏律》是关于官吏任免的法律；《中劳律》、《军爵律》是关于劳绩计算、军功爵予夺的法律；《尉律》、《内史杂律》是关于法官、内史等职务的法律；《行书律》是关于公文、书信传递的法律；《传食律》是关于驿

---

① 《史记·商君列传》。

传伙食供给、马匹饲养标准的法律。① 这些法律类似现代的行政法。其内容之详细，规定之具体，有些完全可与现代的行政法规相媲美。

（二）有关刑事法律。云梦秦简未发现史籍中记载的、商鞅以李悝《法经》为蓝本制定的六篇秦律，但其中的《法律答问》却是对这部刑律的解释，不少地方还引用了秦律原文。从《法律答问》看，秦的刑事法律对罪名、刑罚、法律概念以及诉讼程序等都作了明确规定。为了公正司法，秦律还规定了一系列刑罚适用原则。对于案件现场的勘验与取证也非常仔细，法医学和痕迹学知识已开始运用于侦查犯罪。

（三）有关民事与婚姻家庭的法律。云梦秦简中的法律和在四川青川出土的秦《田律》都表明，自商鞅之后，秦土地是国有制和私有制并存，法律对两者均予保护。《田律》规定了农田、道路的规格和作为田界标识的封埒不得侵害。云梦秦简《法律答问》引秦刑律规定："盗徙封，赎耐。"这说明，法律对标志土地所有制的封界是严加保护的。秦律对保护其他生产资料和生活资料私有权，诸如牛、马、羊、猪以及器物的规定更多。在债的关系方面，秦律对借贷作了规定，借贷必须偿还。借公家的器物，要有担保，借用者死亡，由担保人赔偿。秦律还允许以劳役抵债，说明国家严格保护债权人的利益，但不允许擅自以人质抵债。在婚姻家庭方面，商鞅变法时就禁止"父子兄弟同室内息"②，后又规定男女结婚要经官府认可。秦律维护作为家长的父亲的权力，规定了父子、夫妻间的继承关系。

（四）有关经济管理的法律。云梦秦简中有关经济管理的法律比重较大，说明了秦统治者对以法律手段推动经济发展的重视。

首先，关于农、林、牧业和环境管理的法律。法律在保护封建土地所有制的前提下，对农、林、牧业的管理作了明确规定。农业方面有关于种子的保管，不同作物用种量的规定；有官吏及时报告庄稼生长、受雨面积及遭虫、涝、旱灾的规定；有关于按时修整水利工程设施的规定。林业和环境方面有关于不得随意砍伐山林，不得捕捉幼鸟、幼兽和鱼鳖的规定。

---

① 见《睡虎地秦墓竹简》之《秦律十八种》和《秦律杂抄》。
② 《史记·商君列传》。

牧业方面，对牛、马、羊的饲养和繁殖有规定指标，并规定每年四、七、十月和正月对牛的饲养检查评比，成绩优异者奖励，低劣者受罚。

其次，关于手工业管理的法律。云梦秦简涉及手工业管理的法律有《工律》、《均工律》、《工人程》和《司空律》，《秦律杂抄》中也抄录了有关条文。从规定看，秦已建立了手工业工人的培养制度、新老工人和女工的劳动定额制度、质量检查评比制度等。其中《工律》规定："为器同物者，其小大、短长、广亦必等。"这是我们现在能看到的中国、也是世界古代最早关于手工业生产标准化的规定。

再次，关于金融和贸易方面的法律。史籍称秦统治者"重本抑末"。但据秦简记载，他们并非不重视对商业贸易的管理。秦时，金、钱、布同时作为等价物在市场流通。为便于交换，三者之间的比价："钱十一当一布。其出入钱以当金、布，以律。"[①] 意思是，十一钱折合一布。如钱折合黄金，按法律规定。布有一定规格，"布袤八尺，幅广二尺五寸。布恶，其广袤不如式者，不行"[②]。《金布律》规定市上出售的小商品，凡一钱以上的，都要系签标明价钱。《关市律》规定，如官府出售手工业产品，收到买者付的钱，必须当面将钱投入盛钱器物。违反此项规定，罚铠甲一副。外邦人到秦国通商，必须到官府登记、验证，"客未布吏而与贾，赀一甲"[③]。

最后，关于赋税徭戍和物资管理方面的法律。秦既有土地税，又有人口税。国家除征税赋外，还征发徭戍。秦律规定，男子十七岁为"傅籍"年龄，得为国家服徭役。到傅籍年龄不如实申报者，家长、本人及里典都要受惩罚。秦律对物资财富的保管也作了具体规定。如粮食和饲草的存放，一般为万石一积，故都栎阳为二万石一积，国都咸阳为十万石一积。粮食和饲草入仓后要严加封存，并登记上报。粮食出仓有严格手续，非出仓人员出仓要先清查仓储粮食总量，出仓人员不得中途更换。如不足数则由出仓者赔偿，剩余则上缴。仓中粮食或库中物品，如不按时扬晒致使发

---

① 《睡虎地秦墓竹简·金布律》。
② 同上。
③ 《睡虎地秦墓竹简·秦律十八种》。

霉或鼠虫咬坏，保管者、直接负责人和上级主管官吏均要被追究。

以上所列举的例证，向我们展示了秦的"法治"实践和封建地主阶级上升时期的社会管理概貌。其中有些规定不仅在两千多年前很难得，今天看来仍然不乏新鲜感。正是建立了这种"法治"，才使秦得到长足发展。商鞅变法前，秦国有内忧外患，河西地方被三晋攻夺，受诸侯鄙视。商鞅变法后开始改变面貌，昭王时进一步改观。荀子考察秦国后称其呈这样一种状况："佚而治，约而详，不烦而功，治之至也。"①秦王政执政时，国力大大增强，与各国之间的力量对比已发生根本变化。他最后能完成全国统一大业，成为"千古一帝"，固然有诸多因素，但实行"法治"，促进社会进步，发展经济，增强了国家实力，不能不说是最根本的原因。当然，秦统一不久即告灭亡，成为历史上的短命王朝。这并非像有些人说的是实践法家"法治"理论所致。恰恰相反，是由于秦始皇在胜利形势下，头脑膨胀，忘乎所以，置法律于不顾，乐以刑杀为威，严重破坏了社会经济发展，致使天下愁怨，溃而叛之。这说明，秦之灭亡正是由于破坏了商鞅以来行之有效的"法治"所致。

三

代秦而起的西汉王朝的第一代统治者，目睹了秦王朝的兴衰和暴政速亡的事实，一开始便将废除秦酷法恢复秩序作为当务之急，所以很快赢得了民心，开创了帝业。随着统治经验的积累，西汉中期开始，中国封建法律逐步伦理化。尽管如此，在以后的两千年中，无论王朝如何改姓，皇位如何更替，凡有作为之王朝或皇帝，无不重视封建法制。

（一）西汉前期举例

西汉统治者恢复封建"法治"是从三个方面进行的：

1. 废除秦酷法。刘邦等进兵关中，刚攻占咸阳，立足未稳，就"……召诸县父老豪杰曰：父老苦秦苛法久矣，诽谤者族，偶语者弃市。

---

① 《荀子·强国》。

吾与诸侯约，先入关者王之，吾当王关中。与父老约，法三章耳：杀人者死，伤人及盗抵罪。馀悉除去秦法。诸吏人皆案堵如故。"① 结果，"秦人大喜"。从文献记载看，刘邦所废除的酷法应是秦始皇统治后期对秦法的附加。秦律中原有的酷法是以后陆续废除的，如"挟书律"、"三族罪"、"袄言令"、"收孥相坐律令"、"肉刑"等。后来，有些酷法又有恢复，但总的趋势是减缓。

2. 沿袭宜于时的秦法。高祖时，萧何取秦律之"宜于时者"定《九章律》，比秦律增加了《兴》、《厩》、《户》三篇。从云梦秦简所载秦律看，所增加的三篇也源于秦律。这并不奇怪，汉与秦社会制度相同，经济发展水平大体一致，尤其汉代前期，很长时间社会并不很稳定。此种情况下，沿袭秦律不仅需要，而且可能。

3. 制定新法。据《晋书·刑法志》，《九章律》制定后，"叔孙通益律所不及，《傍章》十八篇，张汤《越宫律》二十七篇，赵禹《朝律》六篇，合十六篇。"新法中还包括名目繁多的令，如《宫卫令》、《品令》、《秩禄令》、《任子令》、《金布令》、《田令》、《钱令》、《津关令》，等等。江陵张家山汉简记载有《二年律令》和《律令二十□种》的篇题。史载，文帝时，晁错就削诸侯权力事提出更定法令。至景帝时，"错所更令三十章，诸侯谨哗"②。

目前，不少中国法律史著述都论及黄老的无为而治对汉初统治者法律思想的影响。我以为，有影响是事实，但不可估计过高。事实上，汉初和汉代前期的统治者，无论在平定叛乱、实行"法治"或稳定边疆方面，都是很有作为的。正由于此，才迅速结束了混乱状态，稳定了局势，发展了经济。史称："汉兴，接秦之敝，诸侯并起，民失作业，而大饥馑。凡米石五千，人相食，死者过半。"而经高祖、吕后、文帝和景帝，情况大变。"至武帝之初，七十年间，国家亡事，非遇水旱，则民人给家足，都鄙廪庾尽满，而府库余财。京师之钱累百巨万，贯朽而不可校，太仓之粟陈陈相因，充溢露积于外，腐败不可食。众庶街巷有马，阡陌之间成群，乘牝

① 《史记·高祖本纪》。
② 《汉书·晁错传》。

者摈而不得会聚。守间阎者食粱肉，为吏者长子孙，居官者以为姓号。人人自爱而重犯法，先行谊而黜愧辱焉。"① 这就是史学家笔下著名的"文景之治"的社会状况。

（二）唐代初期举例

隋末唐初的形势与秦末汉初类似。隋文帝晚年和隋炀帝期间，肆意破坏自己亲手制定的法律，严刑酷罚，加上穷兵黩武，致使海内骚然，民不堪命。一个统一不久的王朝，在蜂拥而起的农民起义冲击下，迅速崩溃。目睹隋王朝由兴而衰的李渊、李世民父子和唐初的其他统治者，自太原起兵即提出废隋苛法，攻占长安之后，又"约法为十二条，惟制杀人、劫盗、背军、叛逆者死，余并蠲除之"。他们提出："立法务在宽简，取便于时。"在此一思想指导下，武德初，高祖李渊便命刘文静等"因开皇律令而损益之，尽削大业所由烦峻之法"②。之后裴寂等撰定律令，武德七年颁行天下，是为《武德律》。太宗李世民即位后，又命长孙无忌、房玄龄与学士法官更加厘改。房玄龄等撰定的新律，比隋代旧律"减大辟者九十二条，减流入徒者七十一条……凡削烦去蠹变重为轻者，不可胜纪"③。高宗李治即位当年，再命长孙无忌等以《贞观律》为蓝本编撰新律。为使其内容更加严密，长孙无忌等又奉命撰定《律疏》，永徽四年颁行。律、令、格、式等法律形式，构成了唐代法律的基本体系。

唐初法律的一个主要内容是实行均田制和租、庸、调法。按武德七年（624 年）均田法，亩百为顷，丁男中男给一顷，笃疾废疾给四十亩，寡妻、妾三十亩，若为户者加二十亩。所授之田，十分之二为世业，八为口分。世业之田，身死则承户者便授之，口分则收入官，更以给人。唐初之均田制后来进一步完备。与均田制相应的是新赋役法的推行。赋役之法，每丁岁人租粟二石。调则随乡土所产，绫绢各二丈，布加五分之一。输绫绢者，兼调棉三两，输布者麻三斤。"凡丁，岁役二旬，若不役则收其慵，

---

① 《汉书·食货志》。
② 以上均见《旧唐书·刑法志》。
③ 《旧唐书·太宗纪》。

每日三尺。有事而加役者，旬有五日，免其调，三旬则租、调俱免。"①

　　李渊、李世民等统治者，不仅重视立法，而且重视法律的实施。首先，进一步严格了死刑的审批程序。贞观元年李世民规定："自今以后，大辟罪，皆令中书、门下四品已上及尚书九卿议之。如此，庶免冤滥"②，在历史上首创了"九卿议刑"制度。由此，至贞观四年，全国判处死刑的只有二十九人。③ 贞观五年，李世民在死刑"三复奏"基础上规定了"五复奏"，即处决死罪，如在京城，两天内要复奏五次。其次，要求执法不畏权贵，不偏袒功臣故旧。贞观九年，岷州都督高甑诬告李靖"谋逆"，据律高应处死。有人以高是李世民的老部下，请求宽恕。他坚持依法办事，说："虽是藩邸旧劳，诚不可忘，然理国守法，事须画一，今若赦之，使开侥幸之路。且国家建义太原，元从及征战有功者甚众，若甑生获免，谁不觊觎，有功之人，皆须法。我所以必不赦者，正为此也。"④ 再次，皇帝本人也应守法。贞观初，李世民下令在"选举"中，如伪造资荫而不自首者处死刑。后发现一伪造资荫的人，大理寺少卿戴胄依律判处流刑。李世民责怪戴胄使他"示天下以不信"。戴胄给他讲了国法是大信，国法大于皇帝一时喜怒之言，并指出君王应忍小忿而存大信的道理。最后李世民听从了戴胄的意见，并称赞戴胄："法有所失，卿能正之，朕复何忧也！"⑤ 他还认为帝王自身也要遵守法律和制度："君不约己而禁人为非，是犹恶火之燃，添薪望其止焰。""流水清浊，在其源也。君者政源，人庶犹水，君自为诈，欲臣下行益，是犹源浊而望水清，理不可得。"⑥

　　由于唐初统治者注意完善立法和严格执法，很快扭转了隋末那种"耕输失时，田畴多荒"，"百姓穷困，财力俱竭"，"转输不息，徭役无期，士卒填沟壑，骸骨蔽原野，黄河之北则千里无烟，江淮之间则鞠为茂草"的社会经济凋敝局面⑦，出现了中国封建社会历史上著名的政简刑清的太

---

① 均见《旧唐书·食货志》。
② 《贞观政要·刑法》。
③ 同上。
④ 同上。
⑤ 《贞观政要·公平》。
⑥ 《贞观政要·诚信》。
⑦ 《资治通鉴·隋纪》。

平盛世，史称"贞观之治"。当时的情况是"官吏多自清谨。制驭王公、妃主之家，大姓豪猾之伍，皆畏威屏迹，无敢侵欺细人。商旅野次，无复盗贼，囹圄常空，牛马布野，外户不闭。又频致丰稔，米斗三四钱。行旅自京师至于岭表，自山东至沧海，皆不赍粮，取给于路。入山东村落，行客经过者，必厚供待，或发时有赠遗。此皆古昔未有也"①。以上描写之封建"法治"，对隋末之凋敝和贞观时社会发展所起积极作用基本是历史事实。重视"法治"是唐代能使中国封建社会发展至鼎盛时期的重要原因之一。

（三）宋以后几个朝代史例

中国古代社会自宋（960—1267 年）之后，封建君主专制制度进一步发展。类似前述秦国、汉之前期和唐代初年的封建"法治"状况均持续时间不长，但在重视以法律治理国家推动社会经济发展方面也有许多重要经验教训。

1. 王安石变法。北宋（960—1127 年）由于长期施行"不抑兼并"、"不立田制"的政策，大地主阶级占有全国土地的 70% 左右，而且享有免税免役的特权，广大劳动人民负担极其沉重。更由于无限地扩军和官僚机构膨胀以及其他开支的增加，国家财政和社会面临深刻危机。宋神宗即位后，支持王安石实行变法。

王安石变法的目的是富国强兵，内容以发展经济为中心。他认为要富国强兵必须"权时之变"，"立善法于天下"。针对当时守旧派假借"天命"、"法祖"对变法进行攻击，王安石说："祖宗之法，未必尽善，可改则改，不足遵守。"② 只要新法可行"当于义理，何恤乎人言"③。王安石不仅提出排除干扰，制定"善法"，而且还说，"理天下之财者莫于法，守天下之法者莫如吏"④，主张选择严于执法的官吏。这些都说明他是中国古代一位具有远见卓识的改革者。

---

① 《贞观政要·政体》。
② 《王临川集·本序》。
③ 《续资治通鉴长编》熙宁八年。
④ 《王临川集》卷四十九。

在上述思想指导下，王安石从熙宁二年（1069 年）推动神宗颁行了一系列新法，主要有：第一，均输法。规定每年由政府派官员统一采购物资，防止富商大贾操纵，以使国用可足，民财不匮。第二，青苗法。规定政府每年在夏、秋未熟之前以二分利贷粮款给农民，收获后归还，防止豪强地主乘青黄不接对农民高利贷敲诈。第三，农田水利法。鼓励农民开垦农田、兴修水利，较大的工程由政府贷款资助。第四，免役法。规定乡村四等户以上按户收免役钱，原来不负担差役的富户也按定额半数交纳，需用差役由国家雇人，减轻农民负担。第五，市易法。规定在京师设市易务，收购市场滞销货物，当市场需要时，中小商人可以赊购，年息二分，防止豪商大贾囤积居奇，以平抑物价。第六，方田均税法。规定每年九月由官府丈量土地，分等级定额纳税，以防止官僚地主隐瞒土地，增加国家赋税收入。第七，将兵法。规定裁减老弱兵士，选择精良军官，合并兵营，操练军队，以提高军队素质和战斗力。第八，保甲法。规定乡村民户十户为一保，五十户为一大保，十大保为一都保。如家有两丁以上者，要抽一个当保丁，农闲时训练，平时维护治安。

王安石变法以后一段时期颇有效果，出现了"四方之民，辐奏开垦，环数千里，并为良田"，"中外府库，无不充衍"的局面。但由于其变法基础薄弱，又受到代表大地主、大官僚利益的守旧派顽强抵抗，宋神宗死后，新法相继被废。此后，北宋王朝之衰落更为加速。

2. 朱元璋以法律稳定社会和发展经济。朱元璋是明朝开国皇帝。他认为元朝灭亡的重要原因是"法度不行"，所以十分重视立法。早在全国统一前便草拟了《大明律令》刊布天下。经过多年准备，洪武二十二年（1389 年），朱元璋命翰林院同刑部官更定《大明律》，在《名例》之下按六部分目，为《吏》、《户》、《礼》、《兵》、《刑》、《工》共七篇。这一变化，改革了隋唐以来沿用八百年之久的旧体例，更适于对国家的管理，不能不说是一大历史进步。洪武三十年（1397 年），朱元璋又编纂了《钦定律诰》一百四十七条，附于明律正文之后，总名曰《大明律》。终明一代，除洪武三十年所附之《律诰》被删去之外，《大明律》正文一直被视为"成法"，未再变更。

洪武时加强了经济方面的立法。农村中，重点在于清查欺隐田粮，增加国家赋税收入。为此，规定编造黄册和鱼鳞册，详细登记每乡每户的土地亩数和各户人丁情况，作为朝廷向人民征收赋役的依据。为适应农业、手工业和商业发展需要，除《大明律》增加《市廛》、《田宅》、《钱债》、《营造》等篇条外，还增订了《钞法》、《盐法》和《茶法》等法律。这方面的内容比唐、宋、元各代都更完备。朱元璋不仅重视法律的制定，而且重视法律实施，要求各级官吏严格执法和守法，尤其是对于贪官污吏更是坚决惩治。这使国家较快地从战乱中得以恢复，并有力地推动了社会经济的发展。

　　3."康乾盛世"的形成。清朝（1644—1911 年）是中国封建社会的末代王朝。同历史上许多王朝交替时的情况类似，清统治者入关后也面临战争和灾荒所造成的严峻形势。他们除政治上笼络汉族地主，军事上继续平定反抗之外，积极着手制定法律，恢复和建立法制。顺治三年（1646 年）在"详译明律参以国制"①的思想指导下制定了《大清律集解附例》。之后几经修订，至乾隆五年（1740 年）完成《大清律例》。《大清律例》吸取了历代王朝立法得失，总结了清朝入关前后统治经验，内容丰富、全面，有关经济关系的调整较以前更加完备。《大清律例》被视为祖宗成法，之后未再修订。至于事未完备或形势发展所需增加之内容，由《会典》和《则例》加以规定。清代的典、例主要是行政法，但由于是以官统事，所以也有大量民事和经济管理的规定。其中之《户部则例》和《工部则例》主要是经济管理方面的内容。

　　上述法律的实施，有力地推动了经济发展。在农业方面，全国耕地面积大增。史称："清初经明季之乱，逃亡未复，土地荒芜，田数仅五百余万顷。至乾隆末，遂达七百万顷。"②手工业方面有很大发展。苏州、杭州、江宁、上海、佛山的纺织，景德镇的瓷器，北京、南京、苏州的铜器，其他如造纸、制茶、制糖、冶铁和修造等都达到了很高水平。商业也日渐繁荣，商品流通量和品种都有增加。江宁的丝织，尤受各地欢迎。对外贸易也逐渐发展，全国出现了许多工商业城市和对外贸易口岸。经济发

①　《大清律例·原序》。
②　邓之诚：《中华五千年史》卷五。

展，促进了国家收入。康熙二十四年（1685 年）之前，清政府的田赋总收入为银 24 449 724 两，粮 4 731 400 石，到乾隆十八年（1753 年），仅直隶省田赋收入即为银 29 611 201 两，粮 8 406 422 石。[①] 加上当时盐课收入 3 843 523 两，关税收入 4 324 000 两，工部关征 271 546 两，以及其他杂课、杂税和实物征收，使国库充裕，国力大增，呈现了昌盛之世。

自战国、尤其是秦始皇统一全国后的两千多年，在中国这块古老的土地上实行的是封建君主专制统治。按理，专制与法治是相矛盾的。然而正如前文所列举的，中国古代，不仅有人很早就提出了"法治"这个概念，而且作了相当充分的论述，更有人为之实现献出了生命。尽管在历史上多是一代王朝初建时期较为重视法律的制定，法律的实施并非不受干扰，但在一定时期相当大的程度上还是为社会带来了勃勃生机。本文无意美化封建"法治"，只是想借历史事实说明，在中国古代以自然经济为基础的君主专制制度下，法律也反映了社会经济关系的要求，依照法律办事也比凭某个人的个人意志、尤其是比个人专横更符合社会经济的发展。中国历史上的乱世和治世、衰世和盛世留下的经验难道不是十分生动地说明了这一问题吗?！

（原载《法学研究》1992 年第 1 期）

---

① 谭仲方：《中国历代户口·田地·田赋统计》。

中国古代法律文化的若干问题

　　按：本文是在中央国家机关部级以上领导干部历史文化讲座的讲稿。法律文化是文化的重要组成部分。过去，在述及中国古代文化时，对法律文化往往有所忽略，且对其负面论述较多。其实全面看，中国古代法律文化是中华文明的重要内容，对中华文明的发展起了重要推动和保障作用。中国古代先哲们的法律思想丰富多彩、深刻异常，完全可以与古希腊、古罗马哲学家的法律思想相媲美；中国古代法典之规模、法条之严谨，绝不逊于古巴比伦的法典；中华法系不仅是世界上最古老的法系之一，而且递相沿袭，世代承传，从未中断。在发展中形成了儒法会通，礼刑相辅，包容性大，稳定性强，争纷首先调处，力求息讼和睦，定罪讲究规格，刑罚手段严酷，行政干预司法，死刑最后由朝廷审定等特点。只要遵循"取其精华，去其糟粕"的原则，努力结合实际，开发其丰厚资源，就能使之为建设中国特色社会主义法治国家服务。

　　中国古代法律文化是中国古代文化的重要组成部分。研究中国古代法律文化，加深对法律文化在内的我国传统文化认识，从中汲取有益的经验，对于推动社会主义文化建设和法治建设都是有益的。

　　以下谈五个问题：一是法律文化的概念；二是中国古代法律文化的主要内容；三是中国古代法律文化的主要特点；四是中国古代法律文化的影响；五是关于提高法律文化自觉。

一　法律文化的概念

　　法律是一种文化。它随法律的产生而形成，与人类跨入文明社会门坎同步。对法律文化的研究很早就开始了，但将它作为法学的分支学科明确提出则较晚。在国外，美、俄、日等国大约是 20 世纪 60—70 年代，我国则是 20 世纪 80—90 年代。其中关于法律文化的概念众说纷纭。对此，有学者作了归纳并分为四类："第一类是把法律文化看作是法律现象的综合体现和产物，包括内在和外在、主观和客观、制度和观念等各个方面；第二类是把法律文化视为法律现象的主观方面，主要是法律意识形态和观念形态；第三类是把法律文化看作法律意识中非意识形态那部分内容，即体现人类智慧、知识、经验等文化结晶。"此外还有一种"方法论法律文化观"。"这种观点认为，法律文化……'是一种应用文化解释方法用于法律研究'的立场和方法"①。以上是从理论角度概括，给人感觉较为抽象，但却介绍了学界关于法律文化概念研究的一般情况，对我们的研究是有益的。

综合各家的观点，我认为所谓法律文化，简要地说就是关于法律的文化形态总和。它包括：法律观念和法律思想，不同法律形式及其运作形态，法律思想、法律制度及其运作形成的氛围与传统。这些传统既表现于法律意识之中，也表现于法律运作的技术与设施方面。法律文化是历史的积淀，也是当世的创造。它是社会经济基础的重要上层建筑，由经济基础所决定，又反作用于其赖以产生的经济基础。它受政治制度影响，又影响政治制度的稳定与发展。法律文化对于文化是属概念，与政治文化、经济文化、伦理文化、宗教文化等并列；对于宪法文化、民法文化、刑法文化、律师文化、监狱文化是种概念。由此可以看出，法律文化的含义尽管不如文化概念广泛，但仍然属于宏观法学思维。

事物的"概念……是我们认识事物的工具"②。我们之所以先介绍法律文化的概念，就是为了较准确地把握有关法律文化的内容与范围。中国古代法律文化是中国法律文化发展的一个阶段，尽管是一个很长阶段，并有自己的特点，但仍属法律文化的一部分，法律文化概念当然可以用来对其进行说明。

---

① 刘作翔：《法律文化理论》，商务印书馆 1999 年版，第 65 页。
② 费孝通：《乡土中国》"重版序言"，三联书店 1985 年版，第 3 页。

二　中国古代法律文化的主要内容

中国古代法律文化的主要内容大略可分为三个部分：法律理念与法律思想，历代递相沿袭形成的法律体系及其运作形态，法律思想教育和法律运作而形成的法律文化氛围及传统。

（一）共同的法的理念，略不相同到逐步会通的法律思想

所谓理念，是人们对事物从感性认识到理性认识，对其应然状态作出的概括。法的理念是人们对法应该是什么作出的概括。中国古代关于法的理念集中体现在"法"字的形成与理解。中国字是象形文字，以其形表其义。法字古文为"灋"。此字由三部分组成：水、廌、去。据东汉许慎《说文解字》："灋，刑也，平之如水；廌所以触不直者而去之，从去。"从水取其平，意即法平如水，从水。"廌"，据《说文》："兽也，似牛，一角，古者决讼，令触不直者。"传说古代诉讼盛行神明裁判，两造之一被廌触者为败诉。古代法官帽或袍上饰其形为标识，以示主持公平正义。这种关于法的观念在我国古代是共同的，与西方以女神手持天平和宝剑表示法的公平正义是同样意思。法律思想是人们关于法的概念、内容、本质、作用、特点及其产生、发展的认识。一般地说，法的理念是对法的认识，属于法律思想的一部分，但法律思想对法的产生与发展的认识更加系统。法律思想可分为两个部分：其一，学者和政治家个人的法律思想。他们的法律思想多表现于著述、言论。其二，统治阶级的法律思想，或称占统治地位阶级的法律思想。这种法律思想表现于统治阶级代表人物的著述、言论，但更典型的是体现于统治阶级的政策和法律之中。当然有一些学者的著述表述的也是占统治地位阶级的法律思想。

关于中国古代法律思想，夏、商、周的资料不多，从零星记载看，夏、商主要是宣扬"受命于天"的神权法思想。周实行宗法制度，主要宣扬"尊尊"、"亲亲"为核心的宗法思想。西周初年政治家周公旦总结商殷纣王残酷镇压人民导致灭亡的教训，提出"明德慎罚"，对后世影响深远。

春秋战国是中国历史上大分化、大变革时期。史称：礼崩乐坏，权力下移，诸侯、大夫异政。代表不同阶级、阶层利益的政治家、学者纷纷发表政见，形成了"百家争鸣"的局面。由于留下的史料较前代为多，不少著述表述的主张较为系统，成为法律思想史的重要源头，史称"百家"，其中主要是儒、墨、道、法四家。

儒家的法律思想   儒家创始人是孔丘，代表人物有孟轲和荀况。孔丘的代表作是《论语》，贯穿其中的是以"仁"为核心，以复礼为目的的思想体系。他主张"礼制"、"德治"和"人治"，建立"君君、臣臣、父父、子子"①的伦理等级秩序。他说："道（导）之以政，齐之以刑，民免而无耻；道（导）之以德，齐之以礼，有耻且格。"②他还说："为政在人。"③孟轲是仅次于孔子的儒家代表人物，其代表作主要有《孟子》。其中发展了孔子的"仁"为核心的"德治"理论，明确提出"仁政"。他说"仁者无敌"，"以德行仁者王"④。统治者只能"以德服人"，不能"以力服人"。他的重民思想很突出，在孔丘"爱人"思想的基础上，提出了"民为贵，社稷次之，君为轻"⑤。不过，他也主张"人治"，在先秦思想家中首先提出"贤人政治"。他说："贤者在位，能者在职"⑥，"不仁而在高位，是播其恶于众也"⑦。荀况被列为儒家，留有《荀子》一书。但其内容与孔丘和孟轲的主张不完全相同。他主张"隆礼重法"，礼法结合。他说："礼者，法之大分（本），类之纲纪也。"⑧意思是以礼作为立法和类推的根本原则。他以"性恶论"为出发点，论证应以刑罚惩治犯罪。他的两个学生，韩非和李斯是战国末著名的法家代表人物。荀况的学说开创了汉代礼刑（法）合一，儒法合流的先河。

墨家的法律思想   墨家创始人为墨翟，著有《墨子》。他是先秦最早

---

① 《论语·颜渊》。
② 《论语·为政》。
③ 《礼记·中庸》。
④ 《孟子·公孙丑上》。
⑤ 《孟子·尽心下》。
⑥ 《孟子·公孙丑上》。
⑦ 《孟子·离娄上》。
⑧ 《荀子·劝学》。

对儒家学说提出不同见解的人。墨家学派认为，当时之所以"饥者不得食，寒者不得衣，劳者不得息"，原因是"天下之人皆不相爱"。因此，提出人与人之间要"兼相爱，交相利"。他说："欲天下之治，而恶其乱，当兼相爱，交相利。此圣王之法，天下之治道也，不可不务为也。"① 他们的法律思想正是服务这一理想。墨子认为治理国家必须有法，法如"百工为方以距，为圆以规"，"法若（顺）而然也"。至于以什么为法，他主张"以天为法"，因为，"天之行广而无私，其施厚而不德"（"德"，《群书治要》作"息"）②。墨家主张的"天"，部分学者理解为"自然"。为实现其主张，他提出"壹同天下之义"，即要以"兼相爱，交相利"统一思想，选天下之贤者为天子、正长。人们要服从他们，凡"受利天下者"，"上得赏之"；"恶贼天下者"，"上得罚之"，并要公正执法，"不党父兄，不偏富贵"。③

道家的法律思想　道家的代表人物是老聃和庄周，现存有《老子》和《庄子》。老聃诞生于春秋战国之交，庄子生于战国后期。老子的法律思想是"道法自然"，他说："人法地，地法天，天法道，道法自然。"④ 治理国家以自然为法，主张无为而治。道家既反对儒家的"礼"，也反对法家的"法"，主张无为而治。《老子》一书中说："为无为，则无不治"，所谓"我无为而民自化，我好静而民自正，我无事而民自富，我无欲而民自朴。"⑤ 他还说："治大国若烹小鲜。"⑥ 意思是说治理大国要像烹调小鱼那样小心，不要折腾百姓。越折腾百姓，国家越难安宁。他的这种思想对汉初统治者有相当影响。

法家的法律思想　法家可以概括为主张"以法治国"的学派。春秋的管仲是其先驱。战国初的李悝、吴起，中期的商鞅、慎到、申不害，战国末期的韩非、李斯都是不同时期的代表人物。影响大的著述有《商君书》

---

① 《墨子·兼爱》。
② 《墨子·法仪》。
③ 《墨子·尚贤》。
④ 《老子》第二十五章。
⑤ 《老子》第五十七章。
⑥ 《老子》第十六章。

和《韩非子》。此外，还有《申子》、《慎子》等残篇佚文。现存《管子》一书情况较复杂，其中多是战国中后期甚至西汉时学者托管仲之名写的文章，不过也有很高的研究价值。法家视法为国家制定的、人人必须遵守的行为准则。"法者，国之权衡也"①，"尺寸也、绳墨也、规矩也、斗斛也、角量也"②。法的作用是"定分止争"，"兴功惧暴"。法律适用应是平等的，所谓"法不阿贵，绳不挠曲"，"刑过不避大臣，赏善不遗匹夫"③，一断于法。统治者若"以法治国，则举措而已"④。意思是说以法治国，治理国家是很容易的。法家认为"法与时转则治，法与时宜则有功"，"时移而法不易则乱"⑤。这种历史观，为法的创新和发展提出了新理论。

　　作为中国古代法律思想之重要源头，春秋战国各家的法律思想有许多不同之处，诸如"德治"、"人治"与"法治"对立，"人治"、"法治"与"无为而治"对立，等等。但不可忽略的是各家法律思想有不少共同之处。其一，它们都是社会大变革时代为治理好国家寻觅出路，提出和阐明自己的治国方略；其二，各家所立足的社会文化背景均为农业自然经济，宗法制度影响巨大，都希望由贤人、能人进行统治，从不同角度维系宗法制度；其三，虽然反映不同阶级和阶层的利益，但实现社会安定是共同要求，安民或为民的思想在所提的治国方略中占主导或重要地位；其四，在持续"争鸣"过程中，各家思想都有所发展，并互相吸收，政治上影响大的儒法两家更是如此。荀况"隆礼重法"的主张和吕不韦《吕氏春秋》的内容就是明证；其五，如果说学者著述中的法律思想有对立又有会通，在统治者那里却能得到统一。统治者多是实用主义者，他们可能受某一派影响多一些，但从不会拒绝对实现统治有利的主张。

　　过去，尤其是在"阶级斗争为纲"的年代，学界和政界一些人士往往将春秋战国"百家争鸣"中的不同学派的争论，以当世之需描绘成"水火不相容"、"冰炭不同器"，甚至完全否定了一些学派著述中的具有普遍

---

① 《商君书·修权》。
② 《管子·七法》。
③ 《韩非子·有度》。
④ 《管子·明法》。
⑤ 《商君书·更法》。

价值的内容，这是不符合历史实际的。秦惠文君时诛杀商鞅、韩非入秦后被杀和秦始皇"焚书坑儒"，均牵涉政治斗争或私人忌妒（如李斯对韩非），并非单纯的学术争论。否定儒家等学派著述中的普世哲理，更是对待优秀传统文化的错误态度。

（二）重视立法，在递相沿袭的基础上形成了形式多样、内容完备的法律体系

1. 历代统治者都重视立法。史称："夏有乱政而作禹刑，商有乱政而作汤刑，周有乱政而作九刑。"① 关于夏、商、周三代的法律史料，《尚书》、《竹书纪年》、甲骨文、金文中有所记载。周代崇尚礼制，但史籍有"罚蔽殷彝，用其义刑义杀"的记载②，这说明周也采用了殷代法律中的适于其统治的内容，实行礼刑结合。

春秋战国之世，各国相继变法改制。鲁国"初税亩"，郑国、晋国"铸刑鼎"，魏李悝"集诸国刑典，造《法经》六篇"③，商鞅以《法经》为蓝本到秦国变法，为秦统一全国奠定基础。1975 年在湖北云梦发现的秦代竹简，记载商鞅变法到秦始皇时期法律的部分内容。仅此，已可看出秦的法律内容十分丰富。秦始皇统一全国后"昼断狱，夜理书"④，可见对法律之重视。只是他称帝后，忘乎所以，"行自奋之智，不信功臣，不亲士民，废王道，立私权，禁文书而酷刑法"⑤，肆意破坏法律，招致迅速灭亡。

汉高祖刘邦总结秦暴政速亡的教训，在领兵入关之初，便与关中父老约法三章："杀人者死，伤人及盗抵罪。"⑥ 以此争取民心。在打败项羽，取得楚汉战争胜利后，萧何便依《秦法经》六篇为基础，增《户》、《兴》、《厩》三章，为《九章律》。曹魏结束三国鼎立之局面，魏明帝即

① 《左传·昭公六年》。
② 《尚书·康诰》。
③ 《唐律疏议·名例》。
④ 《汉书·刑法志》。
⑤ 《史记·秦始皇本纪》。
⑥ 《史记·高祖本纪》。

位三年（太和三年，公元 229 年）颁行魏《新律》18 篇。魏《新律》首定"八议"之制，影响深远。晋律制定始于晋代魏之前司马昭辅政之时，颁行于武帝泰始三年。晋律在汉、魏基础上"蠲其苛秽，存其清约，从事中典，归益于时"①，共 20 篇。南北朝时，南朝沿袭魏、晋律，北朝的北魏、北齐立法有所建树，对后世影响较大。北齐律总结以往，首定"重罪十条"，隋更名"十恶"，后代一直沿用。

隋初，开皇元年（公元 581 年）制定新律，开皇三年更定，是为《开皇律》。隋炀帝即位，大业二年（公元 606 年）修订律令，三年颁行，是为《大业律》。《大业律》比《开皇律》量刑轻。但炀帝暴虐，不依律行事，不久被弃之不用。唐初，李渊起兵攻入长安，接受"炀帝昏乱，民不胜其毒"②，遂至于亡的教训，与民约法 12 条。宣布杀人、劫掠、背军叛逆者处死刑，余皆蠲除隋苛法。③ 武德元年（公元 618 年），开始定律，七年颁行天下。之后，太宗李世民修改《武德律》，颁行《贞观律》，高宗李治以《贞观律》为基础制定《永徽律》。这是现在保存下来最早最完整的一部封建法典。

宋初，战争仍在进行时，为实现统一，安定社会，便着手撰修法律。法律未制定前，先沿用五代后周的《显德刑统》。宋于太祖建隆四年（公元 963 年）颁行《宋刑统》，其内容沿袭《唐律》。宋代增加了编敕活动。元代，蒙古入主中原后，先沿用金国《泰和律》。元朝正式建立，先后颁行了《至元新格》、《凤宪宏纲》、《大元通制》、《至正条格》和《元典章》等。元无前朝那样篇目严谨的法典，各种法律间内容相混杂。

明初，朱元璋称吴王时，便着手制定法律。吴王元年撰律 225 条，同年 12 月颁行。翌年建都南京称帝。洪武七年（公元 1374 年）颁行《大明律》。《大明律》内容一准于唐，只是在名例之下按六部分《吏》、《户》、《礼》、《兵》、《刑》、《工》共七篇。《大明律》受《元典章》以六部划分法规体例影响分篇，开创了中国古代法典编纂的新体例。清朝满族入关

---

① 《晋书·刑法志》。

② 《新唐书·刑法志》。

③ 同上。

前，为适应形势需要，便改变原有习惯法，制定具有法令汇编性质的《崇德法典》。入关后于顺治三年（公元 1646 年）沿袭《大明律》颁行《大清律集解附例》。之后，康熙、雍正、乾隆各朝一再修订，但主要条文和篇目仍依明旧。

以上所列事实说明：其一，历代统治者，尤其是开国君主无例外地都十分重视立法，重视以法律实现统治。有的是称帝之前（如刘邦、李渊、朱元璋），多数是称帝之初便颁行作为法律体系主干的法典；其二，法典篇目和内容，既沿袭前代，又结合当时需要有所创新；其三，在不断沿袭和创新的基础上，到唐代已形成了较完整的法律体系；其四，这个法律体系，后人称中华法系，无论在形式、体例和内容上都居于当时世界其他国家立法之前列。

2. 法律形式多样。中国古代法律体系，除以上内容，包括皇帝宫殿警卫、官员职责、土地等私有财产保护、赋役征收、工程兴建、商业管理、民刑诉讼等综合性法典之外，还有多种形式的单行法律，仅秦简所见就多达 30 余种。其中有《田律》、《厩苑律》、《仓律》、《金布律》、《关市律》、《工律》、《均工律》、《工人程》、《资律》、《徭律》、《司空律》、《置吏律》、《军爵律》、《传食律》、《行书律》、《内史杂律》、《尉杂律》、《属邦律》、《效律》、《除吏律》、《游士律》、《除弟子律》、《中劳律》、《藏律》、《公车司马猎律》、《牛羊课》、《傅律》、《屯表律》、《捕盗律》、《戍律》等。此外还有《封诊式》。这些是属朝廷颁布的法律。地方，至少郡一级，可以颁行地方性法规。秦简中的《语书》就是南郡守腾颁行的地方性法规。为了使法律便于适用，秦还有法律解释，并在审判中使用判例。秦对刑律的解释被秦简整理者概括为《法律答问》，有人称"律说"，判例称"廷行事"。秦律的多种形式，大都被其后代王朝所承袭。"汉承秦制"，从历史文献和江陵汉简记载的汉代法律看，许多单行法律名称，甚至内容均与秦律类似。汉代法律又是后来各代法律的渊源。唐代在综合性法典之外，还有律、令、格、式。现存唐律的"疏议"，便是长孙无忌等奉旨对唐律的正式解释。"例"始于秦汉，盛行于两宋和元、明、清诸朝。内容多为司法中成功案例的规范化、条文化，较为灵活，为统治者所重视。明清两代将"例"附于律典之后，明称《大明律集解附例》，清称

《大清律集解附例》、《大清律集解》。

以上均可列为成文法。中国古代，除成文法外，在基层和广大少数民族地区长期通行习惯法。习惯法是经国家认可的习惯，是由地区、乡社领导人或族长执行的行为规范。在基层，表现为乡规民约、家族法规；少数民族地区也见之于当地的语言文字记载。基层习惯法一般处理所在乡区民事纠纷和轻微刑事案件，少数民族地区，其领袖只要服从国家行政管理，按规定履行义务，在部内民事、刑事案件管辖方面，就会享有较大权力，有的甚至握有生杀予夺之权。

中国古代法律出现如此多的形式，尽管前期名称和内容显得重复，但后期却逐渐规范、明晰。其作用是显然的：其一，加强了法律适用在时间和空间上的灵活性，有利于效率提高。其二，父权、族权是君主权力在家族中的延伸，也是君权的基础和支撑。赋予一些特殊地方的家族和基层的习惯以国家强制力，有利于对基层的控制，有利于统治基础的稳定。其三，认可少数民族地区与内地不同的制度和习惯，并赋予他们的领袖以法律处分权，有利于国家的统一和安定。关于这一点，翻阅一下二十四史就会发现，自秦统一之后，历史上不少王朝对少数民族地区的管理多实行与内地不同的制度。诸如秦汉的"属邦"、"属国"制度；唐代的羁縻府州制度；明清两代对藏族地区宗教领袖的册封制度，对蒙古族地区的封王，以及对西南少数民族地区的土司制度等。这些制度的某些影响甚至延续到新中国建立之后。1997年7月香港回归时，我曾在香港的一次学术研讨会上讲"一国两制"时指出，它是"我国历史经验的积淀，是中华民族智慧的结晶"，也是承传中华优秀文化解决当代问题的典范。① 这一论点正是依据上述历史事实而形成的。

3. 中国古代法律内容逐步完备。中国古代法律从战国、秦汉，经魏晋，到隋唐，内容日益完备；宋、元到明、清律，内容多因袭唐，并有所充实和发展。主要表现在以下方面：

法律竭力维护封建专制制度。等级特权是专制制度的本质特征，皇权

---

① 刘海年：《"一国两制"——从科学构想到成功实践》，香港《文汇报》1997年7月18日，《大公报》1997年7月19日。

是这个制度的核心。维护皇帝人身、宫殿安全，维护等级特权，是地主阶级根本利益所在。历代王朝所定律典都将此置于突出地位。典型的例子就是关于"八议"和"十恶"的规定。如前所述，所谓"八议"和"十恶"都是在总结前代法律基础上载入法典的。"八议"，首见于魏《新律》，其内容是：议亲、议故、议贤、议能、议功、议贵、议勤、议宾。以上八种人都是皇帝亲族和与封建国家关系密切的人物。这八种人犯罪，按《唐律》："诸八议者，犯死罪，皆条所坐及应议之状，先奏请议，议定，奏裁。流罪以下减一等。"除"八议"，还有以军功爵和官职抵罪。无官职、爵位者，有钱人可用钱财赎刑。① "十恶"首见于北齐律称"重罪十条"，隋更名"十恶"。其内容是：一曰反逆，二曰大逆，三曰叛，四曰恶逆，五曰不道，六曰大不敬，七曰不孝，八曰不睦，九曰不义，十曰内乱。犯"十恶"者，不管在与不在请议赎罪之限，均为常赦所不愿。② 维护封建专制制度的法律还见于有关朝廷礼仪，国家机构运作，官吏任命、考核、升降、处分等。战国开始以官僚制代替春秋之前以血缘关系为纽带的世卿世禄制。为了加强对官吏的监管，秦大大提高了御史的地位，御史大夫位列三公，并逐级设监御史。对官吏的任命建立责任追究制，史称："秦之法，任人而所任不善者，各以其罪罪之。"③ 任，荐举。秦律规定，不得重新起用被撤职的官员，"任废官者为吏，资二甲"④。并规定官员调任新职不得带原来的属员，"啬夫及送见它官者，不得除其故宫佐、吏以之新官"⑤。唐律有惩治"荐举非其人"和禁止请托的规定，"诸有所请求，笞五十，主司许者，与同罪"，疏议解释说："凡是公事，各依正理。辄有请求，规为曲法者，笞五十。即为人请求，虽非己事，与自请同，亦笞五十。"⑥ 如受人财，要加重治罪。在历代法律中，规范官员行为的规定不胜枚举，其目的都是为了将他们的行为限制于制度允许的范围之内，以利于

①　以上见《唐律疏议·名例》。
②　《史记·范雎蔡泽列传》。
③　同上。
④　《睡虎地秦墓竹简·秦律杂抄》，文物出版社1978年版。
⑤　《睡虎地秦墓竹简·秦律十八种》。
⑥　《唐律疏议·职制》。

国家的稳定。有关司法审判的内容在法典中从始至终都占有重要地位，法律强调司法公平，对徇私枉法、出入人罪者，要予以严厉惩处。

维护封建土地和私有财产制度。土地和财产私有是封建生产关系的核心，法律重视维护土地和财产私有权。李悝《法经》："王者之政，莫急于盗、贼。"① 这里说的"盗"是指偷盗，"贼"是指杀人和叛逆作乱的人。意思是说治理国家最紧要的是惩治偷盗财产和叛乱杀人的犯罪。所以《法经》将《盗》、《贼》列为六篇之首。后来的法律也都将其放在很重要的地位。秦律规定："盗采人桑叶，不盈一钱……赀徭三旬。"② 不到一钱罚服三十天徭役，可见惩罚之严厉。对于封建土地所有制，更是保护尤加。史称，商鞅变法，废井田，民得买卖，土地私有制得以确立。秦有惩治盗移田界标识的法律，"盗徙封，赎耐"③。所谓"封"就是当时田间的界标。"赎耐"是刑罚的一种。唐代初年，经隋末战乱，人口减少，大批农民离开土地，为了恢复工业生产，也是为了增强政权的基础，颁行《均田令》，将国内无人耕种的土地或荒地授予农民和官吏。"其官人永业田准品，及老小寡妻授田各有等级。"法律规定，授田之外不得盗种、盗卖公、私田。盗种者，一亩以下笞三十，五亩加一等。盗卖者，一亩以下笞五十，五亩加一等。在官侵夺私田者，一亩以下杖六十，三亩加一等。④ 宋、明、清律均有这方面规定。

关注农业、手工业、商业经营。商鞅变法鼓励从事农业生产，规定努力耕作"耕织致粟帛多者，复其身"⑤。秦《田律》规定地方官要及时报告庄稼生长及遭受自然灾害情况，注意种子的选择和保存。汉文帝说："夫农，天下之本也，其开籍田，朕亲率耕，以给宗庙粢盛。"⑥ 汉有"上计"制度。唐以后，将地方官对农业管理和监督职责写入法典。唐律规定："诸部内田畴荒芜者，以十分论，一分笞三十，一分加一等，罪止徒

---

① 《晋书·刑法志》。
② 《睡虎地秦墓竹简·法律答问》。
③ 同上。
④ 《唐律疏议·户婚》。
⑤ 《史记·商君列传》。
⑥ 《汉书·文帝纪》。

一年。"① 明清律均定有"荒芜田地罪"。《大明律》规定："凡里长部内已入籍纳粮当役田地，无故荒芜及应课种桑麻之类而不种者，俱以十分为率，一分笞二十，每一分加一等，罪止杖八十。"② 除里长外，还追究人户及县官的责任。《大清律例》的规定与明律基本相同。为了发展农业和畜牧业，法律重视保护水利设施，保护自然环境。《逸周书·大聚》："春三月，山林不登斧，以成草木之长；夏三月，川泽不入网罟，以成鱼鳖之长。"秦律有类似的规定，但标明特例："到七月而纵之。"并规定："唯不幸死而伐棺椁者，是不用时。"③ 意思是说捉鱼鳖、鸟兽七月之后解除禁令，家中有人死亡到山林砍伐树木可以允许。有关手工业的法制，《礼记·月令》、《周礼·考工记》均有记载。秦律规定更是具体，其内容涉及徒工培养、劳力考核、产品标准化等。如规定："为器同物者，其小大、短长、广亦必等。"④ 就是说生产同一种产品，它的各个部件要相同。这当然是为便于生产过程中组装，日后损坏也便于修理，应该说是十分先进的法律。为了保证产品质量，秦律还规定了生产责任制，出土的不少秦汉器物均刻有生产者和监管者的姓名。这正体现了《周礼·考工记》关于"物勒工名以考其诚"。唐律《擅兴》篇有工程管理内容，明清律均有《工律》专管工程和手工业。统治阶级重农抑商，但并非不懂商业之重要，不加管理。齐国《市法》："中国利市者强，小国利市者安。"《史记·货殖列传》："农不出则乏其食，工不出则乏其事，商不出则三宝绝，虞不出则财匮少，财匮少而山泽不辟矣。"这说明古人对农工商之间的关系认识是清楚的。为加强对市场商贸管理，秦律规定："有买及卖也，各婴其价；小物不能各一钱者，勿婴。"⑤ 这是说市场上值一钱以上的货物都要明码标价。秦律还规定："为作务及官府市，受钱必辄入其钱缿中，令市者见其人，不从令者赀一甲。"⑥ 缿为一种陶制钱罐，钱能入，非碎不能出。后代

---

① 《唐律疏议·户婚》。
② 《大明律集解附例》。
③ 《睡虎地秦墓竹简·秦律十八种》。
④ 同上。
⑤ 同上。
⑥ 同上。

商行之钱柜应是这种器物发展而成。

　　以上法律内容说明，封建法律主要是维护皇帝为代表的专制制度，为了维护这种制度，不能不注意经济发展。过去说封建阶级实行超经济剥削，现在看来，他们既实行超经济剥削，也重视经济剥削。包括手工业和商业赋税在内的赋税，永远是封建国家行政机构和军队赖以生存的源泉。

（三）家庭、学校与社会相结合的法制教育，形成了较好的守法习惯

　　1. 儒法两家和历代统治者重视法律教育。韩非对法下的一个定义是："法者，编著之图籍，设之于官府，而布之于百姓者也。"① 这是从形式上对法的描述，其中"布之于百姓"即为当时法家的主张。在此之前郑国叔向"铸刑鼎"，晋国赵鞅"铸刑鼎"，都是将法"布之于百姓"。孔子虽然曾反对晋国赵鞅"铸刑鼎"，但并非不重视法制宣传教育。他曾说："不教而杀谓之虐。"② 对他的话，《十三经注疏》解释："为政之法，当先施教于民，犹复宁申饬之教令，既治而民不从后乃诛也。若未尝教告而杀之，谓之残虐。"在历代的统治者中，朱元璋比较重视法制宣传教育。早在他称帝前还是吴王时，就曾命大理卿周祯"取所律令……凡民间所行事宜，聚类成篇，训释其义，颁行郡县，名曰《律令直解》③"。称帝后，洪武三十年（公元1380年）《大明律诰》成，朱元璋诏示群臣说明制作的目的："法在有司，民不周知，故命刑官取大诰条目，撮其要略，附载于律……刊布中外，令天下知所遵守。"④ 他要求"户户有此一本"，"臣民熟读为戒"。⑤ 朱元璋还将《大诰》三篇颁诸学官，作为国子监学生和科举考试的内容。乡里则由塾师教授《大诰》。罪犯如持有《大诰》，还可减等处刑。他要求官员"于内外府州县及乡之里社皆立申明亭，凡境内之人民有犯者，书其过，名榜于亭上，使人有所惩戒"⑥。清康熙亲颁十六条上谕，

---

① 《韩非子·难三》。
② 《论语·尧曰》。
③ 《明史·刑法志》。
④ 同上。
⑤ 《御制大诰·颁行大诰》。
⑥ 沈家本：《历代刑法考·律令考》。

宣传法律和道德，其中写道："敦孝悌以重人伦……和乡党以息争讼……讲法律以警愚顽，明礼让以厚风俗，务本业以定民志，训子弟以禁非伪，息诬告以全民善，戒窝逃以免株连。"①

2. 法制宣传教育形式活泼，语言通俗。云梦秦简有《为吏之道》一篇。其中提出了官吏应遵循的行为规则，宣扬"忠信敬上"，"清廉毋谤"，"举事审当"，"喜为善行"，"恭敬多让"；不要"见民倨傲"，"不安其朝"，"居官善取"，"受令不偻"，"安家室忘官府"。读之朗朗上口，通俗易懂。清代编之《三字经》、《弟子规》等，内容多为劝学、劝善、劝做人，并将历史上各类人物的相关事迹编入其内。即使目不识丁的文盲、家庭妇女也能背诵几段。诸如孟母三迁、司马光为救小朋友砸缸、孔融让梨，以及为学习头悬梁、锥刺股，等等。《弟子规》则系统宣扬孝、悌、信、义和泛爱众生等。这都属面向大众的读物。今天看来其内容有不少封建糟粕，但在当时它是与社会发展水平适应的。最重要的是这种由近及远的宣传形式，能使我们得到某种启发。

3. 法制宣传教育的内容做到法律与思想道德相结合。古代法律本来就是"寓礼于法"，法律与道德结合紧密。康熙十六条上谕颁布后，立即有官员编写《上谕和律集解》，逐条阐明含义，然后指出如违反，依大清律应受何种惩罚。对于康熙后来发布的圣谕六条，除逐条讲解，附有相应律文，还编撰诗歌在民间传颂。这种法制宣传既增加了法律的亲情味，又强化了道德的规范力，将家庭、学校教育与社会教育相结合，提高了法制宣传和思想教育的效果。

由于重视法制和道德宣传教育，宣传不空讲大道理，而是由近及远阐明遵守法律和道德对于自己、家庭和宗族的利害关系，对社会和国家的意义，并"从娃娃抓起"，使人能从孩童时就开始按法律和道德规范去了解自己的社会位置与义务。比如，为人子，为人父，为人弟，为人兄，为人夫，为人妻，为人徒，为人师，等等。就这样建立起君臣、父子、兄弟、夫妇等级伦理关系。这种关系对封建统治的稳定是有益的。如孔夫子所

---

① 《清实录·圣祖实录》。

说："为人也孝悌，而好犯上者鲜矣。不好犯上，而好作乱者，未之有也。"① 总的看，中国古代遵守法律的情况，一般说治世情况较好。当然，官员中真正廉洁的和贪腐的都应该是少数，循吏是大多数。当时官员任职门槛较高，推举制下有资格推举的要求一定官位，并规定了连带责任："任人而所任不善者，以其罪罪之。"② 这里"任"就是荐举。在后来科举制下，平常时期任职官员要经秀才、举人、进士逐级考试，任职后还受严格监督。他们不能不谨慎小心。至于广大百姓，也是遵守法律的。如非帝王无道，上层腐朽，肆意破坏法制，致民不聊生、官逼民反，大家都愿安居乐业。法制与社会安定有密切关系，许多事实都可说明。1973—1974年，文物工作者在甘肃居延地区发现了一个简册，是东汉建武三年（公元27年）的一宗诉讼案卷。内容记录了当地边防军的一位相当于县令职务的军官，状告由河南移居当地的客民，说他借债不还。经乡啬夫调查，以充分证据说明客民不仅已还清了债务，而且还以实物和劳务多还了一部分。结果这位军官被县府判定"为政不直"③。"为政不直"在秦汉属于重罪。建武三年，内地刘秀与王莽的斗争刚刚结束，一些地方军阀自立为王混战的局面仍在继续，军人的地位应是很重要的。但为一个不很大的案子，判一位军官如此之重的罪，可见执法之严格。在国家局势混乱的情况下，西北地区当时能保持稳定，与包括居延地区在内的该地区的官员坚持既定的法度有一定关系。

三　中国古代法律文化的主要特点

中国古代法律文化的特点，可以从不同角度概括。现择其要者谈以下几点。

（一）法律包容性大，体制稳定性强

中国是一个统一的多民族国家。中国法律文化为 56 个民族共同创造。

---

① 《论语·学而》。
② 《史记·范雎蔡泽列传》。
③ 见刘海年、杨一凡总主编《中国珍稀法律典籍集成》甲编第二册，科学出版社 1994 年版。

在发展进程中，各民族既有主动借鉴，也有征服后实行。无论何种方式都为法律文化交流提供了条件。《尚书·吕刑》："苗民弗用灵，制以刑，惟作五虐之刑曰法，杀戮无辜，爰始淫为劓、刵、椓、黥。"这说明古代法律中的五刑是受苗族先祖影响制定的。赵武灵王"胡服骑射"，商鞅变法改变秦国父子兄弟"同室内息"，也是一种法律文化方面变革。南北朝时的北魏、北齐法律各有建树。北齐"十条重罪"入律，是对秦汉以来法律相关规定的系统化。其后西夏编著法典，蒙古贵族入主中原制定的法律，虽不如前代系统，但基本内容仍是沿用唐、宋法律。《大元圣政国朝典章》（元典章）六十卷十类，设吏、户、礼、兵、刑、工等部，为明代更改法典体例提供了思路。《大明律》在《名例》之下按上述六部分篇，是古代法律体例的重大发展。清代满族贵族为统治中原，入关前就学习汉族法律文化。入关后提出"参汉酌金"的立法指导思想，在明律的基础上较快地制定了《大清律》，开始了268年的统治。

中国古代法律制度的发展历程，决定了其法律文化的包容性，使之具有很强的稳定性。它广泛吸收不同民族法律文化，能保持其包容性的基本特质。这种特质产生的凝聚力，促进了民族团结和国家稳定。当然，对它的稳定性特点不宜过分强调，当形势变化时还是应遵循"法与时转，制与世宜"的历史观，否则会像晚清以后那样，形成对吸纳外来优秀法律文化的阻力。

（二）礼刑相辅相成，儒法会通合流

礼起源于中国古代社会的宗教仪式，进入阶级社会后改造成体现等级秩序的行为规范，影响广泛。它的主要功能是"别贵贱，序尊卑"。西周初，实行礼制，礼成为国家运转的大法。"礼，经国家，定社稷，序人民，利后嗣者也"①。"道德仁义，非礼不成；教训正俗，非礼不备；纷争辩讼，非礼不决；君臣上下，父子兄弟，非礼不定；宦官事师，非礼不亲；班朝治军，莅官行法，非礼威严不行"②。"夫礼，天之经也，地之义也，

---

① 《左传·隐公十一年》。
② 《礼记·曲礼》。

民之行也"①，"国之干也"②。礼所以被捧到如此之高的地位，是由于它的原则与内容适于维护以王权、父权为核心的等级秩序。礼，"政之兴也"。它可以"防民"，也可以"整民"。《盐铁论》称："礼周教明，不从者，然后等之以刑。刑罚中，民不怒。""安上治民，莫善于礼。"这就是说封建统治者认为，礼是刑罚的指导原则，礼的规范作用又靠刑维系。

春秋战国时，周代的礼制和世卿世禄制度虽被冲击，但由于礼的内容适于当时社会需要，汉之后随儒学地位上升，礼又被重视。董仲舒引经义断狱，儒家学者以经义注释法律，加速了儒法会通合流，礼与法的关系形成"本"与"用"的关系。所谓"德礼为政教之本，刑罚为政教之用，犹昏晓阳秋相须而成者也"③。礼有治国、理家、律己的功能，礼刑结合，儒法会通，是中国古代社会长治久安所需。这种法律文化不仅与西方迥异，与东方其他国家也有区别。

(三) 强化伦理道德，维护宗法制度

宗法制度是中国古代以嫡长子为中心、以血缘关系为纽带的法则形成的一种制度。伦理关系是人与人之间的道德秩序关系。以血缘关系形成的宗法制度以男性为主体，嫡长子为大宗，别子为小宗；别子的长子在其世系内又为大宗，其余别子为小宗，以此相传形成宗族。在西周，宗法制度与国家制度紧密结合。周天子是大宗，掌管全国政权。其诸弟为小宗，分封为诸侯。维系这种制度的是礼制。春秋之后，礼坏乐崩，周室衰落，宗法制度被冲击，但这种宗法制度在其后的王公贵族和士大夫阶层仍有很大影响。王室贵族的封号、爵位继承、宗族祭祀，仍以宗法关系为准。在民间宗法制度的影响也很深远，婚丧嫁娶、财产分割中保留很深的印痕。由于宗法制度是以血缘关系为纽带，就使尊尊亲亲的伦理道德与之形成天然结合体，而这种结合既有利于家庭秩序、社会安宁，又有利于政权巩固，所以为中国古代法律所维护。父亲对子女有惩治权，侵犯尊长加重治罪。

---

① 《左传·昭公二十五年》。
② 《左传·僖公十一年》。
③ 《唐律疏议·名例》。

近亲属犯罪得相容隐，以及某些犯罪依"服制"在一定的亲属间株连，均体现宗法制度和伦理道德的原则。中国古代皇帝称"天子"，为黎庶父母，地方官为父母官。某些说法至今仍然流传，实为宗法制度残余的影响。

（四）皇帝总揽大权，行政干预司法

中国皇帝从秦始皇到清宣统，是古代封建统治制度的重要组成部分。其权力之大，延续时间之长，为世界仅见。王朝虽屡经变换，但皇帝集立法、行政、司法大权于一身的状况始终无变化。即使在外戚、后宫干政的情势下也如此。他们在取代皇位之前，发号施令仍不得不假借皇帝之名。这是因为皇帝作为封建阶级的总代表，其集权是国家稳定、社会经济发展的利益所在。恩格斯曾说："在这种混乱的状态中，王权是进步的因素……王权在混乱中代表着秩序。"[1] 以上是一般评价。在司法方面如何评价要具体分析。据《史记》，秦始皇曾"昼断狱，夜理书"，说明他亲自审理案件。汉高祖刘邦规定朝廷"谳疑狱"，即讨论审核疑难案件，至少说明他干预疑难案件的审理。唐太宗李世民在错杀大臣张蕴古后，规定外地命案"三覆奏"，京师命案"五覆奏"，由他亲自裁定。明代建立"热审"、"朝审"制度，清代有"秋审"和"朝审"。这是对各省和京师地区判斩监候和绞监候的重罪犯人由朝廷集中复审的制度，经审理判处者一律报奏。这也是皇帝控制司法的一种方式。地方官员如县令长、郡守作为帝王在当地的代表，早期审理案件为其职责，后来随着司法制度完备，已专设司法官，但他们仍干预重大疑案审理。这都使行政干预司法成为传统。

（五）刑罚手段严酷，定罪讲究规格

刑罚作为对犯罪的报复，世界各国皆然。西方有"同态复仇"，中国则是"杀人者死，伤人者刑"[2]，或"杀人者死，伤人及盗抵罪"[3]。其中主导思想也是报复。中国古代刑罚残酷主要表现在，以严刑惩办对抗统治

---

① 《马克思恩格斯全集》第21卷，人民出版社1965年版，第453页。

② 《荀子·正论》。

③ 《史记·高祖本纪》。

阶级的犯罪，违反伦理道德、侵害尊亲属的犯罪，以及肉刑的适用。肉刑，前期是黥、劓、刖、宫、大辟；后期是笞、杖、徒、流、死以及笞刑和杖刑。死刑种类前期较多，后期除法外用刑，主要是绞、斩等，最残酷的是凌迟。

刑罚固然残酷，死刑尽管种类繁多，但审理时比较讲究规格，适用还是慎重的。《尚书·吕刑》："两造俱备，师听五辞"，两造指诉讼双方当事人，师听五辞是要求审判官员要认真听有关触犯五刑之辞。从金文记载看，周代宣判案件一般有上级官员在场。古代审讯人犯不提倡过度刑讯，唐律规定刑讯不得过三度，总数不得超过犯人罪行应受的惩罚。为了正确处理案件，很早就有法医检验制度。《礼记·月令》："孟秋之月……命理瞻伤、察创、视折、审断，决狱讼，必端平。"理为治狱之官员。蔡邕曰："皮曰伤，肉曰创，骨曰折，骨肉皆绝曰断。"云梦秦简《封诊式》记载了十几例有关作案现场的检验式例，其中有《疠》（麻风病）、《贼死》、《经死》、《穴盗》、《出子》等，说明当时已总结出不少成熟的经验，使用了痕迹检验。南宋宋慈的《洗冤集录》，是我国也是世界上最早的一部法医学著作。它编撰于淳祐七年（公元 1247 年），比意大利人编著之法医学专著（公元 1602 年）早 350 余年。后经朝鲜传入日本，19 世纪末 20 世纪初英国、荷兰、法国、德国有译本。这些资料都说明，中国古代审理案件是注意弄清事实，讲究规格的。至于死刑，更是慎重。前面谈到汉高祖"谳疑狱"、唐以后历代的"三覆奏"、"五覆奏"，即为死刑复核程序。唐贞观四年处死刑仅 29 人，当时全国人口已达 5000 万。史载，明初，太祖亲自"录囚"，"有大狱，必面讯"。清康熙曾说："人命事关重大……情有可原，即开生路。"[①] 雍正三年（公元 1725 年）上谕自称："临御以来，钦恤刑狱，每遇司法奏谳，必再三复核，唯恐稍有未协。"[②] 死刑慎用还表现在明清两朝的"会审"和"秋审"制度。清入关后，顺治元年（公元 1644 年），刑部侍郎党崇雅奏："旧制，凡刑狱重犯，自大逆、大盗决不待时外，余俱监后处决。在京有热审、朝审之例，每至霜降后方请旨处

---

① 《清史稿·刑法志》。
② 《大清律例通考》。

决。在外省亦有三司秋审之例，未尝一例死刑辄弃于世。乞照例区别，以昭钦恤。"① 此后，清也建立了秋审、朝审之制。

清律规定严重犯罪立即处决者为"斩立决"或"绞立决"；不十分严重的可暂判"斩监候"或"绞监候"，延至秋后由刑部会同三法司九卿会审复核。时间是每年秋天八月，地点在天安门外金水桥西。审后分别判定：情实（罪情属实，罪名恰当），可矜（案情虽属实，但情节不严重，可免于处死），留养承祀（情节虽较严重，但父母、祖父母年老无人奉养，可免于处死）。判定后由刑部具题奏皇帝裁定。朝审是对京师在押死囚审录。刑部在押重犯，每年一次朝审。程序是刑部堂议后，奏请特别大臣复核，然后会同九卿于秋审前一天在天安门外金水桥西审录，具题后奏请皇帝裁决。

（六）争纷调处解决，以求息讼和睦

中国古代系农业自然经济。人民大众多以血缘关系聚族而居，由地缘关系邻里相望，相互关系盘根错节、枝蔓相连，共同防御自然灾害和社会危险更拉近了彼此之间的距离。在此社会经济和文化传统下，和睦相处既是大众的共同需要，也是统治者所望期。相互间发生纠纷，首先通过调解平息。孔子说："听讼，吾犹人也，必也使无讼乎！"② "吾犹人也"，说明当时许多官员都如此办案。其实无论儒家、墨家、道家、法家，治国的理念都希望安定和睦，法家提出"定分止争"就很说明问题。史载，汉代吴祐任胶东相时，"民有争讼者，辄先闭合自责，然后断讼，以道譬之。或亲到闾里重相和解。自是之后，争讼省息，吏人怀而不欺。"③《隋书·刘旷传》记载，开皇初，刘旷为平乡县令，"人有争讼者，辄叮咛晓以义理，不加绳劾，各自引咎而去。所得俸禄，赈施穷乏。百姓感其德化，更相笃励，曰：'有君如此，何得为非。'在职七年，风教大洽，狱中无系囚，争讼绝息，图圄皆生草，庭可张罗。"俗语说"一场官司，三世仇"，争纷

---

① 《清史稿·刑法志》。
② 《论语·颜渊》。
③ 《后汉书·吴延史卢赵列传》。

凡能自行调解，尽可能不诉诸官府。明太祖朱元璋洪武三十一年颁行之《教民榜文》称："民间户婚、田土、斗殴相争，一切小事不准辄便告官，要经由本管里甲、老人理断。若不经由者，不问虚实，先将告人杖断六十，乃发回里甲、老人理断。"其理由是："老人、里甲与乡里人民，居住相接，田土相邻，平日是非善恶，无不周知。凡因有陈诉者，即须令议从公部断。"清康熙更是提倡"笃宗族以昭雍睦，和乡党以息争讼"①。在官府大力支持下，普遍盛行宗族调解、相邻亲友调解、基层里保调解和县州府调解。这说明调处解决纷争，既有群众基础，也是官府需要，朝廷有圣谕，乡规民约和家族法中有申明，终成中国古代社会解决大量民事和轻微刑事案件之重要途径。

四　中国古代法律文化的影响

考察中国古代法律文化的影响应注意两点：其一，如马克思恩格斯指出的，除原始状态外，"到目前为止的一切社会的历史都是阶级斗争的历史"②。其二，要将特定朝代的法律文化以发展的眼光放在特定的历史条件下进行分析。任何阶级斗争都是为了夺得政权和维持政权。统治阶级为不使其王朝覆灭、统治崩溃，都会在不断总结前人成功与失败经验的基础上，建立一定的社会秩序。一般说这种秩序要适应经济发展，社会稳定，人民安居乐业的需要。中国古代法律文化是中国传统文化的重要组成部分。由于其特质，它对传统文化、对中国古代文明具有推动和保障作用。它立足于农业自然经济社会，受宗法制度影响形成的等级特权制度，很长时间适应中国古代社会发展；它将人们在生产中积累的有益经验加以条理化，赋予国家强制力，在社会相关领域加以推广，推动了农业、畜牧业、手工业和商业发展；它将人们对自然的认识加以提高，力争处理好与土地、山林、流水和鸟兽等自然界的关系，有利于人们生存繁衍；它贯穿人本精神和伦理道德，维护家庭关系，促进了邻里和睦和民族团结；它寓礼

---

① 《上谕十六条》。
② 《马克思恩格斯选集》第 1 卷，人民出版社 1972 年版，第 250 页。

于法，将礼法密切结合，既增强德礼的规范作用，又赋予法律以亲和性，为法律贯彻排除了某些阻力。春秋战国时诸贤哲的法律思想完全可与西方古希腊哲学家的法律思想相媲美；在制度层面，早在 2000 年前的秦朝就已实现了"皆有法式"。而作为现存的最完备的封建法典，《唐律疏议》早于欧洲的《撒利克法典》1000 多年，其文明程度远远高于《撒利克法典》。不可否认，中国古代刑罚是残酷的，不过从世界文明进程看，却是难以避免的，各民族大体都经历了如此痛苦的过程。中国刑法较早废除了凿肌肤、断肢体的肉刑。司法讲究程序，注意适用证据。死刑要经朝廷复核，甚至要由皇帝最后审批，这都应历史地予以肯定。中国古代文明发展到如此高的程度，很长时间居于世界领先地位，与包括古代法律文化在内的传统文化的作用和影响有密切关系。

中国古代法律不仅对本国有巨大作用，而且对东亚诸国也产生了深远影响。

对朝鲜，高丽王朝 474 年的统治，法律制度多取自《唐律》。《高丽史·刑法志》曰："高丽一代之制，大抵皆仿于唐。至于刑法，亦采唐律，参酌时而用之。"朝鲜太祖李桂成时代的《经国大典》、《大典续录》、《续大典》中的《刑典》和《刑法大全》则援用《大明律》的主要条文。

对日本，天智天皇时制定的《近江令》，天武天皇时制定的《天武律令》，以唐贞观前后的"令"为蓝本。至于对日本法治有划时代意义的《大宝律令》及其后的《养老律》，篇目和内容都仿《唐律疏议》。日本史学家桑原骘藏曾指出："自奈良至平安时期，吾国王朝时代的法律，无论形式与精神上皆依据《唐律》。"[1] 穗积陈重指出：明治三年十二月颁布的《新律纲领》，"系以中国之唐明律为蓝本"[2]。

对越南，李太尊时颁布的《刑书》、陈太尊时颁布的《国朝刑律》，都脱胎自唐律而成。潘辉注《历朝宪章类志·刑律志》指出："按李陈刑法……当初校定律格，想亦尊用唐宋之制，但其宽严之间，时加斟酌"。

---

① ［日］桑原骘藏：《中国法制史论丛》，第 213 页。
② ［日］穗积陈重：《日本新民法》，转引自杨鸿烈《中国法律对东亚诸国之影响》，中国政法大学出版社 1999 年版，第 274 页。

阮世祖高皇帝时的《嘉隆皇越律例》、宪祖阮旋时的《钦定大南会典事例》等，都受《大明律》直接影响。

中国古代法律文化先进于东亚诸国。这些国家依照或借鉴中国法律制定本国法律，对其政治、经济、文化发展产生了积极影响。

五　关于法律文化自觉

所谓法律文化自觉，是指人们依据本国的实际情况，顺应历史发展的客观要求，自觉认识法律对治理国家，发展社会经济、政治、文化的重要作用。他们或通过著书立说，或通过提出治理方案，或做出科学决断，采取相应举措实现发展之目的。从上述所讲内容可以了解，中国古代不乏这样的人物。春秋战国时"百家"中的许多思想家、政治家，秦王朝统一全国后，历朝历代之明君、良臣，如秦始皇、李斯，汉高祖、萧何，唐代李渊、李世民父子，长孙无忌、魏征，明代的朱元璋，清代的顺治、康熙、雍正、乾隆等。他们在过程中可能有这样那样的失误或问题，甚至如秦始皇成为暴君留下千古骂名，但他们在古代法制建设、法律文化发展中的历史贡献是不可磨灭的。对人不能求全责备。他们无论是帝王、是臣工或学者，共同的特点是能认识法律对治理国家之重要，正确总结历史的、现实的经验教训，比较实事求是地评价本国法制的实际情况，以开放的态度借鉴别人的经验，完善自己国家的法律和制度。其中，秦王朝的速亡和一些王朝的倾覆，恰恰是由于破坏了国家法制。

我们学习中国古代法律文化有关知识，一方面是为了正确认识包括法律文化在内的中国传统文化，同时也是为了从历史经验中得到某些启示，古为今用，推进我国社会主义法治建设。十七大报告中有一段话在这方面有重要指导意义："中华文化是中华民族生生不息、团结奋进的不竭动力。要全面认识祖国的传统文化，取其精华，去其糟粕，使之与当代社会相适应，与当代文明相协调，保持民族性，体现时代性。加强中华优秀文化传统教育，运用现代科技手段开发民族文化丰厚资源。加强对各民族文化的挖掘和保护，重视文物和非物质文化遗产保护，做好文化典籍整理工作。加强对外文化交流，吸收各国优秀文化成果，增强中华文化国际影响力。"

有一段时间我们在法律文化方面的自觉性是不够的。对古代法律文化否定过多，对近现代法律文化重视也不够。有些倒是国际社会的友好人士在不断提示我们。

1991 年我们在加拿大会见了当年《世界人权宣言》起草者之一汉弗莱先生，他向我们讲述了一个故事。1948 年，当《世界人权宣言》（下称《宣言》）起草在一些问题上发生争论、相持不下时，是中国代表张彭春提出学习中国儒家的中庸之道，学习"己所不欲，勿施于人"等儒家学说，打破了僵局，受到主持《宣言》起草的埃莲娜·罗斯福夫人的称赞，至今传为美谈。1975 年我们赴瑞士考察，在日内瓦国际红十字会展览大厅，看见一块大石头上赫然以中文和英文刻着"己所不欲，勿施于人"八个大字，很引人注意和深思。

1998 年在法国巴黎召开的世界诺贝尔奖获得者集会宣言写道："人类要在二十一世纪生存下去，必须要从两千五百年前孔子那里去寻找智慧。"① 此语一说为大会主席的讲话。无论是宣言或会议主席讲话，都说明国际社会的著名学者对中国传统文化之于当今世界发展的重视。

美国哈佛大学科恩教授说："中国法律制度最引人注目的一个方面是调解在解决纠纷中的不寻常的重要地位。……'调解'等于'和解'，是指通过第三者解决纠纷，不给出有约束力的判决方法。中国的调解者发挥了这样的作用，他把互不理解的当事人联系到一起，从另一个角度来看，他不仅建立了当事人的联系，而且找到了争议点，确定了事实上的问题，尤其是提出了合理的解决方案……动用了强力的政治、经济、社会和道德上的压力，并施加于一方或双方当事人身上，使他们最终保留小的争议，但达成'自愿一致的意见'。"作为一个外国人，科恩的评价不见得十分确切，但他对中国调解制度的肯定是显然的。2000 年 11 月，在英国访问时，英国国际著名民事诉讼法专家、英国民事诉讼程序改革设计者沃尔夫教授曾对我们代表团说，英国民事诉讼加大调解力度是学习中国的经验。

此外，春秋战国时孙武所著《孙子兵法》，虽系私人著述，主要论证战争哲学和攻防谋略，但其论点科学，论证充分，分析精辟，是重要的军

---

① 《孔子语录》，澳门人文科学学会 2002、2003、2004 年版。

事法学和哲学文献。它不仅对中国古代法律文化有重要影响，对现代战争有重要参考价值，而且受到外国军界、政界甚至商界广泛重视。其中的一些重要论述，成为他们走向成功之路的箴言。被称为美国军事将领摇篮的西点军校将《孙子兵法》列为必修课，该校十分注意中国对《孙子兵法》的研究。20 世纪 70 年代，我国在山东临沂银雀山汉墓的简牍中发现了久已失传的《孙膑兵法》，当时，内容尚在研究之中，西点军校便邀请我国参加整理的专家去举办讲座。由此可见其对中国古代军事法律文化之重视。

我国现在正在深化体制改革，中央号召我们要继续解放思想。法治建设方面，在已有的基础上提高法律文化自觉是重要的。根据历史和现实经验，提高法律文化自觉要求人们对自己的国家和民族的法律文化传统，即它的产生和发展的过程有所了解。同时也要求对其他国家和民族的法律文化有所了解，对国际交往行为规则及其发展趋势有所了解，在此基础上对我国法律文化的现状作正确判断，以立足国情，结合实际确定正确发展方向。对于我国国情，应以发展的眼光，既要看过去，也要看现在；既要看国内，也要看国际。对国内既要注意人口多、底子薄、公民整体文化素质有待提高，许多问题的解决不可能一蹴而就，操之过急；也要注意改革开放 30 年来经济、政治、文化和社会建设方面的巨大变化，尤其是新成长起来的一代年轻人已成为国家建设事业的主力，他们对进一步改革和发展的迫切愿望。应该说，国际地位也是国情的重要方面。由于我国经济、政治、军事实力增强，国际影响日益扩大，发达国家和发展中国家从不同角度对我国承担更多国际义务寄予了希望和提出了要求。为了维护世界和平与安全，为了对我国发展营造良好的国际环境，我国在迅速步入国际社会，熟悉国际行为规则的同时，要对国际行为规则的改革和发展，为国际新秩序的构建做出更大贡献。这要求我们：

其一，要重视法治建设。"依法治国，建设社会主义法治国家"是历史经验的总结，是我国人民经长期奋斗并付出了重大代价而获得的权利，是我国的宪法原则，我们要不断加深认识它的重要性，努力贯彻落实。为此，我们要大力发掘我国法律文化的优秀内容。我国古代重视法制建设是无可辩驳的事实，历代王朝也为法律实施采取了诸多措施，其中不乏有益经验。我们要在新形势下加以梳理，使其成为中国特色社会主义法治建设的重要思想资源。

其二，为达此目的，我们在传承古代法律文化优秀内容的同时，要坚决摒弃其糟粕，尤其要汲取历史上一些王朝统治者破坏法制，贪污腐败，官逼民反，招致崩溃的教训。在实践中要有勇气直面我国法治的现状，既要看到成绩，也要看到存在的问题。千万避免以我们取得的巨大成绩而忽略或掩盖存在的严重问题。要抓住机遇，迎接挑战，推进改革，实现发展。

其三，要注意国际形势发展和当代世界的变化。要看到别国发展中存在的问题，也要肯定别人的长处，进一步解放思想，从外国法律文化发展进程中大胆汲取于我有益的经验，推进我国社会主义法治建设。

总之，对自己不可妄自菲薄，也不可妄自尊大；对别人不应盲目崇拜，也不应肆意贬低。在前进中不断总结经验，通过交流取长补短，高举旗帜，坚持科学发展观，使法治真正成为社会主义和谐社会的重要内容和可靠保障。

（原载《部级领导干部历史文化讲座》，北京图书馆出版社 2007 年版）

中国古代的城市演进与法制

　　按：本文是应上海世博局和上海市法学会之邀，2009 年 12 月 6 日在上海"第六届世博会法治论坛"上的专题报告。城市演进及相关法制是人类文明进程的缩影。中国古代和近代城市历史悠久，规模恢宏，许多建筑甚为精美，只因多为土木结构，饱经沧桑之后，明代之前较完整的存留不多，但遗址尚存。后代城市多是在原基础上重建，通过较为详细的文字记载，仍能清晰地窥见其发展的轨迹。本文扼要地介绍了历代王朝都城和重要城市的发展。许多城市能成为全国和地区的经济、政治、文化中心，有的甚至达到百万人的规模，成为中外交流的平台，这与在建设和管理中注意法律制度有密切关系。诸如，城市选址，城墙与护城河沟的规格，城内宫廷、官府、街坊、市场布局；手工业、商业管理，宫廷警卫及城市治安维护；城市湖泊、林木环境美化，污物排放、垃圾处理以及战争情况下城市防守等，不仅有明确法制，而且得到了遵行。现在我国正全面建设小康，逐步推进城镇化。我们应认真总结和吸纳历代以法律治理城市的有益经验。

　　城市出现是人类跨入文明门槛的标志。城市发展是社会经济、政治和文化发展的重心，许多城市还是军事基地和战争堡垒。中国古代城市在中华文明进程中曾发挥重要作用。研究它的演进及相关法制，对于深入了解中华文明和思考当代城市建设是有益的。

一　中国古代城市演进的轨迹及特点

（一）中国古代国家形成前后至战国的城市演进

从考古发掘材料看，中国古代城市最早出现于公元前 3000 年左右至前 2000 年之间，主要分布于黄河、长江中下游，四川盆地和内蒙古河套地区，现已发掘总数 50 余座。其面积，小者为两万平方米左右，中者为数万至十数万平方米，大者为数十万平方米，湖北天门石家河城最大，"城垣大体呈圆角长方形，南北长约 1200 米，东西最宽处约 1100 米，面积约 1200 万平方米"①。城市与产生于前或与之同时存在的聚落不同，有城垣和护城河（壕、沟、池）为标志。目前发现的城市遗址，墙垣高低宽厚、护城河壕深浅广狭不一，但其防御野兽、敌人侵袭和自然灾害的目的则是显然的。城内有房屋建筑，有的房屋建于人工所筑高台之上；还有祭祀、墓葬和制陶等手工场所遗址。从居住、墓葬和手工场所遗址，可以显出不同社会分工和凌驾于社会成员之上的公共权力的雏形。过去，学界有一种意见认为，中华文明源于黄河中下游然后向外辐射。古代城市遗址发掘材料说明，黄河、长江中下游，四川盆地与河套地区的先民们几乎同时跨入文明社会的门槛，中华文明源头至少在地域上清晰地显出其多元性。

从文献记载和考古发掘的材料看，"城市"的称谓是在"城"与"市"联结后开始使用的。"市"先于"城"而出现。《易》："日中为市，致天下之民，聚天下之货，交易而退，各得其所。"② 这里说的是神农氏时的景况，人们中午相聚，交换货物，然后各自退去，很像后来农村的集市。至于其中说"致天下之民，聚天下之货"，只是泛指，形容人众、货多，其实参加交易的范围不可能那么广大。随着社会经济发展，在一些聚落的基础上开始建城，部分市设于城中，城内出现专供交易的市，久之，"城市"的称谓便应运而生。在农业自然经济条件下，绝大部分人生活在农村，城市地位虽然重要，覆盖面毕竟有限，所以，除集中于城中的

---

① 任式楠：《中国史前城址考察》，《考古》1998 年第 1 期。
② 《易·系辞下》。

"市"以外，自古至今乡村中的集市一直存在。当代农村说"赶集"、"赶场"、"赶圩"，即是到这种集市做交易。"城"又与"池"联结使用，称"城池"。"池"是指城墙外的护城河、沟（是否包括城内的天然湖泊，如汉长安的"昆明池"、唐长安的"曲江池"、元大都的"太液池"，可以研究）。北京紫禁城的护城河俗称"池"，至今旁边的街区称"北池子"、"南池子"，应由此而起。银雀山汉简关于战国的城、池有明确记载："万乘之国，郭方（十）七里，城方九里……池（广）百步，围城郭……（郭）方十五里，城方五里……池广八十步"。[①] 战国秦制，每步约合今1.54米，一百步、八十步约合今154米和123米，护城河应该是很宽的，在北方难以达到如此标准，在南方"池"的防护作用则超越城墙。据古文献记载，唐、宋时桂林的护城河借漓江和阳江及天然湖泊，其宽度或超过150米，可想其防护作用之大。"城"又与"乡"相对应。城在乡聚的基础上形成，乡聚出现早于城。城出现后，功能逐步多样化，并很快成为统治者居住和行使权力的地方，城乡之间由对立进而结合，形成对立统一的关系。

对于我国跨入文明社会门槛的时间，学界已基本形成共识，以公元前21世纪夏禹的儿子启"私天下"为标志。夏禹是夏部落的领袖，以夏部落为主的部落联盟活动于今西起河南西部和山西南部，东至河北、山东交界的气候温暖、河网密布、土地肥沃、适于耕作的地区。夏启即位于钧台（今河南禹县），相继迁都安邑（今山西夏县）、斟鄩（今河南巩县）、阳翟、都源（今河南济源县）、老丘（今河南陈留县）、渑池和洛阳等地。夏频繁迁都反映当时牧业经济仍占相当比重的特点。夏城市遗址发现不多，只是斟鄩遗址（河南巩县、偃师附近稍柴村）较为明显。史称："太康居斟鄩，羿亦居之，桀又居之。"[②] 此外，在四川盆地成都平原新津、温江、郫县、都江堰等地新发现一批古城遗址。"五座城址的选点地形、筑城方法、墙根宽度以及出土的遗物等，基本面貌一致，初步认为其年代约

---

① 《银雀山汉墓竹简·守法守令等十三篇·守法》，引文括号中之字据整理者注释所加。
② 转引自高元池《洛阳建筑志》，中州古籍出版社2004年版，第3页。

在公元前 2600—前 1700 年范围内。"① 此地区虽非夏活动、统治地域，但城址的下限却属夏代，应为同期的城市遗址。现存史料中，有夏启征讨有扈前对诸士众发布的一篇誓言，应为最早的军事法律。其中谈道："用命赏于祖，弗用命戮于社，予则孥戮汝。"② 意为汝等若奉命，赏之于祖主之前，若不奉命，则戮之于社主之前，还要杀死你们的儿子。这里所说的祖主即祖先的牌位，社主即社神的牌位。有说这牌位战时携带于军旅，平时当供奉于都城。后代帝王宫殿之"左祖右社"③ 应由此而起。

经考古发掘，商代城市面貌较为清晰。据《史记·殷本纪》，商祖先契，佐禹治水有功，封于商，以所居地商为姓。契至成汤凡十三代，八次迁徙，居亳。是时，"夏桀为虐政淫荒，而诸侯昆吾氏为乱"，汤乃兴师伐昆吾，伐桀，灭夏，建立商朝，都亳。现在发掘的商城有五座：河南偃师商城、郑州商城、安阳殷墟、湖北龙城和四川三星堆等。偃师商城遗址面积约 190 万平方米，郑州商城 25 平方公里，殷墟 24 平方公里。城市的功能初步分为宫殿区、居民区、墓葬区以及制铜、制陶、制骨、纺织、酿造等手工业坊区。④ 汤建商朝至盘庚五次迁都。盘庚迁都于河南安阳殷地后，史称商为殷，也称殷商。从殷墟和四川三星堆出土的文物看，商代手工业产品精美，无论是铜鼎或玉雕等，工艺都达到了很高水平，非长期发展和具备雄厚的综合技术基础很难达到。它表明了当时社会经济和城市发展状况。殷墟发现的甲骨文，是我国目前发现的最早的文字，单字约 4500 个左右，已认识的约 1700 字。其中有关于五种肉刑和对奴隶、罪犯适用刑罚的记载。甲骨文所记卜辞与文献记载相印证，说明商人十分迷信。商王兴兵征战和惩罚犯罪都通过占卜向上天询问吉凶。

总结夏特别是商代暴虐灭亡的经验教训，西周统治者对治理国家的指导思想提出"明德慎罚"，组织管理实行以嫡长子为中心、以血缘关系为纽带的分封制。为贯彻这一指导思想和保证组织管理举措实施，在继续重

① 任式楠：《中国史前城址考察》，《考古》1998 年第 1 期。
② 《尚书·甘誓》。
③ 《周礼·考工记》。
④ 傅崇兰、白晨曦、曹文明等：《中国城市发展史》，社会科学文献出版社 2009 年版，第 39、40 页。

视法律的同时，还强调实行礼制。分封制与礼的规范作用一定程度上改变
了国家松散状况，密切了各地区与周王室的关系。这种制度对城市建设也
产生了重要影响。据《史记·周本纪》：周先人原为活动于陕西泾水、渭
水流域的部落，武王发的祖父古公率众避戎狄攻战，迁于岐山，"于是古
公乃贬戎狄之俗，而营筑城郭室屋，而邑别居之，作五官有司"。这应是
关于西周城市最早的记载。后文王于沣河西岸建丰京，武王灭商在沣河东
岸建镐京，两城有桥相连，史称丰镐（今陕西长安县）。关于丰镐遗址已
难看到，《周礼·考工记》记载："匠人营国，方九里，旁三门。国中九
经九纬，经涂九轨。左祖右社，前朝后市。"《考工记》为后人依战国遗
简所撰。这里所说的"国"是周王国都还是封国之都城，历来意见不一，
此引文只资参考。除丰镐之外，西周营建的城市当属洛邑（今洛阳）。在
洛邑建新城为周武王时的计划。成王即位，为加强对东部的统治，周公、
召公将建新城计划付诸实施。新城完工后，周公又在洛水北岸建成周，迁
殷人于此。公元前770年平王东迁，洛邑为都城，史称东周。从平王到悼
王共有十三王居洛阳王城。晋《元康地道志》："王城南北九里七十步，
东西六里一百步。"[1] 以上是两周之都城。至于邦国，依爵位高低各有制
度。《考工记》贾公彦疏引郑注："公之城盖方九里，侯伯七里，子男五
里。"方指城周长。当时是否严格依此数，不清楚。不过，《左传》关于
"都城过百雉，国之害也。先王之治：大都不过三国之一，中五之一，小
九之一"的记载[2]，是隐公元年，即公元前722年的事，说明春秋初城市
按分封爵秩高低确定大小规模的制度是存在的。而前文所引1972年在山
东临沂银雀山发现的汉代竹简记载告诉我们，战国时这种限制已发生了较
大变化。关于西周和东周时的城市经济，传世和出土的青铜器、玉器以及
其他文物表明，在商代的基础上又有了新进步。尤其值得注意的是，随着
社会经济发展，民事和刑事关系的法律调整日益受到重视，不少铭文记载
有我国古代最早的交换合同和刑事案件的审理及判决过程，史料弥足

---

① 高元池：《洛阳建筑志》，中州古籍出版社2004年版，第3页。
② 《左传·隐公元年》。

珍贵。①

春秋战国是中国古代史上思想大解放，制度大变革，社会大发展时期。随着科学技术进步，青铜器铸造技术进一步提高和铁制工具在农业和手工业领域使用，地方经济发展，实力逐渐增强。在此背景下，各国纷纷变法改制，世卿世禄被打破，经济发展与制度改革相辅相成，促进了城市空前发展。首先是各国都城不再受分封等级限制，此外，各地城市出现了成规模的铜器铸造、冶铁、制陶、煮盐、漆器、皮革等不同特色的手工业和商业。战国时著名的城市有数十座，其中如：洛阳，秦的雍城、栎阳、咸阳，齐的临淄、即墨、薛，燕的涿、蓟，赵的邯郸、离石，魏的大梁、温、轵，郑的阳翟，韩的郑、荥阳、屯留，卫的濮阳，楚的郢、寿春、宛、陈，越的吴，宋的陶邑，以及蜀地之成都等。据《盐铁论》记载："燕之涿、蓟，赵之邯郸，魏之温、轵，韩之荥阳，齐之临淄，楚之宛、陈，郑之阳翟，三川之二周，富冠海内，皆为天下名城。"最繁华的当数齐国都城临淄和楚国都城郢。吏称："临淄之中七万户……户不下三男子，三七二十一万"，如加上同数量的妇女，人口超过四十万。"临淄甚富而实，其民无不吹竽鼓瑟，弹琴、击筑，斗鸡走狗，六博蹋鞠，临淄之塗，车毂击，人肩摩，连衽成帷，举袂成幕，挥汗成雨，家殷人足，志气高扬。"② "楚之郢都，车毂击，人肩摩，市路相排突，号为朝衣鲜而暮衣弊。"③ 这些记述难免某种程度的夸张，但绝非无事实依据。至于当时手工业状况，可从秦墓出土的文物窥见其达到的水平。西安出土的兵马俑和铜马车，工艺之精湛，造型之完美，令世人惊叹，而湖北云梦秦墓出土、现存云梦博物馆的一件漆器，请当代高级工匠仿制，其光亮持久度仍不能达到2000多年前的水准。春秋战国城市另一特点是重视文化建设。各国养士之风盛行，古代早期的学校开始举办，"百家争鸣"热烈，出现了一批思想家。他们的不少主张成为变法改革和社会经济发展的动力；其著述成为中国思想史的重要源头，对后世有深远影响。

---

① 刘海年：《文物中的法律史料及其研究》，《中国社会科学》1987 年第 5 期。
② 《史记·苏秦列传》。
③ 《太平御览》卷七十六引桓谭《新论》。

（二）秦统一后中国都城的变迁

秦始皇统一全国后，经汉、魏、晋、南北朝、隋、唐、宋、元、明到清，国家统一状态下的王朝，先后建都于西安、洛阳、开封、北京、南京等地。朝代不同、地区各异，作为帝王居住地，国家政治统治的重心，都城建设既有共同规律，也有不同特点。

西安。今西安范围包括周之丰镐、秦之咸阳和汉之长安。《史记·秦本纪》：秦孝公"十二年，作为咸阳，筑冀阙，秦徙都之"。孝公十二年为公元前 350 年，咸阳位于渭水北岸，土地肥沃，交通方便。经多年修缮至秦统一，咸阳已形成东西 12 里，南北 4 里，宫殿多达 300 余个的宫城。秦始皇统一后，又在渭河南岸修上林苑，筑阿房宫，建骊山墓，征发"隐宫徒刑者七十余万人"①，可见工程及城市建设规模之庞大。为加强对全国的控制，秦始皇徙天下豪富 12 万户于咸阳，以每户 4 口计算，仅所徙移之富豪就多达 48 万人，加上原有居民，人口之众可想而知。当时的咸阳是"士者近宫，不士者与耕者近门，工贾近市"②，管理颇为条理。可惜，经秦末战乱，"项羽引兵西屠咸阳，杀秦降王子婴，烧秦宫室，火三月不灭，收其货宝妇女而东"③。就这样，一座经营了一百多年的帝都在大火中变成废墟。公元前 206 年，刘邦战胜项羽建立西汉王朝，初都洛阳，后徙移长安。长安原为咸阳附近一乡聚，汉初建长乐宫于此，与咸阳合并，"高祖六年更名咸阳曰长安"④。七年"二月，高祖自平城过赵、洛阳，至长安。长乐宫成，丞相以下徙治长安"⑤。刘邦初见萧何监造之宫室十分豪华，曾责问萧何："天下凶凶苦战数岁，成败未可知，是何治宫室过度也？"萧何回答说："天下方未定，故可因遂就宫室。且夫天子以四海为家，非壮丽无以重威，且无令后世无以加也。"⑥ 由此可知，帝王治宫室一

---

① 《史记·秦始皇本纪》。
② 《管子·大匡》。
③ 《史记·项羽本纪》。
④ 《汉仪注》。
⑤ 《史记·高祖本纪》。
⑥ 同上。

是为享受，二是显威严，核心是为加强其至高无上的统治地位。汉代长安是先修宫殿后筑城垣。惠帝元年（公元前 194 年）开始建城，先后征发 29 万余人，五年（公元前 190 年）粗具规模。西汉经惠帝、文帝，国力兴旺。武帝扩建宫室和上林苑，扩建后的长安城四面各三座城门，城内八街九陌，周长 65 里；上林苑广袤五百多里。苑内殿阁楼台相望，珍花奇兽汇聚。长安是当时全国的政治、经济、文化中心，也是建筑最为宏伟的城市。

继秦汉之后，全国统一的王朝在西安建都的还有隋、唐。公元 581 年，杨坚废北周静帝建立隋朝，改元开皇，称文帝。公元 589 年灭陈，统一全国。之后，便着手打击氏族地主势力，兴科举，薄赋徭，减轻刑罚，改革法制，开凿大运河，等等。这都为唐王朝的兴盛积累了经验。在都城的建设上，杨坚认为原城市"从汉凋残日久，屡为战场，久经丧乱，今日之宫室事近权宜"。新城址选在汉故都东南十三里处。其指导思想是："建皇王之邑，合大众所聚"①，就是说，既是帝王宫室所在，又是众百姓聚居之地，一定程度上体现了亲民的意向。新城于开皇二年（公元 582 年）始建，其顺序也是先建宫城，炀帝大业九年才筑城郭。"京城东西十八里一百十五步，南北十五里一百七十五步。皇城之南东西十七坊，南北九坊；皇城之东西各十二坊，两市居四坊之地，凡一百十坊。"② 宫城之南是皇城，皇城外是郭城。因隋文帝杨坚在北周时曾被封大兴公，新城遂命名大兴城。文帝为巩固国家统一，沟通与各地区联系，于开皇四年（公元 584 年）"凿渠引渭水，自大兴城东至潼关三百余里，名曰广通渠，转运便利，关内赖之"③。隋炀帝即位后，在古运河的基础上，开凿以东都洛阳为中心的运河网，大兴城便成为全国的水运中心。尽管隋王朝曾在历史上作出了重大贡献，但由于炀帝营建东都，开凿运河和对外用兵役民太重，加之荒淫腐败，激化了社会矛盾，引发农民起义，仅历二世、38 年便招致灭亡，成为秦之后又一个短命王朝。继隋而起的唐王朝经武德、贞观、开元时期

---

① 《隋书·高祖纪》。
② 同上。
③ 《通鉴地理通释》卷四。

经营，中国封建社会发展到了鼎盛时期，都城建设也达到了空前规模。唐长安在隋大兴城基础上扩建，原宫殿、街坊、市场等设施的布局都得到了较好保护。城市规划为宫城、皇城和郭城三个部分。"城东西十八里一百五十步，南北十五里一百七十五步，皇城在西北隅。""皇城长千九百一十五步，广千二百步。宫城在北，长千四百四十步，广九百六十步，周长四千八百六十步。"① 宫城为皇室居住和皇帝处理政务的地方，位于城北部，北城墙为郭城的一部分。皇城又称子城，是朝廷所属机构办公之地，有东西街道 7 条，南北街道 5 条，与城门相通。外郭城为一般居民和官吏住宅区以及集市、手工业区。城内东西方向街道 14 条，南北方向 11 条，全城东西比南北长，呈长方形，有城门 12 座。城外北有禁苑，东南有曲江池，与城内巍峨的宫殿、规整的街区相结合，形成一座十分美丽的城市。在全国社会经济发展的大环境下，长安手工业发达，商业繁荣，教育科技水平空前提高，是国内水陆交通的中枢，也是沟通亚欧大陆的"丝绸之路"起点，从事贸易和文化交流的中外人士云集，一个时期人口超过百万，成为当时最繁华的国际都市。

洛阳。如前文所谈，洛阳城市为西周成王时由周公旦监修，公元前770 年平王东迁为东周都城。秦嬴政执政后，尊重臣文信侯吕不韦，实则削减其权力，移居洛阳。吕不韦在此重修城垣。公元 25 年，刘秀战胜王莽称帝，号光武，以洛阳为都城，史称"东汉"。刘秀在吕不韦修建之城垣基础上有所扩建。据《玉海》引"陆机《洛阳记》：'洛阳城，周公所制，东西十里，南北十三里，城上百步有一楼，墙外有沟渠。"② 据考古发掘，洛阳东城垣全长 3862.7 米，西城垣全长 3811 米，北城垣 2600 米，与史书记载相近。③ 洛阳建城使用大量刑徒，考古发掘出刻有姓名的"刑徒砖"，大约仍沿袭战国以来"物勒工名"，以考核劳动态度和产品质量的制度。城内建有南、北宫，其间建闾里，纵横 24 条街道，主要街道一分为三，中间为御道。东汉手工业进一步发展，尚方令蔡伦改进造纸技术，

---

① 《新唐书·地理志》。
② （宋）王应麟：《玉海》卷一百—七十三。
③ 傅崇兰、白晨曦、曹文明等：《中国城市发展史》，社会科学文献出版社 2009 年版，第 39、40 页。

对中国古代科技和文化发展起了重大推动作用。西汉武帝尊崇儒术之后，儒学在此得到了较大发展。班固在京师为官二十余年，所修《汉书》是《史记》之后又一部垂范后世的名著。东汉之后，在洛阳建都的还有三国时的曹魏，以及继曹魏而起的西晋，南北朝时的北魏。东汉末年洛阳遭战争破坏，曹操长子曹丕公元220年废汉献帝改国号为魏后，征民工数万重建洛阳宫城，其气派甚至超过东汉中兴时期。公元265年晋武帝司马炎灭魏，公元280年灭吴，实现国家暂时统一。晋在曹魏都城的基础上，对洛阳加以营建，其规模与东汉时略同。值得称道的是北魏对洛阳的扩建。北魏是鲜卑族所建政权，原以平城（今山西大同）为统治中心。魏孝文帝是一位有政治抱负有作为的皇帝，为改变先辈遗留的贵族游手好闲、奢侈陈腐、不求进取的落后习俗，他率众迁都洛阳，倡导衣汉服，说汉语，改姓汉姓氏，与汉族通婚，按儒家思想为主的传统文化扩建洛阳城。扩建后的洛阳城由外城、内城和宫城组成。外城东西20里，南北15里；内城南北约9里，东西6里；在东汉南宫城址营建宫城。当时的洛阳城北靠邙山，西临洛水，内城之中有华林园和濯泉与宫城相映成趣。其规模和壮丽均达到了前所未有水平。隋唐两代，洛阳不是国都①，但由于隋炀帝大力修筑，在与大运河连通后，漕运可以直达，成为名副其实的水路交通枢纽和经济中心。隋称东都，唐称东京，其地位仅次于都城长安。

　　开封。开封，春秋战国时称大梁，为魏国都城。公元907年汴州刺史、宣武军节度使朱温灭唐称帝，建立后梁，中国历史开始了五代十国时期。此期间，先后在开封建都的有后梁、后晋、后汉和后周。这些王朝虽均非全国性政权，且历时总共只有53年，但建都开封却标志秦汉以后至隋唐，国家经济、政治、文化中心历史性地由关中开始向东部转移。后周世宗柴荣为改善京城"屋宇交连，街衢湫隘，入夏有暑湿之苦，居常多烟火之忧"，决定扩展都城。诏令官员先作规划立标帜，"候冬末春初务农闲时，即量近甸人夫渐次修筑，春作才动便令放散"。标帜之内街巷、军营、

---

①　一说"唐都洛阳共7帝45年，先后改称东都、神都、周都、东京等"。参见高元池《洛阳建筑志》，中州古籍出版社2004年版，第3页。

仓场和官府之外的地方"任百姓营造"。① 由此，秦汉以来城市内街坊封闭的格局被打破。公元 960 年，宋太祖赵匡胤结束五代十国的混乱局面，定都开封，称东京汴梁。宋汴梁城是在北周规划的基础上营建的。借"汴河、蔡河、金水河、五丈河穿城而过"与大运河沟通的河网湖泊优势②，汴梁城建有三层城墙、三条护城河、四条运河、33 座桥梁。其中皇城居中，城周 9 里 18 步，内城 20 里 150 步，外城 48 里 232 步，规模宏大。河流与街道纵横交错，拱托宫殿，形成了极富特色的区别于前代、不同于其他城市的开放型结构。汴梁水路与大运河相接，陆路有驿路东通曹州，南连江浙，西达关中，北连真定、大名，交通十分便利。在经济恢复，尤其是五代时少受战乱的江南经济发展的总体形势下，汴梁包括活字雕版印刷、纺织、制陶业在内的手工业兴旺，加之商业不再局限于固定的市场，街面店铺林立，并有担挑、车推商贩沿街叫卖，整个城市呈现生机勃勃的繁荣景象。汴梁的城市建设和商业布局对元、明、清北京的建设产生了深刻影响。

北京。北京城前身为商代的蓟城，西周时为燕国都城。战国至南北朝名称未改。北魏郦道元所著《水经注》："昔周武王封尧后于蓟，今城内西北隅有蓟丘，因丘以名邑也。"秦始皇统一后，在蓟城附近设广阳郡，蓟成为郡治所。此后王朝更替，隋在此设涿郡，唐改涿郡为幽州，蓟城为郡、州治所的地位未变。据《太平寰宇记》引《郡国志》，幽州城"南北九里，东西七里"，呈长方形。综合考古资料，城址在今北京宣武区陶然亭、白云观一带。公元 938 年，辽代定北京为陪都，公元 1012 年改称燕京。后女真族所建金朝灭辽，打败北宋。公元 1149 年完颜亮夺取皇位，公元 1151 年下令"广燕京，建宫殿"③，"筑燕京，制度如汴"④。这就是说，扩建燕京城市宫室，依宋汴梁制度。燕京城址在原永定门火车站以北，军事博物馆以南，今北京城偏西部位。外城周长 37 里有余，近正方形，每面 4 门，共 12 门；皇城位于大城中部偏西，周长九里三十步，有

---

① 《五代会要》卷二十六。

② 开封市地方志编纂委员会编：《开封市志》（第一册），中州古籍出版社 1996 年版。

③ 《金史·张浩传》。

④ 《日下旧闻考》卷三十七引《元一统志》。

四门；宫城在皇城的北部，约占皇城面积三分之二。[①] 由于皇城阻隔，城内只有四条大街贯穿全城。全城分六十二坊，皇城北面市场"陆海百货，萃于其中"。[②] 公元 1153 年，金朝正式迁都，并更燕京名为中都。北京由此开始正式成为封建王朝都城的历史。

金朝之后，元、明、清三代除明代开国皇帝朱元璋曾短时间建都南京外，均以北京为国都。公元 1206 年，蒙古族首领铁木真统一蒙古大草原建立蒙古国，被尊称成吉思汗，之后相继灭西辽、西夏、大理，将吐蕃并入中国版图，并建立行政机构。1271 年成吉思汗孙子忽必烈依《易》"大哉乾元"之意，改国号为"大元"，次年宣布营建中的燕京更名为大都，建都于此。元大都由三套城组成：外城、皇城、宫城。外城呈长方形，史称"城方六十里"。[③] 新中国成立后测量，南北长 7600 米，东西宽 6700米，周长 28600 米，与记载大体相合。[④] 皇城位于大都南部偏西，其墙称萧墙，所谓"门建萧墙，周廻可二十里，俗称红门阑马墙"[⑤]。宫城位于皇城内偏东，但中心位于全城的中轴线上。宫城九里三十步，南北长约1000 米，东西宽约 740 米。城墙为砖砌。宫城以西有太液池，以北有御苑，苑内除植林木，还有熟地八顷。为表示重视农业，皇帝每年在此举行亲耕仪式，"率近侍躬耕"。全城街道为东西南北笔直走向，呈棋盘形，体现《考工记》"国中九经九纬"之说。与街道相通有大小街巷。皇城以外大城之内是居民区，区划为坊，共 50 多个。坊为基层行政单位，设坊正。大都城内外有各种专门集市 30 余处，城内主要商业区有 3 处，一处位于皇城北今积水潭北，当时北大运河的终点；另两处在今北京东四、西四附近。出现了由某类商品较集中而命名的市肆，诸如米面市、柴菜市、鹅鸭市、鱼市、果市、铁器市、脂粉市、珠子市、杂货市，等等。时人形容城市之繁荣称："论其市廛，则通衢交错，列巷纷纭，大可以并百蹄，小可

---

① 张仁忠：《北京史》，北京大学出版社 2009 年版，第 18、19 页。
② 《日下旧闻考》卷一四六引。
③ 《元史·地理志》。
④ 张仁忠：《北京史》，北京大学出版社 2009 年版，第 36、37 页。
⑤ （明）董洵：《故宫遗录》。

以方八轮，街东之望街西，髣而见髴而闻，城南之走城北，出而晨归而昏。"①

　　元末纲纪废弛，国内阶级和民族矛盾加剧，农民起义军领袖朱元璋于公元 1356 年攻占集庆（今南京），自称吴国公，同年又称吴王。1367 年命徐达为征虏大将军、常遇春为副将军，北取中原。1368 年朱元璋即皇帝位，改国号大明，年号洪武。同年攻占元大都，更大都名为北平。为加强城防，徐达指令华云龙"经理元故都"②。这应是明初对北京的初步修缮。公元 1369 年，朱元璋决定分封诸王，封四子朱棣于北平。1398 年朱元璋故去，燕王朱棣以"靖难"之名起兵，1402 年攻陷南京即皇帝位，是为明成祖。1403 年改北平为北京，称"行在"。公元 1416 年"命群臣议营建北京"③，1417 年开始营建，1420 年完工，历时 3 年半。新一轮营建"工作之大，动以百万，终岁供役"④。经陆续营建，北京城主要有三大变化：第一，缩小外城，将元大都的北城墙南移五里，将南城墙南移二里，周长由六十里缩减为四十里，嘉靖三十二年又在南城加筑外城，周长约 28 里；第二，改土城墙为砖砌；第三，拆毁元宫殿新建宫城。宫城仍建于城中轴线上，但位置略南移。宫城挖护城筒子河，开挖的泥土在宫城北门外筑土山，称"大内之镇山"，后改为"万岁山"，即今景山。宫城南门两侧按"左祖右社"的规制，东建祖庙，西建社稷坛。宫城中轴线上建皇帝举办各种仪式的殿宇，东西两侧为皇帝后妃和子嗣居住的东六宫和西六宫。明初实现了国家统一安定，农业得到恢复，手工业和商业实现繁荣，江南等地经济出现资本主义萌芽。这为包括北京在内的全国城市发展提供了物质基础。发展还体现于对京城新建和前代已建的庙宇、道观修缮，以及其他文化设施的营建，诸如天坛、地坛、日坛、月坛、孔庙、国子监、广济寺、智化寺、真觉寺、万寿寺、大慧寺、觉生寺、慈寿寺、大觉寺等。北京成为名副其实的政治中心、经济中心和文化中心。

　　明王朝延续 276 年，活动于东北的女真人后裔满族于明末建立后金政

---

① （元）黄文仲：《大都赋》，载《天下同文集》。
② 《明太祖实录》卷三十四。
③ 《明太祖实录》卷一百八十二。
④ 《明史·邹缉传》。

权。公元 1636 年皇太极改国号为清，称皇帝。1644 年清世祖人关，定都北京。清代北京城整体轮廓、框架和基础设施均沿袭明代，主要扩建、新建和变动有三：第一，宫城之内，将皇极殿重建更名为太和殿，将中极殿重建更名为中和殿，将建极殿重建更名为保和殿。重建宫城正门午门，重建明皇城正门承天门更名为天安门；第二，扩建皇城西北面的南、中、北海，增修亭台楼阁，在大城西北郊建圆明园、清漪园离宫两处；第三，将大城之内汉族百姓迁至南城，内城由满族王公贵族和八旗人居住。迁移南城的汉人给一定拆迁费。顺治五年规定："凡汉官及商民人等尽徙南城居住，其原房或拆去另盖或贸卖取偿，各从其便。朕重念此迁移之苦，今特命户、工二部详察房屋间数，每间给银四两。"① 由于重要商家迁至南城，加上明中叶之后兴起各省在京城和一些大城市建立会馆，北京南城很快成为万方杂处、百货云集的繁华之地。清代前期社会稳定，史称"康乾盛世"，经济上资本主义萌芽进一步成长。此时的北京城，经元、明、清三代建设，达到了它建都以来的鼎盛时期。内城，宫殿辉煌，街道整齐，城防坚固雄伟；外城，交通便利，工商贸易繁荣，达官文士云集；城市内外山林苑囿湖泊融为一体，是当时世界著名的大都市。但清朝晚期，随统治集团腐败，国力衰微，尤其是 1840 年鸦片战争后中国沦为半殖民地半封建社会，北京连续遭到英法等国侵略者肆意蹂躏。1860 年英法联军侵入北京，大肆抢劫金银财宝，火烧清皇家离宫圆明园、香山、万寿山、玉泉山等地建筑；1900 年八国联军除抢掠毁坏故宫财物，还击毁天安门，焚烧正阳门（前门）、崇文门，把这座美丽的城市毁坏得满目疮痍。连英国军官戈登也不得不承认："我们就这样以最野蛮的方式摧毁了世界上最宝贵的财富。"② 德国侵略军统帅瓦德西则说："所有中国此次所受毁坏之损失及抢劫之损失，其详数将永远不能查出，但为数必极巨大无疑。"③ 侵略者对北京建筑的破坏，后来虽有所修复，但却永远无法复原其本来面貌。

南京。南京为战国时古城。公元前 473 年越王勾践灭吴，命范蠡在南

---

① 《八旗通志》卷一百十三。
② 转引自《中国近代史纲要》，高等教育出版社 2007 年版，第 23 页。
③ 同上。

京所在地建城，史称越城。公元前333年楚灭越，以此地有王气，埋金以镇之，由此称金陵，置"金陵邑"。三国时孙权以金陵为都城，称建业。南北朝时东晋改称建康；五代时南唐又改称金陵，均以之为都城。元朝改名集庆。1356年，朱元璋攻占集庆，1368年即皇帝位，改集庆为应天府并定都于此。"后来考虑应天府偏于东南，准备迁都开封，于是称开封为北京，应天府为南京，南京一名由此产生。"① 由战国范蠡建城至明初的一千多年中，一些王朝如非在此建都，也将其列为地区重镇，这使明代虽以此为都城时间不长，却能使之得到快速发展。洪武十九年（公元1386年），经前后21年，南京基本建成了由宫城、皇城、应天府城、外城构成的国都。外城周长利用自然土坡筑成，周长100多里。应天府城东依钟山，西邻石头城，南面秦淮河，北连玄武湖，城周长67里。城以石为基，以砖为墙，下宽上窄，城上可容双马并驰，共有城门13座。皇城位于应天府城东南，洪武初年建成。宫城位于皇城内偏东，城周有护城河。宫城内建有五大殿和后庭等。当时的南京城不仅依山临水十分美丽，由于紧靠长江，交通便利，周围土地肥沃，物产丰富，手工业和商业发达。洪武二十四年（公元1391年），人口已达47.3万之多，其中工匠4万5千多人，手工业以织造、印刷、造船和建筑著称。郑和下西洋所用之海船主要在此建造。南京的文化和教育两大基业在历史上留下了清晰印记：在鸡笼山下的国子监（即明代的国立大学），学生多达9千余人，其中有来自高丽、日本、暹罗、琉球等国的留学生；其二，解缙在此主持纂修《文献大成》（即《永乐大典》）。其中收编各类图书七八千种，辑成二万二千八百七十七卷，凡例、目录六十卷，是为中国最早的一部百科全书。

（三）国家分裂时期的都城及地方城市的营建

秦统一后，虽屡经改朝换代，但两千多年中，历史沿革的主流是国家统一。不过也经历了三国、南北朝、五代十国以及辽、金和南宋等政权的分裂鼎持时期。历史证明，即使在这样的时期，各政权仍视统一国家为其

---

① 傅崇兰、白晨曦、曹文明等：《中国城市发展史》，社会科学文献出版社2009年版，第139页。

奋斗目标。分裂时期的政权，一部分建都于前面所介绍的城市，另一部分建于其他城市。三国时，魏建都于河南许昌，蜀建都于四川成都，吴建都于江苏南京。南北朝和五代时建都的城市主要有：辽宁辽阳、山西大同、甘肃敦煌、青海西宁、宁夏银川、浙江杭州、河北邢台和内蒙古巴林左旗等。其中最发达的是成都和杭州。成都，地处四川盆地，气候温和湿润，土地肥沃，人口众多。经战国时李冰父子修建都江堰，获灌溉之利，"水旱从人，不知饥馑，时无荒年，天下谓之天府"①。刘备入蜀之后，建都于成都，将其扩建为城周20里，"在簿"织户六万余家，以丝织品著称，手工业发达，商业繁荣的大城市。杭州，隋朝大臣杨素营建，隋唐两代均为州治所在。五代时是吴越国的都城，称西府。宋朝建立，吴越归顺，杭州又为州治。北宋末年汴京失守，中原沦陷，宋高宗赵构于公元1129年逃至杭州，更名临安，以为都城。其外城在西府基础上有所扩建。城周长36里90步。范围东临钱塘，南依霍山，西近西湖，北接武林门，全城有门13座，城墙外有护城河。内城位于凤凰山麓，周长9里余。宫殿建于内城之中，殿堂楼阁、亭台花圃融为一体，与周边山水相配。早在吴越西府时，杭州已称"地上天宫"，此时更加美丽。所谓"山外青山楼外楼，西湖歌舞几时休。暖风熏得游人醉，直把杭州作汴州"②，既是对南宋统治者偏安一隅，沉迷游乐的写照，也描绘了当时杭州的美景风情。杭州城市发展得益于五代以来江南少有兵祸侵扰，社会相对稳定；也得益于边境失守，中原沦陷，北方人才和资金南移，与金国的战事虽时断时续，但江南基本处于后方。这使杭州的雕版印刷、陶瓷、纺织等手工业和与之相联的商业，以及教育文化业都能不断发展。南宋初年杭州人口50余万，而末年则达39万户，人口约124万，是当时的超大城市。

中国古代地方设立郡县始于战国。据《战国策》、《史记》和《汉书》等记载和后人考证，战国时赵、魏、韩、楚、燕、秦等国均设有郡县。秦始皇统一，划全国为三十六郡（实际不止此数），郡之下设县（少数民族聚居的县称"道"）。"汉承秦制"，疆域扩大，郡、县数增多。刘邦于公

---

① 《华阳国志·蜀志》。
② 林升：《题临安邸》，载《宋诗纪事》卷三十六。

元 201 年冬"令天下县邑城"①，即皇后、公主所食之邑和县所在地均要建城。平帝时，全国"凡郡国一百三，县邑千三百一十四，道三十二，侯国二百四十一"②，由此可知当时城市之多。唐代划全国 10 个道，置 315 个州，州下设县；元代地方层次最多，分省、路、府、州、县五级，全国府 33 个，州 59 个，县 1127 个；明代地方分省、府、县三级，根据需要有时在府之上也设道，但只是监察分区。清代设省、道、府、县四级。秦汉之后地方政权分级虽有变化，但郡县体制却代代沿袭相传。在封建专制制度下，地方长官是皇帝在各地的代理，其治所则是朝廷在各地方的基础。各级行政官员按其所辖行政区划职位高低营建大小不等的城市及府第。除前述已谈及的都城之外，著名的城市达上百个。其中有辽阳、沈阳、天津、保定、济南、济宁、德州、太原、郑州、南阳、武昌、荆州、九江、南昌、岳阳、衡阳、重庆、泸州、镇江、苏州、松江、扬州、嘉兴、湖州、福州、泉州、广州等。在手工业、商业不断发展，资本主义萌芽出现影响之下，得天时地利之便，一批城市突破行政等级的限制，规模扩大，其中如江苏扬州、福建泉州和广东广州等南方临江海的城市更为典型。

扬州位于长江与运河的交汇处，史称广陵，隋改称扬州，得长江、运河沟通东西南北交通以及出海港口之利，在唐代已是名扬内外的国际城市。市内有阿拉伯和波斯商人开设的店铺和侨居的宅舍，他们在此娶妻生子；朝廷派往日本和南亚的使者和商人也多由此出发。史称"扬州富庶甲天下"。③ 泉州是海港城市。南宋时江南社会经济发展，对外贸易活跃，为泉州进一步发展提供了条件。经扩建，城区面积达 30 平方华里，街坊 30 座，内外商业贸易发达，年收入达 200 万缗，为南宋王朝年收入的 1/20。外国人在泉州的居住始于唐代，当时多为贡使、传教士和旅游者，人数较少。南宋时则大量增加，来者有阿拉伯、印度、意大利、摩洛哥、越南、朝鲜等国人士，其中以阿拉伯人居多。外国人最多时超过万人，主要是经商。由于生活习惯和宗教信仰不同，自然形成不同的"蕃坊"，其中也杂

---

① 《汉书·高帝纪》。
② 《汉书·地理志》。
③ 《资治通鉴》卷一百五十九。

居有中国人，相互和谐相处。该市至今仍留有外国人居住的遗址和后裔。广州唐代时已是岭南著名的港口城市，是南方竹、布、藤、革、药材的集散地，也是对外交流的基地。据记载，每年至广州的大船满载货物，有外国的官员带领。为维持交易秩序，唐制定了相应法制，"市舶使籍其名物，纳船脚，禁异珍，商有以欺诈入牢狱者"①。这是说不遵守规则者有受到惩处的。广州为宋代州治，两宋300余年间，广州经济繁荣，海内外贸易发达，先后在古城遗址上修筑东城和西城，将子城夹于中间，形成位于珠江之滨面对南海的水陆码头和海港相接的城市。元代广州为路治所在，明代改为广州府，曾两次扩建，将原"三城"合为一城。唐、宋、元、明、清各代，广州均为岭南的政治、经济、文化中心和对外交流的门户。

中国是一个统一的多民族国家。在整个历史进程中，占人口绝大多数的汉族统治者长期居于中央政权的统治地位，也有相当长时间中央政权和国家分裂时期的一些政权由少数民族的统治者所掌握，诸如元、清两代和南北朝、五代十国时北方的一些政权等。为了争得和维持其统治，各民族的统治者既注意对本民族原有的制度进行改革，也提倡吸纳其他民族的优秀文化。由此形成了以儒家文化为主体、各民族文化会通融合的中华文化。所以，各民族都对包括城市文明在内的中华文明作出了贡献。由中华文化产生的凝聚力，促进了各族人民和谐相处及城市不断发展。此外，还应指出，中国古代城市也得益于同外国的经济、文化交流。两汉与西域沟通；唐代开通陆上、海上丝绸之路，唐、宋两代与日本、越南经济文化交流；明代郑和南洋之旅等，既传播了中华文化，也开阔眼界并吸纳了其他民族文化。随中外经济、文化交流，不少外国商人、宗教人士、外交官员和旅游者相继来到中国，成为沟通与不同国家交流的桥梁。这使不同时期的西安、洛阳、开封、北京、扬州、杭州、泉州和广州等成为当时著名的国际都市。外国人在那里受到友好接待，他们寓于临时和长期的住所，与中国人民和谐相处，其后代也有一些融入中华民族。

中国古代城市从都城到省、府、县治所，分布全国各地。它们既是朝廷在各地支柱，又是该地区的政治、经济、文化中心。这些城市的营建不

---

① 《唐语林》卷八。

仅带动了当地发展，而且与其他地区水陆路相通，促进了与其他地区的交流。沿海、沿边城市更是对外交流的门户，在国防安全和对外经济、文化交流中具重要作用。

（四）中国近代城市的发展变化

中国古代经济，自明代出现的资本主义萌芽，清代又有新生长。不少手工业和商业呈现较大规模。学界不少人认为，如非帝国主义和殖民主义侵略，也会出现新的制度变革。1840 年鸦片战争后，中国沦为半殖民地半封建社会。城市也由此发生重大变化。帝国主义基于对原料掠夺和商品推销的需要，侵占中国领土，在坚船利炮威逼之下，强迫清政府签订一系列不平等条约。1842 年《南京条约》把香港岛割让给英国。1860 年《北京条约》，割去九龙半岛南端。之后，又"租借"九龙半岛以北"新界"。1849 年，葡萄牙强占澳门半岛，1887 年《中葡通商条约》允许葡萄牙"永久管理澳门"。第二次鸦片战争之后，沙俄强迫清政府订立《瑷珲条约》、《北京条约》等，割去中国东北、西北大片领土。1895 年《马关条约》，日本侵占台湾、澎湖及所属岛屿。1898 年德国强租胶州湾、青岛。沙俄强租辽东半岛及旅顺口和大连湾。英国强租山东的威海卫。1899 年法国强租广州和广州湾及附近海域。它们在割去、强租中国上述大片土地和城市的同时，还纷纷划分势力范围，强迫清政府开广州、厦门、福州、宁波、上海、营口、烟台、台南、淡水、汕头、琼州、汉口、九江、南京、镇江、天津、伊利、喀什等为通商口岸，并在上述城市和重庆等 30 多个城市设立租界。帝国主义、殖民主义的入侵，加剧了中国农村和民族工商业破产，使城市畸形发展。一方面是城市工人和平民更加贫困；另一方面是外国资本急剧扩张，依附于外国资本的官僚资产阶级开始出现。当然，与此同时，在城市规划、市政建设、公用设施以及相关建筑等领域也传播了新理念。这既表现于对原有城市的改造，也表现于在江、海港口、水路交通枢纽、矿山等新型城市的建设，诸如上海、天津、青岛、宁波、福州、广州、汉口、哈尔滨、沈阳、唐山、济南、石家庄、郑州和台北等城市。

以台北为例。台北建城晚于台湾的台南、嘉义、凤山、恒春、彰化、云林、新竹、宜兰等县城。光绪元年（公元 1875 年），准钦差大臣沈葆桢奏，在台北建府治，"以五年正月动工，八年（公元 1882 年）告竣。垒石为之，周一千五百又六十丈，池略大之"。"既成，聚者渐多，其后复建巡抚衙门，遂为省会。"① 1895 年台湾被日本侵占，逐步按西方城市理念改造。

再以上海为例。南宋时上海属秀州，元在上海设县，地域包括今青浦、南汇、川沙，范围较大。上海是当时船只集散地。公元 1277 年，元政府在上海设市舶司，成为商港。明代，上海一带种棉兴盛，织布由农民的副业逐渐形成城市纺织业，其产品远销江西和湖广等地。交通和纺织业的发展，使之成为手工业商业繁荣的城市。史称："人物之盛，财赋之伙，盖可当江北数郡，蔚然为江南名邑。"② 当时上海所在的松江府，"岁赋至京师三十万，其在上海至十六万有奇"③。明代中叶，朝廷设海防道，上海建城郭，城周 9 里，高 8 尺，开门 6 座，城外有护城河。清代诏弛海禁，在上海设立海关，内外贸易进一步发展。雍正八年（1730 年），苏松道移上海，乾隆元年（1736 年），又将太仓并入，上海成为管理两府一州的道台治所。由于地位重要，其长官多由巡抚、总督、布政使官衔的人担任。随着经济发展和政治地位提高，上海成了重要贸易港口城市。嘉庆年间上海已成为"江海之通津，东南之都会"④，人口多达 50 余万的全国性的大城市。1840 年之后，帝国主义势力入侵上海。他们与中国封建势力和后来的官僚资本主义势力相勾结，上海成为压榨、掠夺中国人民的桥头堡。为适应其需要，他们在上海扩建港口，修建工厂，划定租界，推行治外法权，按照自己国家的办公和居住模式构筑安乐窝。上海成为世界不同国家的建筑风格楼房的荟萃地，成为半殖民地半封建社会城市的典型。帝国主义、封建主义和官僚资本主义的压迫，深深教育和锻炼了汇聚在这里以及全中国的工人阶级和劳苦大众。在马克思主义指引下，工人阶级在上海最先点燃革命火种，这里

---

① 连横：《台湾通史》，九州出版社 2008 年版，第 286 页。
② 《弘治上海县志》。
③ 王鏊：《上海志序》，载《震泽集》卷十二。
④ 《上海县志》。

成为中国共产党的诞生地。

二　中国古代有关城市管理的法律举例

鉴于法律对国家政治统治和社会稳定之重要，又鉴于城市对于国家经济、政治、文化发展的关键作用，中国历代统治者都十分重视包括城市建设、手工业发展、市场管理、环境保护和治安维护等在内的法律制定与实施。

（一）中国历代统治者重视以法律治理国家管理城市

以往某些著述认为中国古代统治者不重视法律的制定和实施，是不准确的。史称："夏有乱政而作禹刑，商有乱政而作汤刑，周有乱政而作九刑。"[1] 文献中的这些记载已为越来越多新发掘的考古资料所印证。事实说明，中国国家形成之后，夏、商、周三代均注意以法律手段治理国家，维护统治秩序。春秋末，郑国、晋国相继"铸刑鼎"，公布成文法，尽管曾遭非议，但却呈无法阻挡之势。战国时，适应形势发展，各国纷纷变法改革，出现较系统的法律。"李悝撰次诸国法，著《法经》。"[2] 正因《法经》吸纳了各国变法的成果，所以，商鞅才能"受之以相秦"，为秦变法奠定了基础。公元前 221 年，秦始皇统一全国，"皇帝临位，作制明法，臣下修饬……治道运行，诸产得宜，皆有法式"[3]。这话尽管有溢美之意，但秦始皇重视以法律实行统治却是无可争辩的事实。秦短命而亡，不是因为重视法制，而是由于对法制的破坏。秦亡之后，由汉至清，各代统治者莫不在前代法律基础上，于开国之初便制定作为本朝法律主干的法典，并辅之以其他形式的法律。汉、唐、明开国之君，为适应需要，在夺取政权的战争尚在进行时，已颁行某些急需的法律。元、清等少数民族统治者，在夺取全国政权之前，也开始对本民族原有的习惯法进行改革。这些历史事实

---

① 《左传·昭公六年》。
② 《晋书·刑法志》。
③ 《史记·秦始皇本纪》。

说明，中国的封建皇帝虽奉行专制主义，但无不重视以法律作为国家统治的工具。

　　城市作为国家的重要部分，国家的多种法律均适用于城市。此外，适应城市运作的特殊需要，除在综合性的法典中专列有关城市管理的篇章，还颁行有专门或主要适用于城市管理的单行法律。在法典中有关城市管理的篇章，如：《法经》的《杂律》中关于"越城"的规定；在李悝《法经》及秦《法经》基础上，汉相萧何增《兴》、《厩》、《户》三篇制定的《九章律》中的《兴律》；魏、晋律进一步扩大篇目，魏将《兴律》改名为《兴造》，增《诈伪》；《晋律》又增《卫宫》、《水火》、《关市》等。隋唐律一改前代法典体例，结构较前代严谨，篇目更为清晰，直接关系城市管理的篇章有《卫禁》、《厩库》、《擅兴》、《诈伪》、《杂律》等。《宋刑统》篇目与唐律基本相同。《大明律》又改唐律体例，《名例》之下以朝廷所属吏、户、礼、兵、刑、工六部分目，内容依唐律，但有所调整，直接涉及城市管理的篇章有《户律》、《兵律》和《工律》等。《大清律》的体例和内容均依明律。

　　中国历代都有专门或主要适用于城市管理的单行法律，如《秦律》之《仓律》、《金布律》、《关市律》、《工律》、《工人程》、《徭律》、《司空律》、《效律》、《传食律》等①；汉律之《钱律》、《传食律》、《关市律》、《兴律》、《金布律》②及《越宫律》③和《宫卫令》、《金布令》、《缗钱令》等。从文献记载看，至少自秦之后各代法律体系都是由综合性法典、单行法律和例组成的，而一部单行法律又往往包括许多条款，上述秦的《效律》如此，汉代《越宫律》则多达二十七篇。正是这些法典和单行法律对城市管理作了具体规定。

（二）中国古代关于城建方面的法律规定

　　古代城与乡在形式上的重要区分是城市有城墙和护城河、沟。此外，

---

① 参见《睡虎地秦墓竹简》，文物出版社1981年版。
② 参见《张家山汉墓竹简》，文物出版社2001年版。
③ 《晋书·刑法志》。

城市是帝王宫廷所在或各级官员的治所，依身份地位和官职高低，城市分别为都城、省城、府城和县城等不同等级。城的营建一般是在所辖地区内征发民工（或使用刑徒），就地取材。明代以前城墙多用土，明之后重要城市则用砖。对于征发民工修筑城垣，秦《徭律》规定，朝廷征发徭役，如拖延或"失期"，官员和被征发者要受"赀罚"惩罚；对所筑城垣要保证一年之内不倒塌，不满一年倒塌者，主持工程的官吏有罪，令原来修筑的民工重修，并不得计算服徭役的时间，修建禁苑的墙垣亦如此。县官不许擅自拆毁、改建官有的房舍衙署，需拆建必须呈报；如果拆建是使用刑徒或不征发民工，则无需呈报；县进行经常性的工程或呈报修建的工程，要准确估算用工时间和用工数量。若估算不准确，工期超过或不足两天以上，对估算者和相关官员依法论处。[①] 从律文看，秦《徭律》对"失期"处赀罚刑，相对较轻。秦朝末年，法制破坏，刑罚加重，"失期，法当斩"。[②] 正是由此，引发了陈胜、吴广领导的农民起义。赋徭是封建官僚机器赖以生存的源泉，封建统治者对于兴建城垣、宫室等所用之人力和财力，一面不断征发，同时也通过程序加以严格控制。汉之后各代都有关于工程兴造的法律规定。《唐律》规定："诸有所兴造，应言上而不言上，应待报而不待报，各计庸，坐赃论减一等。"此处之"兴造"按"疏议"，包括"修城郭"。[③] 为不妨碍农事，古代征发徭役一般在农闲时。秦律有这样规定："居赀赎债者归田农，种时、治苗时各二旬。"[④] 这是说，以劳役抵赀赎债务的人，农忙时回家农作，播种和管理青苗的时节各二十天。《唐律》有"非法兴造"罪，"疏议"：" '非法兴造'，谓法令无文；虽则有文，非时兴造亦是，若作亭池、宾馆之属。"[⑤] 这里的"非时"，当然主要指影响农时。明、清律"擅造作"、"造作不如法"、"虚费工力采取不堪用"在《工律》篇，其内容与《唐律》之规定基本相同。

---

① 《睡虎地秦墓竹简·秦律十八种》，文物出版社 1981 年版。

② 《史记·陈涉世家》。

③ 《唐律疏议·擅兴》。

④ 《睡虎地秦墓竹简·秦律十八种》，文物出版社 1981 年版。

⑤ 《唐律疏议·擅兴》。

（三）中国古代关于手工业的法律规定

古代手工业关系国家经济发展和军队建设，也关系皇帝、贵族的物质享受和民众生活的改善。"工不出则乏其事"，是说手工业如不发展，将难以提高与之相关的农业生产、军队建设和其他相关行业的效率。成规模的手工业主要集中于城市。为了保障手工业的发展，古代很早就注意有关手工业的法律制定与实施。秦和秦之前成规模的手工业多为国有官营，制造产品要经过批准。法律规定："非岁功及无命书，敢为它器，工师及丞各赀二甲。"① 就是说，非本年度应生产的产品，又没有朝廷的命书，擅敢制作其他器物的，工师和丞各赀二甲。对于手工业的各种原材料及半成品，平时要注意保管，使用时不得将可用的标为不可用。秦律规定，工匠如将夯墙的立木可用的而标为不可用，要受惩罚。对器物制作要按规定的方法和标准。《周礼·考工记》对于木工、铁工、皮工等各种工匠制作器物的选材、规格及程序有详细标准。秦律则规定："为器同物者，其大小、短长、广亦必等"②。这是迄今能看到的古代手工生产最早的标准化规定。同一器物各个部件大小、长短和宽窄相等，既便于生产时流水作业，提高效率，又便于损坏时配件修理。为了保证产品的数量和质量，法律规定要对工人进行技术训练，对从事某一产品制作的工人，"工师善教之，故工一岁而成，新工二岁而成。能先期学成者谒上，上且有以赏之。盈期不成学者，籍书上内史"③。唐代法律也有关于对手工工人训练的规定。对于所生产的产品建立有严格的评比考核制度。战国和秦代出土的兵器及其他器物都发现刻有生产者、监工者以及更高层负责人的姓名。这就是"物勒工名，以考其诚"④，便于对不合格的产品追究相关人员的责任。秦律对于"漆园"和"采矿"等均有评比制度，第一年评比为下等要受惩罚，连续三年被评为下等，加重惩治。正是建立了如此严格的法律规程和相关制度，中国的手工业产品才能在两千多年前以及其后的历史发展中，生产出

---

① 《睡虎地秦墓竹简·秦律杂抄》。
② 同上。
③ 《睡虎地秦墓竹简·秦律十八种》。
④ 《礼记·月令》。

像商、周那样精美的青铜器、玉器，生产出像秦始皇陵出土的铜车马和形象生动的兵马俑，生产出像湖南马王堆、湖北江陵汉墓出土的至今仍保持色泽鲜艳的绸缎服饰。本文前面介绍的诸多城市建筑，是建筑业与各类手工业产品的结晶，而享誉世界并对人类文明进程产生了深刻影响的造纸术、印刷术、火药、指南针等，更是古代科学技术与手工业生产的完美结合。

（四）中国古代有关市场管理的法律规定

中国古代统治者长时期重农抑商，但并非不懂得商业之重要。《考工记》言"国有六职"而商居其一，将其与"坐而论道"的王公并列。这是由于古人懂得"商通四方之珍异以资之"，"商不出则三宝绝"。战国齐国《市法》指出："中国利市，小国恃市。市者百货之威，用之量也。中国能利市者强，小国能利市者安。市利则货行，货行则民□，[民□]则诸侯财物至，诸侯财物至则小国富"①。"百货之威"，"威"字意为渊，是百货汇集之地。这段简文虽有缺失，但也能说明商业对于经济发展和国家实力增强之重要。为使市场交易正常进行，古代有诸多规范交易行为的法律。秦法律规定的一般等价物是金、钱、布，之后各代大体是金、银、钱。为不致造成混乱，秦律规定了法定等价物的规格和互相间的比值："钱十一当一布。其出入钱以当金、布，以律。"而"布袤八尺，幅广二尺五寸。布恶，其广袤不如式者，不行"②。市场商人和参与交易的官吏不许选择钱或布，更不准制造假钱。对于敢于制造假钱者，各代法律均严惩不贷。秦《封诊式》有捕获"盗铸钱"的案例，盗铸钱者和协助者都要受罚。《唐律》有"私铸钱"罪："诸私铸钱者，流三千里；作已备，未铸者，徒二年；作具未备者，杖一百。"③明、清律对此项犯罪加重惩治："凡私铸铜钱者，绞；匠人同罪。"④为使市场交易公平，法律规定度量衡

---

① 文中□原简缺文。[ ]之内文字符号为整理者所加。参见《银雀山汉墓竹简·市法》，文物出版社1985年版。
② 《睡虎地秦墓竹简·秦律十八种》，文物出版社1981年版。
③ 《唐律疏议·杂律》。
④ 《大明律·刑律》。

器要准确。秦律："衡石不正，十六两以上，赀官啬夫一甲；不盈十六两到八两，赀一盾。""斗不正，半升以上赀一甲；不盈半升到少半升，赀一盾。"① 明清律"私造斛斗秤尺"在户律之"市廛"。凡制造不合标准而在市场使用者，主使人和工匠"杖六十"。市司评估物价贵贱要适当，不公平者，计所增减之价，以受赃论处。法律还规定，禁止有人"把持行市"或与牙行暗中勾通，"卖物以贱为贵，买物以贵为贱"；不允许代外国人收买违禁货物，也不允许以赊买骗外国人，使其久候不能按时起程。② 为了不造成欺骗，秦律要求"有买及卖也，各婴其价，小物不能各一钱者，勿婴"③。此处婴意为系，即在货物上系价钱标签。这就是说，在市场上售卖货物，凡一钱以上均要标明价钱。为防止从事手工业者到市场上为官府出卖产品的人从中作弊，在收钱时一定要将钱投入特定的钱罐中，并要让买者看见确实放入了，违反规定的受罚。据铭文记载，中国西周时交易就开始使用合同并按合同办事。秦律规定，百姓欠官府的债，或官府欠百姓的债均要偿还，如百姓移居其他县，债务未清者，应发文至所移居的县收缴或偿还。百姓借官府的器物，要按时收回，如未收回而借物人死亡者，官府负责人和主管该事的吏代为赔偿。秦代对离职官员实行会计审核，如欠债而家贫无力偿还者，对仍担任官职的，"稍减其秩、月食以偿之"，即不以劳役相抵而从其俸禄、口粮中逐步扣除偿还。④ 唐律不许私放钱债超额取利："凡私放钱债及典当财物，每月取利并不得过三分，年月虽多，不过一本一利，违者笞四十，以余利计赃。"百姓有债务者，不准擅自强行索押人质，否则索取者和同意质押者均要受罚。唐律既禁止"负债违契不偿"，也不允许"负债不告官司，强牵财物"，更严禁"以良人为奴婢质债"。⑤ 为使有关市场管理的法律得到实施，中国古代早就开始任命专管市场的官吏。《周礼》的"司市"是专管市场的官吏，其职责是："掌市之治教、行政、量度、禁令"，下有多名属员，其分工之细，令人诧异。当

① 《睡虎地秦墓竹简·效律》。
② 《大清律例·户律》。
③ 《睡虎地秦墓竹简·金布律》，文物出版社1981年版。
④ 《睡虎地秦墓竹简·秦律十八种》，文物出版社1981年版。
⑤ 《唐律疏议·杂律》。

然，不能认为《周礼》所记都是周代制度，但郭沫若曾指出，它确有战国简牍为依据，所记至少可反映周秦至汉代的情况。据银雀山汉简所记，齐国有"市啬夫"，据秦简所记，秦市场有"列伍长"，应是什伍制度在市基层的负责人，秦市场除列伍长还有在市场巡察的官吏。唐末和宋明清各代，市场由固定地区延伸为街道门市，监管市场的职位随之提高，人员也进一步增多。

（五）中国古代城市环境保护的法律规定

基于更好的生存，中国古代一直关注环境保护。对此，历史文献多有记载：《逸周书·大聚》："春三月，山林不登斧，以成草木之长，夏三月，川泽不入网罟，以成鱼鳖之长。"《管子·七臣七主》："春无杀伐，无割大陵，保大衍，伐大木，斩大山……夏无遏水，达名川，塞大谷，动土功，射鸟兽。"关于城市郊区的环境维护，《国语·周语》有如下记载："周制有之曰：'列树以表道，立鄙食以守路，国有郊牧，疆有寓望，薮有圃草，囿有林池，所以御灾也。'"意思是说在道路两旁植树，住守护道路的人，在郊外设牧场，沼泽边有茂密的草，苑囿中有水池，都是为了防御灾害。秦则将这些认识制定成法律。《田律》："春二月，毋敢伐林木山林及雍堤水，不夏月，毋敢夜草为灰，取生荔、麛卵鷇，毋□□□□□毒鱼鳖，治宵网，到七月而纵之。唯不幸死而伐棺椁者，是不用时。"[①] 上述文献记载和法律规定都是有关山林、道路、流水、鱼鳖、鸟兽的保护内容，按法律规定，砍伐树木只有死人做棺椁才可例外。《唐律》对于城市环境保护应更为严格："诸弃毁官私器物，及毁伐林木、稼穑者，准盗论。"[②] 从前述介绍的都城和诸多大城市看，无论是西安、洛阳、开封、北京、南京和杭州等都城，或其他较大的城市，地址多是选择在临山傍水或河流交汇的土地肥美之地，城墙外有护城河，有离宫，有地域广大的禁苑，城内有湖泊，宫城有苑囿。有的是"半城宫墙半城树"，也有是"山外青山楼外楼"，还有称之为"地上天宫"。这当然与皇室和达官贵人享乐有关，

---

① 《睡虎地秦墓竹简·秦律十八种》，文物出版社 1981 年版。□□□□□为原简脱文。

② 《唐律疏议·杂律》。

但也居住着众多平民百姓，重要的是表明已形成了一种环境保护观念。为了保护城市环境，秦律规定："邑之近皂及它禁苑者，麛时毋敢将犬以之田。百姓犬入禁苑中而不追兽及捕兽者，勿敢杀；其追兽及捕兽者，杀之。"① 对于城内的环境卫生，秦时商鞅曾明令"刑弃灰于道"，即有敢将废渣土倾倒于道路上者要处以刑罚。明清律禁止侵占街道及向街道倾倒污秽之物："凡侵占街巷道路，而起盖房屋，及为园圃者，杖六十，各令复旧。穿墙而出秽污之物于巷街者，笞四十。"②

（六）中国古代有关宫廷、官府警卫和城市治安及紧急状态下防守的法律规定

封建专制制度下，皇权是中央集权的标志，皇帝的安危关系政权的巩固和社会稳定。皇帝及其住所永远是法律重点保护的对象，并视为"重法地"。从法律沿革看，汉武帝时张汤首定《越宫律》；晋第一次将其列入综合性法典，称《卫宫》③；北齐将"关禁"内容附之，更名《禁卫》；隋《开皇律》再更名为《卫禁》；《唐律》沿袭未变；明、清律将其归入《兵律》，分目称"宫卫"。名称改变，篇目分合，并不影响对皇帝和宫廷警卫的重视程度。《唐律》规定："阑入宫门，徒二年，殿门二年半，入上阁内者，绞。"④ "上阁"即太极殿之东西阁，是皇帝处理政务的地方。明清律加重惩处，"翻越皇城者，绞"，"擅入御膳所及御所在者，绞"，"冲入仪仗者，绞"。⑤ 唐律对即使登高临望宫殿者，也严加禁止，"诸登高临宫中者，徒一年；殿中，加一等"。各地方官员是皇帝在各地方的代理人，其人身和治所安危关系政权和社会稳定，所以法律对各地方省、府、县所在城市也严加保护。早在李悝制定的《法经》中惩治"越城"的规定当包括逾越地方城市。其《杂律》的内容为："轻狡、越城、博戏、假借不廉、淫侈、逾制"。所谓"越城"，即跨越城池。"越城，一人则诛，自十

① 《睡虎地秦墓竹简·秦律十八种》，文物出版社1981年版。
② 《大清律例·工律》。
③ 《晋书·刑法志》。
④ 《唐律疏议·卫禁》。
⑤ 《大清律例·兵律》。

人以上夷其乡及族。"① 《唐律》规定："诸越州、镇、戍城及武库垣者，徒一年；县城，杖九十。越官府廨垣，及坊市垣、篱者，杖七十。侵坏者亦如之。"②《大清律例》："越各府、县、镇城者，杖一百，官府公廨墙垣者，杖八十，越而未过者，各减一等。"

都城警卫由皇帝任命得力官员主管，各地方一般由当地主管官员兼管或由其副职管理。秦汉城市基层有什伍组织，后代，各坊市均有负责人。秦汉还设有专管治安的机构，称"亭"，城市称"市亭"或"街亭"，职能类似当代的公安派出所。汉高祖刘邦起义前曾任"泗水亭长"。唐人张守节说亭长的职责为："民有讼诤，吏留评辨，得成其政。"③ 这是说，亭长除拘捕盗贼还评辨排解争讼，化解社会矛盾。法律规定在城市要遵守交通和社会秩序，不得无故在城内街巷及人众中走车马，不得在众聚处所故相惊动，违者处笞杖刑，而致人死伤者，加重惩治。

由于城市地位重要，在战争形势下，就成为敌对双方取得全局或局部胜利的标志。中国古代法律还有在紧急状态下城市防守的规定：银雀山汉简中之《守法守令等十三篇》载有《守法》一篇，简文虽有缺失，但与《墨子》相关篇章对照，仍可看出城市防守的许多举措。主要有：战争状态下，官员要坚守岗位，"去其署者身斩，父母妻子罪"；对老人、妇女和婴儿等要作出安排；"［敌］人在城下，城中行者皆止"，"杀鸡狗毋令有声"；五步置盛水器一个，水必受百斗，置两舀水器于其中；二十步一厕所，如厕必二人同行，且衔枚，"不从令者斩"；积大瓦及石于城上，砖的重量要在五斗以上，每人不得少于五十；为观察敌情变化，晚上必派侦察人员于城外；各官府室屋墙垣及家人室屋器械，可以用于城守者，尽用之，不听令者斩。④ 以上举措说明战国齐国也实行什伍制度，城市防守呈全民动员之势。秦律有"誉敌以恐众心者戮"的规定⑤，《大事记》有秦

① （明）董说：《七国考》，转引自桓谭《新论》。
② 《唐律疏议·卫禁》。
③ 《史记·高祖本纪》"正义"。
④ 参见《银雀山汉墓竹简·守法守令等十三篇·守法》，文物出版社1985年版。
⑤ 《睡虎地秦墓竹简·法律答问》，文物出版社1981年版。

王政十九年（公元前 228 年）"南郡备警"的记载①，"备警"即处于紧急状态。《唐律·卫禁》之"缘边城、戍"规定："有外奸内入、内奸外出，而候望不觉，徒一年半；主司，徒一年。"明、清律也将防守重点放于边关城镇，规定有"私越冒渡关津"、"盘诘奸细"不严、"递送逃军妻女出城"等罪名。

三 研究中国古代城市及相关法制的几点思考

中国古代城市演进脉络清晰，相关法制内容丰富，尽管由于年代久远，材料散失，但通过收集、整理和研究，仍然能了解其发展的一般原则，并从中获得教益，提高对当代城市建设的某些认识。

（一）"以人为本"是城市建设的宗旨

城市是在社会进程中逐步演进的，古人对于城市建设经历了很长的摸索和认识过程。开始是出于人的生存本能，寻找气候温暖、土地肥沃、水草丰茂，适于生存繁衍的地域。为了防止自然灾害、野兽和敌人侵袭，在聚落的基础上，他们筑城墙、挖壕沟，逐渐形成原始城市。之后，随经验积累，由生存本能走向初步自觉。在城的选址，街道划定，里坊、市场、手工作坊分布和房屋建筑等方面，开始讲究"朝向"、"风水"、"阴阳"，实现"天人合一"，并为祈求神灵护佑在施工中举行某种仪式。如剥去附加其上的迷信色彩，就会发现其中有利于人们生存的合理内涵。当实践经验进一步积累，由经验上升为理性认识时，人们对城市建设便开始作出科学规划。此时，就不只是考虑本城人的利害，还要顾及与之紧密相连且密不可分的乡村，乃至在时空上更广、更远的人群。纵观历史，应该承认，人类社会跨入文明门槛后，奴隶主阶级、封建地主阶级和资产阶级在上升时期代表先进生产力，他们对城市建设曾作出了不可磨灭的贡献，许多遗址和今天仍矗立于世的宏伟建筑是生动的证明。但其阶级局限性和利益驱使，决定他们所关注的只是自己，只是少数人。这使金碧辉煌的宫殿外面

---

① 《睡虎地秦墓竹简·大事记》，文物出版社 1981 年版。

存在着大量贫民窟，高耸入云的摩天大楼下横卧着靠人施舍度日的无家可归者。从实质上说，社会主义才为城市建设实现"以人为本"从制度上扫清了道路。不过，事实证明，即使在社会主义制度下，真正在城市建设中将"以人为本"的方针落到实处，真正做到人是城市建设的出发点和归宿，所有人在这里生活得幸福和有尊严，还需要更新观念，不断提高认识，排除体制上仍然存在的某些阻力。

（二）发展是城市建设的基础

随着人类社会第三次大分工出现的城市，一开始就是农牧业、手工业和商业结合的产物，是社会经济发展的结果。所以，城市建设首先依赖经济发展，既依赖全国的经济发展，也与特定地区的经济发展相关联。如在历史上，战国时各国变法改制实现了经济发展，尽管当时战争频繁，但仍大大推动了城市建设。其后，各主要王朝前期，如史家所称的西汉"文景之治"，唐代"贞观之治"，明代洪武、永乐年间和清代"康雍乾盛世"等"治世"，由于经济发展，推动了城市建设。某些朝代局部地区的经济发展，如丝绸之路与阿拉伯国家和欧洲国家的沟通，海路与日本、南洋诸国的通航，京杭大运河的开凿，催生和发展了沿河、沿江、沿海、沿途诸多城市。在农业自然经济条件下，城市建设与所在地区的农业生产和自然资源密切联系，如江南的蚕丝、茶叶、山林、竹木，对于当地城市的纺织、制茶、漆器生产都有重要影响。这些产业既带动了当地农村经济，也促进了其他地区经济以及对外贸易，使一些港口成为与外地和国外交流的都市。发展不仅指经济，还包括教育、科学技术和文化。中国很早就形成了重教的传统，孔夫子是教育的鼻祖，他办学校、周游列国，四处讲学；齐国稷下学宫应属官办民助的教育和学术交流机构，类似后世的书院；"孟母三迁"的故事，生动地说明了家长对子女教育的重视。其后，适应国家建设和科举制的发展需要，在首都和地方省、府、县城，都建立了不同层级的学校。学校成为城市的重要部分，学校教育成为承传中华传统文化的重要桥梁。通过教育与生产实践的结合，推动了古代科学技术的进步。如前面所述的造纸、雕版印刷、火药、指南针等发明，以及农业、纺织、冶铁、制陶等技术的改进，不仅推动了手工业自身发展，而且带动了整个经济。事实充分说明，城市建设成功的条件是综合的，既需要以经济为基础，同时又需要教育、科技和文化的发展。中国古代城市所以能成为中华文明的重要载体，正是由于它以发展为基础，并集中体现了经济、政治、教育、科技等文化的发展成果。

（三）和平与稳定是城市建设的重要条件

从历史进程看，中国古代城市多是在国家和平与社会稳定的环境下成功建设的。和平与稳定，各项事业才能发展，才有条件调动大量人力、物力从事城市建设和大规模工程兴修。当然，也有不顾国家所面临的严峻形势，不惜动用大量人力、物力，强行修建城市、宫殿、长城和运河等大规模工程，其结果是引发民怨，激化社会矛盾，造成王朝崩溃。历史进程中有局部地区处于相对和平稳定，城市得到成功建设的例子。如南北朝、五代十国以及南宋时的江南地区。但那是在农业自然经济条件下，各地区经济联系不很紧密，并且往往是以民族分裂为代价，在整个历史长河中属于特殊情况。与和平稳定利于城市建设相反，战争与动乱则阻碍、破坏城市发展，甚至使之毁灭。中国古代城市，如开封曾毁于黄河泛滥，甘肃、新疆沿丝绸之路的一些城市毁于沙漠侵袭等自然灾害，但大部分城市的破坏或毁灭都由于战争和动乱，即使一些毁于自然灾害的，也往往与战争和社会动乱有关。由于中国古代城市建筑多为砖木结构，而战争的一方往往将对另一方的仇恨发泄于其曾作为统治象征的宫殿、城楼之上，所以一旦占领对方城市便将其付之一炬。秦末，项羽领兵进入咸阳，焚毁阿房宫和其他殿宇，大火三月不灭，咸阳遭到严重破坏；近代，太平天国时，战火使一座美丽的苏州城几乎遭到毁灭；而 1864 年湘军攻陷太平天国的都城南京后，火烧宫殿建筑 7 天，城市建筑和大量文物被毁殆尽。帝国主义侵略军对中国城市破坏更是令人发指。第二次鸦片战争时，英法联军攻入北京，兽性大发，破坏北京城，洗劫圆明园，之后将这座皇家离宫彻底焚毁。1900 年，八国联军攻入北京，大肆抢掠皇宫、中南海、颐和园的珍贵文物以及国库中的金银财宝，还炮轰焚毁天安门、正阳门、崇文门等古代建筑，造成这座美丽古城满目疮痍。其后发生的军阀混战以及日本帝国主义侵略，使中国更大范围的城市遭到破坏。直到 1949 年全国解放时，武汉、广州、重庆等许多城市中心，还留有大量残垣断壁，呈现一片破败景象。新中国成立 60 年、尤其是改革开放 30 年来，我国战胜了帝国主义的挑衅和封锁，获得了来之不易的和平与社会稳定，综合国力增强，城市建设日新月异。我们应十分珍惜这难得的历史机遇，将城市建设推向快车轨道，以实现国家和平崛起和民族复兴。

（四）法治是城市建设的保障

我国考古工作者大范围对多处古代城市遗址发掘的材料说明，早在国家形成前后，人们关于城的营建已形成某些较明确意识。虽各地自然环境不同，但关于城墙与护城壕沟及城内住宅、作坊的布局等却能遵循大体类似的模式。开始可能是出于人们防护的本能，之后便由经验演变为习惯。当国家产生后，进而逐渐由习惯变成具有强制力的法律。从前述现在能看到的法律史料中选出的实例可知，有关城市的法律递相沿袭，内容不断丰富。其中既涉及城市营建，又涉及居民生活；既涉及手工业生产，又涉及集市商业贸易；既涉及环境保护，又涉及宫廷、官府警卫和社会治安以及紧急状态下城市防守。如没有这些行为规范，很难想象古代城市能在有数十万、上百万人口情况下长期有序存在。古代城市尽管许多都达到了相当规模，也具有多种功能，关系远比乡村复杂，但与当代城市相比，却不能同日而语。其人口要少得多，规模要小得多，功能与关系要简单得多。历史和现实说明，当代城市要获得理想的发展，更需要法治保障。新中国成立后，在计划经济体制下，我国注意了城市社会秩序方面的法律制定，成绩是基本的。改革开放 30 年来适应社会主义市场经济发展需要，相继颁行了有关城市经济、政治、文化和社会建设等方面的法律和法规，基本上保证了城市各项建设事业不断发展。但问题仍然存在，某些与城市建设相关的法律尚待制定，已制定的某些法律有待进一步完善。最重要的是存在有法不依、执法不严现象。有的官员执法为民的思想不明确，服务态度不端正，在新形势下，仍然受官本位思想支配，居高临下对待人民群众，遇事推脱或行政不作为，致使简单问题复杂化，久拖不决；还有的官员经不起物质利诱或屈服于权势的压力，执法、司法不公，个别甚至贪污腐败、徇私枉法，损害党和政府的公信力。一些城市出现了黑社会性质组织，影响了城市正常秩序与社会治安。凡此种种，只有尽快解决，才能保障城市在科学发展观指导下健康、迅速发展。

（五）提高法律文化自觉，促进城市持续发展

城市建设，历来关系整个国家发展。像上海这样在全国、乃至国际上有重要影响的城市，对国家的发展尤为重要。为了保证上海等城市健康发展，既要注意解决现存的问题，还要看预计到未来将会产生的问题。其一，在经济全球化、高新科学技术快速发展的背景下，城市的各项建设从硬件到软件，必须随之迅速变化，人们的观念与体制如何与之相适应；其二，快速变化的一个重要方面，是相当一部分城市国际化，跨国公司增多，外国人来华进行经济、政治、文化交流和旅游者增多，临时逗留和长期侨居的外国人增多，由此带来行为规则、生活习俗和婚姻家庭等一系列问题如何妥善应对；其三，为了建设中国特色社会主义，中央提出逐步推进城镇化，对此，大城市和中、小城市如何应对，新建城镇如何设置、规划，上亿、乃至数亿农民将开始转变为市民的过程，其间会产生何种问题，以及城镇化与建设社会主义新农村关系的协调，等等。对这些问题都要有所估计，认真研究，及时、妥善解决。

为了解决已经出现和将会出现的问题，加快城市建设，要提高文化自觉、特别是法律文化自觉。文化自觉是费孝通先生晚年提出的。他指出："文化自觉是当今时代的要求，它指的是生活在一定文化中的人，对其文化要有自知之明，并对其发展历程和未来有充分认识"[1]，"也就是既要认识自己的文化，又要认识其他的文化，真正达到'自知之明'"[2]。笔者聆听了他的讲话，觉得他提出的这个观念很重要。法律是一种文化，笔者在几篇文章中将费先生提出的这一观念与法律这一特殊文化现象结合起来，阐明我国在社会主义法治建设中应注意提高法律文化自觉。所谓法律文化自觉，就是要深刻理解法律对治理国家的重要性，真正认识法治是人类历

---

[1] 费孝通：《经济全球化与中国三级两跳中的文化思考》，《光明日报》2000年11月7日。
[2] 费孝通：《二十一世纪中华文化与世界论坛的致辞》，载《文化自觉与社会发展》，商务印书馆（香港）2005年版。

史经验的总结，适应形势发展的需要，要不断完善法律和制度，并上下一体遵行。为此，我们要充分肯定包括法律在内的中华文化优秀内容，提高民族自豪感，对自己民族的法律文化，要肯定其优点，也要看到其缺点；对西方法律文化，要看其缺点，也要肯定其优点。总之，在文化问题上既不妄自菲薄，又不妄自尊大，而是立足中国实际，按照社会主义事业的需要，在承传中华优秀文化的基础上，尽可能吸纳一切于我有益的外国优秀文化。具体到城市建设上，我们应注意我国古代城市演进中诸如城址选择、城市规划、环境保护、园林建设、社区与市场配置、商业与教育、科技、文化全面发展以及治安维护等有益经验，也要注意进一步吸纳西方国家城市建设的新理念。西方国家工业化较早，城市建设有比较丰富的经验，其中蕴涵有人类社会进程中的文明成果，只要将两者有机结合起来，就有利于解决我国城市发展面临的诸多问题，推进城市健康持续发展。

（原载《东方法学》2010 年第 2 期，《城市与法》转载，法律出版社 2010 年版）

实现社会主义法治的坚实一步

——参加起草中共中央《关于坚决保证
刑法、刑事诉讼法的切实实施的
指示》经过及心得

　　1979 年中央发布的《关于坚决保证刑法、刑事诉讼法切实实施的指示》（即：中发〔1979〕64 号文件，以下简称"64 号文件"），已过了 30 年。30 年来，64 号文件所肯定的原则，在我国社会主义法治建设中发挥了巨大作用。不过，有的原则迄今仍在贯彻落实之中。我参加了这份文件的起草，回顾起草经过及从中所获心得，有益于进一步深入理解其精神，提高研究和宣传社会主义法治的自觉性。

一　文件起草的背景

　　创造良好条件，在全社会实现公平正义，促进每一个人全面自由发展，是人类的崇高理想，是中国共产党的立党宗旨，也是社会主义建设应有之义。为了实现这一目标，无数共产党人和革命志士献出了宝贵的生命。1949 年人民革命的胜利，推翻了帝国主义、封建主义和官僚资本主义统治，成立了新中国，在政治上为实现公平正义扫清了道路。此后，民主改革和社会主义经济建设取得了重大成就。但是，客观上，由于美国等西方国家对我国侵略、封锁和遏制，相当长一段时间，使新生的人民共和国处于战争和准战争状态；主观上，由于经济建设急于求成，违背客观发展规律，政治上过分强调阶级斗争，忽视民主法制建设，最后终于演变成给全国各族人民带来了灾难的"文化大革命"。党的十一届三中全会痛定思痛，拨乱反正，确立实事求是的思想路线和解放思想、改革开放的方针。总结新中国成立近30年、特别是"文化大革命"的经验教训，邓小平提出："为了保障人民民主，必须加强法制。"① 正是在这样的背景下，国家决定加强立法工作，加快急需的刑法和刑事诉讼法等7个法律的制定。

刑法和刑事诉讼法是国家的基本法律，对保护人民、惩治犯罪、维护社会稳定和国家安全具有重要作用。1954年第一部宪法通过后，开始起草刑法，先后形成了38个稿本。1978年10月，根据叶剑英委员长指示，中央政法领导小组由陶希晋等同志组成草案修订组，十一届三中全会后依照全会精神着手进行修订。法学研究所刑法研究室高西江、欧阳涛、崔庆森、张仲林、肖贤富等同志参加了这项工作。1979年夏，在两法草案起草就绪、将交付全国人大审议通过的时候，为保证其颁布生效后切实贯彻执行，中央决定就此发布一个指示。

一天上午，李步云同志找到我，说所领导接到通知，中央决定就刑法、刑事诉讼法的颁布和实施发布一个文件，张楠同志提议让他和我参加文件起草。张楠时任法学所党委书记，是延安时期的老干部，曾与胡乔木、邓力群共事。邓力群同志介绍说她"知人善任"。她来所时间不长，给人印象颇好。听说是她的意见，尽管手头正处理一部书稿，也就爽快答应了。

为加快起草工作进度，李步云同我商量，由我俩先草拟一个稿子，供讨论修改。我们商定草稿分两个部分，一部分谈两法之于人民民主权利保障和国家法制建设的重要意义；另一部分是就其贯彻执行，对党组织、政法机关的要求，以及有关人民群众的宣传教育等事项。我们各写了一部分，合一起自我感觉良好。事实证明，我们把事情看得过于简单了。等了几天，返回的意见是：写的是一篇文章，不是文件，要推倒重写。同时通知我和他到中南海集中。

大约是接到通知的第二天，我们到中南海西面靠南的大门，在那等候的工作人员把我们领到马路右侧略显陈旧的一座西式小楼。据介绍，这里原是朱德总司令居住的地方，隔壁先前是刘少奇同志的住家。当时中央研

---

① 《邓小平文选》第2卷，第146页。

究室正在筹建之中，这座小楼应是临时办公的地方。在那儿见到了王家福。不久前我和他及吴建璠曾一起在京西宾馆为领导起草讲话，之后他又到中央为叶剑英委员长起草讲话，这次又聚到一起，很高兴。在那儿还认识了滕文生、周元青和于浩成。滕文生原在中央机关工作，已决定调新组建的中央政策研究室。周元青是原在中央机关工作的老同志。于浩成来自公安部。文件起草工作由邓力群同志主持。他当时是中国社会科学院副院长，也是新组建的中央政策研究室负责人。

二　通过务虚提高认识

参加文件起草的人不多，办公地点在一层的一个厅堂，看来是朱老总居住时会客的地方。大家相互认识后，邓力群先就文件起草简单作了交代。感谢他没评价我和李步云起草的那篇"文章"，免掉了我们在刚刚认识的人面前可能出现的尴尬。他表达了这样的意思：要起草的这份文件很重要，关系新中国成立后制定的第一部刑法和第一部刑事诉讼法的切实贯彻执行；为了写好这个文件，要先务虚，提高认识，把问题搞清楚；大家要敞开思想谈，不要有顾虑，落到文字上时再把握分寸。通过这次务虚，我懂得了中央文件的每一重要的论断，都十分慎重，都有充分的事实依据和涵有深邃道理。此后持续了一段时间的理论务虚并未设定议题，涉及的内容相当广泛。有的问题与准备起草的文件关系密切，有的离得较远。多数是从"文化大革命"中发生的事件谈起，也有的是从"文化大革命"前的问题谈。其实，"文化大革命"中的问题追根溯源往往连及"文化大革命"前，而"文化大革命"前的问题又常常延续至"文化大革命"，甚至是起草文件的当时。历史和现实经验都说明，刑法、刑事诉讼法的贯彻执行，不只涉及法律条文规定的范围，也不只涉及法院、检察院和公安三家的职责，还涉及观念更新、制度完善、体制变革、人才培养、干部任命、经费保障等。

现在，忆及理论务虚过程中谈论到与文件相关的问题，主要有以下几点：

（一）党内民主与加强和改善党的领导问题

粉碎"四人帮"、尤其是十一届三中全会之后，如何加强党内民主，改善党的领导，是党内外和报纸杂志上议论最多的问题。"文化大革命"违反党内民主，破坏党规国法，个人说了算，把"最高指示"置于宪法和法律之上。正如邓小平所说："往往把领导人说的话当作'法'，不赞成领导人说的话就叫'违法'，领导人的话改变了，'法'也就跟着改变。"①下面就按其所需，各执一词，纷争不休。结果是武斗屡禁不止，人民群众和大批干部的经济、政治和人身权利遭侵犯。务虚过程中，参加起草的同志除据自己遭遇和亲眼所见列举实例，还分析了问题产生的根源。大家认为，从历史文化传统看，问题的产生与我国长期封建专制主义制度的影响关系极大。1911 年辛亥革命推翻了最后一个皇帝，但封建专制主义的影响却远未消除。中国共产党是马克思主义为指导的工人阶级的先锋队，不过却生活于半殖民地半封建社会脱胎出来的特殊环境之中。专制主义影响使党的历史上从陈独秀到王明，无论是"右"倾机会主义还是"左"倾机会主义的领导者，尽管其错误表现的形式不同，但都有浓厚的家长制作风，搞一言堂，听不进不同意见。由于没有制约的手段，其错误往往在初期得不到有效纠正，而纠正时党和革命事业又付出了太多太大的代价。有一句话叫做"旁观者清"。看别人的问题容易，看历史上的问题容易，看自身的和现实的问题就比较困难。解放后，党的领导人对党在历史上的错误虽不断念及，而在新的条件下，在不同的问题上却重复着同样的错误。由于掌握了国家政权，影响甚至更加广泛、严重。"家长制"、"一言堂"就是突出例子。不允许说话，不允许说真话的结果，使领导人听不到真话。1958 年"大跃进"中工农业生产的高指标，政法工作提出"玻璃板、水晶石"等违反常识的事，就是这种情况下出现的。邓力群同志讲了这样一个实例：1958 年大炼钢铁提出 1070 万吨高指标，毛泽东主席不放心，前后找冶金部长谈了三次，询问国家现有的炼钢能力能否达到这么高的数字。冶金部长拍着胸脯说没问题。如大家所知，事实并非如此。毛主席的

———————————

① 《邓小平文选》第 2 卷，第 146 页。

调查不能说不认真不具体，就是得不到实情。他说现在总结经验，既要看到领导人身上的错误造成的问题，还要从制度上找原因，清除家长制影响，让大家敢说真话。完善党内民主和社会主义民主，是制定党的政策和国家法律的基础，而党内民主具有关键作用。大家一致认为，加强社会主义法制，必须加强和改善党的领导，完善党内民主制度。

（二）党组织与政府的关系问题

党政关系问题是从对"文化大革命"的"新生事物"革命委员会的议论开始的。"文化大革命"开始，在"革命无罪，造反有理"的口号下，"造反派"向党政机关及其领导干部发起了冲击。1967年初，上海一月风暴后成立的"革命委员会"被称为"新生事物"。之后，各省、市"造反派"纷纷起来"夺权"，建立"革命委员会"，实现"全国山河一片红"。在党中央领导处于不正常状态，各地方党委陷入瘫痪的状态下，这个按所谓"议行合一"，老、中、青三结合建立的组织，是既违背党章，又违反宪法的产物。1975年宪法试想为"革命委员会"正名，但按照人民代表大会制度关于国家权力的配置，无论如何无法容得下这样一个权力硕大的"议行合一"组织。在宪法上只好将其定位于类似1954年宪法的人民委员会，不过其职权要比人民委员会大得多。尽管如此，由于许多来自基层的委员工作能力和经验不足，所设职能机构大大压缩，实际权力已被"九大"后逐步恢复的党组织所掌握，形成了党委决定一切，党政不分，以党代政现象。而当时地方各级党组织不仅执行"以阶级斗争为纲"的错误路线，运作也极不正常。

国家权力运行中的这种现象，不是新问题，而是国民党的遗风的影响。对此，毛主席等中央领导早就批判过。有同志查了有关资料，1928年在建设红色政权时，毛主席指出："党的主张办法，除宣传外，执行的时候必须通过政府的组织，国民党直接向政府下命令的错误办法，是要避免的。"① 1941年抗日根据地建设三三制政权时，邓小平同志明确提出"反对'以党治国'的观念"，他指出："'以党治国'的国民党遗毒，是麻痹

---

① 《毛泽东选集》第1卷，第75页。

党、腐化党、破坏党，使党脱离群众的最有效的办法。我们反对国民党以党治国的一党专政，我们尤要反对国民党的遗毒传播到我们党内来。"① 在此之前，董必武在陕甘宁边区县委书记联席会议的讲话也指出："党和政府是两种不同的组织系统，党不能对政府下命令。""党包办政府工作是极端不利的。政府有名无实，法令就不会有效。政府一定要真正有权。"解放后，他又强调了这一问题："党领导着国家政权。但这绝不是说党直接管理国家事务……党对各级国家政权机关的领导应当理解为经过它，把它强化起来，使它能发挥其政权的作用。"② "党不能因领导政权机关就包办代替政权机关的工作。"③ 针对"文化大革命"中暴露出的问题，邓小平批评思想僵化的人时说："加强党的领导，变成了党去包办一切、干预一切；实行一元化领导，变成了党政不分、以党代政。"④ 从历史进程和现实生活看，党政不分和以党代政的遗风仍然存在，有些地方还相当严重。大家认为，建设社会主义法治当前能做到的就是，在实践中区分党的政策与国家政策和法律的关系。党的政策体现党的意志，贯彻落实的方式是通过宣传教育、号召动员，但对普通群众不具强制力；要想使之在全体人民中得到普遍遵守，并具有相应的强制力为后盾，就要通过法定程序将其变为国家政策或国家法律。有同志指出，凡涉及全国人民群众的事务，党中央最好与国务院联合发布文件，尤其涉及维护群众切身利益的行为规范，需要施加某种国家强制力的，更应如此。正如中央领导前面说的，党直接向人民群众发号施令，从法律上是说不通的。

　　由此联及"文化大革命"前党多次发动政治运动，派工作组，动辄将"运动对象"隔离审查，"文化大革命"中办所谓"学习班"，限制人的行动自由，对"走资派"、"反动学术权威"搞"喷气式"，戴高帽游街，关"牛棚"、"监护"等侮辱人格，甚至刑讯逼供造成伤亡，都是违反宪法的。对于"文化大革命"前和"文化大革命"中的种种不正常现象，大家认为，按照宪法和法律，党和国家机关各有分工，权力配置明确，一般

---

① 《邓小平文选》第1卷，第10、12页。
② 《董必武政治法律文集》，法律出版社1986年版，第2、3页。
③ 同上书，第192、193页。
④ 《邓小平文选》第2卷，第142页。

不应遇什么事就建立临时机构、派工作组。永远不应再搞"隔离审查"，搞"喷气式"等违反法律、侮辱人格的事。

（三）党组织与司法机关的关系问题

司法机关是国家政权机关的组成部分，它与行政机关不同，有其特殊性。我国的司法机关是指人民法院和人民检察院。它与行政机关最大的不同点就是依法独立行使职权。然而，多年来这一问题并未很好解决。"文化大革命"前，政治运动频繁，即使 1954 年宪法规定了"人民法院独立进行审判，只服从法律"，"地方各级人民检察院独立行使职权"的原则，人民法院和人民检察院习惯上仍被视为党或政府的一个部门。在党政不分的情况下，地方党政领导往往忽略政法部门的特殊性，对某些司法案件指手画脚，甚至一些全国性的大案（如"胡风反革命集团"案）也不依法律程序办理，致使冤、假、错案不断发生。"文化大革命"开始，这种状况更是变本加厉。如果说初期尚处于"文化大革命"阶段，以"造反派"成员为主的"革命委员会"属于临时性质，那么 1975 年宪法则将这个委员会在"文化大革命"中获取的职权加以肯定，使之"宪法化"。其中几个方面关乎司法权：其一，1975 年宪法取消了人民法院和人民检察院独立行使职权的规定；其二，撤销了各级人民检察院，"检察机关的职权由公安机关行使"；其三，取消了人民陪审员制度、公开审判制度、辩护制度，规定刑事案件检察和审理都必须走"群众路线"，对重大反革命案件和刑事案件，要发动群众讨论和批判；其四，地方各级革命委员会既是地方各级人民政府，又是地方各级人民代表大会的常设机关，混淆了权力机关与行政机关的界限。上述规定，在削弱政法机关职权的同时，赋予了地方各级行政机关通过公安、通过"革命委员会"插手司法案件，为党政领导干预司法留下了空隙。"文化大革命"中冤、假、错案大量发生与此不无关系。1976 年"四人帮"被粉碎。1978 年宪法虽然恢复了人民检察院的建制，但却没有恢复人民法院和人民检察院独立行使职权的原则。

针对十一届三中全会后全国各类报刊上揭露的大量冤、假、错案中的法律问题，起草组对党组织与司法机关的关系进行了重点议论。大家一致认为，要在宪法和相关法律中恢复 1954 年宪法关于"人民法院独立进行审判，只服从法律"的规定。认为这个规定立意科学，措辞严谨，排除了外界可能对司法案件干预的一切口实。同时也认为要恢复1954年宪法关于"地方各级人民检察院独立行使职权，不受地方国家机关干涉"的原则。1954年宪法关于司法机关独立行使职权原则的恢复，将加强我国社会主义法治建设。大家还认为，解决对司法的干预，关键在于解决一些党政领导以党委的名义对司法案件进行的干涉。在议论此问题时，邓力群同志一天上午给起草组拿来了中央领导对一位县委书记来信的一个批件。

记得来信是河北省武清县县委书记写的，硬笔书法，字迹刚劲，文字简练。其内容是请中央取消实际存在的党委审批司法案件制度。令人印象深刻的是，他以现身说法陈述了党委审批案件的危害，以及取消此项制度的两点理由。他说，让他审批案件而不阅卷和听审理，是让他犯官僚主义，难免造成冤案和错案；而如让他阅卷和参加庭审，一天24个小时工作时间也不够用。对他的这封信，当时多位中央领导都作了批示，表示支持。起草组的同志一致称赞这位领导的水平和敢言直谏的勇气。文件起草组按中央领导的批示接受了这位县委书记的意见。

（四）关于公、检、法三机关的关系问题

按照法律规定，我国政法三机关之间的关系是分工负责，相互配合，相互制约。这种关系在处理刑事案件上，公安进行侦查，检察院批捕、起诉，法院主管审判。为了维护人民利益和有效惩治犯罪，在整个过程中三机关各司其职，各负其责。但在"文化大革命"前，就已经是"配合有余，监督制约不足"。"有余"与"不足"是一个问题的两个方面，其后果是一样的。五十年代当司法实践中忽视法律程序的问题显露时，董必武就指出："有的人认为遵守法制麻烦，贪图省事，因而在工作进行中，忽视一定的法律程序"[1]，"如果不经过一定的程序，就把案子判了，那这个判决就是违法的"[2]。由于习惯于搞政治运动，董老的正确意见听不进去。1958年"大跃进"，在办理案件中，法律程序被忽视，在一些基层实行

---

[1] 《董必武选集》，第445页。

[2] 同上书，第455页。

"一长代三长"，"一员顶三员"。即：公安局长、检察长、法院院长分片包干，在所分工的地方发生的案件，除本身法定的职权外，还可以代行其他"两长"的职权；侦察员、检察员和审判员，也可以相互代行职权。许多专区和县的三机关还一度并署办公，名曰"政法公安部"。1960 年正式决定三机关合署办公，对外，三机关名称不变，保留三块牌子；对内，由公安部党组统帅。合署办公的结果是监督无力，办案草率，伤及无辜频频发生。后来虽有纠正，但无论在认识上或实践中都未解决问题，"文化大革命"中则"变本加厉"。

有同志指出，如果说"一长代三长"、"一员顶三员"、"合署办公"属于配合有余，那么监督、制约不力则表现为三机关之间由于种种原因，不愿监督或不敢监督。不愿监督是大家都在政法机关工作，低头不见抬头见，怕伤"和气"；不敢监督是由于三长当中往往有其中一个兼政法委书记，在党内处于领导地位。基于前述决定，当时兼任政法委书记的又多为公安部门领导，而有关案件的问题恰恰又多出于公安部门的侦查预审环节。讨论认为，为了改变这种状况，加强公、检、法三机关之间有效配合与监督，应改变公安或其他"两长"兼政法委书记的制度。

（五）关于罪犯和犯罪嫌疑人的法律地位问题

我国法律和政策严格禁止对犯罪嫌疑人和罪犯刑讯逼供，对于违反法律和政策实行刑讯逼供并造成严重后果者，要承担法律责任。但刑讯逼供行为，在一些基层单位政法干警中，却像一种痼疾久治不愈，屡禁不止，以至在"文化大革命"中发展到登峰造极的地步。大家在对三机关分工负责与相互制约关系的议论中，联系到了这方面的问题。从当时报刊揭露的材料看，这类问题不仅发生在监狱、看守所，而且发生在隔离和"监护"场所。其方式既有拷打致人皮肉之苦，也有轮番讯问、恐吓、不让睡觉等精神折磨，还有在饮食上虐待，甚至不给水喝。"文化大革命"后期，毛泽东主席曾在反映某人被"审查"时，看押人员不给水喝的来信中，严厉指出，"这是一种法西斯审查方式"。以毛主席当时的权威，这样的问题仍然得不到有效解决，可见问题之严重、之普遍。

在议论过程中，邓力群说他在监狱中亲眼看到监管人员侮辱和虐待被监管人员的实例：让犯人吃倒在地上的饭。其他同志也讲了这方面见闻。大家分析问题产生的原因时指出：一是认识上，无论干部和群众对经公安机关逮捕的人一概认为是罪犯、是敌人。他们出于对国家政法机关的信任，不少人往往反问：不是坏人为什么会被逮捕？而对坏人就要划清界限，怀有仇恨。二是制度上，罪犯、犯罪嫌疑人、被隔离审查和被监护者一概投入监狱。有些监管人员分不清楚，对其一例看待。在提出"一人供听，二人供信，三人供定"的原则下，侦查预审中，对那些上级限时要求提供证言的，更是"特殊照顾"。三是一些监管人员品质恶劣，借机发泄私愤或表现自己"立场坚定"。在这一问题讨论中，邓力群提出法院对犯罪人剥夺政治权利与未剥夺政治权利在执行中如何区别的问题。通过讨论，大家达成共识，未剥夺政治权利的，应当享有普通公民应享有的选举权，具体如何行使应当研究。

基于该问题所受的启发，李步云和徐炳同志写了《论我国罪犯的法律地位》的文章，于同年 10 月发表于《人民日报》。结果在监狱系统引起了不小反响。有些服刑人员以此找监管干部要求权利；监管干部对文章的观点也出现了分歧，即使同意的也认为不宜就此公开发表文章。这些问题出现时，我正参加林彪、江青案审判工作。当看到这些内部简报，担心外部的一些反映在社科院和法学所内部引发无谓纷争，便专门请假回研究所向张楠（党委书记）汇报了这篇文章的观点和写作的背景。"文化大革命"后的经验说明，思想解放过程中提出的新观点，外部可能会产生不同看法，但只要本单位领导掌握原则，稳住阵脚，就不至于受外部影响而误伤同志。

（六）关于政法机关和干部队伍建设问题

政法机关和政法干部队伍建设，是两法切实实施的组织保证。大家回忆这支队伍自 1957 年之后便不断遭到伤害。1957 年"反右派"，将政法系统一大批干部错划为"右派分子"，许多政法专业的在校师生也未能幸免；1958 年"大跃进"搞"合署办公"，否定了宪法关于公、检、法三机关权力配置的科学性；1959 年"反右倾"，进一步搞乱了人们的思想；"文化大革命"提出"砸烂公、检、法"，大部分人员"下放"或调离，几乎将政法机关"连窝端"，全国政法机关遭到严重破坏。1978 年宪法虽然恢复了人民检察院建制，1979 年 9 月全国人大常委会决定恢复司法部建制，但当时仍是百废待兴，缺少干部的问题尤其突出。

针对这种情况，大家提出，其一，政法单位应尽快将下放的干部调回，对其中尚在进行"审查"的，加快工作进度结束审查；其二，动员原学政法专业或原在政法机关工作，自"反右"之后以各种原因调离政法机关，现仍适合政法工作的干部归队；其三，对原非学政法专业而有志于政法工作的青年干部，加以培训充实到政法干部队伍；其四，尽快恢复政法院校并扩大招生。

总结以往忽视政法干部的专业性，以及避免某些领导使用干部时可能夹杂私情，干涉司法，大家提出对法院和检察院的领导及审判员、检察员的调动和任免，应严格依据法律制度。为避免走形式，干部职务变动事前应征求上一级法院和检察院的意见，以为一大批法官和检察官成长为刚正不阿、铁面无私的新"包公"营造良好条件。

（七）关于法院和检察院的经费问题

大家在议论中指出，司法机关经费不独立，由所在地方行政机构拨付，是法院和检察院受制于地方、影响司法独立的原因之一。各机关相应的办公处所和必需的装备是保证任务完成的重要条件，而经费则是诸条件中最基础的条件。司法机关的经费由同级地方行政拨付，在重人际关系、重讲情面、有礼尚往来传统的我国社会，很容易将某部分司法权的行使作为交换而影响司法的公正性。为此，大家认为，法院和检察院的经费应在国家每年的预算中单列，人大决定后交由国家司法行政部门掌管，地方司法机关的经费按系统自上而下拨付。这样的办法对现行经费支付体制变动较大，可能产生某些阻力，运作初期会感觉不便，但从长远看，只要下定决心，不是无法实现。

（八）关于政法干部着装问题

在国家干部由供给制、包干制改为工资制之后，由于国家经济困难和提倡艰苦朴素作风，政法机关除基层警察外，其他都未统一着装。在议论中有同志介绍了不着装引发的一些问题。其中有两个较为突出：其一，西北某省一位县公安局局长，在追捕越狱犯人过程中被追捕犯人的公安部队战士误认为是犯人打死。其二，人民法院有的女审判员穿小花褂审案，还有基层法庭的女审判员审案带小孩，审理过程中孩子拉屎撒尿，要当事人中止陈述，去侍弄孩子。刑事诉讼法规定人民法院恢复公开审判、人民陪审和辩护制度。在重视实体法的同时，重视法律程序和应有的形式，警察统一着装是执行任务的需要，检察官出庭公诉是代表国家，法官开庭审判是国家审判，如穿着随随便便，不足以体现国家司法的严肃性。在议论中大家认为，公、检、法干警应按规定着装，并在文件初稿中提出了建议。后征求意见，财政部认为，一下解决这么多政法机关干警着装，财政负担有困难，此问题只能随经济发展逐步解决。据我所知，检察官和法官着装是从 1980 年对林彪、江青集团案审判开始的，那时也只是参与审判的特别检察厅和特别法庭的成员分别穿上了统一制作的灰色和蓝色中山装。

三 文件的草拟及其基本内容

经过一段理论务虚，便进入文件草拟阶段。邓力群同志再次强调大家要以党的十一届三中全会精神为指导，贯彻邓小平同志在全会预备会上的讲话，和不久前关于《坚持四项基本原则》的讲话精神。对法律制度问题和思想认识问题，结合"两法"贯彻的需要先放开写，然后进行文字推敲，把握分寸，最后由中央审议定稿。当时，大家对十一届三中全会精神已反复学习，听了小平同志在人民大会堂关于《坚持四项基本原则》的讲话，不少人还在十一届三中全会前后关于民主法制发表过一系列文章，又通过前几天务虚，理清了思路，起草中分几个问题逐一集中议论，由我做文字整理，最后形成初稿并未遇到什么困难。在此过程中，一些人和事给我留下了深刻印象。

邓力群，时任中国社会科学院副院长，从主持文件起草工作看，他在中央有兼职，具体什么职务当时不清楚，不久后任中央书记处研究室主任。此前在社科院曾听过他几次讲话，他思想解放，有魄力，讲话条理，逻辑性强，有鼓动性，但与其没近距离接触。到中南海后，发觉他手已开

始颤抖，书写困难，似乎已患有帕金森病，但思维仍十分清晰，语言表达
准确。他对一些问题概括可谓出口成章。据介绍，他在"批邓反右倾翻案
风"中坚持原则，品质高尚。"文化大革命"后期，小平同志第一次复
出，为厘清"文化大革命"中被林彪、"四人帮"搞乱的思想，计划出一
个名叫《思想战线》的刊物。他按意图组织人写了一篇发刊词。邓小平第
二次被打倒，"批邓"时，"四人帮"将此作为"罪状"，拟对邓小平进行
批判。邓力群对审查的人讲，写发刊词是他的主张，其中的观点也是他
的，既与胡乔木无关，更与邓小平没关系，至于协助工作的几位青年同志
对此更无责任。关键时刻他挺身保护小平和乔木以及青年同志，在群众中
赢得了尊敬。滕文生，当时已在正组建的中央研究室工作。他小我两岁，
毕业于人民大学党史系，我们是校友。他处事稳重，文笔流畅简练。文件
起草中兼有他事，不是每会必到，但初稿形成后，他的文字修改意见许多
都被采纳了。文件起草后期，他曾出面动员王家福、李步云和我一起到中
央研究室工作，并两次到我家说服。当时我对云梦秦简的研究已进入状
态，同时觉得自己的性格不适合党政机关工作，婉言谢绝了。在我家闲聊
的过程中，我俩曾谈及中央的"大笔杆子"，他们在起草文件之外，胡乔
木研究党史，邓力群研究经济学，胡绳研究近代史，都从事一门专业。我
建议他作中央"笔杆子"，甚至以后成为领导人的"文胆"，也不要丢了
原学的专业，或掌握一门自己喜欢的专业，将来退下来读读书，研究些问
题，生活更充实。他表示同意。王家福也谢绝了邀请，李步云去了半年
多，后觉得不适应，又回到了法学所。此外，印象深刻的是，中南海印刷
厂同志们的工作质量和效率。文件由我负责文字整理，出于习惯，字迹潦
草，往往夹杂不少繁体字。但头一天下班时将草稿放在桌上，第二天一上
班每个座位前都摆着清晰的铅印稿。后来几次修稿，我就尽量将字写得清
楚些，不好意思给印刷厂的同志们造成更多麻烦。

　　经过一番努力，文件初稿基本形成后，有关领导决定扩大范围进行讨
论。国家机关来的同志绝大部分给予了高度肯定，但也有位同志对初稿中
的"以法治国"的提法表示异议。他说，我们"历来是以党治国"，现在
为什么提以法治国？因为当时主要是听取意见，对他提出的问题，起草组
的同志没有作出回应。其实，说我们"历来是以党治国"并不准确。中国

共产党自成立那天起，就以领导中国人民革命为自己的使命；新中国成立，则是领导人民进行社会主义建设。党和人民是治理国家的主体。如提"以党治国"，则有把党从治理国家的主体放到了治理国家工具地位的嫌疑，是降低而不是提高了党的地位和作用。"以法治国"是党领导人民以法律治理国家，这个提法并无不妥。当然，后来由"以法治国"演进为"依法治国"，就更科学。这是由于法律固然有工具性质，但更重要的是行为准则，是任何个人、机关、社会组织和政党都必须遵守的行为准则。起草组当时没采纳那位同志的意见，但文件定稿时"依法治国"的提法被删掉了，可能是对不同意见的权衡吧。

通过反复讨论和数易其稿，经党中央依程序审议修改，最后发布的文件，由总括语和五点指示组成。它无论在理论上或实践上都有重要意义，是我国社会主义法治迈出的坚实一步。

64号文件在概括语中开宗明义指出："刑法、刑事诉讼法同全国人民每天的切身利益有密切关系，它们能否严格执行，是衡量我国是否实行社会主义法治的重要标志……这是一个关系到党和国家信誉的大问题。"文件接着强调："只有真正做到有法可依，有法必依，执法必严，违法必究，才能维护人民正常的工作、生产、生活秩序，巩固和发展安定团结、生动活泼的政治局面；才能有效地发挥我国社会主义制度的优越性，进一步巩固无产阶级专政；才能最大限度地调动一切积极因素，集中亿万群众的智慧和力量，顺利进行社会主义现代化建设。"之所以将两法的贯彻实施的重要性强调得如此之高，是由于法律是人民意志的反映，是人民利益的体现，两法作为国家的基本法律，其任务是保护人民，惩罚犯罪，保障国家和社会安全，维护社会主义公共秩序。正如文件所指出的，它同全国人民每天的切身利益有密切关系。此外，还应注意两法颁行的历史背景和社会条件。新中国成立近30年，有关两法涉及的领域只有一些单行条例，且未严格执行，以致造成了诸多严重后果。究其原因，文件指出了三个方面：其一，"旧社会遗留下来的封建主义、官僚主义、特权思想、家长制作风至今严重存在"。其二，"我们党内，由于新中国成立以来对建立和健全社会主义法制长期没有重视，否定法律，轻视法制，以党代政，以言代法，有法不依，在很多同志身上已经成为习惯；认为法律可有可无，法律束手束脚，政策就是法律，有了政策可以不要法律等思想，在党员干部中相当流行。"其三，"林彪、'四人帮'推行极左路线，疯狂破坏民主和法制的流毒远未肃清，派性、无政府主义等仍在许多地方为害的情况，更必须严肃对待。"刑法、刑事诉讼法都是新中国成立后第一次颁行的法典，如果我们不决心解决以上问题，这两部法典就难以贯彻执行，我们党和政府就会失信于民。

应当特别指出，这段概括语明确提出的"实行社会主义法治"这一概念，在中共中央文件中是第一次，在国际共产主义运动文献中也是第一次。这一概念提出，绝非偶然。它是历史经验的总结，也是对现实争论的回应。法治与人治是对立的。"人治"已给我国人民造成了重大灾难。只要回顾"文化大革命"前和"文化大革命"中林彪、"四人帮"等神化毛泽东主席，将他的话奉为"最高指示"所造成的恶果就可以了。在新的历史条件下，建设社会主义，必须改变这种状况。实行社会主义法治，这是64号文件概括语的精髓，也是整个文件的主旨。遵循这一主旨，就两法的实施，中央作出了如下指示：

（一）严格按照刑法和刑事诉讼法办事，坚决纠正一切违反法律的错误思想和做法

各级司法机关处理违法犯罪问题，都必须以事实为根据，以法律为准绳，具体分析，准确量刑。要特别注意严格区分和正确处理罪与非罪的问题；罪与非罪的界限一时分不清的，不要想当然地匆忙定罪判刑。在同犯罪进行的斗争中，必须严格区分和正确处理敌我矛盾和人民内部矛盾；改变过去在一部分同志中曾经存在过的把一切犯罪和判刑的人员，统统当作敌我矛盾看待、处理的错误观念和做法。无论被控告者的社会政治地位、社会成分和政治历史有什么不同，无论被控告者是否犯罪或者是否属于敌我矛盾，在适用法律上必须一律平等，这就是在法律面前人人平等。要严禁公、检、法以外的任何机关和个人捕人、押人，私设公堂，搜查抄家，限制人身自由和侵犯人民的正当权益。也不许以各种理由指令公安、检察机关违反刑法、刑事诉讼法的规定，任意判定、加重或者减免刑罚。严格禁止公、检、法机关以侮辱人格、变相体罚、刑讯逼供等非法手段对待违

法犯罪人员或被拘留、逮捕、羁押人员。对于依法判刑的人员，是否剥夺其政治权利，是剥夺一部分或全部，剥夺多长时间，也要分别情况，作不同的处理。指示的这一部分，实际上是对刑法和刑事诉讼法相关规定进一步强调。其中不允许指令公安、检察机关违反法律任意判定、加重或者减免刑罚，是对党政领导的规制。

（二）加强党对司法工作的领导，切实保证司法机关依法行使职权

文件指出，党对司法工作的领导，主要是方针、政策的领导，各级党委要坚决改变过去那种以党代政、以言代法，不按法律办事，包揽司法行政事务的习惯和做法。应该说明：过去的那种习惯和做法，是在我国社会主义法制很不完善的情况下产生的，在那种情况下，许多事办得很不妥。在林彪、"四人帮"横行时的许多做法，是根本破坏了社会主义法制。加强党对司法工作的领导，最重要的一条，就是切实保证法律的实施，充分发挥司法机关的作用，保证人民检察院独立行使检察权，人民法院独立行使审判权，使之不受其他行政机关、团体和个人的干涉。国家法律是党领导制定的，司法机关是党领导建立的，任何人不尊重法律和司法机关的职权，首先就是损害党的领导和党的威信。党委和司法机关各有专责，不能互相代替，不应互相混淆。为此，中央决定取消各级党委审批案件制度。对于司法机关依法作出的判决和裁定，有关单位和个人必须坚决执行，如有不服，应按照司法程序提出上诉。各级公安机关必须坚决服从党的领导，但在执行法律赋予的职责时，又必须严格遵守法律规定。这两者毫不矛盾，认为服从党的领导就可以违背法律规定的想法是极端错误的，必须坚决纠正。指示的这一部分，总结了历史经验，依据党章规定精神和宪法原则，谈得十分全面和周密，尤其是关于坚决改变以党代政、以言代法，"决定取消各级党委审批案件制度"，是历史性的明智决定。

（三）迅速健全各级司法机构，努力建设一支坚强的司法工作队伍

中央责成组织部同各司法机关和国家编制委员会，根据新的形势和任务的需要，尽快研究、制订健全各级司法机构和加强司法干部队伍的具体方案，有计划、有步骤地从党政机关、军队系统和经济部门抽调一大批思

想好、作风正、身体健康，有一定政策和文化水平的干部，经过必要的训练后，分配到司法部门工作。对学过司法专业和做过司法工作，包括教学、研究工作的人员，进行一次普查、摸底，凡现在仍然适合做司法工作的，应尽量动员归队。为了使政法干部队伍后继有人，指示要求：过去撤销的政法院系和政法、公安院校应尽快恢复起来。有条件的文科大学应设置法律专业。各省、市、自治区可根据需要，逐步新建各类政法院校和司法、公安干警学校，举办各种形式的培训班，培训相关专门人才，轮训现有司法、公安干部。考虑到形势发展和任务的需要，指示要求年内对省、地、县司法机关的领导班子，进行必要的调整和充实。这三级的公安厅（局）长、法院院长和检察长，都应当从具有相当于同级常委条件的干部中，慎选适当同志担任。指示并要求，为保持县以上公、检、法机关领导骨干相对稳定，恢复由上级公、检、法机关协助地方党委管理、考核有关干部的制度。地方党委对公、检、法机关党员领导干部的调配，应征得上级公、检、法机关同意。指示这一部分既考虑了当时政法机关和干部队伍建设的急需，又考虑了政法干部来源，以及相关制度完善。其中对于政法干部的调配，应征得上级公、检、法机关的同意的规定，更具重要意义。

（四）广泛、深入宣传法律，为正式实施刑法、刑事诉讼法做好准备

要运用各种宣传工具，采用生动活泼的方式，广泛深入地对广大党员、干部和群众宣传法律，加强法制教育。各大、中、小学都要根据不同情况，对学生进行法制教育。各级党校和各类干部学校，都要把学习法律列入教学计划。各级公、检、法机关全体工作人员（包括民警、监狱和劳改工作人员）要首先学好刑法、刑事诉讼法的全部内容。对于广大群众要把刑法、刑事诉讼法作为宣传教育的重点，使两法的主要内容逐步做到家喻户晓，深入人心，提高遵守和维护法律的自觉性。指示还要求各级党组织和司法机关，继续贯彻三中全会精神，本着实事求是、有错必纠的原则，认真落实党的政策，抓紧清理积案和纠正冤假错案工作。过去习惯使用的一切与刑法、刑事诉讼法的规定不符合的各种规章条例，应予修订。对在押人犯没有起诉和审判的，必须以刑事诉讼法规定的程序准备起诉和审判，罪证不足的应按照法律规定及时作出适当处理。指示的这一部分，既强调了开展广泛宣传教育，又要求对以往的冤假错案进行纠正，还要求对不符合两法规定的各种条例要予以修订，体现了既重言教又重身教，让政法干部懂得一个行动胜过一沓纲领的道理，表明了党坚决贯彻执行两法，健全民主法制，取信于民的决心。

（五）党的各级组织、领导干部和全体党员，都要带头遵守法律

中央指出，我国法律是在党的领导下，在广泛发扬民主的基础上，由国家最高权力机关制定的，它既反映了全国人民的意志和利益，又体现了党的政策和主张，具有极大的权威。因此，从党中央委员会到基层组织，从党中央主席到每个党员，都必须一体遵行。必须坚持法律面前人人平等的原则，绝不允许有不受法律约束的特殊公民，绝不允许有凌驾于法律之上的特权。所有共产党员，特别是党的各级领导干部，都要学习法律，懂得法律，带头遵守法律。指示在肯定党的大多数干部是好的和比较好的之后，也指出，有少数干部，特别是少数领导干部，以及他们的亲属，存在着特权思想，喜欢搞特殊化，甚至目无党纪国法，利用职权营私舞弊，压制民主，打击报复，把旧时官场的腐朽作风带进党内和国家机关内，严重地侵蚀党的肌体，损害党和人民群众的关系，破坏我国社会主义法制的尊严。党中央认为，有必要向全党同志敲起警钟，坚决刹住这一切歪风邪气。对那些屡教不改、严重违法乱纪的人，不论现在地位多高，过去功劳多大，都要给以纪律制裁，对于其中触犯刑律、构成犯罪的人，一定要依法处理，决不允许包庇、纵容。我国社会主义法律和党的主张一致性，决定了执行法律和执行党的方针政策是一致的。因此，今后，各级党组织的决议都不能与法律相抵触。如果某些法律的某些内容确已不适应形势发展的需要，应通过法定程序加以修改。指示的这一部分清楚地揭示了我国社会主义法律的本质及与党的方针政策之间的关系，阐释了党员、特别是党的领导干部带头守法的重要性。对于那些自命特殊，利用职权，营私舞弊，腐败堕落，胆敢以身试法的人，绝不姑息包庇，均要依法严肃处理。

四　新中国成立以来党关于政法工作最好的文件

中央〔1979〕64号文件，忠实地贯彻了十一届三中全会精神。其中的重要论点、道理，直面的问题和提出的各项措施，多是源于邓小平、叶剑英等中央领导同志的讲话以及中央有关决议。它以党坚决保证刑法、刑事诉讼法切实实施为主旨，将中央领导关于政法工作的讲话集中起来，加以系统，让人耳目一新，振聋发聩。文件传达后，立即得到党内外广大群众热烈拥护。那些在以往政治运动和"文化大革命"中，政治、经济和人身权利遭侵犯的人，尤其是身受其害的老同志，更是激动不已。时任最高人民法院院长的江华同志说："中共中央64号文件下达后，广大法院干部欢欣鼓舞。我认为这个文件是建国以来甚至建党以来，关于政法工作的第一个最重要的最深刻的最好的文件，是我国社会主义法制建设新阶段的重要标志。"他指出："我们人民法院坚决贯彻执行这个文件，就是执行党的十一届三中全会政治路线的具体体现。"① 他还指出，这个文件是针对"至今严重存在的旧社会遗留下来的封建主义、官僚主义、特权思想、家长制作风，长期以来认为法律可有可无和以党代政、以言代法，有法不依等错误思想和做法，以及林彪、'四人帮'推行极左路线，疯狂破坏法制的流毒。如果我们不下决心解决这些问题，国家法律就难以执行，就会失信于民。"② 时任全国人大法制工作委员会副主任的陶希晋同志说："中央发布的这个文件，是一个很重要的文件。它和两法一样，是全国人心思法、人心思治，把工作重点转移到社会主义现代化建设上来的情况下发布的，因而是一个伟大历史转变时期的产物……这对于今后社会主义法制建设的加强，具有十分重要的意义。因此可以说这个文件在我们法制建设史上，和两个法律一样，是具有划时代意义的。"③

---

① 《江华传》，中共党史出版社2007年版，第412页。
② 江华：《谈人民法院依法独立进行审判问题》，《最高人民法院历任院长文选》，人民法院出版社2010年版，第185页。
③ 《为刑法、刑事诉讼法的切实实施而斗争》，《陶希晋文集》，法律出版社2008年版，第159页。

　　江华同志 1925 年 19 岁时加入社会主义青年团，次年加入中国共产党，1928 年上井冈山跟随毛泽东主席；陶希晋同志 1929 年参加革命，1935 年加入中国共产党，长期从事地下工作，新中国成立后曾任政务院政治法律委员会秘书长、中央政府法制委员会副主任，曾参加 1954 年宪法起草工作。他们都曾在民主革命和社会主义建设时期担任党政军的领导工作，有丰富的政法工作阅历，对 64 号文件的评价应具有很高的客观性和历史与现实根据。

　　之所以说 64 号文件是新中国成立以来政法工作第一个最好的文件，是由于它当时所起的拨乱反正作用和之后发挥的深远影响。

（一）文件在十一届三中全会后对于政法工作起了拨乱反正的作用

　　中国新民主主义革命和社会主义革命是中国共产党领导的，为了实现领导，无论在革命战争和革命根据地建设中，或是新中国成立后社会主义革命和建设中，都发布过诸多文件，其中包括有关政法工作或涉及政法工作的文件。但回头看，全面阐释政法工作的，1949 年 2 月中共中央《关于废除国民党的六法全书与确定解放区的司法原则的指示》（下称《指示》），应是新中国成立前夕最重要的一个。当时，人民解放战争正以波澜壮阔之势向前发展，解放区急速扩大，中央人民政府正在筹建，可谓是百废待兴。为了建立新民主主义秩序，《指示》明确宣布：在人民的新法律还没有系统发布之前，以共产党的政策以及人民政府与人民解放军所发布的各项纲领、法律、条例、决议为依据，司法机关的办事原则是：有纲领、法律、命令、条例、决议规定者，从其规定；无纲领、法律、命令、条例、决议规定者，从新民主主义政策。依据中央的指示，同年 4 月，华北人民政府发布了由董必武起草的《废除国民党六法全书及一切反动法律的训令》（下称《训令》），《训令》规定，各级人民政府的司法审判，不得再援引国民党六法全书及一切反动法律的条文，并提出要建立完备的新法律。这些规定为新解放区的法制和新中国成立初期的法制确立了正确原则，有效地维护了新民主主义秩序，甚至可以说支撑了国民经济的恢复工作。但《指示》的许多举措是适应解放区迅速扩大，新政权初建的急需，不能不带有临时性质。

　　1954 年宪法确立了社会主义发展方向，为工农业和资本主义工商业社会主义改造奠定了宪法基础。不过，由于法制未能及时完备，一些同志习惯于群众运动，在其后的"肃反"中出现了一些问题。1956 年党的"八大"方向是正确的，针对此前存在的问题和面临的新形势，董必武在会上的发言提出，有法可依，有法必依，依法办事。本应为政法工作的重要指导思想，但在党内却未形成最终共识。以至"八大"闭幕不久，1957 年的"反右派"，1958 年的"大跃进"，1959 年的"反右倾"，1964 年的"四清"等运动，特别是 1966 年开始持续了 10 年的"史无前例的无产阶级文化大革命"，将 1954 年宪法和党的"八大"确立的原则破坏得荡然无存。一段时间广大干部、甚至是相当一部分领导干部的思想也被搞乱。

　　正是此时，依据十一届三中全会精神发布的中央 64 号文件，首先直接在政法工作方面起到了拨乱反正、更新观念、完备制度的作用。紧随着文件的发布进行的林彪、江青两集团案的审判，在区分罪与非罪、公开审判、辩护制度方面，首先树立了范例。江华同志说："凡是对中央这个文件贯彻执行比较坚决的地方，实施'两法'的情况就比较好，办案质量也较好；凡是对中央这个文件不重视的地方，不依法办事的现象就比较严重，甚至出现新的冤假错案件。所以，坚决贯彻实施中共中央这个文件，对于人民法院实施'两法'具有重要意义。"[1] 在司法队伍建设方面，按照文件精神，一批"文化大革命"前或"文化大革命"中被下放或调离的政法干部被重新调回，80 年代初，又从其他部门优秀干部和新毕业的青年学生中选拔了一批人充实到政法机关。他们与政法机关的老同志们一起，在党的领导下，相互配合，积极工作，支撑了各级政法机关的健康运作，为维护以经济建设为中心，为国家经济、政治、文化和社会发展以及国家安全作出了重大贡献，其中一大批成长为我国政法战线的中坚力量。

---

① 《江华传》，转引自《江华司法文集》，法律出版社 2008 年版，第 149 页。

（二）文件最先提出的实行社会主义法治终于发展成为我国的宪法原则

如前所述，依据党的十一届三中全会精神，64 号文件提出的社会主义法治概念，对我国社会主义法治建设产生了深远影响。"实行社会主义法治"，这是中国共产党总结中国的实践经验和吸纳人类文明进程的优秀成果率先提出的理论。在此之前，资产阶级启蒙思想家于资产阶级革命初期提出了法治原则，马克思和恩格斯在无产阶级革命进程中，将社会主义从空想变为科学，创立了科学社会主义理论。但将社会主义与法治结合起来，提出实行社会主义法治，正如后来邓小平将社会主义与市场经济结合在一起，提出实行社会主义市场经济一样，都是中国共产党对马克思主义的新发展。有同志开始对于这一概念的提出不理解，认为马克思、恩格斯没有这样提过，列宁、斯大林没有这样提过，毛泽东主席的著作中也没有这种提法，只能提"社会主义法制"。经过讨论，多数人认识到，"法制"是指法律制度，不同社会形态的国家都有法律制度，它可以与人治、专制结合，甚至成为独裁的工具；而"法治"是指法律统治，它与民主相联系，历来是与人治相对立。资产阶级提倡法治，但其基础是少数富人的民主，所以其法治是残缺不全的、虚伪的。社会主义法治的基础是社会主义民主，代表绝大多数人民的利益和意志，是真正意义上的法治。提出实行社会主义法治，表明党和人民与人治彻底决裂。法制一词在涉及法律和制度的一些地方仍可使用，但从治国方略和我国实现的目标，则以社会主义法治概念更为科学。经过讨论，尽管多数人达成了共识，但将社会主义法治与国家结合一起提出时，又有同志坚持应提"社会主义法制国家"，而不宜提"社会主义法治国家"。直到 1997 年党的"十五大"前才由中央政治局统一了认识。江泽民在十五大的政治报告中正式提出了"依法治国，建设社会主义法治国家"。此后，又经全国人民讨论，1999 年 3 月，第九届全国人大通过宪法修正案，将其载入宪法，终于成为我国的宪法原则，这是彪炳青史的一件大事。

（三）文件确立的实行社会主义法治的主要原则已经并将继续发挥重大作用

依据十一届三中全会精神，文件恢复和确立了社会主义法治的一系列重要原则：首先是党的领导原则。共产党的领导是我国社会主义法治的基本特征，任何时候、任何情况下都不应怀疑和动摇。加强党的领导必须改善党的领导。新中国成立后，由于在观念和制度的许多方面，未能认识和实现从革命党到执政党的转变，相当长一段时间"把不属于阶级斗争的问题仍然看作是阶级斗争，并且面对新条件下的阶级斗争，又习惯于沿用过去熟悉而这时已不能照搬的进行大规模急风暴雨式群众性斗争的旧方法和经验，从而导致阶级斗争的严重扩大化"。① 这在政法工作中表现得尤为明显和突出。为了加强和改善党对政法工作的领导，必须认识到，党的领导主要是方针政策的领导，同时在组织上加强政法机关和干警队伍建设并进行严格监督；要认识法律是党领导下制定的，要尊重司法机关的职权，改变以党代政，以言代法，包揽司法事务的习惯和做法，以充分发挥政法机关的作用。第二，保证司法机关独立行使职权。人民法院独立行使审判权，人民检察院独立行使检察权，是1954年宪法确立的原则，但"文化大革命"前被批判，"文化大革命"中被1975年宪法取消，结果造成了大量冤假错案，1978年宪法也未能恢复，不良影响依然存在。64号文件重申这一原则，得到1982年宪法确认。事实一再证明，只有司法机关依法独立行使权力，才能在全社会实现公平正义。第三，法律面前人人平等原则。本来，1954年宪法规定："中华人民共和国公民在法律上一律平等"，但1957年"反右派"中持此观点的人却被批判。1975年宪法取消了这一原则，1978年宪法也未能恢复。多年的实践中出现两个方面的问题：其一，对于某些犯罪者的处理，过分注意社会成分和政治历史，将一些不应作为敌我矛盾对待的违法犯罪，当成敌我矛盾处理，加重了惩罚和量刑，导致斗争扩大化；其二，对另一些违法犯罪的人，又过分注意其社会地位，应依法处理和判刑的，却予以从轻甚至不予处理，助长了一部分人的特权思想。这两方面的问题，在实践中都影响了法制的公信力，产生了不

---

① 中共中央《关于建国以来若干重大历史问题的决议》。

良影响。法律面前人人平等原则的重申，深得民心，并为1982年宪法的修订和其后一系列法律的制定奠定了良好基础。其四，全民学法，提高遵守和维护法律的自觉性。针对我国封建社会历史长，缺少民主法治传统，文件提出进行全民性法律宣传教育，政法干部带头学法守法，共产党员做守法的模范。这为其后开展的全国性普法宣传教育，提高全国人民的法律文化素质打下了良好基础。

以上所述表明，依据中共中央十一届三中全会精神制定的64号文件，本着解放思想，改革开放的方针，实事求是地直面实践中存在的问题，在对保证新制定的刑法、刑事诉讼法切实实施发出指示的同时，率先提出了实行社会主义法治的思想，并为之实行确立了一系列重要原则。这样，它不仅在我国历史发展的一个关键时刻对政法工作起到了拨乱反正作用，而且对社会主义事业发展产生了深远影响。所以，一旦颁行，便得到全党和全国人民的坚决拥护。不过，历史上任何重大法律举措都牵涉观念更新和对原有相关社会关系的调整。在我们这样一个缺乏民主和法治传统的国家，64号文件提出的原则和诸项举措的贯彻落实，不可能一帆风顺。除前面谈到的在理论上围绕"社会主义法治"和"社会主义法治国家"概念发生的争论而外，在实践中还有不少具体举措，如：取消实际存在的党委审批案件制度，严禁对罪犯嫌疑人刑讯逼供，执法和司法中忽视按法律程序办事，领导干部干预司法以及为其亲属牟取私利等，至今并未完全有效解决，有的甚至在新形势下变换手法愈加严重。凡此种种都说明，64号文件的切实实施，仍然阻力多有，步履维艰。不过，由于文件既总结了我们自己的经验，也吸纳了人类文明进程的优秀成果，历史和现实均证明它是科学的。所以今后的前进道路上，无论有多大阻力，它所确立的原则都将会一再被援用，并成为建设中国特色的社会主义法治国家的支撑和巨大物质力量。这是必然的，肯定的。

（本文是口述历史稿，在成稿过程中，承蒙中国社会科学院法学研究所韩延龙教授、中共中央文献研究室杨瑞广教授和南开大学法学院周长令教授提供了宝贵意见和建议，谨此致谢。原载《法理学研究室50年》，中国社会科学出版社2010年版）

科学研究尤其要说真话

在即将出版的《中国社会科学院学部委员风采》画册上，我写了这样一句话："人生在世，很难不说套话，担任公职还要学说些官话，但是，要做成几件事，一定要说真话，科学研究尤其如此。"这句话的核心意思是要说真话，尤其是科学研究。1961年大学毕业做研究生起，我在法学研究领域主要从事中国法律史、法治与人权理论三个分支学科研究。回顾走过的道路，检阅数十年做的事和写的文章，真正称得上有成就感和社会价值的，是鼓起勇气说了真话的。做到说真话，应该说我是经历了努力并且仍在继续努力之中。

一　关于中国法律史研究

研究生阶段，我的研究方向是中国古代法制的唐代法律。最后确定的论文题目是《论永徽律》（亦即《唐律》）。《唐律》是我国、也是世界上迄今保存得最早、最完备的古代法典。它上承战国以来立法之经验，下开宋元明清立法之先河，不仅对中国古代法律发展举足轻重，对古代朝鲜、日本、越南法制也有强烈影响。为弄清来龙去脉，我查阅了它的历史沿革和产生的时代背景及其对后代的影响。《唐律》十二章、三十卷所浓缩的礼法结合、天人合一法律思想之精辟，蕴含的立法、司法经验之成熟，总体结构之严谨、节目之简要、条文之清晰，不能不令人折服。当我以兴奋的心情、成功的信心，草定出第一稿时，新一轮政治运动又开始了。这次政治运动，特别强调阶级斗争要年年讲、月月讲、天天讲。为了不招惹麻烦，我不得不将论文的四个部分改为三个部分，即：唐律产生的时代背景，唐律的阶级本质，唐律对后代法律的影响。删去了原稿第二部分：

"唐律的主要内容"。尽管这三个部分很难支撑论文的总题目，也只好忍痛割爱。1966 年第 3 期《历史教学》以《唐律的阶级本质》为题发表了此篇论文的第二部分，倒是切题，但却未能反映这部法典的全貌。

1978 年确立解放思想、实事求是的思想路线之后，我对云梦秦简的研究要客观得多。从那时到 20 世纪 80 年代，以战国、秦汉简牍与相关历史文献结合所撰写的系列专题论文，逐步摆脱了以往思想中的羁绊。秦法是严峻的，但却反映了古人对法制经验的总结，不少内容含有相当高的科学成分。诸如：关于农业生产法律方面，注意水利设施的建设与维护，注意种子的保管与不同农作物每亩地的用种数量，注意牛羊的饲养与繁殖，注意旱、涝、虫灾的危害。与之相关的环境保护方面，规定不得任意砍伐树木，不得任意捕捉小鸟、小兽及鱼鳖。手工业和建筑法律方面，注意原材料的合理使用，工程期限的妥当安排，器物生产的标准化和产品质量监督。官吏任用和行政管理方面，规定了"任人所任不善者，以其罪罪之"；任官只有在任命书下达后才能到职视事，并不准带原来的属员；官吏出差按不同的职务和爵位享有不同的伙食标准；对于所辖地区的生产、治安状况要定期报告，特殊情况要及时上报。在司法方面，秦律规定审讯犯罪嫌疑人最好是按条文规定的程序，不提倡恐吓，如果某人数度更改口供，依法笞打者，要在笔录中说明口供是经过了笞打取得的；秦《封诊式》记载，当时审案已注意痕迹检验和法医鉴定；官吏断案件要依法进行，不公正者视故意或过失追究责任。秦能由地处一隅比较落后的国家，战胜其他六国，最后完成全国统一，做到"皆有法式"是重要原因之一。而统一之后，以秦始皇为首的统治者却忘乎所以，肆意破坏法制。秦始皇"废王道，立私权，禁文书，而酷刑罚"。秦二世"繁刑严诛，吏治刻深，赏罚不当，赋敛无度"。在此情势下，陈胜、吴广振臂一呼，天下响应，经几代人金戈铁马征战建立起的庞大王朝，便轰然崩溃。

上述论文依据新发现的史料和文献的相关记载，论证了秦国和秦代法制的历史发展及其作用，比之于前文所述对唐律的论证要客观得多。这对于全面认识我国古代法律，承传中华优秀法律文化，提高对坚持法律和制度治理国家重要性的认识都是有益的。

二　关于法治理论与实践研究

法治理论与法律历史同属法律基础学科。只不过前者是从理论角度、宏观上揭示法的发展规律；而后者则是通过法的发展具体进程揭示其发展规律。我开始关注法治理论，主要是"文化大革命"法制大破坏之后产生的使命感。1978年4月，我和陈春龙在《解放军报》发表了《革命干部要做遵纪守法的模范》，从同年11月开始与陈春龙、常兆儒一起先后在全国性和一些地方的报刊上发表了30多篇呼吁加强社会主义民主，健全社会主义法制的文章。当时所以能迸发出如此之强的活力，得益于中央领导讲话精神的鼓舞，得益于十一届三中全会精神的指导和法学研究所这个团队成员间的相互激励。尽管涉及的某些问题当时认为较为敏感，但法学所的学者仍然站到了"冲破禁区"，"拨乱反正"的前列。诸如针对"文化大革命"中的"恶毒攻击"罪，提出言者无罪，不能以言论定罪；针对曾盛行的有罪推定，造成的冤错案，提出无罪推定；针对某些党政领导干预司法，造成的法制大破坏，提出"人民法院独立进行审判，只服从法律"；根据中央提出宪法和法律要有极大的权威和毛泽东主席关于实行宪政的论述，提出实行社会主义宪政等。这些一度曾被怀疑为非阶级观点和"精神污染"。其理由是：它们出自资产阶级学者之口，被资产阶级国家宪法和法律奉为圭臬。然而这些概念和原则是历史经验的总结，包含了人类社会进程的文明成果。正是基于这种认识，法学所的同志们在阻力面前没有畏缩，在参与中央政策咨询和国家立法过程中提出了有益建议，发挥了国家法学研究机构应有的作用。

其中一个例子比较突出。就是关于社会主义法治，依法治国，建设社会主义法治国家理论与实践的研究、阐释和坚持。可能是与所学专业有关，大家对"文化大革命"中那种"无发（法）无天"给国家和民族造成的危害认识尤为深刻。所以当1978年10月听到胡乔木传达邓小平关于打破法律上的"禁区"谈话之后，大家便闻风而动。还是在十一届三中全会之前，通过一次非正式议论，尚未正式宣布恢复工作的前副所长韩幽桐，拍板举办北京各高校和研究机构法学工作者关于民主与法制研讨会。

《人民日报》、《光明日报》、《北京日报》连续发表法学研究所等单位学者们为冲破理论"禁区"所写的文章。在此过程中，尤其是我和王家福、李步云1979年夏到中南海参加起草《中共中央关于坚决保证刑法刑事诉讼法切实实施的指示》的"务虚"中，对新中国成立以来，尤其是"文化大革命"中"人治"的弊端和实行法治、以法治国的必要作了系统的理论分析，认识进一步提高。在文件的初稿中提出了"以法治国"和"实行社会主义法治"（定稿只留了后者）。事实证明，人们的思想被"禁锢"不容易，有时从"禁锢"状态下解放出来甚至更加困难。即使在法学界，接受这两个概念也又经历了一个过程。一些同志提出马克思主义经典作家未曾讲过"法治"；为什么要用"以法治国"代替"以党治国"？在法学所和《法学研究》编辑部召开的研讨会上，法学所学者坚持了实行社会主义法治和依法治国的观念。

　　20世纪80年代中，邓小平提出政治体制改革，其中当然包括法制改革。1989年我在一篇文章中指出："法制改革的目标是实现高度民主的社会主义法治国。"同年，在与王家福、李步云共同写的《论法制改革》一文中又重述了这一观念。理论是随着客观形势和经济、政治、文化的进程发展的。社会主义市场经济的发展，对法学理论和法制完善也提出了新要求。1995年底，中央政治局讲座决定继续讲法制问题。当司法部肖扬部长就主讲人征求我的意见时，我向他系统介绍了法学所十一届三中全会以来对法治理论研究的情况，力争由法学所的学者讲并推荐了主讲人；同时也提出是否可将原定题目"依法治国，建设社会主义法制国家"的"法制国家"改为"法治国家"。他说题目已经中央领导圈定，不便改动。虽然题目没有修改，但在王家福主导下，经肖贤富等同志努力，最后形成的讲稿，既阐明了依法治国的"理"，又讲明了"利"，从理论和实践的结合上阐明了依法治国，建设社会主义法制国家的重要性。为了实现这一目标，讲稿在最后部分提出要加强和改善党的领导，即：处理好党政关系，党要改善执政方式，党必须在宪法和法律范围内活动，党应更好地接受人民的监督和法律监督。并尖锐指出："我们过去认为，共产党就一定万岁，人民政权就一定万岁。但是，苏联、东欧国家的历史经验告诉我们，如果党和人民政权背离了全心全意为人民服务的宗旨，任意践踏法律，同样可能被人民唾弃。"这次讲座的影响是巨大的。政治局讲座之后，在全国党政军高级干部中掀起了学习依法治国的热潮。1996年3月召开的八届全国人大四次会议的政府工作报告和关于政府工作报告的决议，均以专节提出"建设社会主义法制国家"。人大会结束后，为了进一步推进依法治国，法学所召开了全国性的大型研讨会。在原来共识的基础上，我决定会议主题和会标均为"依法治国，建设社会主义法治国家研讨会"。改"法制"为"法治"，受到与会者的广泛支持，不过也有同志表示担心。一位与会的好朋友半开玩笑、半关心地提醒我：海年哪，会不会有人说你和中央对着干啊！我对他说：不会，我们没这种想法，这是理论探讨，研究无禁区嘛。第二年为庆祝中国社会科学院建院10周年，我作了《继往开来，为建设社会主义法治国家而奋斗》的报告。同年，王家福奉命参加十五大政治报告起草工作，他又将改"建设社会主义法治国家"为"建设社会主义法治国家"的意见带进了起草组。为了提供理论支撑，我们特别委托李林就此写了一份报告呈送中央。

之所以坚持如此更改，主要是"法制"任何社会性质国家都有，并且有时与"王权"、"专制"，甚至与法西斯统治相联系。冠以"社会主义"虽然表示质的区分，但仍不足以与"人治"划清界限。而"法治"，在汉语语境中历来与"人治"相对立。并且近代以来多数情况下是与民主相联系。实行社会主义法治，表明我们党和国家在以后的政治生活中与"人治"彻底决裂。这一表述更加科学，更能反映中国特色社会主义的本质特征。江泽民同志为核心的党中央在十五大政治报告中对以往的提法做了改动，并将"依法治国，建设社会主义法治国家"确立为治国方略。1999年九届全国人大第二次会议通过的《宪法修正案》，又将其规定为宪法原则。这是彪炳青史的大事，是党对马克思主义国家学说的新发展。在这个过程中，法学研究所和全国法学界的同仁也为之作出了贡献。

三　关于人权理论研究

我开始接触人权方面的文献资料是1965年春天，在收集革命根据地法律史料过程中，发现了一些根据地颁行的十多个关于人权保障的条例。

当时思想上颇为震动，但未敢多想。"四人帮"被刑拘后，面对"文化大革命"中大量侵犯人权的事实，我和常兆儒写了一篇文章，以较大篇幅介绍了革命根据地人权保障的法律。由于当时主流媒体视"人权是资产阶级口号"，此文在 1979 年《法学研究》第 1 期发表时未敢用"人权"一词。不过社会主义法治建设的目的终究是为了人，为了满足人民群众日益增长的物质文化需要。在改革过程中人们不提"人权"一词，但却无法回避这个词所涵的内容。事实上人民的各种权利千百次地在人们的生活、学者的文章和国家法律政策中被反复提及。

适应国内外形势发展，1991 年初江泽民在时任中国科学院院长周光昭转来的一封信上批示：人权问题回避不了，要进行研究。并将人权理论研究任务交给时任中国社会科学院院长的胡绳，胡绳将具体研究工作交给担任法学所领导的王家福和我。接受这个任务，有点兴奋，也有点紧张。兴奋的是这个"禁区"终于被打破了；紧张的是任务重，既怕完成不好，又怕犯错误。到中央有关机关听传达、讨论由我参加。鉴于这项工作敏感，我向承担宣传和政策制定的单位同志表示，研究、政策制定和宣传是同一链条上的不同环节，要衔接配合，不能相互挤对。研究有宣传教育任务，但主要是对政策调整、法律制定提出建议，不能完全按宣传的口径要求研究过程中提出的意见和建议。

中央的精神传达后，法学所组织了内部讨论。在此基础上，于 1991 年 6 月举办了全国性的大型研讨会。与会学者情绪高涨，法学所学者的观点受到了大家的关注。研讨会后，我们针对当时人权理论和对策中存在的一些问题撰写了三份要报。我在《关于人权的概念》中指出："人权就是人依其自然属性和社会本质享有和应当享有的权利。……这一概念的主体是人。它既包括本国人民和公民，也包括无国籍的人、难民和其他外国人，即所有的人。这里所说的人是以个人为主，与集体不悖。集体人权的主体……在国际上主要指特定的民族、种族和国家。集体人权是个人人权的延伸。""这一概念的客体是依社会、经济和文化发展，人们所应当享有的权利。它既包括人们现在实际享有的权利，也包括法律规定的权利。应有权利体现了人类的共同愿望和追求，是法定权利和实有权利不断完善的动力和先导。""人权有共性也有个性。它的个性是由各个国家的民族历史文化传统、地理环境和社会经济制度决定的。……它的共性是基于人类共同利益产生的理想和需要，要求人权为全人类共同享有。……我们在制定人权政策时，既应注意个性，也应注意共性，过分强调一方面而忽视另一方面，都可能造成失误，在实践中招致不良后果。"

韩延龙、李林在《我国应高举人权旗帜》中指出："在世界政治格局的调整与转换过程中，人权日益受到重视，各国和各种政治势力为了谋求自己的政治利益，都在抢抓人权旗帜。……面对国际政治斗争这一新形势，我们应高举社会主义人权旗帜，进行针锋相对、有理有利有节的斗争。"该文还指出：高举人权旗帜有利于我坚持马克思主义阵地，挫败西方的和平演变战略。因为"人权旗帜和共产主义旗帜不是对立的，而是统一的。""我们高举人权旗帜，正是为了解放全人类，实现共产主义。人权不是资产阶级的专利，我们共产党人才是最彻底的人权论者。我们为之奋斗的社会是最讲人权并能保障人权全面、充分实现的社会。""高举人权旗帜有利于不断加强我国的人权保障"，"有利于大力发展社会主义经济和文化，进一步发展民主，健全法制，不断加强人权立法和司法，为人权充分实现提供更好的经济和法制保障。"为了实现以上目标，该文进一步提出：应对我国人权建设及其成就进行全面、系统、客观的总结；在国内进行全民社会主义人权意识教育；继续加强人权立法和司法；积极参与国际人权领域的活动，同西方在人权问题上进行斗争的同时，加强与第三世界国家合作；建立人权信息和研究机构，为人权决策和人权保障服务。

刘楠来、朱晓青在《划清人权的国际保护和以人权为借口干涉别国内政的界限》中指出："自从《联合国宪章》把尊重人权规定为联合国宗旨以来，国际上已经形成被称为国际人权保护的法律制度。""为了积极参与国际人权斗争，更加有力地揭露西方人权外交的实质和使我国的行动建立在合理合法的基础上，很有必要划清人权的国际保护和以人权为借口干涉别国内政的界限。"认为："一、应强调人权问题本质上属一国的国内管辖事项，一般情况下，应由各个国家自主处理，其他国家不得干涉"，"二、按照《联合国宪章》和国际人权公约的规定以及联合国组织的有关决定，在某些特定情况下，联合国及其会员国对发生的侵犯人权的行为有权进行干预，如，现代国际法确认为国际犯罪的严重侵犯人权的行为；国际人权公约的缔约国恶意违反公约的规定，不履行公约义务的行为。""三、正确区分'干涉内政'和'不干涉内政'。'不干涉内政'是国际法的概念，仅适用于国家与国家、国家与国际组织之间的关系，而不适用于个人和民间组织等私人行为。因此在判定某种行为是否属于干涉别国内政时，有必要区分是私人行为还是国家和国际组织行为。"在实践中应区分国家元首、政府首脑、外交部长以及官方代表身份出现的人的行为与民间组织、新闻媒体、不具官方身份的公职人员的行为；区分议员个人对其他国家事务的言论和议会针对其他国家国内事务通过的决议。

在人权长期被视为"禁区"，对人权概念及对策仍众说纷纭的情况下，法学研究所的学者本着求真务实的精神，能在向中央的报告中提出理论上具有前沿性，对策上具有重大现实意义的见解是很不易的。依据这样的认识，为向中央提供人权方面更多的信息，法学所组织了一系列国内和国外学术交流，并派团对北美、西欧、南亚、中东欧等国家的人权理论和制度进行考察，收集国内外人权资料。先后编辑出版了《中国人权建设》和《发展中国家与人权》。第一个赴北美考察团由我和林地负责，团员有信春鹰、李林。这次被称为"破冰之旅"的考察，一开始便引起国际媒体关注，纷纷发表消息和评论，有说中国政府的一个主要思想库的 4 人代表团去美国和加拿大研究人权理论和在这些国家的应用；有说"这标志着中国对人权问题的态度有了进一步变化"；也有持冷战思维，说"这是在敌营中进行某种情报收集工作"，"是一种更加老谋深算的公共关系姿态"。

考察从 1991 年 9 月 14 日成行，历时 38 天。在美国和加拿大，我们会见了多位高级官员、议会领导、著名学者、联合国人权机构和国际人权组织负责人，总共约 200 余人。这次考察了解的情况内容丰富，达到了预定目的。回国后向胡绳等院领导汇报后，决定快捷扼要地向中央报告。为了传递信息准确，我们冒可能被指责为"客观主义"的风险，对了解的情况作了如实报告。主要是人权观念和理论的变化，人权外交政策的提出及目的，人权的共同标准及人权立法的动向，主权与国际人权保护，美、加两国的人权制度、存在的问题以及两国有关人士对中国人权制度的看法和希望等。

23 篇报告大部分由李林起草，林地作内容补充，我最后定稿。我起草的一篇在扼要介绍大赦国际之后，写了这样一点意见："我们认为，鉴于大赦国际在国际上的影响，我国要在国际人权斗争中占据主动地位，可以考虑与之逐步建立某种联系。"这篇要报由我撰写，是想如果这一意见成为问题，由我个人承担责任。

这批报告院办公厅先是以"信息专报"的形式呈中央政治局常委，之后才以正式《要报》上报。据中央有关部门领导讲，这批《要报》受到了中央领导重视，"江泽民同志看了。"我国出席当年联合国大会代表团还调走了一整套。1992年、1993年王家福先后带团到西欧、中东欧考察人权，1992年我带团到南亚考察人权，都实事求是地撰写了考察报告，对国家人权立法和政策制定起到了良好的作用。

数十年的中国法律史和法治、人权理论研究，使我深深认识到，说真话是一个社会科学研究者应具有的品格。说真话才能反映历史和现实的本来面貌，为文化发展，为党和国家制定法律、政策提供科学依据。说真话才能实现一个社会科学工作者的人生价值。当然，宣示说真话很容易，要真正做到却不无困难。在客观方面，要落实宪法和法律的规定，坚持以人为本，真正贯彻"百花齐放、百家争鸣"的方针，营造宽松的氛围。就我们个人来说，还应具备：

第一，要树立爱国主义思想，确立正确的人生观。我们的祖国是一个历史悠久的文明古国，中华民族是一个伟大的民族。她有辉煌的历史，曾为世界文明的发展作出了巨大贡献，但也历经坎坷，百余年来曾遭受帝国主义、殖民主义的侵略和欺侮，遭受帝国主义、封建主义和官僚资本主义的压榨，可谓多灾多难。新中国成立，尤其是改革开放以来，实现了民族独立、自由解放，开始了伟大复兴，中国特色社会主义建设成就世人瞩目。生在这样的时代，我们没有理由不感到自豪和幸运，没有理由不立志为自己的祖国进一步兴旺发达贡献力量。作为学子，既然选择法学和社会科学为职业，就应在此领域做出成绩，实现人生价值。一般情况下，不应这山望那山高，更不应该将其作为升官发财的跳板。这样，我们才能为做人、为实事求是地对待客观事物奠定坚实的思想基础。

第二，要打好坚实的理论基础，掌握相关的专业知识。说真话的前提条件是对客观事物的本质全面认识和揭示。社会现象是错综复杂的。法律问题，涉及不同阶级、阶层、社会集团和个人之间利益的碰撞，真相往往被人为的假象所掩盖。这就需要研究者立足于人民大众的立场，认真调查研究，在此基础上，运用历史唯物主义和辩证唯物主义方法，透过现象看清事物的本质，得出符合实际情况的结论。事实证明，无论是坚实的理论基础或相关专业知识，都需要树立终身学习思想，持续学习，使观念随客观世界发展不断更新。

第三，要有理论勇气。当通过研究得出科学结论之后，要将科学结论通过语言和文字表达出来，即本文所说的说真话，许多情况下，还需要有理论勇气。此处所说的"许多情况下"是指理论探索和对策研究处于前沿阶段，而这些见解和对策建议，往往不符合传统观念、甚至不符合国家的某一具体政策及法律规定。这种情况下，说真话很难不受非议甚至某种形式的压制。此时有无理论勇气，成为能否把真话说出来的关键因素。无私才能无畏。具备理论勇气，实话实说，对事、对人要出以公心，不能以是否对己有利为出发点。这才是法学和社会科学工作者应有的品德。

（原载《学问人生——中国社会科学院名家谈》，中国社会科学出版社 2010 年版，此前《光明日报》曾摘要刊登）

后 记

　　本书收入的文章，除十一届三中全会前后在报纸上发表的一组之外，大部分撰写于1988年我担任研究所领导之后。文中的不少观点曾与研究所同仁切磋，受益匪浅。文稿陆续送刊物发表时，多由顾卫东女士和赵李欣先生帮助打印。书稿决定出版后的编辑过程中，同窗好友向儒贤先生、姜澄昭女士提出了宝贵建议。姜澄昭、王雅兰女士校对了书稿，张慧强女士和张锋先生分别对书中之马克思主义经典作家及古文献的引文进行了校对，多有厘正。在本书定稿交付出版之际，我向多年来对我提供帮助的各位女士和先生致由衷感谢！

刘海年

2013 年 3 月 16 日